神さまのエンドロール

住谷眞キリスト教・聖書講話集

住谷 眞
SUMITANI Makoto

一麦出版社

Soli Deo Gloria

目次

旧約聖書

新約聖書

神さまのエンドロール

地は形なく、むなしく

創世記1・1－2

創世記1章は、天地創造の記事が記されております。この記事は資料としては祭司資料とよばれるもので紀元前五世紀頃の比較的新しい資料です。この世界が創造主なる神によって無から創造されたものであることを整然と記しております。それは天地創造の神秘を解き明かすものですが、天地創造の科学的な真理を示しているものではありません。ここで語られているのは信仰的宗教的な真理であり、世界の現象的説明ではなく、この世界の意味が啓示されているのであります。それではそこで語られていることの信仰的な意味は何でしょうか。

まずは、この世界、天地万物は見えるものも見えないものも父なる神によって創造されたということです。聖書は「はじめに神は天と地とを創造された」という言葉で始まっております。ある人は無神論を主張し、またある人は自分なりの経験や信念に基づいて神の存在を説く人もあります。けれども聖書は、私たちが神の存在を信じようと信じまいと、そのように宣言するのであります。

2節に「地は形なく、むなしく、やみが淵のおもてにあり」（口語訳）とあります。神は混沌の無から天地万物を創造されるお方です。キリスト教の神学ではそれを「無からの創造」(creatio ex nihilo)とよんでいますが、全くの無ではないようです。そうではなく、むしろ「形なくむなしくなった」混沌からの創造であります。祭司資料は捕囚から帰還したイスラエルの民が国の無き後、祭司を中心にしてユダヤ教共同体を再形成した時代の作品であります。イスラエルの民は紀元前六世紀にバビロニアによって国を滅ぼされました。それは真の神を忘れ真の神に背反し偶像崇拝に陥った罪に対する神の審判であると考えられたのであります。預言者エレミヤはそのようなユダヤに対する預言として「わたしは地を見たが、それは形がなく、またむなしかった。天をあおいだが、そこには光がなかった」(エレミヤ4・23)と言っております。この、地は「形がなく、またむなしかった」というエレミヤの預言が実現したものとして、その後クロス王によってエルサレムに帰還した祭司たちは、自分たちに起きたユダヤの滅亡の出来事をそのように理解したのでした。

しかし神は、そのような、神に背いたユダヤの民のエルサレム帰還を許し、ユダヤ教共同体をここに再創造してくださったという讃美でもあるのです。すなわち、神はその民を「形なく、むなしく」したが、しかしこの混沌に帰したイスラエルを見捨てることはなかったことは、「神の霊が水のおもてをおおっていた」という言葉で語られているのです。神はイスラエルを裁くけれども、この民を見捨てることなく、再創造される愛と慈しみに満ちたお方であるという信仰が、ここに言い表されております。このことは私たちの世界や人生がどんなに破滅と悲惨と裁きに満ちているように思われても神はそのような私たちを見捨てず再創造してくださるお方であるということであります。

神は「光あれ」と言われた

創世記1・1－13

創世記1章は、天地創造の記事が記されております。紀元前五世紀の祭司資料による記事です。ここで語られているのは、天地創造の科学的な真理ではなく、信仰的宗教的な真理であり、世界の現象的説明ではなく、この世界の意味であります。

第一の意味は、天地万物は父なる神によって創造されたということです。聖書は「初めに、神は天と地を創造された」という言葉で始まっております。

2節に「地は形なく、むなしく、やみが淵のおもてにあり」とあります。神は混沌の無から天地万物を創造されるお方です。神学ではそれを「無からの創造」とよんでいますが、むしろ混沌からの創造であります。祭司資料は捕囚から帰還したイスラエルの民が国の無きあと、祭司を中心にしてユダヤ教共同体を再形成した時代の作品であります。イスラエルの民は紀元前六世紀にバビロニアによって国を滅ぼされました。それは真の神を忘れ真の神に背反し偶像崇拝に陥った罪に対する神の審判であると考えられたのでした。預言者エレミヤはそのようなユダヤに対する預言としてエレミヤ4・22「わたしは地を見たが、それは形がなく、またむなしかった。天をあおいだが、そこには光がなかった」と言っております。この「地は形なく、またむなしかった」というエレミヤの預言が実現したものとして、エルサレムに帰還した祭司たちは、自分たちに起きたユダヤの滅亡の出来事を理解したのでした。そのような混沌に帰したイスラエルの共同体の再形成、再創造の喜びと讃美がここに語られています。神はその民を「形なくむなしく」したが、しかしこの混沌に帰したイスラエルを見捨てることはなかったことは、「神の霊が水の面を覆っていた」という言葉で語られているのです。神はイスラエルを裁くけれども、民を見捨てることなく再創造される愛と慈しみに満ちたお方であるという信仰がここに言い表されています。私たちの世界や人生がどんなに破滅と悲惨と裁きに満ちているように思われても神はそのような私たちを見捨てず再創造してくださるお方であるということです。

この混沌の闇の中で「神は『光あれ』」と言われます。天地創造記事のもつ第二の意味はみ言葉による創造であります。神は気まぐれや衝動的な感情で世界を創造したのではなく、明確な意思と理性をもってこの世界を創造されたということです。どんなに人生と世界が混沌に帰し、暗闇に満ちていると思われるときであっても、神はそこに「光あれ」と言われ光を与えてくださるお方であるということであります。

天地創造の記事が語る第三の信仰的意味は「神はその光を見て、良しとされた」とありますように、神による世界と人生の肯定であります。人生と世界には闇があり、罪があり、それに対する神の審判があります。けれども私たちは自分や他の人、また私たちが生きている世界を否定してはならないのです。神によってこの世界と人生を肯定するのです。

男と女に創造された

創世記1・27

男性と女性の関係や問題は到底、この短い時間で語り尽くすことはできません。また男と女の関係を即座に、恋愛、結婚、セックス、姦淫という性の関係にもっていくことは、これらは重要なことではありますが、短絡的で間違いであると思います。男と女の問題を詳しく取り上げているのは、カール・バルトで『教会教義学』第三巻第四分冊の中です。しかし、それでも現代のLGBTQなどの問題などは十分ではありません。

私はそのような各論や複雑な問題ではなく、創世記1・27から神が男女を本質的にどのような存在として創造されたのかという根本的な問題に短くふれたいと思います。

創世記1・27を見ますと「神は創造された」と「創造」という言葉が三度出てまいります。最初の二つは、人が神のかたちに創造されたとあり、三番めに「男と女に創造された」とあります。したがって「男と女」が「神のかたち」であることになります。神のかたちとは何でしょう。

神は父、御子、聖霊という三位一体の在り方をしています。それは三つの位格、ペルソナです。ペルソナとは人格的主体であって決して客体にならない存在です。この三つのペルソナが愛において交流し、一体となっているのです。私は、「男と女」という創造の秩序において神から与えられた「神のかたち」とは人格的主体における愛の交流、一致であると考えます。

男性と女性は、互いに客体になることなく、人格的主体として完全に平等であり、人格的な愛の交わりにおいて一致する存在として造られたということです。人という抽象的な存在があるのでも、神の創造を抜きにした男女の本質的な関係が何かあるのでもありません。ちなみにイエスは、マタイ19・4で「創造主は初めから人を男と女にお造りになった」と創世記1・27を引用されました。

もちろん、この後の堕落でそのような秩序と男女の本質的な在り方は破壊されます。それにより、男女の関係が、神のかたちとしての、主体的な愛の交わりにおける一致が失われ、あらゆる男女の関係に罪が絡んでくることになります。男女の不平等、一方による他方の支配、互いの客体化、つまり「物」（ドイツ語でEs エス）化が起こるのです。

人格的主体のことをラテン語でペルソナということを先に申しました。ここから人格、パーソナリティーという英語になります。ペルソナというラテン語は、ペルソナーレ（personare）という動詞に由来します。これは反響する、響き渡らす。楽器を演奏する、頌歌を詠ずるという意味です。男女は互いの人格的主体の愛の交わりにおいて神のかたちとしての楽器を演奏し、神のかたちを互いに反響させ、神を讃美、頌栄するものとして造られたのです。

神が良くないと言われたこと

創世記2・18

エデンの園に連れてきてそこに置かれたアダムを見て、主は言われます。「人が独りでいるのは良くない。彼に合う助ける者を造ろう」。聖書において、創世記1章の天地創造において「はなはだ良かった」と「良い」がくり返されますが、ここで初めて人間にとって良くないことが言われます。

私たち人間にとって良くないこと、それは「独りである」ことです。神が「人が独りでいるのは良くない」と言って、最終的に女性を創り、結婚の起源譚が続きます。現代の観点から見れば、女性が男性（イシュ）のあばら骨から造られたからイシャと名づけられたと男性優位の考えになっております。

しかしここでは人間はただアダムしかいないので、彼は本当の孤独を知らないと思います。だって他者を知らないのですから。本当の孤独は他者が存在する、つまり人間社会が形成される中での孤独です。「独りである」ことが言われているのではなく、人が人との連帯、共同性、交わりから切り離された状態を言っています。孤独は喪失と結びついています。アダムにおいて喪失しているものはまだ何もなく、したがって真の孤独ではないのです。孤独は他者との関係の喪失にほかならないからです。

妻や夫との死別、子どもが自立し、親から離れていくことによる喪失感、退職や転勤による人間関係の喪失、離婚によるパートナーの喪失、高齢化による健康や手術による心身の喪失などです。

現に、「私の骨の骨、肉の肉」と叫んで妻を迎えたアダムはやがて妻とともに、神との関係を失い、その結果、楽園を喪失し、妻との間の親しい関係を失い、子どもによる兄弟殺しという具合に真の孤独はここから始まるのです。

今年（二〇一八年）一月にイギリスが孤独問題担当大臣を設けました（二〇二一年に廃止）。英国だけでなく超高齢化社会を迎える日本も孤独の問題を避けることはできません。孤独は高齢者だけの問題ではないのです。子ども、生徒、障がいをもつ人、子育て中の人、孤立した集落など社会の至るところや、年齢で、発生しております。

イエスの言葉が聴こえてまいります。「わたしはあなたがたを捨てて孤児とはしない」（ヨハネ14・18）という主のみ言葉です。愛する者との別れや縁が断たれ、無くなっていくことは寂しいことです。けれども私たちキリスト者は地上でひとりぼっちに捨てられたような状態に残されるのではありません。なぜならイエスは私たちを捨てることは決してなさらないからです。

今日、孤独死や無縁社会と言われるように人間が共同体から切り離された状態が増えております。そのような中で教会は共同体を作り上げていく必要がますます高まっていると思います。神は、この後でアダムのパートナーとして一人の女性を造られるのですが、人間にとって良くないことは、交わりのない孤独であります。神が、私たちを招き、救い、連れて来て置いてくださった教会は「祈り、働き」「注意深くある」人たちが、共に交わり、喜びを得るところです。教会こそエデンの園であります。

人はその父と母を離れて

創世記2・24

今日の聖書の箇所は結婚について語られているところです。「離れる」ということの意味について聖書から、主として三つのことを学びたいと思います。

まず翻訳についてふれます。「聖書協会共同訳」は、「新共同訳」と同じく「父母を離れて」と「父母」をひとまとめに訳しています。これに対し「口語訳」は「その父と母を離れて」と訳しています。原文は「その父とその母を離れて」と父と母を分けて丁寧に書かれていますので、「口語訳」が原文に忠実です。「口語訳」が意味からも正しいと思います。「人は」と「口語訳」は訳していました。原文は「彼は」となっていますので、これは第一義的にはアダムをさします。それで、「新共同訳」「聖書協会共同訳」は「男は」と訳しました。けれども、その両親を「離れる」のは、男性でなく女性も同じではないでしょうか。

第一に、「離れる」と訳されている言葉は、「聖書協会共同訳」の欄外に別訳として「残して」とありますように、物理的空間的に離れるということです。男女が結婚して形成される家庭は、社会を構成する集団の一番、基本となる単位ですので、両親とは別居することが求められています。もちろん、場合によっては、両親と同居、いずれかの親が同居するということはあるかもしれませんが、経験上、うまくいかないことが多いと思われます。これは二世帯住宅の場合も同じです。「離れる」「残す」と言っても、「見捨てる」ということではありません。また、親に対する子としての務めがなくなる訳ではありません。十戒の第五戒に「汝の父母を敬え」とあるとおりです。

第二に、「離れる」ということは、父と母からの精神的自立です。日本ではこれが難しいようです。子離れ、親離れということです。お互いに自立しないと依存関係、共依存になってマザーコンプレックスや、ファザーコンプレックスから解放されないことになります。「離れる」ということは、心理的、精神的な依存から脱却することですが、無関係になることではありません。父母に反抗して家を出るということもありますが、それは逆に依存していることで精神的自立とは言えないでしょう。子は親から精神的に自立して、親との関係を構築し直すのです。それまでの依存、主従関係という垂直の関係から、互いに自立した人間としての水平関係への組み換えです。これにはそれぞれ夫と妻の側における親と子の双方の努力が必要です。子が自立して離れていくことは寂しい面もありますが、水平の関係を築くのです。

第三に「離れる」ということは経済的自立です。これも今の日本ではなかなか、難しい状況です。終身雇用がなくなり、派遣制、能力制になって経済格差、所得格差が広がり、社会からひきこもり、親の経済に依存する人たちが大変多くなって８０５０問題が深刻になっています。特に男性の経済力が落ち、非婚率が上がっています。

二人は一体となる

創世記2・24

今朝は、創世記2章24節の後半の部分を取り上げて学びたいと思います。「二人は一体となる」とあります。ヘブライ語の原文では「彼らは一つの肉となる」とあります。「一つの肉」を「一体」と訳しています。ここで気がつくことは「一つの体である」と言われているのではなく「一つの体となる」とあることです。つまり生成原理を含んでいるのです。「である」という現実ではなく「なっていく」という生成です。ギリシア語訳は「なるだろう」と未来形に訳しています。

つまり結婚式をし、あるいは性的な結合を終えれば結婚した男女は一体であるのではなく、一体となっていくということです。結婚式は、証人の前での誓約により夫婦であることを神と人の前で社会的に認知、公認することです。

さらに、これは神の創造の秩序でありますが、次の3章でこの二人の夫婦が蛇すなわち悪魔に唆されて堕落します。原罪は、一組の夫婦から始まったのですし、そこから人類が染まった罪を贖い、人間を救うためにやがてイエスが地上に来られ十字架におつきになられたのですから、堕落後の結婚による男女が「一体」

となるためには、まず、結婚生活の基礎を十字架に置かなければならないと思います。

つまり結婚した男女において堕落が起こり、主が十字架で贖いの死を遂げたのですから、お互い罪びとである男女、それも性格も育った環境も違う二人が「一体」となるためには、まず互いに主の十字架のもとに赦しあうということが大事です。その上で互いの違いを認め、理解しあうことです。そのためには赦しと忍耐が必要です。またお互いに相手を尊敬、リスペクトすることです。

自分のような者を配偶者として受け入れてくれた相手に対する感謝と敬意です。互いの欠点や弱さを赦し、互いに重荷を負いあうこと、互いに仕えあうことが必要です。いつも結婚式の際に私が言うことですが、結婚生活の幸せはこの互いに仕えあう喜びにあります。「しあわせ」とは「仕合わせ」です。もちろん、限度、限界があるでしょう。それができないなら一人の生活の方がずっと気楽ですし、離婚したほうが楽でしょう。現在、欧米では離婚率が五割から七割に達していますし、日本は三割です。

日本は諸外国の中で夫婦のセックスレスの割合が最も高い国です。私の知人の牧師のお嬢さんは南米の男性と結婚したのですが、事ある毎に抱擁、接吻と共に I love you と言うので、こちらが気恥ずかしくなると言っていました。日本の男性は総じて、妻への愛情表現が少ないように思います。また夫婦が揃って散歩をしたり一緒に行動しているのをあまり見かけないように思います。愛は（体を具えた）「具体的」なものです。「二人は一体となる」。このためには主の十字架を基とした互いの努力と忍耐、時間が必要です。夫婦が一体となってゆくダイナミックな過程において主なる神は結婚生活を祝福してくださいます。結婚の祝福と喜びは、花婿キリストと花嫁である主の教会との交わりの地上における表れにほかなりません。

その日、風の吹くころ──あなたはどこにいるのか

創世記3・1－13

「その日、風の吹く頃」、主は園を歩まれました。これは日没前であり、聖書では日没から翌日が始まるので、これは一日の終わりであります。このことはエイレナイオスという教父が、堕落した人間を救うべく地上を歩まれるイエスを暗示していると言っております。イエスの歩まれた園、それはあのゲツセマネの園でありますす。このお方を、堕落した人間は十字架にかけるのです。この十字架の木こそ善悪を知る呪われた律法の終わりとなる木であり、この十字架の木こそイエスにある祝福された律法の木なのです。人はこの木に隠れなければならないのです。ところがアダムたちは「主なる神の顔を避けて、園の木の間に身を隠した」とあります。

人は人間関係が壊れると顔を見ることができなくなる。視線が合わなくなるのです。それどころか避けるようになります。人間は「神のように」（sicut deus）なり、神との関係、人格的な信頼関係が壊れ、神の顔を避けるようになり、園の木の間に隠れるのです。人間は神の真実（true）の木（tree）、契約の誠実を表す木に本当は隠れなければならないのです。その木こそ十字架の木です。私たちは神との関係に立ち帰るため

に、主が、この世の終わりに歩み、私たち人間のためについてくださった十字架によって新しく結ばれた契約関係に入ることがゆるされているのです。子どもが隠れん坊が好きなのも、興味深いことです。人間は隠れる存在なのです。問題はどこに隠れるか、そして私たちがだれに見出されねばならないかということであると思います。「あなたはどこにいるのか」。私たちは、神に見出されなければならない存在です。これは神さまが私たちを見失っておられるのではありません。子どもの隠れん坊遊びでもそうですが、どこに隠れているか神はご存じです。けれども神は迷える一匹の小羊でもどこまでも探して救いに来てくださるのです。

大事なことは、神さまのこの言葉にわれわれがサムエルのように「はい、ここにおります」とお答えできることです。この応答可能性が責任（responsibility）であります。責任というのは人間に対するものであるよりも、まず神の言葉、人格的な語りかけに対する人格的な応答であります。罪は責任転嫁をします。神がアダムになぜ、食べるなと命じた木の実を食べたのかと問われたとき、アダムは「わたしと一緒にしてくださったあの女が、木から取ってくれたのでわたしは食べたのです」と言って神にさえもその責任があるような言い方をして自分の妻に責任を転嫁しております。またその妻エバは「へびがわたしをだましたのです」と蛇に責任を転嫁します。

神はしかし、このようなご自分の顔を避け背反していく私たち人類を救うために世の終わりに御子イエス・キリストをこの世に送り、ゲツセマネの園を歩ませ、十字架にかけ、人間のすべての罪とその責任をこのお方に転嫁してこのお方によって私たちの罪を赦し、和解してくださったのです。この主イエスの十字架の木こそ私たちの隠れ家、命の木となったのです。

七の七十倍まで

創世記4・24

創世記4章には、カインによるアベル殺しの記事が記されています。弟アベルの献げ物が神に受け入れられたのに対し、兄である自分の献げ物が受け入れられなかったことでカインはアベルを殺します。人類初の殺人は兄弟の間で起こったのです。「兄弟は他人の始まり」と言われるように社会関係の始まりです。カインは自分が殺人者として復讐を受けることを恐れます。いわゆる血の復讐（Blutrache）です。そのようなカインに神はなんと、カインを殺す者に七倍の復讐を宣言し、またカインを復讐から保護するために、15節にあるように「一つのしるし」を付けるのです。

この背後には、創世記が書かれた頃、地上の果てを放浪していたケニ人という民族がいて、彼らは十字のタトゥー、刺青をしていたことが、背景にあります。14節にあるようにカインが地上を彷徨い流離する者になるというのは、このケニ人のことを踏まえています。ケニ人はカイン人ということであり、そのような民族の起源話のようにもなっているのです。カイン人としては、モーセがミディアンの地に逃れたときに妻チッポラと出逢いますが、その父エテロはケニ人であったのです（士師1・16）。彼に付けられたしるしとは、新約の光で読みますならば、それは十字架であります。カインが13節で「わたしの罰は重くて負いきれません」といったその罪の罰を十字架で負ってくださったお方こそイエスです。

このカインの六代めの子孫からレメクという人物が登場します。レメクは強大な権力者で二人の妻を娶ったとあります。一夫多妻（ポリガミー）の始まりです。そのレメクが妻たちに語った言葉が24節です。「カインのための復讐が七倍ならレメクのためには七十七倍」。兄弟に対する復讐が増大し77倍になります。

ところで今、大きな兄弟殺しがおこなわれています。ロシアとウクライナとの戦争です。二つの国は歴史的には兄弟です。ここでロシアは自分の軍のしるしとしてZを用いています。Zとは7を重ね合わせたもので77倍のレメクの復讐を思い出させます。77は、旧ロシアであるソ連がナチス・ドイツに勝った一九四五年から二〇二二年の今年が77年めということで、この年に戦争をすることが意識された数字です。カインに対して復讐する者から彼を守るために七倍の復讐でそれを抑止し、十字架のしるしをカインに刻印し保護したもうた神は、今やイエスにおいて兄弟の犯した罪に対する赦しについて言われます。マタイによる福音書18章21－22節。「その時ペトロがイエスの許にきて言った。『主よ、兄弟が私に対して罪を犯した場合、いく度許さねばなりませんか。七度までですか。イエスは言われた。『私は七度までとは言わない。七度を七十倍するまでにしなさい』」。別訳は七十七倍とあります。これはレメクの復讐の数と合わせたもので、こちらの方が本文かもしれません。いずれにせよ、ここに兄弟の罪を赦すようにと言われています。なぜなら、イエスがこの私の、また兄弟たちの罪を十字架で赦してくださったからなのです。

風の吹く教会

創世記8・1

創世記6章では、ノアが神から箱舟の作り方や構造について実に細かく指示されています。舟の材質、縦横の高さ、三階建て、明かり取り、タールでの塗装、舟室の指示などです。ところが肝心の推進機関の指示がないのです。やがて洪水が起こって舟は浮き、当てもなくただ漂流するだけになるように見えます。けれどもこの箱舟を動かすのは主なる神なのです。創世記8章には神が「神が風を地の上に吹かせられたので、水は退いた」とあります。水、それは、罪ある人類を、ノアの箱舟に入ったノアと家族と動物以外のすべてを滅ぼす混沌の力です。箱舟も今や洪水の前に無力のように漂うかに見えたとき、神は風を吹かせられ、この混沌の審きをもたらす水は退き始めたのです。聖書において聖霊は「プネウマ」という言葉で、これは風という意味です。風、それは考えてみると不思議なものです。自然の風も目には見えません。風が吹いているかどうかは木立や葉っぱが揺れることによってわかるのです。まして聖霊は自然を超えたお方であり、目には見えません。この聖霊が風のように吹いていること、あるいは吹いたことは、地上に教会が誕生したこと、また主イエスを信じ、告白しキリスト者になる人たちが出てくることによってわかるのです。なぜなら聖霊によらなければ、だれも「イエスは主である」と言うことができない（コリント一12・3）からです。

この風が吹くとき、私たちは「イエスは主である」という信仰告白をして洗礼を受け、教会の一員となります。テルトリアヌスという人が『洗礼について』という書物を残しています。それによればキリスト者が受ける洗礼はノアの洪水、キリスト者が救い入れられる教会はノアの箱舟に譬えられています。

聖霊の風が吹いて、イエスを主と告白する人はこれからも絶えることはないでしょう。地上の世界は、今も、ノアの洪水のときと同じように混沌と悲しみと苦悩と罪に満ちています。けれども聖霊を受けてイエスを主と告白し、洗礼を受けて主の箱舟である教会に入れられた私たちはそのような地上の罪の現実を見てもはや絶望することはありません。「神が風を地の上に吹かせられたので、水は退いた」。水はもはや、神が吹かせる風の前に「退いている」のだということを忘れないようにしましょう。こうして私たちはみ国をめあてに希望をもって生きることができるのです。二千年前の聖霊降臨日の出来事を聖書は、こう記しています。「五旬祭の日がきて、一同が一つになって集まっていると、突然、激しい風が吹いて来るような音が天から聞こえ、彼らが座っていた家中に響いた。そして、炎のような舌が分かれ分かれに現れ、一人ひとりの上にとどまった」。この日、イエスを主と告白して三千人が洗礼を受けて地上に主の教会が誕生しました。それ以来全世界にわたって風は吹いてきましたし、今も吹いているのです。

教会は「風の吹く教会」です。

「風たちぬ、生きてゆかねば」（Le vent se lève, il faut tenter de vivre）、ポール・ヴァレリー。

さらに七日待って――ノアの信仰

創世記8・6―12

茅ヶ崎東教会は、新型コロナウィルス感染防止のため、三月二十九日より主日礼拝をはじめ、すべての集会を中止しておりましたが、この度、緊急事態宣言が解除されたのを受け、本日より、主日礼拝を再開することになりました。再開が、教会が地上に誕生した聖霊降臨日になりましたことに、感慨深いものがあります。再開できますことの背後には多くの医療関係者や人々の協力、また祈りがあったことに深く感謝するものです。また感染症で亡くなった方々、愛する人を失った方々、今も病と闘っておられる方々を覚えるものです。再開にあたりましては、感染防止のための最大の配慮をなしつつ、当面は、主日の礼拝のみを守ってまいります。状況をみながら、徐々に教会の活動が元の状態に戻るようにしていきたいと考えております。この度の集会中止は、隣人愛と社会的責任として必要やむをえないことでしたが、教会とは、礼拝とは、み言葉を聴くとは、など、あらためていろいろと考えさせられる恵みの時でもありました。この間、会員諸兄姉が、教会や、会員相互に対する深い慮りを示してくださったことに感謝いたします。礼拝再開、また聖霊降臨日にあたり、私は創世記8章6―12節を選びました。

ノアは、大洪水という人類が直面した危機に際して、神さまに選ばれ、洪水が起きる前に箱舟を作ります。洪水が起こり、他の人々が滅んでいく中で、ノアと家族の八人と動物たちが、箱舟に入ります。やがて、水が引きはじめ、山々の頂が見え現れます。四十日たってようやくノアは、箱舟の窓を開いたとあります。それまでノアは、窓を閉め切り、箱舟という限られた空間の中で、動物たちの鳴き声や、臭いの満ちた暗い空間の中で、出口の見えない破局的な試練の中で、それこそ巣籠もりをしていたのです。まず、烏を放しますが、烏は箱舟を出たり入ったりします。そこでノアは、水が引いたかどうか確かめるため、今度は、鳩を放します。鳩は、まだ足を留める所が無かったので、箱舟に戻ってきます。それから七日待って、また鳩を放しますと嘴にオリーブの葉を銜えていましたので、ノアは、水が引いて、地上が現れたことを知ります。しかし、ノアは性急に事を起こさず、さらに七日待ち、鳩をもう一度放ちますと、もはや、帰って来ませんでした。「さらに七日待って」という言葉が、二度くり返されております。今回の試練で私たちが礼拝を再開するために、一週間、また一週間と待ったように。

待つということは忍耐が要りますし、慎重に時を見定めるための知恵が必要です。箱舟は、新しい大地に向かっている教会を象徴するものです。鳩は聖霊の象徴です。聖霊が鳩の姿でイエスに降りました。ノアとは、「慰め」という意味です（創世5・29）。聖霊は慰め主です。鳩が嘴に銜えていたオリーブの葉は、希望の象徴です。私たちも、聖霊降臨日にあたり、この試練を乗り越えて希望をもって、新たに歩み始めたいと願うものです。

なぬか待ちまた七日まつ箱舟のノアの思ひにわれを重ねて

虹の契約

創世記9・13

茅ヶ崎東教会は、新年家族礼拝をもって一年のスタートとすることにしています。「家族」というのは、新年礼拝は、ご家族一緒にということだけでなく、主の教会に連なる者は、皆、兄弟、姉妹として神の家族、「ファミリア・デイ」(familia dei)であるということを念頭に置いております。二〇二二年の年間教会標語として創世記9章13節を選び、本日から週報に掲げ、また今日の聖書箇所といたしました。正式には今月三十日の総会で決まるものです。

ノアの洪水の後、神さまが、人類とすべての生き物との間に結んだ契約が記されています。神は、人間の心が悪いことを思って洪水を起こし、ノアとその家族とノアの箱舟に入った動物以外をすべて滅ぼしたのでしたが、もはや、そのゆえに洪水により滅ぼすことはしないという契約を立てます。その契約のしるしとして、神は、雲の中に虹を置いたというのです。虹は、雨上がりに現れます。茅ヶ崎東教会の掲示版には教会堂の十字架の上にかかった虹を教会員のM兄が撮られた写真が、パネルとして掲げられています。なぜ虹が契約のしるしかと言うと、虹は英語で「レインボウ」と言い、レインは雨。ボウは弓を意味しますように、弓なりの形しかも弓を地面に置く形ですので武器を置いてもはや、攻撃はしないという形だからです。ちなみに日本語の「にじ」という言葉は、雨が七色ににじむということで「にじむ」「滲み出る」という言葉からきています。ここで「虹」と訳されている言葉は、ヘブライ語で直訳すればまさに「弓」です。

昨年、一昨年と人類世界は世界的な感染症パンデミックの脅威に曝されてきました。本年になっても、この病との闘いは続き、人類は試練の中にあります。これは、全人類の生存を脅かす世界的な洪水のようなものです。これがなぜ起こったのか、この全世界的な疫病の意味が、どこにあるのか、考えさせられます。単純な答えは出てこない謎とも言えます。しかし、私は、神がこの世界を創造し、保持し、み旨のうちに支配なさっているという創造信仰を堅くもち、そして神が、大洪水後に結んだ虹の契約を思い起こすものです。虹は物理的には光の屈折現象でありましょう。光は雨粒やプリズムを通せば七色のスペクトルに分かれます。そのように、私たちも、信仰という、神さまからいただいたプリズムをもって神の七色の虹のように美しい恵みに目を向けたいと思います。ヨハネの黙示録章4章3節に、「その座っている方は、碧玉や赤瑪瑙《めのう》のように見え、玉座の周りにはエメラルドのような虹が輝いていた」とあります。詩編29編10節に、「主は洪水の上に座し、主は王として、とこしえに座した」とあり、続いて「主がその民に力を与えてくださるように。主がその民を祝福してくださるように。平安のうちに」とあります。私たちも、新年最初の礼拝にあたり、洪水の上に王として座していたもう主から祝福をいただき、平安のうちに、試練に遭っても希望をもって歩んでいきたいと願うものです。

ちはやぶるおほみづ過ぎてたひらぎの虹のかからなアララトやまに

バベルの塔と現代㈠

創世記11・1―8

バベルの塔の話は、なぜ言語が、かくもたくさんに分かれているのかを説明するいわゆる原因譚と、バビロンにあったジグラットとよばれる塔が、背景にあると言われますが、聖書はこれを人間が天にまで届く建物を建てようとした高ぶり（ギリシア語でヒュブリスと言います）のわざとして描いております。人間の神に対する罪、いわゆる原罪は、人間が獣のように堕落することではなく、神をさしおいて自分が「神のように」（ラテン語でシクット・デウスと言います）（創世3・4）なることです。堕落は、その結果です。

かつての工場跡地や埋め立て地に、いわゆるタワーマンションが林立しています。タワーマンションは、高層階ほど見晴らしがよく、価格も高いため、高層階に住む住人が低層階の住民を見下すタワマンカーストが存在すると言われます。しかし、感染症のリスクや地震、災害、急病の事態などを考えますと低層階の方が安全です。また、あれだけの高層マンションも、やがて老朽化し、建て替えの必要が生じますが、多くの住民が個別に所有しているマンションを皆が同意して建て替えることはなかなかできないでしょう。皆の意見や対立が起こって、結局は、天にも届くタワーマンションも最後は、廃墟になってしまうと考えられます。

かつて日本キリスト教団の紛争は、大阪の万国博覧会にキリスト教館を作ることが発端でした。推進派はキリスト教の伝道に役立つと主張しました。反対派は、万博はベトナム戦争から人の目を逸らすための、いわゆる「パンとサーカス（見世物）」として国家権力により、利用されていると主張したのです。私は、今回（二〇二一年）の東京オリンピックもまた現代のバベルの塔ではないかと思います。オリンピックについては賛否両論があることは知っていますが、現代のオリンピックは、商業主義と国家の威信、限りないドーピングの闇がありますし、この感染症の拡大する中で為政者たちが、中止を言わず、いまだに七月開催を主張していることは、かつての日本がずるずると戦争を拡大し、明治国家の滅亡に至ったのと同じように思います。かつて日本のファシズムの特徴を「無責任の体系」とよんだ政治学者がいましたが、政治家たちは、誰も責任を取ろうとしません。このように人間は、「神のように」なって高ぶり、その結果、対立し分裂していきます。

これに対し主なる神さまの運動は、逆です。5節に「主は降って来て」、7節に「我々は降って行って」と、二回、「降る」という言葉が出てまいります。主なる神は「低きに降る神」でありたまいます。キリストが、世に降り、僕《しもべ》の姿をとって十字架の死に至るまでご自分を低くし、私たちの罪を負われました。やがて、聖霊なる神が降り、主の体なる教会が地上に生まれました。教会は、キリストの体として分裂がなく一致し、神の言葉が、諸言語で語られつつ、聖霊にあって共に理解されるところであります。

バベルの塔と現代㈡

創世記11・1―9

創世記11章のバベルの塔の話から現代世界の問題に、少しく焦点を当てて、時事説教をさせていただきます。かつてグローバリズムは、地球全体を考えるよい言葉でしたが、今では地球全体を一部の特権者、世界企業が支配する言葉となってしまいました。説教題は、長い副題を羅列しました。全部をこの短い時間で詳論することはできないことをご容赦ください。二〇一九年からの感染症で、M社とF社のワクチンが、全世界で何十億回、何百億回と接種されました。これらの企業は、莫大な利益を得た訳です。その副作用でいったい、どれほどの人が亡くなり、後遺症に苦しんだことでしょう。そのことは、詳らかにされていません。ワクチン企業、創薬会社も、今や巨大なバベルの塔です。「バベル」とは「乱れ」ということで、ワクチン接種による禍害については情報が殆どありません。ＬＧＢＴＱの問題も、欧米で起こった問題が外圧によって強行されたものです。日本の伝統的な銭湯文化などが破壊されてしまいます。ここにも、グローバリズムの名のもとに、国の伝統文化が破壊されているのです。オリンピックは、巨大な利権が絡んでいます。東京五輪は、感染症の影響で一年延期されましたが、その後、誘致をめぐる贈賄、汚職が発覚しました。万博は、二〇二五年に大阪で開催される予定です。日本では二回めで、先回の大阪万博は、高度経済成長の真っ只中で、日本人の大多数が観にいきました。今度の万博は開催自体が危ぶまれています。ゴミの埋立地が会場です。日本も平成不況が続き、物価高でかつての万博のような活気はありません。

ところで日本キリスト教団は、この万博問題で教団が二つに対立してしまった経緯がありました。なぜなら大阪万博に「キリスト教館」を造ろうという案が持ち上がった時です。素朴な信者たちは万博に「キリスト教館」を作ることが、日本人に対するキリスト教宣教に大いに貢献すると考えたのです。これは福音宣教を考えた立場です。これに対し、当時はベトナム戦争がおこなわれており、日本の米軍基地からも、出撃がおこなわれていました。日本は、この戦争で巨大な利益を上げていました。このことから、「人類の進歩と調和」をスローガンとする万博は、ベトナム戦争から人類の目を逸らすものと主張して反対し、日本キリスト教団は、いわゆる福音派と社会派に分裂したのでした。

今度の万博も、ある意味同じです。今、ロシア・ウクライナ戦争が泥沼です。NATO、アメリカが後押しをした代理戦争です。そのような中、テーマは「いのち輝く未来社会のデザイン」であります。前の万博時と同じ状況です。ここにも巨大な利権が暗躍しています。これらはみな、現代のバベルの塔ではないでしょうか。創世記によりますと、人類がバベルの塔を造ったのは、「神のように」(sicut deus) 名を上げて天にまで到達しようというわゆる「高ぶり」(ヒュブリス)であり、全地に散らされることを恐れる不安からでした。傲慢と不安が動機になっているのです。

キリスト教は、イエスの謙卑に示されるように、一にも二にも三にも謙遜であります。

バベルの塔と現代㈢

創世記11・1―11

バベルの塔の話は、なぜ世界には、こんなにも人々が散らばっていて、しかも皆しゃべっている言葉が違うのかを説明する原因譚が、背景にあります。はじめは同じ言語、同じ発音だったのに、あることが原因で、このように言葉が乱れたのだという訳です。また古代バビロニアで造られ、後に壊れて遺構となったジグラットという塔が背景にあるとも言われます。「石の代わりにれんが、しっくいの代わりにアスファルトを用いた」。このような高い塔が造れるようになったのは、材料技術、テクノロジーの進歩でした。けれども聖書が記すのは、その背後にある人間の心です。

「さあ、天まで届く塔のある町を建てて、有名になろう。そして全地に散らされることのないようにしよう」。三つのことが、言われています。まず、「塔のある町」とは、物見やぐらの聳える軍事的な要塞です。工学技術の進歩は軍事と結びついています。コンピューターや携帯電話、ロケットや飛行機などの技術の進歩、原子力などの技術などはみな、軍用として開発され、民間に転用されたものであります。次に、「有名になろう」とあります。名を挙げる、名誉、名声を高めるということです。野心や威信のために巨大な軍事要塞都市、あるいは要塞国家を作ろうというのです。さらに聖書は、人間の軍事的な野心の背後にある、もう一つの動機を記しています。「全地に散らされることのないようにしよう」。これは崩壊、分裂への不安です。今の国家にも、個人にも当てはまるのではないでしょうか。

天にまで達しようとする人間の高ぶり、「ヒュブリス」と対照的なのが、神の運動です。「主は降って」「我々は降って行って」とあるように、主なる神は、低きに降る神なのです。この神は、やがて新約において、決定的にご自身を示されました。主は、イエス・キリストにおいて地上に十字架の死まで低く降られました。そして和解をもたらす十字架の言となってくださったのです。さらに聖霊なる神が、降られます。ペンテコステです。それは使徒言行録に記されています。それは、バベルの塔とは対照的であります。そこでは、全世界から集まった人が同じ霊の注ぎを受け、「それぞれ、生まれ故郷の国語を」聞くことができ、互いに意思疎通ができたのです。こうして地上に建てられたものが、主の教会であります。主イエスは、肉体となった言《ことば》と言われています。宗教のことを英語で religion と言いますが、もとの意味は「再び結ぶ」(religere) という意味です。今も乱れ争う世界にあって、人間と人間を真実に結びつけるものは、真の言葉、ロゴスである主イエス・キリストを除いてはないのです。バベルの塔との共通点もあります。教会も要塞だからです。主の福音宣教のためのみ言葉と霊の剣、武器をもった砦なのです。しかも、バベルの塔に下った神の介入によって全地に散らされたように、このペンテコステに建設された教会に加わった人たちは、主の福音を携えて全世界に遣わされ、全地に散って行ったのであります。

あなたは祝福の基となる

創世記12・1−3

アブラハムは、今から四千年ほど前の今のイラクのあたりのカルデアのウルの人です。この人に聖書に証言されている唯一の神ヤハウェが、現れたのです。「あなたは生まれた故郷と親族を離れ私が示す地に行きなさい」と。1節で、まず、離れるということが言われています。人間は、個人の発達としては、三歳頃の第一次反抗期における親、特に母親との分離。思春期、つまり第二次反抗期における性的な分離。そして、やがて家を出て経済的、精神的な分離をしていく必要があります。そこには、危機と再形成、新しく構築された関係が生まれます。アブラハムにおいて初めて、当時の月を最高神として拝む多神教から、人格的、天地万物の創造主にして歴史を導く唯一神との、人格的、パーソナルな関係に入ったのです。2節で、神は、アブラハムに、あなたを大いなる国民とし、あなたは「祝福の基」となると言われます。

四千年経った現在はどうでしょう。世界の人口は70億を超えていますが、その半分、つまり35億人がキリスト教徒、イスラム教徒、ユダヤ教徒です。これは驚くべきことで、聖書の予言が、そのまま実現しているのです。ユダヤ教は、アブラハムの妻サラとの間に生まれた子であるイサクの系統です。この系統から、やがてイエスが生まれ、イエスをメシアとするのがキリスト教です。イスラム教は、アブラハムと側女ハガルとの間に生まれたイシマエルの系統で、その子孫がアラブ人。ここからイスラム教の開祖であるムハンマドが生まれます。イシマエルとその子孫に対しても、ヤハウェは祝福し、大いなる国民とすると約束していることを忘れてはならないでしょう（創世21・13、18）。歴史的成立の順で言えば、ユダヤ教、キリスト教、イスラム教（人口順ではキ、イ、ユ）は、すべてアブラハム一人に遡り、アブラハムの宗教なのです。しかも世界人口の半分35億人を占めております。さらに、この三つはすべて、エルサレムを聖地とするのです。主が、アブラハムに「私が示す地に行きなさい」と告げられた土地はパレスチナです。これは、この地方に先住していたペリシテ人に由来する言葉です。旧約聖書は、イスラエル人が、先住民ペリシテ人を駆逐し、占領する歴史です。アブラハムに、ヤハウェからのこのようなお告げが無かったならば、現代に至るまでの紛争の歴史はなかったでしょう。「あなたは祝福の基となる」。はたしてこの言葉は、本当にそうなのでしょうか。

今日、同じキリスト教、しかも、互いに近い宗教的伝統を有しているウクライナとロシアが戦争をし、またパレスチナのガザをめぐって、ユダヤ教国家であるイスラエルが、パレスチナ人（多くはイスラム教徒です）をジェノサイド（民族虐殺）、民族浄化しようと、今しています。アブラハムに告げられた「あなたは祝福の基となる」という言葉が、人類の愚行により、「呪いの基」になってしまわないことを切に願い祈る者です。実際、世界人口半分を占めるアブラハムの宗教に属している人たちは祝福された人生、平和な生活を望み、おこなっているのです。

あなたは国を出て

創世記12・1－9

信仰の父と呼ばれるアブラハム（アブラム）が出発したウル、その次に寄ったハランの地は、月の神を拝む多神教の土地でした。彼の妻であったサラの名前も、最高神である月神の配偶神の名に由来すると言われています。ところが、この土地と習慣、宗教で育ったアブラハムに神はご自身をお現しになり、「国を出て、親族に別れ、父の家を離れ、わたしが示す地に行きなさい」と言われたのです。それは、それまでの神を知らず、神を中心としない生活のあり方から離れ、神の言葉と約束に従って生きる生活への転換を意味します。

第二に、アブラハムとその甥のロトの信仰生活との違いであります。4節。「アブラムは主が言われたようにいで立った。ロトも彼と共に行った。アブラムはハランを出たとき七十五歳であった」。アブラハムがいつも神の言葉に従って行動したのに対し、ロトはアブラハムについていく信仰生活でした。このような信仰者を、ある人が「ロト型クリスチャン」と呼んでいます。ロト型の問題はどこにあるかというと、信仰生活が神と自分という関係がしっかりしていなくて、他の人々に依存して信仰生活をするので、自主自立の信仰生活ができないという点です。人に付いてゆくけれども、人間関係に躓くと他者を批判して自分の信仰も揺らぎ、教会を去っていくことさえありうるのです。信仰の自主独立の気風をアブラハムから私たちは学びたいと思います。第三に学びたいことは、7、8節に「時に主はアブラムに現れて言われた、『わたしはあなたの子孫にこの地を与えます』。アブラムは彼に現れた主のために、そこに祭壇を築いた。彼はそこからベテルの東の山に移って天幕を張った。西にはベテル、東にはアイがあった。そこに彼は主のために祭壇を築いて、主の名を呼んだ」とありますように、行くところ、行くところで、まず必ず祭壇を築き、神を礼拝していることです。

私たちキリスト者の地上での生活も順調な時があり、苦しい時、嬉しい時があり、また悲しい時があります。けれどもどんな時にも、まず主なる神を礼拝し、神の言葉に聴いて従っていく姿勢を、行く先々で「祭壇を築く」アブラハムから学ぶことができるのです。

しかし、考えてみますと私たちキリスト者はアブラハムよりも恵まれた立場にあります。「あなたは国を出て、……わたしが指し示す地に行きなさい」。この点についてヘブライ人への手紙11章8節は「アブラハムは、行く先を知らないで出て行った」とあります。しかし、キリスト者は、その途中は何が起こるかわからないけれども、最終のめあてを与えられているということです。それは、言うまでもなく主イエス・キリストのいましたもう天のみ国です。「しかし、私たちの国籍は天にある」（フィリピ3・20）。私たちの最終目的地、またあてがはっきり与えられているということは、何と幸いなことでありましょう。

アブラハムに学ぶ——信仰者の訓練

創世記14・14－16

信仰はこの世のさまざまな対立や争いにおいてぎりぎりの状況や立場に置かれた時にいわば試されるのです。そういう中で私たち信仰者は信仰を試されキリスト者として訓練を受けるのだと思います。私たちがアブラハム物語を読むとき、アブラハムは自分が受けたさまざまな「試練」（tentatio）をとおして信仰者として訓練され、また信仰者として学び成長していっている姿を見ることができます。アブラハムの甥ロトが選んで住みついたソドム、ゴモラの町がバビロンのケダラオメルの軍勢に襲撃され、ロトとその家族、財産が奪われ連れさられます。この知らせを受けたアブラハムはすぐに追撃してロトを助け出しました。

ここから信仰上の学びを二つの点ですることができます。第一はアブラハムがロトの災いを聞いたとき、すぐに救出の行動に出たことです。ロトが今の不幸な状態にあるのは、いわば自業自得でありました。叔父アブラハムをさしおいて低地の潤った地を全部取った結果です。ロトは恩を仇で返すようなことをしました。しかしアブラハムはそのロトを救いに行ったのです。神に審きを委ね、隣人を救うために最善、最速の行動をしたアブラハムから、私たちは信仰者の姿勢を学びます。私たちは恩を仇で返してはいけないし、また、たとえそうされたとしても仇に仇を返してはならないのです。それは復讐心の裏返しでもありません。パウロがローマの信徒への手紙12章17節以下で「だれに対しても悪に悪を返さず、すべての人の前で善を行うように心がけなさい。できれば、せめてあなたがたは、すべての人と平和に暮らしなさい。愛する人たち、自分で復讐せず、神の怒りに任せなさい。『復讐はわたしのすることである。わたしが報復する』と主は言われる」と書いてあります。「あなたの敵が飢えていたら食べさせ、渇いていたら飲ませよ。そうすれば、燃える炭火を彼の頭に積むことになる」。悪に負けることなく、善をもって悪に勝ちなさい」と言っているとおりです。

第二は、アブラハムはよく訓練した要員三百十八人を備えていたことです。緊急事態で冷静に行動するにはそれなりの実力がなければなりません。私たちキリスト者は日頃から、み言葉に聞き、み言葉に養われ、祈り、奉仕し、学びをくり返しながら霊的な実力を備えておかないと、いざという時、信仰者としての戦いができなくなってしまいます。苦労し、努力を積み重ね、試練を受けつつ、信仰の実力を備えておく必要があります。そのように神は父として私たちを愛する子として訓練し、鍛えてくださるのです。私たちの「日本キリスト教会信仰の告白」の中に「信徒を訓練し」という箇条があります。改革派教会の伝統では信徒の訓練ということが真の教会がそこに現に存在するしるしとして強調されます。信徒を訓練するのは、主イエスです。私たちも、主によってよい信仰の訓練を与えていただき、ここぞという時に信仰者としての姿勢がとれるようにしていきたいものです。

神はわたしを顧みてくださる

創世記16・1―16

アブラハムには、すでに15章4節で、「あなたの身から出る者があとつぎとなる」という約束が与えられておりました。しかし、妻のサラは、もはや、子を産むことのできない体であったのです。そこで創世記16章は、子どもを産むことのできないサラが、アブラハムとの間に正式の相続子を得るためにとった、いわば人間的な手だてと、その結果のことが記されております。

はじめにサラは、アブラハムが自分のつかえめのところに入って子を得るように入れ知恵をします。それに従いアブラハムは、ハガルのところに入り、妊娠させます。子を孕んだハガルは、子を産むことのできない女主人サラを馬鹿にするようになります。その結果、サラがアブラハムに事態を訴えて、ハガルを虐め、その結果、ハガルは妊娠したまま、家から逃亡するのです。ところが、そのような神の御心を無視し、人間的な知恵や手だてで事柄を動かし、解決をしていこうとする罪に対して、神さまが、驚くしかたで介入されます。ハガルは、逃亡し、やがて、荒野にある泉に辿り着きます。その時、主の使いが、彼女に会い、声をかけます。彼は、ハガルに「あなたはどこから来たのですか。またどこに行くのですか」と問うています。

彼女は、自分が「どこから来たかは」答えることができたけれども、どこに行くかは、彼女自身も答えられなかったでしょう。先はなかったからです。そこで御使いは、彼女に「あなたの女主人のもとに帰って、その手に身をまかせなさい」と意外なことを言うのです。過酷な現実から、逃げる、あるいは逃れさせるということも、場合によって必要なこともあります。しかし、ただ逃げ出すことが問題の解決になるのではなく、もう一度、神さまから派遣されて、その現実の中で自分の果たすべき務めの中に帰っていくことによって、大きな祝福を得るということもあるのです。ハガルは「ここでもわたしを見ておられる方のうしろを拝めたのか」(口語訳)と言います。「ここでも」。それは彼女の人生の行き詰まり、どん底の時と場所でした。ルターの言葉に「神の後ろを見る者はほんとうに神を見る者である」という言葉があります。ルターによれば、キリストの十字架の背後に復活があり、闇の背後に光があり、審きの背後に赦しがあり、怒りの背後に愛があり、死の背後に命があり、絶望の背後に希望があり、苦悩の背後に喜びがあるのであって、私たちは、神さまの前だけではなく、その背後をよく見なければならないのです。主の使いは、彼女に男の子が生まれることを告げ、「主があなたの苦しみを聞かれたのです」と言います。そして男の子の名前をイシマエルと指定します。イシマエルとは「神は聞きたもう」という意味です。そこで、彼女は、その神を「エル・ロイ」と呼んだとあります。それは「わたしを顧みられる神」という意味です。

私たちの人生も、歴史や時代の波にも揉まれ、翻弄されますし、人間的な思惑や考えによって左右されるとき、もはや、どうすることもできないような状態になることもあるでしょう。しかし、神さまは、そのような私たちを決して見捨てず、慈しみ深い配慮のうちに顧みてくださるのです。

神の微笑みもしくは聖なる微笑みについて

創世記21・1―6

「笑う」「笑わせる」というのは難しいことです。嘲笑するという言葉がありますように、嘲けりの笑い、人の失敗を見てほくそ笑むということもあります。創世記18章には、三人の御使いが、子どものいないまま老年になったアブラハムとサラの所に来て、アブラハムに来年の今頃、あなたの妻サラに子どもが生まれるでしょうと告げます。サラは、天幕の入り口で、それを聞きます。月のものがとうになくなっていた彼女は「ひそかに笑った。自分は年をとり、もはや楽しみもあるはずはないと」。ここには神の約束に対する不信が、性的なニュアンスをもった笑いの中に表現されています。ところが、この約束が実現した時のサラのことが、今日の創世記21章6節に記されています。イサクとは、「彼は笑う」という意味です。三人称単数の動詞が使われています。「彼」とは誰でしょう。それは神です。「笑う」というのは微笑む、笑むと言った方が、よいかもしれません。神が私たちに微笑んでくださるのです。それは私たちの人生を祝福してくださるということです。悲しみや苦しみ、失敗や挫折の多い、また罪深い私たちを主イエスの救いの中で、神が微笑みをもって祝福してくださるのです。

ところで、新約聖書においてイエスが笑う、微笑むという箇所は一つもありません。それは不思議なことです。『讃美歌』にはあの、「きよしこの夜」に出てまいります。三節に「きよしこの夜、み子の笑みに、あたらしき代のあしたのひかりかがやけり、ほがらかに」です。けれども主は、ルカによる福音書6章21節、25節で、「今泣いている人々は、幸いである。あなたがたは笑うようになる」。「今笑っている人々は、不幸である。あなたがたは悲しみ泣くようになる」と言われ、主によって救われ、神の子とされた者の「笑い」について語っておられます。もう一つは、『讃美歌21』の542番3節です。「受け入れられて新たにされ、生活の場に送り出され、和解の食卓共に囲み、交わす笑みこそ癒しのわざ」とあります。キリスト教には聖なる微笑という伝統があります。それはイエスの母マリアの微笑であり、中世ヨーロッパの聖堂に彫刻された天使たちの微笑でもあります。ダンテの『神曲』では、ダンテを天国へと導くのはベアトリーチェですが、最初、彼女は厳しい顔つきで現れるのですが、彼女に叱責され、悔い改めを迫られ、彼が自分の罪深い生活を悔い改めた後は、彼女は聖なる微笑で彼を包むようになります。

キリスト者は、罪に泣いていた者ですが、救われた者としては「笑う」者となります。神の微笑みを受けた者として、人生に神が造られた一切のものに、隣人に、微笑む者となります。

隠れキリシタンは、自分たちの信仰を隠しましたが、いろいろな形でそれを告白しています。その中にお墓に笑うという字の右上に点を振っているものがあります。これはまさに笑点、主の昇天と自身の召天を告白しているのです。私たちも神の微笑みの中に包まれて召天したいと願う者です。

二人は一緒に歩いて行った

創世記22・1—14

イサクは、神からアブラハムが百歳の時に、ようやく与えられた一人息子でありました。その子は、神ご自身が、子どもの無かったアブラハムとサラの夫婦のために、約束の子としてくださった賜物であったのです。その子どもが、やっと与えられた時に神は思わぬ試練をアブラハムにお与えになったのでした。神は命じられます。「あなたの息子、あなたの愛する独り子イサクを連れて、モリヤの地に行きなさい。わたしが命じる山の一つに登り、彼を焼き尽くす献げ物としてささげなさい」。

アブラハムは、神さまの、この要求を理不尽であるとして拒否することもできたでしょう。そのような理不尽な神への信仰を捨てることもできたでしょう。けれどもアブラハムも子のイサクも神さまの命令に従いました。アブラハムは若者に言います。「ろばと一緒にここで待っていなさい。わたしと息子はあそこへ行って、礼拝をして、また戻ってくる」。まず、アブラハムは、神さまがお与えになった、モリヤの山での試練を、私と息子がおこなう礼拝と言っています。礼拝、これは、親と子どもが、それも、人生のさまざまな試練の只中で、共に「礼拝をする」ということです。その礼拝は、親が自分をささげることであると同時に、自分の子どもを神さまにささげるということなのです。自分も礼拝し、子どもも礼拝する。そして親からすれば、この子どもは神におささげするという信仰です。この子どもは親のものでもなく、神さまが造られ、自分に育てるように委ねてくださった、一人の神の前に立つべき存在としてささげるという信仰です。それが礼拝です。

その後、「二人は一緒に歩いて行った」という言葉が、二度、くり返されています。これから神に献げる礼拝に欠かせない献げ物である小羊がいないという、イサクの根本的な問いに対して、アブラハムは、これをはぐらかすことをせず、また適当な答えでお茶を濁したりもすることなく、小羊は神がきっと備えてくださると答えています。礼拝や信仰の事柄において、親は子と一緒に歩み、信仰に関する子どもの問いに、自らの信仰をもって真摯に答え、対話をなすものでなければならないことをここから学ぶことができます。ここから学ぶことは、アブラハムが「また戻ってくる」と言っている点です。驚くべき言葉です。アブラハムのこの言葉は、これから起こることを隠して、言葉だけの気休めを語ったものではありません。それは、イサクを犠牲にささげても神さまが、必ずやイサクを返してくださるという復活信仰であります。神は必ず、この子を死からよみがえらせてくださるという復活信仰です。この信仰は、アブラハムが三日めにモリヤの山を見上げたということと無関係ではありません。モリヤの山、それは、後のエルサレムであります。エルサレム郊外で神が備えてくださった小羊として十字架にかけられ三日めによみがえられた主の復活の出来事を信仰の「目を上げて見る」ことにより与えられる、ゆるぎのない復活信仰であります。

これは主から出たことですから

創世記24・50

イサクの嫁さがしの話です。リベカは家に帰って、このことを伝え、兄ラバンが迎えに行って、僕《しもべ》を家に導きます。そこはアブラハムの兄弟の家でした。そこで、僕は、用意された食事に手をつける前に要件を話します。この嫁取りに相手が同意するかどうかが肝心要だからです。これを聞いたアブラハムの親族のラバンとベトエルは、50節で「この事は主から出たことですから、わたしどもはあなたによしあしを言うことができません」と言っています。今日は、このみ言葉を説教題としました。ラバンとベトエルは、突然の申し出に面食らったことでしょう。人間的な思いもあったと思います。

ラバンという人は、30節で、まず妹が身につけている「金の鼻輪と腕輪を見る」ような現実的で、目ざとい性格であり、これは後にイサクの子ヤコブが、ラバンの家で二十年も働かされることになるなかなか強かな人物なのですが、ここでは、こう言っております。私たちの信仰生活や、教会生活でも、人間の複雑な思惑や感情が交錯したとしても、私たちは、「この事は主から出たことですから、わたしどもはあなたによしあしを言うことができません」と慎みと謙虚さをもって言わなければならないことがあると思います。「善悪の彼岸」という言葉がありますが、神のなさることは、人間が自分の了見で良し悪しを言うことの許されないという意味で、正に、善悪の彼岸にあるのです。

さて僕は、翌日、リベカを連れて帰ろうとします。彼女の兄と母は、「少なくとも十日ここにいさせたい」と言います。手放したくないという気持ちが段々強くなって、翻意されるかもしれません。実際、後のヤコブの時は二十年です。僕の行動は迅速でした。長居は無用なのです。そこで彼らは、娘に直接、聞いてみることにします。彼らは、娘が、もう少しここにいたいというのを期待したのかもしれません。ところがリベカは、二つ返事で「行きます」と言ったのでした。かつてアブラハムは、故郷の家、父の家を離れて出発しました。このリベカの態度にも、アブラハムと同じ姿勢が見られます。創世記2章24節に、結婚に関して、「それで人はその父と母を離れて、妻と結びあい、一体となるのである」とあるとおり、文字どおり、リベカは、「父と母を離れた」のです。

62節以下に、イサクとリベカとの出会いと結婚が、印象深く記されています。ここで私たちは、63節と64節で、両者について共に、「目を上げて」という言葉が記されているのに気づきます。「目を上げる」、これは、アブラハム物語において見てきたように、「信仰の目をもって神の約束の現実」、「確かさを見る」ということです。結婚において、私たちが見るべきもの、それは、神の約束の確かさだと思います。こうして、イサクとリベカの結婚が、実現しました。アブラハムの段取り、忠実な僕の祈りに基づく注意深い行動、ラバンとベトエルの神の配剤への謙虚さ、リベカの信仰的決断、イサクの信仰、こういったすべてのことが一つとなって、神の救いの歴史は実現していくのです。

アブラハムは良き晩年を迎え

創世記25・7―8

信仰の父とよばれるアブラハムの一七五年の生涯について、振り返ってみたいと思います。彼が、出発したウル、次のハランの地は、月の神を最高神とする多神教の土地でした。アブラハムの妻であったサラの名前は、最高神である月の神の配偶神、お妃の名前に由来します。ところが、このアブラハムに聖書の神は、ご自身をお現しになり、「あなたは国を出て、親族と別れ、父の家を離れ、私が示す地に行きなさい」と言われたのです。アブラハムは、第一に、この神の言葉に従い、それまでの神を知らない生活の在り方から離れ、神の言葉と約束に従って生きる生活に方向転換をしたのです。第二には、アブラハムは、父を亡くした甥のロトの面倒を見ました。ロトとその家族に禍が襲ったときも、救援に駆けつけています。そしてロトとの間で家畜と土地のいざこざが生じたとき、アブラハムは、自分の方が年長者であるのに、ロトにまず好きな土地を選ばせ、ロトは、誰が見ても肥沃な土地を選びました。アブラハムに残された土地は荒地でしたが、神は、アブラハムを祝福しました。第三に学びたいことは、アブラハムは、寄留し、天幕を張ったその場所、土地において主のために祭壇を築き、主の名を呼び、礼拝をしたということです。アブラハムの人生は、必ずしも順風満帆であった訳ではありません。試練がありました。一〇〇歳になってようやく与えられた息子イサクを、モリヤの山で燔祭として献げるようにという神からの試練もありました。サラと側女ハガルとの確執の間で悩むこともありました。アブラハムも、われわれと同じ人間的な悩みや弱さをもっています。しかし、危機的な事態、試練に際して、いつも主なる神に目を上げ、主に従いました。

こうしてアブラハムは、晩年を迎えます。今日の聖書の箇所は、「聖書協会共同訳」で印象的な言葉が出てきます。「アブラハムは良き晩年を迎え」。晩年の祝福は、どこにあるのでしょう。中には信仰者であっても、不慮の事故や病で短い一生を終える人もあります。アブラハムは、長い信仰生活の戦いと訓練の中で、晩年を祝福されました。この箇所の少し前の5、6節を見ますと、アブラハムは晩年に臨み、自分の財産と家族をめぐって死後トラブルが起こらないように、人生の整理をしています。イサクのための嫁取り、財産分けと、側女とその子どもたちの移住など。晩節を汚すことのないように、きちんと身辺整理をしておくべきことを教えられます。またアブラハムが地上で獲得した土地は、妻と自分の墓所となったマクペラの洞窟と、その周辺の畑地だけでした。アブラハムが妻を大事にしていたことがわかります。つまり、長年添い遂げてくれた妻を大事にすること、自分の財産と家族をめぐって自分の死後にトラブルが起きないように、きちんと整理しておくことです。

私たちの真の故郷、ふるさとは、ヘブライ人への手紙11章8節以下に、アブラハムを引いて語られておりますように、地上にではなく、天にあるからです。アブラハムもその一生をとおしてそのことを証ししたのです。

いま主がわれわれの場所を広げられたから――井戸を掘る人イサク

創世記26・15―25

族長イサクは、信仰の父アブラハムの息子で、比較的地味で影の薄い人物です。しかし、イサクについて忘れてはならないことは、彼が「井戸を掘る人」であったということです。イサクは、父アブラハムの僕《しもべ》たちが掘った井戸が、異教徒のペリシテ人たちによって埋められていたのを掘り返し、それがまた彼らに横取りされても、それらをめぐって争い続けることなく、そこを去ってまた黙々と井戸を掘り続けたのでした。彼は、二度の妨害に遭っても井戸を掘ることを止めることをしませんでした。そして終に、異教徒の前に確固たる井戸を掘り当て、そこを「レホボト」（広い場所）と名づけて、次のように言うのです。「いま主が我々の場所を広げられたから、我々はこの地に増えるであろう」。

今さらながら私たちは、圧倒的な異教社会に囲まれております。他方、日本のキリスト者の数は約七十万人に低下してしまいました。茅ヶ崎東教会の二〇二〇年の歩みにも、さまざまな困難、また試練が待ち受けているでありましょう。私たちはイサクが、周囲のペリシテ人の妨害や妬みにもかかわらず、黙々と、父アブラハムの時代に掘られた井戸を掘り続けたように、教会の先達たちが残したキリスト教二千年の伝統、さらには宗教改革五百年の伝統に、いつも立ち帰り、大切な「信仰の遺産」(depositum fidei)を汲み上げつつ、地道に礼拝と伝道のわざに励んでいきたいと思います。その遺産とは、先達の祈りと神学の遺産であり、何よりも、その源泉の井戸としての神の言葉である聖書に絶えず立ち帰るということでしょう。その地道な営みの先に、主は必ず、私たちの場所を広げてくださり、私たちが、この地で増えるということが恵みとして起こるでありましょう。それ以外に伝道と教会形成の王道はないでしょう。具体的には、茅ヶ崎東教会において「イエスは主である」という信仰を告白し、洗礼を受け共に礼拝し、聖餐にあずかる者が増えるということであり、教会が、この地にあって拡大するということであります。主が、私たちを「レホボト」(広い場所)へと導いてくださるということであります。言い換えれば、このことは、私たちの力や、わざによることではなく――もちろん、イサクが井戸を掘り続けたように、それが大切なことは言うまでもありませんが――、根本的には、主なる神が、私たちの場所を広げてくださるという大いなる恵みの出来事によるのです。そしてそこは、深い井戸から尽きることなく、霊的な命の水が、滾々と湧き出る恵みの空間であります。その水は、聖書に射す霊感をとおして、キリストが与えてくださる命の水にほかなりません。「いま主がわれわれの場所を広げられたから、われわれはこの地に増えるであろう」。

私たちもまた、そのような恵みの出来事が必ずや起こることを堅く信じて、新しい年の歩みを始めていきたいと願う者です。

夢を見る人ヨセフ

創世記37・1－4

創世記37章以下のヨセフ物語から学びたいと思います。ヨセフは、ヤコブが最愛の妻との間にもうけた子どもで、それまでにラケルの姉レア、ラケルの召使ビルハとの間にもうけた十人の兄がいました。父ヤコブは、年寄り子でラケルが生んだヨセフを偏愛し、裾の長い晴れ着を着せて甘やかしました。ヨセフはいつの間にか、天狗になり、お兄さんたちの悪い噂を父に告げ口したりしたので、兄たちの反感を買うことになります。ヨセフには将来起こることを予知する夢、いわゆる予知夢を見る賜物が、神さまから与えられていました。その賜物が最初に現れたのは、十七歳の時でした。その時見たのは、二つの夢です。一つは兄たちの作った麦の束がヨセフの束にひれ伏すというもの。二つめは、太陽と月と十一の星がヨセフにひれ伏すというものでした。それを聞いた兄弟たちは、ヨセフを恨み、殺そうと企て、羊を飼っている兄たちの所にやってきたヨセフを穴に投げ込みます。父が与えたヨセフの自慢の晴れ着を剥ぎ取り、彼をエジプトに奴隷として売り飛ばします。そして、晴れ着に雄山羊の血を付けて父に見せ、ヨセフが獣に殺されたと告げたのでした。事もあろうに、自慢の長い衣が、彼の死んだ証拠とされたのです。

十七歳というのは危機的な年齢であります。大江健三郎に『セブンティーン』という過激な小説があります。また先日、大学受験会場前で事件を起こした少年も十七歳でした。体は、ほぼできあがり性的なエネルギーは爆発的です。一方で知的には、吸収力が大きく、勉強しなければなりません。心と体のバランスは不安定です。世間や社会のことについては未熟です。ヨセフも、自分だけが父から偏愛されている中で、兄たちの気持ちを思いやる惻隠の情は、まだ育っていなかったのです。

ヨセフは、その後、エジプトで王の給仕役と料理長の夢を解きます。三十歳の時にはファラオの夢を解き、大飢饉に備えて食料を備蓄するように進言し、王の信任を得て、エジプトの宰相に抜擢されました。この飢饉で食べ物の尽きた父ヤコブは、ヨセフの兄たちに、エジプトに穀物を買いに行かせます。そこで兄の十人は、宰相がヨセフとも知らず、彼の前にひれ伏し、彼が十七歳の時に見た夢が実現します。紆余曲折があった後、最後には再びエジプトに、兄たちはヨセフの弟のベニヤミンと贈り物を持ってエジプトへ行き、十一人の兄弟はヨセフの前にひれ伏し、二番めの夢が実現するのです。

ヨセフ物語から三つのことを学びます。㈠人が悪を企んでも、神は共にいて祝福してくださるということ。㈡神は、人の悪、不遇、逆境ですら、良きに変えるお方であるということ（創世50・20、ローマ8・28）。㈢神は若い日に、人によき夢を与え、その夢を必ず実現してくださる。若い人は神から与えられた夢や賜物を大切にし、高ぶることなく、夢が必ず実現することを信じ、試練や困難に負けることなく努力し、それを自分のためだけでなく、隣人の幸いのために用いるべきであるということです。

神は良きに変わらせて

創世記50・15－21

キリスト者は、全能で愛と正義、善に満ちた神が、この世界をお造りになられたという信仰を与えられております。しかし、この世界には悪や不正義がたくさんあります。神が義なるお方であるのになぜ、この世界に悪が存在するのか、またなぜ正義と愛に満ちた神が、この世界に存在する悪をそのままにしておられるのかという問いは深刻な問いであります。「神義論」（Theodizee）とよばれる問題です。

それでは、神は、ご自身にさえ背く悪や罪に対してどのようになさるお方なのでしょうか。ヤコブには十二人の子どもがいましたが、彼は、愛妻ラケルの産んだ、末から二番めのヨセフを偏愛し、そのことが、兄たちのヨセフに対する憎しみを駆り立てました。ヨセフの兄たちは、ヨセフが十七歳のとき、彼をエジプトに奴隷として売り飛ばしてしまいました。ヨセフは、三十歳のとき、エジプトの宰相に取り立てられます。七年の飢饉に備えて食糧を備蓄し、近隣諸国が窮していたときも、エジプトはゆとりをもって対処することができたのです。ヨセフの兄たちも、食糧を求めてエジプトにやって来、宰相ヨセフに会ったときは、動転するほど驚きました。また彼らは、復讐されることを恐れたのでした。しかし、その時、ヨセフは、「あなたがたはわたしに対して悪をたくらんだが、神はそれを良きに変らせて、今日《こんにち》のように多くの民の命を救おうと計らわれました」と言って、彼らを手厚くもてなしたのです。

この物語の中に、ヨセフの信仰が凝縮されています。それは、第一に、人が悪を企んでも、神は、ご自身の召したもうた者と共にいて、祝福してくださるという信仰です。第二に、神は、人の悪、不遇、逆境ですら、「それを良きに変える」お方であるという信仰です。私たちキリスト者の思い、生活、人間関係、人生観も、この聖書の信仰に基づいております。私たちは、このことを知っておりますので、人が自分に対して悪を企んでも、その悪に対して悪をもって、すなわち、仕返しや復讐をもって臨むことはいたしません。

パウロが、ローマの信徒への手紙8章28節で、こう書いております。「神は、神を愛する者たち、すなわち、ご計画に従って召された者たちと共に働いて、万事を益となるようにしてくださることを、わたしたちは知っている」。聖書は、人間や悪魔の企む悪でさえも、「神はそれを良きに変らせる」お方であると言うのです。そのことの究極的な姿が、主イエスの十字架において示されております。主イエスを十字架につけて殺した人間の罪が、その十字架によって赦され、帳消しにされ、また主イエスを十字架につけて殺した悪魔が、悪の力が、その十字架によって逆に、打ち倒されるということであります。「あなたがたはわたしに対して悪をたくらんだが、神はそれを良きに変らせて、今日のように多くの民の命を救おうと計らわれました」と言われます。人が企んだ悪しき十字架によって神は、それを良きに変わらせ、数限りない人の命を救おうと計らわれたのであります。

その中に赤子を寝かせ

出エジプト記2・1―10

モーセという名前は、ここで「水の中から私が引き上げた」という「マーシャー」という言葉から王女が名づけたとあります。ヘブライの言葉でマーシャーとは「引き出す」という意味です。教育のことを英語でエジュケーションと言いますし、ドイツ語ではエアツィーウンク（Erziehung）と言います。これは、いずれも引き出すという意味です。教育とは知識を伝えたり、詰め込むことではなく、その人を「引き出す」ことなのです。その人が神から与えられた可能性、できる力や個性を発見し、開発し、伸ばし、引き出して、その人が、神から与えられた人生を十分展開できるようにすることです。「引き出す」ということで、引き出しを考えることもできます。引き出しも詰め込みすぎると、開かなくなったり、壊れてしまいます。

教育も、同じではないでしょうか。いつでも中から必要なものが的確に引き出せるように整理しておくことが大事です。「私が水の中から引き出した」ということは、モーセが大人になったとき、イスラエルの民がエジプトを脱出して、葦の海である紅海を渡る時に実現することになります。モーセと彼に率いられたヘブライの民は、紅海を二つに分けた神に守られて、「水の中から」引き出されるのです。私たち大人に求められていることは、「赤子をその中に寝かせる」ということです。モーセの母親は幼子の命が絶たれるという絶体絶命の危機にあって、パピルスの籠を用意し、アスファルトとピッチ、すなわち漆喰で防水し、その中に男の子を入れました。どんな時でも絶望せず、神の導きの御手に委ねる場所を作り、そこに子を置くという強い信仰です。それは、この世の文化に背を向けるということではありません。母親が葦の籠を作る時に用いたものはパピルス、アスファルト、ピッチはどれもエジプト文明の技術です。現代文明の利器を用いてよいのです。モーセはエジプトで最高の学問と教養を身につけることになります。

こうして神は、未来のイスラエルの指導者を用意されたのです。この世の学問や文化、教養を身につけるということは悪いことではなく、神の御用のために役立てるのです。アウグスティヌスの言葉を借りれば、キリスト者は、この世の物は「利用」（uti）し、神のみを「享受」（frui）するのだと思います。ところでこの籠舟には推進力がありません。ノアの箱舟もそうです。細かい指示を神はノアにしますが、帆もスクリューもないのです。これは、行き当たりばったりということではなく、神の御手に自分を委ねるという信仰です。神は、ファラオの権力による計画を砕くために、その娘の優しい愛、赤ん坊の姉の気転を用いられました。神は権力者の計画を打ち砕くために、小さく弱く取るにたりないと思われる者や出来事を用いられるのです。「私が水から引き出した」という名をもつ人をとおしてエジプトの奴隷状態から葦の海を通り抜けて神の民イスラエルが誕生します。私たちも神により罪の奴隷状態から、イエスを信じる信仰によって解放された者です。洗礼を受け、その「水から引き出」された存在です。神は私たちを「水から引き出し」、神の国に入るまで守り導いてくださるのです。

モーセの生涯に学ぶ

出エジプト記2・11―15

モーセの生涯から学びたいと思います。モーセの生涯は、全部で一二〇年でしたが、四十年ずつの三つの時期に分けられます。

第一の時期の転機は、モーセが四十歳の時に起こりました。今日の箇所です。モーセは同胞のヘブライ人がエジプト人に虐げられているのを見て、義憤に駆られ、誰も見ていないのを確かめて、このエジプト人を撲殺し、砂に埋めます。ところが翌日、今度は同胞同士の喧嘩に割って入り、昨日の殺人が知られていることを知り、またファラオがこのことを知り、モーセを殺そうとします。モーセはこうして力も満ち溢れた盛りに殺人を犯します。モーセは、後にシナイ山で十戒を受け、「殺すなかれ」という戒めを受けます。モーセは殺人者ですが、この殺人と第六戒との関係について考えさせられます。同胞が他国で虐待されているのを見て、国がその同胞を助けようとして介入する事例は、今のロシアもそうですし、多くの事例があります。同胞を助けるため、あるいは正当防衛として。第六戒は、旧約では、また現代イスラエルにおいても、同胞に対してだけ妥当しているのが現状です。ですが、モーセは、これにより問題を解決することができず、ミデアンの地に国外逃亡します。そこで彼は、四十歳から八十歳までの間、その地の祭祀エトロのもとで娘ツィポラと結婚し、羊飼いの生活をします。

第二期の四十年は、モーセにとって、いわば哲学と瞑想の日々であったと思います。四十歳の時の義憤に駆られた力任せの行動から、静かな成長の時を与えられたのです。神は、モーセを導き、自分のありようを深く見つめる期間をお与えになったのだと思います。私たちも、静かに、時にはリトリートして現場から離れ、自分を見つめ直す時間が必要です。

そしてモーセが八十歳、人間的にはもはや壮年の盛りを越え、老年期に入った時に、若い時に義憤から力任せに行動し挫折した課題、すなわち、エジプトで虐げられている同胞の民を救うという課題を果たすために、行って救出しエジプトから脱出させるように、主はホレブの山の燃える柴の中に現れ、彼を召し出します。こうしてモーセは、主によってエジプトに戻り、その使命を果たすことになるのです。「モーセは死んだとき、百二十歳であったが、目はかすまず、気力も失せていなかった」(申命34・7)とあります。人が皆、その死に至るまで、健康でしっかりしているとは言えないでしょう。私たちは、肉体は、衰えていきます。しかし、内的なキリスト者としての自己は若くあり続け、また成熟していくのです。

死ぬ前に彼は、主の命令によってネボ山に登り、ピスガの頂に立ち、ピスガの頂で神の約束の地を展望します。でもそこに入っていくことはできませんでした。入っていくことができたのは次世代で、ヨシュアとその民です。信仰者もまた。地上的には限りがあります。次世代にバトンを渡し、世を去っていかなければなりません。しかし、私たちも人生の終わりに、ピスガの頂に立つのです。その頂から私たちは天上の故郷であり、約束の地である永遠のみ国へと旅立つのです。

イスラエルが「頑な」になったのは

出エジプト記4・21、ローマの信徒への手紙11・25、26

近年、知識人や予言の界隈で世界最終戦争の預言としてエゼキエル書38章が注目されています。そこではゴグとマゴグがイスラエルに攻め込み、世界の終末戦争がおこなわれる、しかし、最後はイスラエルが勝利するというものです。

二〇二三年芥川賞を受賞した市川沙央氏の『ハンチバック』という作品を読みました。文脈は理解できませんでしたが、エゼキエル書38章が引用されています。ゴグとマゴグを、ロシアとイランに当て嵌め、現在のロシアとウクライナの戦争、イランとイスラエルの対立、それから起こる第三次世界大戦を終末戦争として読もうとするのです。ヨハネ黙示録20章8節に「千年が終わると、サタンは牢獄から解き放たれ、地の四方にいる諸国の民、ゴグとマゴグを惑わそうとして出て行き、彼らを集めて戦わせようとする」と予言されています。私たちは現在、イスラエルがパレスチナ人の住むガザに対しておこなっている大量虐殺に心を痛めています。先週もイスラエルが、6日、ガザで学校を爆撃し、四十人の子どもが死亡したと伝えています。

なぜ、旧約の神の民であるイスラエルは、こんなになったのでしょうか。

パウロは、ローマ書9章から11章でイスラエルの民の救いについて論じています。ローマ書の中心は、9章以下のユダヤ人の救いの問題であるとも言えます。パウロはユダヤ人であり、ローマの教会のユダヤ人キリスト者からあなたはユダヤ人でありながら、なぜ異邦人に伝道するのか、ユダヤ人を見捨てるのかという非難がなされていたからです。パウロの所論の結論は、11章25、26節にあります。「イスラエルの一部が頑なになったのは、異邦人の満ちる時がくるまでのことであり、こうして全イスラエルが救われることになる」ということです。異邦人で救われる人が満ちるまで、イスラエルは頑なになるということです。ここでは、「頑な」が主語です。頑な、が生じ、今も続いているというのです。「頑な」はギリシア語で「ポーローシス」で堅い「凝灰岩」に由来します。「頑な」にしたのは、実は神です。「頑な」のテーマは、出エジプトの時のパロに出てきます。イスラエルの民を過酷な強制労働、奴隷の状態から解放するために主なる神は、モーセを召し出しますが、他方、神は、パロを「頑な」にし、なかなかエジプトからイスラエルの民を去らせようとはしないのです。

「私が彼（パロ）の心を頑なにするので、彼は民を去らせない」（出エジプト4・21）。これは奇妙なことです。神がパロの心を懐柔すれば、すんなりイスラエルの民は解放されますのに。一つ言えることは、イスラエルが神の定めた時に救われるまで、パロは頑なにされたということです。皮肉なことに、その救われたイスラエルの民が、今度は異邦人の救いが満ちるまで、頑なにされるということです。『讃美歌』161番の、イスラエル民謡「ヒネマトーブ」の「主の家族」は、イスラエル、異邦人のすべての民を含む「神の家族」（familia Dei）なのです。

私にとってあなたは血の花婿です

出エジプト4・24－26

出エジプト記4章24－26節の記事は、旧約聖書でも最古層の物語であると言われます。記事自体は、割礼の起源になっています。つまり、モーセの妻チッポラが、モーセの息子の性器の包皮を切り取ったということに由来すると。モーセは、紀元前十三世紀の人です。割礼の起源については、創世記17章10節で、アブラハム契約のしるしとして主から指示されています。アブラハムは、紀元前二十世紀頃の人です。しかし、この記事の資料は、バビロン捕囚から帰還後の祭司資料（紀元前六世紀）の新しいものです。

割礼は、ユダヤ人がユダヤ教団を成立させる際の、いわば差別化として採用したとすると捕囚以後のものになります。いずれにせよ、モーセを出エジプトのために召した主なる神が、モーセを殺そうとしたというおどろおどろしい話です。モーセは、同胞を虐待していたエジプト人を若い時に撲殺した人です。「殺してはならない」という十戒、殺す者は殺されるという掟から見て、主は彼を殺そうとしたとも考えました。この物語の背景にあるものについて古来、中世まで存在した初夜権を考える学者もいます。初夜権とは、領主とか神官が、領地の処女が婚姻する前に初夜を過ごす権利のことです。昔の日本の若い男性は、若者宿などでいわゆる「筆おろし」をしてから結婚初夜に臨む習慣がありました。申命記22章13節以下には結婚した妻の両親が娘の「処女の証拠」を保存することを記しています。初夜の出血の下着を保存するのです。現代では考えられませんが、それほど処女、初夜ということは重視されていたのです。日本にも似たような風習があったようです。クリスチャン詩人八木重吉の妻の書いた回想録を昔、読んだことがあります。彼女が結婚して初夜を迎える前に、仲人が彼女に、初夜に夫から何をされても拒んだり、驚いてはならないと諭されたこと。初夜の後、初交わりの血の付いた下着を仲人が受け取り、両親のもとに届ける風習があったことが記されていました（吉野登美子著『琴はしずかに――八木重吉の妻として』彌生書房、60－62頁）。

「あなたは私にとって血の花婿です」という彼女の言葉に注目したいと思います。これは、そのまま私たちのイエスに対する信仰告白として受け取ることができます。なぜなら、マルコによる福音書2章20節で主は「花婿が取り去られる日が来る。その日には断食することになる」と言い、自らが殺される花婿であることを予告しておられるからです。第二のモーセとも言われる主は、十字架にかかり、血を流し、私たちを贖い、血の花婿となってくださったからです。チッポラのこの言葉は、旧約の最も深いところから、この主イエスを予言しているものと私は考えます。主イエスこそ、私たちにとって「血の花婿」であること、私たちは、その花嫁であることを思い、聖餐に共に感謝をもってあずかりたいと思います。

十の災いと十の奇蹟

出エジプト記9・8－10

出エジプト7章から11章には、出エジプトを頑なに拒否するパロとエジプトに対して、主がモーセを通しておこなった十の災いが記されています。1血の災い（7・14－25）、2蛙の災い（7・26－8・11）、3蚋の災い（8・12－15）、4虻の災い（8・16－28）、5疫病の災い（9・1－7）、6腫物の災い（9・8－12）、7雹の災い（9・13－35）、8バッタの災い（10・1－20）、9暗闇の災い（10・21－29）、10初子の災い（11・1－10）です。これらは、エジプトにおける環境汚染と解釈することができます。大気汚染、ナイル川の水質汚染、環境破壊による害虫、疫病、皮膚病等の発生と理解することができます。日本もまた工業化、産業化、乱脈な資源開発により、水銀による水俣病、カドミウムによるイタイイタイ病、川崎病、四日市喘息などの公害病が起きました。エジプトを襲ったこれらの災厄は人口過剰と資源の乱脈な開発、過度の排出によるものと理解することができるのです。

さらに私は、以上のようなエジプトに下る災いを読みますとき、現代日本のことを思い起こします。東日本大震災による原発事故での放射能汚染、福島の被災地における被ばく土壌、地下水の汚染、青森六ケ所村

における プルトニウム汚染。また現在おこなわれている大阪万博の夢洲のことです。夢洲は家庭塵、生ごみ、糞尿、産業廃棄物等の最終埋立地でＰＣＢ、水銀などの有毒な化学物質、最近爆発事故がありましたが、メタンガスの噴出、ダニ、蚤、蛆、蠅などの害虫の発生の上に建物、施設が建造されております。そのような場所が「いのち輝く未来社会のデザイン」を告げる場所となるのでしょうか。

イエスがマタイによる福音書23章27節で偽善者たちに言った言葉を思い出します。「あなたがたは白く塗った墓に似ている。外側は美しく見えるが、内側は死者の骨やあらゆる汚れで満ちている」。ところで、この十の災いに対応していますのが、マタイによる福音書であり、モーセ五書に合わせて全体が五つの部分に分かれます。5章から7章はモーセがシナイ山で十戒を受けた記事に対応してイエスは山上で説教されます。そして8章から9章でイエスがなさった十の奇蹟が記されるのです。㈠規定の病を患った人の癒し（8・1－4）、㈡百人隊長の僕の癒し（8・5－13）。㈢ペトロの姑の癒し（8・14－17）。㈣暴風を鎮める奇蹟（8・23－27）、㈤悪霊憑きのガダラ人二人を癒す奇蹟（8・28－34）、㈥体の麻痺した人の癒し（9・1－8）、㈦会堂長の娘をよみがえらせる奇蹟（9・18－26）、㈧長血の女の癒し（9・20－22）。㈨二人の盲人の癒し（9・27－31）、㈩口の利けない人の癒し（9・32－34）です。このようにモーセは、神の怒りによる十の災いでもってイスラエルの人々をエジプトのパロのもとでの奴隷状態から解放するのですが、イエスは神の憐れみにより罪びと、病の人を救われるのです。

落ち着いて主の救いを見なさい

出エジプト記14・13、14

新年家族礼拝の箇所として選びましたのは、いわゆる葦の海の奇跡です。出エジプトの出来事は、紀元前十三世紀のことですが、実はユダヤ人の出エジプトは今も続いていることを、私はこのほど知りました。この正月、私は「約束の旅路」という映画を見ました。聖書には、ソロモン王とシバの女王のことが出てきますが、その女王の子孫とされるのが「エチオピア系ユダヤ人」とされる黒人の人たちです。エチオピアを大飢饉が襲った時、イスラエル政府は救出作戦を実施しましした。一九八四年と一九九一年です。この一九八四年の作戦は「モーセ作戦」とよばれ、彼らをスーダンまで歩いて脱出させ、そこの難民キャンプからイスラエルに飛行機で救出しました。イスラエルには約六万人が住んでおり、今でも社会最下層を成し、差別されています。その実話を背景にした映画です。

さてモーセに率いられたイスラエルの民は、意気揚々とエジプトを脱出しますが、エジプトの王は、イスラエルの民を逃がしたことを後悔し、戦車をもって民の後を追います。葦の海辺で宿営していたイスラエルの民は、恐れ慄き、モーセに食ってかかりました。こんな荒れ野でエジプト軍に殺されるより、エジプトで奴隷のままでいたほうがよかったと。そして神の言われたとおり、モーセが杖を高く差し伸べると、葦の海が割れて、中に道ができ、民はそこを歩いて渡りました。エジプト軍が追って道に入ったとき、再びモーセが杖を差し伸べると、海が閉じて、エジプト軍は一人残らず溺れ死んだのです。これに対しモーセが民に語った言葉が、この箇所です。「恐れてはならない。落ち着いて、今日、あなたたちのために行われる主の救いを見なさい。あなたたちは今日、エジプト人を見ているが、もう二度と、永久に彼らを見ることはない。主があなたたちのために戦われる。あなたたちは静かにしていなさい」。

ここで興味深いことに気づきました。目の前の脅威、エジプト軍を見るか、それとも「今日」、主の救いを見るかです。最初の「今日」は、過ぎ行く時間的なこの世界の今日であり、後の「今日」は神の「永遠の今」(**nunc aeternitatis**)としての「今日」です。私たちの人生には、さまざまな不安や恐れ、脅威があります。それに囲まれていると言っても過言ではありません。しかし、私たちは、主なる神が私たちのために戦って、私たちを守り、今日、主が、私たちのためになしてくださる主の救いを見るようにしなければならないと思います。そう、まさに今日なのです。

私たちは、徒《いたずら》に恐れ慄くのではなく、今日、自分に与えられた務めを忠実に果たし、静かに祈りつつ、この新しい一年を、今日という日を、一日一日、主に従って生き、モーセとイスラエルの民が感謝の歌をささげたように、感謝の讃美を上げつつ、歩んでいきたいと思います。

神は、すなはらにもマナをふらせ

出エジプト記16章

紀元前一五〇〇年頃、イスラエルの民はエジプトの奴隷から解放され、モーセによってエジプトの地を脱出いたしました。目的地のカナンに入るには、シナイ半島の荒野を通らなければなりませんでした。この荒野は、通常は二週間もあれば通過できるのに、神さまは四十年もの間、イスラエルの民を荒野に彷徨わせられました。辛い旅の中で彼らは飢え渇き呟きます。16章の2節を見ますと「その荒野でイスラエルの人々の全会衆は、モーセとアロンに呟いた。イスラエルの人々は彼らに言った、『われわれはエジプトの地で、肉の鍋のかたわらに座し、飽きるほどパンを食べていた時に、主の手にかかって死んでいたら良かった。あなたがたは、われわれをこの荒野に導き出して、全会衆を餓死させようとしている』」。

神は、呟く民に、鶉とマナを飽きるほど与え食べさせました。マナは朝露と一緒に降り、その味は31節に記されておりますように「それはコエンドロの実のようで白く、その味は蜜を入れたせんべいのようであった」とあります。16章23節以下に、こうあります。モーセは言った、「きょう、それを食べなさい。きょうは主の安息日であるから、きょうは野でそれを獲られないであろう。六日の間はそれを集めなければならない。七日目は安息日であるから、その日には無いであろう」。キリスト者は、安息日である日曜日は労働を休んで神を礼拝します。そのために必要な糧は、六日間で神さまが与えてくださるのです。16章4節に「見よ、私はあなたがたのために、天からパンを降らせよう」とある言葉は、やがて天から私たちの救いのために下って来てくださった救い主イエス・キリストを、旧約の奥底から預言するものです。ヨハネ福音書6章31節以下にこう記されております。「『私たちの先祖は荒野でマナを食べました。それは『天よりのパンを彼らに与えて食べさせた』と書いてあるとおりです」。そこでイエスは彼らに言われた、『よくよく言っておく。天からのパンをあなたがたに与えたのは、モーセではない。天からの真のパンをあなたがたに与えるのは、私の父なのだ。神のパンは、天から下ってきて、世に命を与えるものである』」。私たちは、この地上にあって、六日間、この世のパンのために働き、七日めは主の安息日として、この世の仕事を止めて、教会に集まり、天からのパンをいただきます。

このパンこそ主イエスにほかなりません。見えない言葉としての福音の説教と、見える言葉としての主の聖餐としていただくのです。神が私たちに与えてくださる恵みは、驚くべきものです。イスラエルの人々は、天から降ってきた食べ物を見て互いに言います。「これはなんであろう」。マナとは「これは何だろう」という言葉「マーン・フー」に由来します。ここに、神の思いがけない恵みに対するイスラエルの人々の驚きが込められております。神さまは、私たちの信仰生活の歩みの中で驚くべき恵みを与えてくださいます。まさにアメイジング・グレイスなのであります。

その手は、日の沈むまで

出エジプト記17・8－16

イスラエルがアマレク人と戦ったときのことです。モーセは山の頂に立ち、神の杖を手に上げます。杖を高く掲げている間はイスラエルが優勢になり、手を降ろすと劣勢になりました。2節に「モーセの手が重くなったので」とあります。神の言葉を掲げる牧師や教会の宣教の働きも、年齢を重ね、力が衰えたり、さまざまな困難や問題に直面して疲れたり、健康状態が悪くなったりします。私も知的、体力的なパフォーマンスの衰えを感じ、来年三月をもって二十年務めた神学校講師の務めを辞することになりました。教会におきましても、去ってゆく人があり、宣教の状況が思うようにいかず、落ち込みそうになったり、風邪をひきそうになったりもしました。

しかし、手が重くなったモーセのためにアロンとフルが、石を持ってきて彼を座らせ、また両側に立って彼の両手を支えたように、私もまた長老や執事、また皆さんの祈りやバックアップに支えられて二〇一九年の最後まで神学校講師の務めを果たすことができましたことを心から感謝しております。このことは牧師である私だけのことではなく、皆さん一人ひとりにおかれても、兄弟姉妹方の祈りと支えによって与えられた務めを果たし、神からの大きな恵みをいただくことになったという経験があるのではないでしょうか。

その結果、「その手は、日の沈むまで、しっかりと上げられていた」とあります。「その手は、日の沈むまで」。「日の沈むまで」。日没によって、その日が終わります。これは、一年の終わりまでとも、与えられた生涯の終わりまでとも、この世の終わりまでとも読むことができます。「その手は、日の沈むまで」。牧師、伝道者である私にとって手に掲げるものは、神の言葉だけですし、神の民を祝福する手でなければならないと思っております。そう考える背景には、聖書の二箇所を思うからです。一つは、ルカによる福音書の24章54節、そこで主イエスは、弟子たちに「手を上げて祝福しながら」昇天されました。もう一箇所は、パウロがテモテに「わたしが望むのは、男は怒らず争わず、清い手を上げてどこででも祈ることです」というテモテへの手紙一 2章8節です。どちらの箇所も「手を上げて」の「手」は複数形です。両手を上げるのです。

そこで私は牧師として礼拝の最後において祝福をするとき、片手ではなく両手を上げるようにしております。両手で祝福するのは礼拝の最後だけではないのです。テモテにパウロは「どこでも」と言っています。試練においても病床においても苦難においても死にあっても、牧師はいかなる場所でも「清き両手を上げて」神の民を兄弟姉妹を隣人を祝福しなければならないのです。またそのためにもモーセの重くなった両手を二人が支えたように、私にも皆さんの祈りや支えが必要です。二〇一九年が終わり、新しい年が始まります。来たる年も共に支えあい、助け合って、その手を日の沈むまでしっかりと上げて、この茅ヶ崎東教会において宣教の闘いを続けてまいりたいと願うものです。

新しい出発をしよう

出エジプト記40・34－38

イスラエルの人たちにとって正月は主がエジプトから自分たちを贖い出してくださったことを覚える月でありました。出エジプト記12章1節以下にこうあります。

「この月をあなたたちの正月とし、年の初めの月としなさい。今月の十日、人はそれぞれ父の家ごとに、すなわち家族ごとに小羊を一匹用意しなさい」。過ぎ越しの犠牲をささげるためです。イスラエルの民は一月のことをニサンの月と呼びましたが、これは現在の十月にあたります。ニサンとは出発という意味でありました。つまり、旧約の民にとって正月は主なる神が自分たちを解放し、救い出してくださったことを記念し覚え、新たなスタート、出発をする時であったのです。イスラエルの民はどこへ旅立ったのでしょうか。乳と蜜の流れる約束の地、カナンへであります。彼らはそこに至るまでに実に荒野を四十年旅しなければならなかったのであります。36節に「雲が幕屋を離れて昇ると、イスラエルの人々は出発した。旅路にあるときはいつもそうした。雲が離れて昇らないときは、離れて昇る日まで、かれらは出発しなかった」とあります。モーセが神さまに命じられたとおりに作った幕屋テントの上に雲がありました。雲が動かない時は、自分勝手に行動するのではなく、あくまでも神さまがどこに導こうとされるかわかるまで、出発しなかったのです。私たちも二〇二〇年を迎えて新たな出発をしようとしています。私たち人類のまた世界がこれからどうなっていくのかは誰にもわかりません。さらには教会も、またそれにつながる私たちの歩みもわからないのです。しかし、私たちにとって導きは神であり、神のみ言葉であります。

神さまが親しく臨み、栄光が満ち溢れるところは、荒野を旅するイスラエルの民にとっては、臨在の幕屋でありましたが、新約聖書の時代に生きるわれわれにとっては、それは何でありましょう。ヨハネによる福音書1章14節のみ言葉がそのことを示しています。「言葉は肉となって、私たちの間に宿られた。私たちはその栄光を見た。それは父のひとり子としての栄光であって、恵みと真理とに満ちていた」「宿った」とある言葉は、もとの言葉では「天幕を張った」という言葉であります。イエスが神の栄光の満ちる幕屋であり、肉となった神の言葉そのものであるということです。

イエスこそ私たちの旅の天幕であり、私たちはこのお方に従い、このお方から離れず、旅を続けていくのです。私たちの過ぎ越しの小羊であるイエスが十字架につけられた月も、正月であったのです。イエスのみ言葉をいただいていつも罪赦され、悔い改めて新たに出発するのです。天幕は、こういうわけで新約の時代に生きるわれわれにとってはまずイエスです。しかし、われわれには、神さまが新たにわれわれに造ることをお命じになった天幕があります。それは教会であります。教会は天幕そのものであるイエスが地上にご自分が親しく臨まれることを約束された地上の幕屋であります。

ヨベルの年――四十九年

レビ記25・8―12

イスラエルにおいては、七年毎に安息年を設け、耕地を休ませ、七年めは貧しい人、寄留の人やすべての生き物の食べ物としました。これは土地が瘠せないようにするだけでなく、貧しいものに対するヒューマニスティックな規定でした、さらにその安息年を七回くり返した四十九年、イスラエルでは数え年ですので五十年めに、今日のレビ記25章8節以下に記されていますように、人手に渡っていた土地と奴隷の解放がなされるという掟がありました。この年をヨベルの年とよぶのです。この背景には、一つには経済格差が広がらないように四十九年毎にグレートリセットをするという思想がありますが、何よりも、その根本にあるのは、かつてエジプトで奴隷であったイスラエルの民を主なる神が導き出したことを覚えるということであったのです（レビ25・50）。もっとも、この人道主義的なルールは、実際にはイスラエルにおいては守られなかったのです。現代イスラエルは、どうでしょうか。シオニズムの思想のもとに、ガザに住むパレスチナ人を殲滅し民族浄化を謀ろうとしています。そこにはヨベルの年の精神の微塵も感じることはできません。

七の七倍、つまり四十九（数えでは五十）ということは印象的です。二〇二二年からウクライナ戦争が始まりました。ロシア軍は戦車などにZの識別マークを付けていますが、これは七と七の重ねで、一九四五年からの七十七年目を意味するものだそうです。創世記４章24節を見ますと、カインの子孫であるレメクの復讐の歌が記されています。「カインのための復讐が七倍ならレメクのためには七十七倍」とあります。「倍返し」という言葉がありますが、世界は倍返しどころか七十七倍の復讐の世界なのです。ちなみに一九九〇年から二〇一〇年生まれはZ世代とよばれております。

日本の政治家、国会議員の多くは世襲です。二代めどころか三代めの議員も多いです。利権、既得権益があるからでしょう。「親の七光り」という言葉がありますが、七光りどころか三代めで「七×七光り」議員もいるのです。

イエスはどのように言われたでしょう。ペトロが、兄弟の罪を何度まで赦すべきでしょうか。七回までですかとイエスに問うたとき、主は「七回どころか七の七十倍まで赦しなさい」とお答えになりました（マタイ18・21）。ここは別訳があり、「七十七倍まで」とあります。レメクのことを踏まえるならば、七十七倍の方がよいかもしれません。

個人的なことですが、私は十八歳の時に洗礼を受けました。今年で四十九年めになります。茅ヶ崎東教会の『教会報』の前号に「妻娘より付き合ひ長きキリストとわれ受洗して四十七年」という短歌を載せましたが、聖書の年数の数え方で言う数えでいくと今年は、受洗四十九年めになり、私にとってもヨベルの年なのです。ちなみに「妻娘より付き合ひ長きキリストとわれ受洗して〇〇年」は私の死ぬまで詠める歌であります。皆様にとって二〇二四年の今年が、ヨベルの年でありますように、心からお祈り申し上げます。

仰いで見て生きた

民数記21・4－9

モーセによって、出エジプトをし、導かれたイスラエルの民は、約束の地カナンに入るまで四十年間も荒野を彷徨いました。民数記21章4、5節に「民はホル山から進み、紅海の道をとおって、エドムの地を回ろうとしたが、民はその道に堪えがたくなった」とあります。民は、神とモーセとに向かい、呟きます。神は火の蛇を送り、これに噛まれて多くの民が死に、苦しむようにされます。民の訴えを聞いてモーセが神に祈ったところ、青銅の蛇を竿に掲げるように示され、それを仰いだ民は癒され、生きたのでした。

青銅の蛇には、どんな意味があるのでしょう。アスクレピオスという人がギリシア神話に出てきます。アポロンの息子ですが、死者をもよみがえらせる力まで身につけるようになった医者です。それを迷惑がった冥府の神ハデスが、「死者が冥界から出てしまうようになると、世界の秩序が乱れる」とゼウスに抗議し、ゼウスは、彼を雷で撃ち殺してしまいます。その後、アスクレピオスは天に昇り、蛇使い座となって神となったというのです。それで彼は、医療の神として、昔から信仰されています。彼が持っていたのが、一匹の蛇が巻き付いた「アスクレピオスの杖」です。そこから医療のシンボルには、しばしば「蛇」が用いられています。蛇は、どんなに表面が傷ついても、脱皮をすると元どおりの傷一つない姿に戻るという性質をもっているため、再生と治癒のシンボルとされたのです。WHOの旗にもこの絵があしらわれています。蛇は、旧約聖書では、一方で罪と死をもたらすサタンを象徴するものですが、他方では、このように死と再生、罪の癒しを示すものでもあります。そのことはヨハネによる福音書3章13－15節で、主ご自身が、この箇所をひき「天から下ってきた者、すなわち人の子の他には、誰も天に上った者はない。モーセが荒野で蛇を上げたように、人の子もまた上げられなければならない。それは彼を信じる者が、すべて永遠の命を得るためである」と言われているとおりです。「上げられる」には、三つの意味が込められています。十字架に上げられる、死人の中から上げられる復活、父のみ許へと上げられる昇天です。こうしてイエスの死と再生、復活、昇天が、モーセが荒野で上げた青銅の蛇によって示されているのです。

「すべて蛇にかまれた者はその青銅の蛇を仰いで見て生きた」。人間は、アダムにおいて蛇の誘惑により、罪を犯し、罪と死に陥った者でありますが、私たちの罪を贖うため十字架につけられ、復活し、昇天したイエスを仰ぎ見ることによって、生きるのです。

この世には試練があり、苦難があり、自分でどうすることもできない出来事が起こります。生活上の困難、仕事や人生での躓きや失敗、天災、疫病、また自分の弱さもあります。私たちが蛇に噛まれた者として、神から離反した死すべき存在であるとするならば、もう立つ瀬がないかもしれません。しかし、私たちは、私たちの罪のために、死んで復活、昇天された主イエスを仰ぎ見ることにより、救われるのです。

ピスガの山のたかねより

申命記34・1－12

「モーセは死んだ時、百二十歳であったが、目はかすまず、気力は衰えていなかった」とあります。モーセは、生涯の終わりまで、目も気力もしっかりしていたのです。人が皆、その死に至るまで、健康でしっかりしているとは言えないでしょう。私たちは老いて、衰えていくからです。しかし、目と気力ということを、私たちは信仰的に理解する必要があります。信仰の目と信仰の気力ということです。肉体は衰えても、信仰による神を見る目と信仰による力という内的なキリスト者としての自己は、若くありたいものです。

6節に「主は彼をベテペオルに対するモアブの地の谷に葬られたが、今日までその墓を知る人はない」。また8節に「イスラエルの人々はモアブの平野で三十日の間モーセのために泣いた。そしてモーセのために泣き悲しむ日はついに終った」とあります。モーセは死んで葬られ、イスラエルの人たちが喪に服したことが、記されております。墓は発見されていません。「主は、モーセを葬られた」とあるだけです。ルカによる福音書9章を見ますと、主がペトロ、ヤコブ、ヨハネを連れて高い山に登り、輝くように変容された場面で、こうあります。「すると見よ、ふたりの人がイエスと語り合っていた。それはモーセとエリヤであったが、栄光の中に現れて、イエスがエルサレムで遂げようとする最後のことについて話していたのである」。ここに記されていますように、モーセは死後、神の備えられたみ国に入り、そこで永遠に神のみ許に、その全人格が生きて存在していることがわかります。キリスト者も地上の生涯で終わりなのではありません。地上の肉体は滅びますけれども、パウロのいう内なる人、内的な自己は永久に神のみ許に生き続けるのです。終わりの日に体の復活があるのです。最後に、モーセの一二〇年の長い生涯が短く評価されております。「イスラエルには、この後モーセのような預言者は起らなかった」。

私たちを評価するのは、神であります。評価を言い換えれば、判断し、審判するということです。モーセは、八十歳で召命を受けた時にホレブの山に登りました。また十戒を受けました。最後に彼は、主の命令によってネボ山に登り、ピスガの頂に立ち、ピスガの頂で神の約束の地を展望します。でもそこに入っていくことはできませんでした。入っていくことができたのは次世代でヨシュアとその民です。信仰者もまた、この時代に生きる教会の一世代の群れとして、地上的には限りがあります。次世代にバトンを渡し、世を去っていかなければなりません。しかし、私たちも人生の終わりに、ある意味でピスガの頂に立つのです。キリスト者の生涯の頂は、その最後にあるのです。その頂から私たちは、天上の故郷であり、約束の地である、永遠のみ国へと旅立つのであります。まさに『讃美歌』310番3節にありますように「そびゆるピスガのたかねよりふるさとをながめてのぼりゆく」のです。モーセは、地上の約束の地に入ることはできなかったけれども、主と語り合っているモーセと同じく、私たちも永遠のみ国に入っているのです。

そして彼女は赤いひもを窓に結んだ――ラハブの信仰

ヨシュア記2・1―21

ラハブはヨシュア記2章に出てくるエリコの遊女でしたが、ヨシュアがエリコを攻略するに際して遣わした二人の斥候を、追っ手から城壁の上にある自分の家に匿い、逃がしてやります。そのことで彼女と家族は後にエリコが陥落したとき命を救われ、イスラエルに住むことになるのです。

このラハブの信仰からいくつかのことを学びたいと思います。ここに印象的なものが出てまいります。それは斥候を逃がした窓に救いのときに所在の目印として約束した赤い紐です。ひょっとすると斥候が彼女に渡した紐は測り縄であって、彼らはエリコの城壁の構造を測るために用いていた綱を目印として彼女に与えたのかもしれません。赤は血の色であります。それはユダヤ民族にとっては、自分たちがエジプトの奴隷状態から贖い出される過ぎ越しの夜、鴨居に塗った小羊の血を想起させるものです。出エジプト記12章13節に「その血はあなたがたのおる家々で、あなたがたのために、しるしとなり、わたしはその血を見て、あなたがたの所を過ぎ越すであろう。わたしがエジプトの国を撃つ時、災が臨んで、あなたがたを滅ぼすことはないであろう」と言われております。

赤い色は主イエス・キリストが流された血を想起させます。赤は受難の色、キリストの十字架のご受難を示す色なのであります。ラハブが窓に結んだ「赤い糸」はラハブが信仰によってイスラエル共同体の救いに入れられた者であるということ、主イエス・キリストの流した血による契約の民に加えられたことのしるしでありましょう。それは信仰によってラハブが救いの契約の民に加わることを示すものでした。ラハブは、滅ぶべきエリコという異教の町にあって救いの神を信じ、「窓に赤い紐を結ぶ」ことによって自らが救いの民に加えられたことを示しました。エリコの城壁が、神の測り紐によって測られていることを彼女は自分の家の小さな窓から示したのです。この世がどんなに神に敵対し、神を忘れ、神に背き、自らの力で鉄壁の防御を固めても神の言葉によってそれは測られ、裁かれ、潰えていくものであることを、彼女はこの赤い紐を窓に結ぶことによって示したのではないでしょうか。この「紐」「綱」という意味のヘブライ語は、「希望」という意味をもっております。ラハブは、神の言葉によって測られ裁かれる世界にあって救いの希望を見出し、その契約に加えられることを心から待ち望んだということをこの行為は示しているのです。

私たちも罪深い者ですが、信仰によって救いに入れられた者として「窓に赤い紐を結ぶ」となる者でありたいと思います。それは自分の信仰と希望を具体的な行動で示すことなのです。それは遊女ラハブのように自らの深い罪を知りつつ、主の十字架の血潮によって贖われ、契約の民とされた者であることを、信仰によって窓、すなわち、私たちが生きているこの世界へと開かれた小さな窓にはっきりと示すことなのだと思います。

神は最も小さな者を選びたもう

士師記6・15

モーセの後、ヨシュアに率いられて、約束の地であるカナンの土地に入ったイスラエルの人の指導者となったのが、士師とよばれる人たちです。ギデオンの時代、イスラエルは、ミディアン人の攻撃と略奪に苦しんでいました。その理由を聖書は、こう語っています。「イスラエルの人々は、主の目に悪とされることを行った。主は彼らを七年間、ミディアン人の手に渡された」。

イスラエルの人たちが、主に助けを求めて叫んだので、一人の預言者が来て、民の不従順を責めます。そして、イスラエル人をミディアン人から救う人物として、ギデオンが、神の召命を受けることになるのです。その時、彼は、酒ぶねの中で小麦を打っていました。それは、ミディアン人の収奪を避けるため、隠れて行っていたのです。主の御使いが、彼に現れ「勇者よ、主はあなたと共におられます」と声をかけます。これに対しギデオンは、あなたはそう言うが、それならなぜこのような災いが自分たちに降りかかったのかと問います。「わたしの主よ、お願いします。主なる神がわたしたちと共においでになるのでしたら、なぜこのようなことがわたしたちにふりかかったのですか。先祖が、『主は、我々をエジプトから導き上られたではないか』と言って語り伝えた、驚くべき御業はすべてどうなってしまったのですか。今、主はわたしたちを見放し、ミディアン人の手に渡してしまわれました」。主は答えます。「あなたのその力をもって行くがよい。あなたはイスラエルを、ミディアン人の手から救い出すことができる。わたしがあなたを遣わすのではないか」。ギデオンは言います。「わたしの主よ、お願いします。しかし、どうすればイスラエルを救うことができましょう。わたしの一族はマナセの中でも最も貧弱なものです。それにわたしは家族の中で一番年下の者です」。このような謙遜な応答は、旧約において神からの召命を受けた者に共通しております。モーセ然り、サウル然り、イザヤ然り、エレミヤ然りです。そこには、選ばれた者の己惚れや、思い上がりというものは見られません。ただただ、与えられた使命、ミッションを、自分の栄誉にためでなく、重荷、任務として受けとめております。ちなみに、ドイツ語で恵みのことを「ガーベ」（Gabe）と言います。これに対し、使命や任務のことを「アウフガーベ」（Aufgabe）と言いますが、「アウフ」とは「上に向かって」を意味します。ガーベはアウフガーベなのです。

主は、ギデオンに言います。「わたしがあなたと共にいるから、あなたはミディアン人をあたかも一人の人を倒すように打ち倒すことができる」。こうして神は、「最も貧弱な者」「一番年下の者」を、敢えて士師としてお召しになります。そして召し出されたギデオンの発揮する力は、ひとえに主が派遣し、主が共におられるということによるのです。神は、一番小さな者、最も弱い者を敢えて選び、恵みを与え、務めを負わせ、ご自身の器として用いたもうということであります。

安らぎの場所を求めて――ナオミの信仰と決断

ルツ記1・9、3・1

この四月から女性の会による聖書の学び・祈り会の会員による研究において、私は、旧約聖書のルツ記を一緒に学び始めました。ルツの姑であるナオミの信仰から、幾つかのことを学びたいと思います。

ルツ記は、ハッピーエンドで終わるのですが、そこにはナオミの信仰と決断が大いに関係しています。トルストイの小説『アンナ・カレーニナ』は、「幸せな家族はどれもみな同じようにみえるが、不幸な家族にはそれぞれの不幸の形がある」で始まります。ルツ記も、ナオミの不幸から始まります。第一の不幸は、故郷の飢饉です。そのためナオミは、食糧のある異郷のモアブの地に、夫と二人の息子と共に移住する決断をします。しかし、その異教の地で、また不幸が彼女を襲います。夫が亡くなり、二人の息子もモアブの女性を娶りますが、二人とも子どもを残さず死んでしまいます。ナオミは、異郷の地で家族をすべて失い、天涯孤独の身になったのです。ナオミは、この不幸のどん底にあって、二人の嫁と共にユダヤに帰る決断をします。ナオミは、その際、自分の幸福ではなく、二人の嫁の幸せを第一に考えました。1章9節で、彼女は二人の嫁に言います。「主があなたがたそれぞれに、安らぐことのできる嫁ぎ先を与えてくださいますように」。

再婚して幸せになるように勧めたのです。

ここで「安らぎ」とある言葉は、「マノア」という言葉で、「安心して休める場所」という意味です。一言でいえば幸せです。宮沢賢治は、「世界がぜんたい幸福にならないうちは個人の幸福はありえない」と書いていますが、ナオミはまず、嫁たちが再婚をして幸せになることを求めたのです。人間は皆、幸福を追求する権利をもっていますが、まず他者の幸福を優先し祈り求めるという姿勢を、ナオミから学ぶことができます。彼女は、そのためにモアブの宗教も尊重し、嫁のオルパは実家に帰って行きます。もう一人の嫁のルツは、ナオミの神と信仰を自分のものとして、ユダヤのベツレヘムに一緒にいきます。この肉親と故郷から離れたルツが幸せを得るように、ナオミはまた、ルツが親戚のボアズと出会う機会を設けるのです。

3章1節でナオミは、ルツに言います。「娘よ、わたくしは、あなたが幸せになれるような安らぎの場を探さなければなりません」。ここで「安らぎの場」とある言葉は、1章9節に出てきた言葉と同じ「マノア」という言葉です。ここでもナオミは、自分の幸せよりも嫁の幸せを優先しています。その結果、幸薄かったナオミは、神からも、人々からも祝福された幸せな老年を迎えることになるのです。他の人、隣人の幸い、幸せを求める人は、その幸せが自分に戻って来るのです。

そばを離れず一緒にいなさい

ルツ記2・11

ルツは、モアブ人の女性ですが、飢饉のため、ベツレヘムからモアブに逃れたナオミの息子の嫁でした。ナオミは、その地で夫と二人の息子を亡くし、すべて失うという苦難に遭います。

ルツは、ユダヤに帰ろうと決心した姑と共に異郷のベツレヘムへと向かいます。ルツ記を今回学んで、ルツ記のキーワードを知りました。それは、「一緒に」という言葉です。1章18節。「ルツが一緒に行くと決意を固めている」(2・8、21、22)。こうして異邦人女性のルツは、主イエスの誕生に繋がる人物となり、救済の歴史において大きな働きをしました。ナオミとルツは、苦難の人生から神によって祝福された人生を歩んだのです。ベートーヴェンの言う「苦難から歓びへ」(durch Leiden Freude) です。

さて、ゲツセマネの園でイエスは、受難を前に「私は死ぬほど苦しい。ここを離れず、私と共に目を覚ましていなさい」と言われます。ここと40節にある「私と共に」という言葉は、マルコ、ルカの並行箇所にはありません。マタイの特徴は、「インマヌエル・キリスト論」です。イエスは、「神我らと共にいます」方として生まれ、最後の言葉は、「私は、世の終わりまで、いつもあなたがたと共にいる」(28・20) です。イエスが、共にいてくださるのです。「ここを離れず」の「離れず」という言葉は、「留まる」ことを意味しております。イエスの十字架のもとに留まり続けることです。イエスと共に死に、イエスと共に生きることです。

ところで、日本語の忍耐を意味する「しのぶ」は「死ぬ」や「しなう」とか「しなだれる」とか、「しなやか」と同じ語根（shin-）をもった言葉で、あるものに圧迫されて傾いている状態を意味しております。圧迫されて傾いている状態が「しなう」状態で、それに耐えている状態が「しのぶ」ことで、倒れてしまうことが「しぬ」になるのです。またある人を「偲ぶ」というのも死んだ人を思いを、ある意味で共にし、しなだれ死ぬのです。これでいきますと、キリスト者は、さまざまな試練に圧迫されていますが、死ぬことはなく、忍び、しなだれることなく、しなやかに生きていくのだと思います。イエスと共に死に、偲び、共にどんな試練にあっても死ぬことなく倒されることなく、しなやかに私たちは生きていくのだということです。イエスから離れないことです。このことを古来から教会は、「聖徒の堅忍」（perseverantia sanctorum）とよんでまいりました。堅忍不抜という場合の「堅忍」です。信仰に入っても、やがて教会から離れ、信仰からも離れ、イエスから離れていく人は多いです。私たちは、カルト宗教のように脱会を認めないということはありません。「去る者は追わず」です。

私たちは、先にU姉妹をみ許に送りました。姉妹は、この茅ヶ崎東教会からも、イエスからも離れず、六十六年の信仰の生涯を貫かれました。去った人は堅忍の賜物が無かったのであり、姉妹には、その賜物が与えられたということです。イエスのもとに留まり続けることも、信仰と同じく、私たち人間の力や努力ではなく、神さまから与えられる賜物であります。

祝福された人生

ルツ記2・19、20

この四月から女性の会による聖書の学び・祈り会の会員による研究において、私たちは、旧約聖書のルツ記を一緒に学んでいきたいと思います。新約の学びをひととおり終えたこともありますが、最近、神を信じて生きる者の人生が、いかに神に祝福されるかということを身をもってしみじみ考えていたとき、ルツ記の学びが相応しいと思ったからです。ルツは、ナオミというベツレヘム出身の女性に従って、モアブの地から姑と一緒に帰ることになりました。次男の嫁で寡婦となった異邦人の物語です。姑と嫁という間柄は、人間関係の中でも最も難しい関係です。息子をめぐる愛憎と確執です。しかし、嫁のルツは、ナオミと家族によく仕え、ナオミもまた、長男、次男の嫁たちを慈しみました。寡婦となった嫁たちに里に帰り、再婚して、「安らぎを得るように」(1・9)勧めます。長男の嫁オルパは、それに従い帰って行きますが、ルツは、「あなたの民はわたしの民、あなたの神はわたしの神」(1・16)と言って、ナオミについてユダの地ベツレヘムに行きます。ルツにとっては、見たこともない土地でありますが、ルツは神を信じてついて行ったのでした。ナオミもまた、身内の家族を皆無くして故郷に帰ったのです。これだけを見ると、ナオミもルツも、試練の多い幸薄き人生であります。けれども、嫁の「安らぎ」を願い、故郷に帰ったナオミとルツを、神さまは祝福してくださいます。外国から帰った二人には、その日に食べる物さえありません。けれども、ちょうど大麦の刈り入れが始まったばかりでした。イスラエルでは貧しい人たちが、落穂を拾い、食べていけるように、刈り入れを残しておかなければならないという規定がありました。そこで落穂拾いに入った有力者の畑が、ナオミの夫の親戚のボアズという親切で愛情深い人でした。外国人であるルツを大事にし食事を与え、落穂をたくさん採って帰れるようにさえしたのです。

ルツからボアズの厚意を聞いたナオミは、ボアズがナオミの夫の土地とともに子孫を残すために、ルツを贖い嫁とするように一計を案じたのでした。そのとき姑は嫁に言います。「ルツよ。私は、あなたが幸せになれるような安らぎの場所を探さなければなりません」(3・1)。「安らぎ」という言葉が、二回出てきます。ナオミの偉さは、不幸な嫁の幸せと安らぎを心から願っていることです。外国人であるルツに親切であるボアズに対し、神の祝福を求める言葉が三度出てきます(2・4、19、20)。このような願いを私たちは、誰に対しても懐かねばならないことを教えられます。そのようなナオミを、ルツを、そしてボアズを、神は豊かに祝福してくださいました。

祝福された人生とは、人間的な不幸や試練を超えて、神に信頼し生きる者に与えられるものです。やがて、ボアズとルツの間にオベドが生まれ、オベドはエッサイを、エッサイからダビデが生まれます。さらにはダビデの子孫から、主イエスが生まれることになるのです。

僕は聞きます。主よ、お話しください

サムエル記上3・1—10

サムエルは旧約聖書の大預言者です。彼は、イスラエルの初代の王サウロと次のダビデに油を注いで王として即位させた人物です。この人は何よりも信仰の人でした。生涯、信仰を貫いたサムエルから信仰についていくつかのことを学ぶことができます。まず彼は、母ハンナから信仰を受け継ぎ、母によって神に献げられ、祭司エリの指導を受けて養育されました。サムエル記上2章を見ますと、子に恵まれなかったハンナの祈りを、主なる神は聞き、サムエルを子どもとして授けます。これに対し彼女は、神に喜びの讃美の声を上げております。ハンナの祈りは神に聞かれ、彼女はサムエルを神に献げます。そして、この子をサムエルと名づけます。サムエルとは「主は聞かれる」という意味であります。

信仰者の子どもは、神から授かったものとして、何よりも神に献げるように育てなければなりません。信仰は、親が子を神に献げ、良き指導者によって培われるものであります。また何よりも信仰は、神からの呼びかけがあって成立します。師匠のエリは年老いて目が不自由になっており、サムエルに語りかけた方が主であるということに気づくのに時間がかかっております。熟練した老祭司さえも、神が出来事を起こしてお

られるということに気づくのに鈍感になるくらい、時代と宗教は混迷していたのでした。しかし、そのことに気づいてからは、自らの経験から少年サムエルに適切な指導をしています。信仰の指導者は、人がみ言葉を聞き、主に応答できるように適切に助言する存在であって、信仰の起源になることはありません。けれども幼い者や若い人に、どうすれば神のみ言葉を聞き、神との人格的な関係に入ることができるかを指導することが求められています。

サムエルは、それが主からの呼びかけでなく、エリの呼びかけの時でさえも、エリのもとに「走って行って」「わたしはここにおります」という迅速な応答の姿勢が訓練されていたのでした。信仰は、サムエルの応答に示されているように神のみ言葉に聞き従うこと、聴従です。神からの語りかけに素直に従うか、心を頑なにして拒否するかが、分かれめです。神は、どんな時にも語りかけられます。1節にあるようにこの時代は「主の言葉はまれであった」とあり、また3節にあるように、サムエルが、夜寝ていたとき、主は語られたのでした。祭司エリの息子たちも堕落していました。

しかし、神はサムエルにみ言葉を語られました。どんなに時が悪いように見えても、神は必ずみ言葉を語ってくださるのですから、神の言葉に聞こうとする姿勢が大事です。3節にあるように「神のともしびはまだ消えず」です。希望はあります。神のともしびにあるのです。どんなに暗い夜、世界にあっても神のともしびが消えることはありません。私たちもサムエルのように、「僕《しもべ》は聞きます、主よ、お話しください」という祈りをもって、この時代のこの教会においてみ言葉を共に聞き、主に従って歩んでまいりたいと願うものであります。

それは主である

サムエル記上3・11－21

サムエルは、老祭司エリから主の呼びかけに対する応答のしかたを教えられて、主のお告げを聞きます。それは、自分のお仕えしているエリと、エリの家に対する厳しい裁きの宣告でした。これを聞いたサムエルの取った態度が、15節に記されております。「サムエルは朝まで寝て、主の宮の戸をあけたが、サムエルはその幻のことをエリに語るのを恐れた」。

サムエルが、エリに語るのを恐れた理由は何でしょうか。自分が老先生にお世話になったとか、人間的な忖度ではないと思います。私たちは、隣人の罪や咎をことさら、暴き立てることはしないことを、ここから教えられます。私たちの罪も、隣り人の罪も、主の前に裁かれるでありましょう。しかし、私たちは、私たちの罪をすべて負って、十字架につき、死んでくださったキリストの愛を知っております。サムエルは、エリが神に誓って自分に語ることを求めるに及んで、恐れとおののき、聖なる慎みと謙遜をもって語るのです。サムエルから神のお告げを聞いたエリの態度は、立派であります。「それは主である。どうぞ主が良いと思うことを行われるように」。エリは老年でありました。老年の一つの課題、それは悔恨と再生ということではないでしょうか。誰も老年を迎えて、神の前に自分は全うな人間である、過ぎし過去を顧みて、悔いのない人はいないのであります。エリは、神の言葉の前で、自分の側の言い訳や、弁明は、しておりません。自分と家族に語られた裁きの宣告を、そのまま受け止めています。老年のエリの潔さは、次の言葉にも表されております。「どうぞ主が良いと思うことを行われるように」。私たち人間は、神の前に良いと誇れるものは何もない罪びとであるけれども、主なる神は良いお方であり、その主が良いと思われることをおこなってくださいという、真に謙虚な態度であります。1節で、「そのころ、主の言葉はまれで、黙示も常ではなかった」とありました。

しかし、主が、サムエルと共におられて、神の言葉がまた、溢れ出るように語られ始めたのです。神は、このようにみ言葉が枯渇し、語られ、聞かれなくなったとき、ある人物を召し出して、み言葉を語り始めるという出来事を起こすのであります。宗教改革の時代もそうでした。スコットランドの宗教改革者となったジョン・ノックスという人を思い起こします。人々が、彼の学識と人柄、弁舌に期待し、宗教改革者として立ち上がるように求めたとき、彼はうろたえ泣き出し、自分の室に逃げ込み、数日間、悩んだと言われております。

最後の21節に、こうあります。「主は再びシロで現れられた。主はシロで、主の言葉によって、サムエルに自らを現された。こうしてサムエルの言葉は、あまねくイスラエルの人々に及んだ」。主が再びご自身を顕しになられたのは、古い聖所シロでした。古い主の教会が、常に刷新されていくのです。しかも、主が、ご自身を顕されるのは、「主の言葉によって」であります。教会は主の言葉によって、いつも刷新され改革されてゆくのです（ecclesia reformata semper reformanda）。

われが代わりて死なましものを

サムエル記下18・9、19・1

アブサロムは、「足の裏から頭のてっぺんまで、非のうちどころがない」イスラエル一の美男子でした。妹も娘も美人でした。彼は刈り落とした髪の毛を王の計りで公開するほど、自分のふさふさの髪の毛を大変、自慢していたのでした。アブサロムは、終に父ダビデ王への反逆に着手します。まず軍備を整えました。また王の裁定を求めに来た者に、その訴えが正しいと甘言を弄し、同時にダビデ王は訴えを聞いてくれぬと、王を貶め、また自分に近づく者を巧みに味方にひき入れたのです。わが子の反乱に都を追われ、ダビデは荒れ野に向かいます。

ダビデたちは、「頭を覆い、裸足でオリーブ山の坂道を泣きながら上って行った」のでした。すべてを神の御心に委ねつつ。御心に委ね、罪に泣きつつ、オリーブ山を上る彼の姿の彼方に、最後の晩餐の後、オリーブ山に上り、ゲッセマネの園で泣きながら、「私の願いどおりではなく、御心のままに」（マタイ26・39）と祈りたもうた主の姿が見えます。

ダビデを今夜の内に精鋭で急襲するというアヒトフェルの正しい戦術の進言が、ダビデに通ずるフシャイの提案により斥けられます。ここがアブサロムの運命の岐路でした。ダビデの軍にイスラエル軍は、大敗北します。ダビデ軍は、土地に詳しい者の協力と食糧の援助を受け、烏合の衆で多勢に油断したイスラエル軍をエフライムの密林に誘いこんだのです。「その日密林の餌食になった者は剣が餌食にした者よりも多かった」。アブサロムの悲劇的な死が語られています。彼は自分の髪の毛を大変誇りにしていました。ところが、皮肉にも、その髪の毛が密林の樫の木に絡まり、騾馬が走り去り、木に宙ぶらりんになったところを、ダビデの命令に背き、ヨアブが刺し殺したのです。「天と地との間に宙吊りになった」。どこにも存在基盤をもたない、虚しい誇りの上に人生を築く人間の最期を象徴するかのように。人は、自分が他者よりも優れていると自慢していることが仇となり、命取りになるのだということです。

人は、パウロが言うように「キリストの力がわたしの内に宿るように、むしろ大いに喜んで自分の弱さを誇」(コリント二12・9)るべきです。——アブサロム、ああアブサロム、アブサロム、われが代わりて死なましものを——わが子の死を知りダビデは、半狂乱のごとく泣き叫びました。アブサロムはダビデに弓を引いた反逆の子であります。しかし、それを超えるほどダビデの子に対する愛は深いものでした。ヨアブをして「あなたを憎む者を愛し、あなたを愛する者を憎まれるのですか」と言わせたほどです。自分を憎み、自分に背く者を、それでも愛し、その者のために身代わりの死を願う親の悲痛な叫びです。

ここで、私たちは、ご自分に背き続ける者を、愛し、そのような者たちのために身代わりになり死んでくださったお方のことを思います。「実にキリストは、私たちがまだ弱かったころ、定められた時に、不信心な者のために死んでくださった」(ローマ5・6)のです。

火の後に、静かなささやく声が聞こえた

列王記上19・1－18

預言者エリヤは、今から二九〇〇年前に北イスラエルで活躍した人です。北王国の王アハブが、妻イゼベルの影響を受けて、偶像の神バアル礼拝に傾きます。エリヤは、バアルの預言者四五〇人とカルメル山で対決し、勝利します。これが前の18章に出てきます。しかし、これに怒ったイゼベルは、エリヤを殺害しようとします。

エリヤは恐れて、南ユダの国のベエル・シェバに逃れ、さらに一日、道を進んで、荒野のえにしだの木の下に座し、ここを死に場所と定め、死を神に願います。疲労困憊して眠ったエリヤに、主なる神は、御使いを遣わします。御使いが彼に触れて「起きて食べよ」と声をかけるのです。疲労困憊している時に必要なものは、休養と食事です。神さまは、えにしだの木を備え、その日陰でエリヤを眠らせて休養させ、また御使いを通して食事を備えてくださいました。神さまはいろいろなもの、それは、えにしだの木であったり、天使であったり、人であったり、さまざまなものをとおして、私たちをケアしてくださり、励まし、力づけてくださるのです。エリヤは、それによって力を得、ホレブの山まで行く力を与えられたのでした。エリヤは、

ホレブ山に着いて洞穴に籠ります。そんな彼に神は、「エリヤよ、ここで何をしているのか」と問います。この問いに対するエリヤの答えは、自分一人で熱心に頑張ってきた。それなのに……という信仰的に後ろ向きで、自分の言い分ばかりを見つめている独りよがりなものでした。けれども神は、彼を責めることなく、「そこを出て、山の中で主の前に立ちなさい」と言われます。自分の言い分しか見えない、あなたが今籠っている、その暗い洞窟のような心から出てきて、私の前に立ちなさいという御声でした。

私たちは、自分たちの置かれた過去と現状を自分の狭い視野にひきこもって、短兵急に判断してしまうのではなく、神が、私たちにどのような配慮をもって臨んでおられるか、また試練の中で逃れの道を用意し、どのような新しい使命を与えようとしておられるか、その神の視点に目を向ける者でありたいと思います。主は、風の中にも、地震の中にも、火の中にも主はおられなかった。「火の後に静かな細い声が聞えた」とあります。この世の疾風怒濤や、鳴り物入りの宣伝や、プロパガンダや、地を揺るがすようなセンセーショナルな出来事の中に、主はおられません。主の救いの声は「静かにささやく声」「ちさきみこえ」（『讃美歌』313番3節）として聞かれるということです。「ただわたしだけが残りました」とエリヤは孤軍奮闘の窮境を述べました。しかし主は、「静かにささやく声」でもって、バアルに屈しない七千人を私は残すと言われたのでした。

私たちキリスト者は、決して孤軍奮闘の者ではありません。私たちが教会で礼拝し、み言葉という「静かにささやく声」に聴き続けるというのは、自分たちが見放された孤独な者ではなく、それどころか地上のたくさんのキリスト者たちと共に歩んでいることを知り励まされることなのです。

あなたの霊の二つの分を

列王記下2・9、10

エリヤは、イスラエルの北王国で活躍した預言者です。彼が、いよいよ、火の馬車に乗って、旋風とともに、天に挙げられる直前に、彼の弟子で後継者となったエリシャと交わした会話です。

エリヤが、いよいよ天に挙げられることになったとき、弟子のエリシャはエリヤから離れるのが、どうしてもできず「わたしはあなたを離れません」と三度も言っております。そのくらい、エリシャは自分の師であるエリヤから離れたくなかったのでしょうし、またエリヤと別れてしまうことに耐えられない寂しさ、不安があったのでしょう。これ対してエリヤは、10節で、あなたが、私が取られて、あなたを離れるのを見るならば、その願いは叶えられるが、見ないならば、そうならないと言っています。私たち信仰者にとって最終的に見上げるべきは、神また主イエスであって、人ではありません。エリヤは、エリシャの自分に対する愛着が人間的なものとならないように、「取り去られるのを見なければ」あなたの願いは叶えられないと言っているのです。これは、師や先達から、善いものを受け継いで、信仰的には神の前に独り立ちするということです。ちなみに旧約のヘブライ語で「乳離れする」という言葉は「成熟する」という意味ももっています。

次にエリヤの言葉から学ぶべきことは、彼がエリシャに「あなたのしてほしいことを求めなさい」と言っている点です。すなわち、エリヤは、あくまでもエリシャの意志を重視しているということです。神さまも、私たちに自分が望んでいることを求められます。神さまは、私たちの願いを尊重してくださるのです。そしてその願いが御こころに叶うものであるときには、その願いを必ず実現してくださるのです。神によしとされた願いは必ず実現するように、力とチャンスと賜物が与えられます。それを私たちは見逃さず、感謝して受け、傲慢になることなく、へりくだり、生かしていくのです。

こうしてエリヤが、エリシャに何を望むかと尋ねたときに、「あなたの霊の二つの分をわたしに受け継がせてください」と言い、預言者としての霊の賜物をエリシャはエリヤに求めました。エリシャは謙遜にも、「あなたの霊のふたつの分」と、しかし、大胆にも他の相続人の取り分の二倍を求めています。自分は師を越えることはできないけれども、精一杯のものを継承したいという熱意です。弟子に求められるものは、この謙遜と大胆さでありましょう。これに対してエリヤは、「あなたは難しい願いをする」と言っていますが、その申し出を喜んでいます。私たちも、信仰の先達や教師から謙遜に、しかし大胆に「難しいこと」を求めているでしょうか。

主イエスも「弟子は師にまさるものではない。しかし、修業を積めば、その師のようになれる」（ルカ6・40）と言っておられます。私たちは、キリスト者という光栄ある名前をいただいた弟子として、教師であるキリストに倣い修業を積むことが、また求められているのです。

言葉の暴力について

列王記下2・23－25

エリシャは、牛を使って田畑を耕していた農夫でありました。彼がエリヤに見出された場面は、列王紀上19章に記されています。「さてエリヤはそこを去って行って、シャパテの子エリシャに会った。彼は十二軛《くびき》の牛を前に行かせ、自分は十二番めの軛と共にいて耕していた。エリヤは彼のかたわらを通り過ぎて外套を彼の上にかけて」、自分の後継者として農夫を選びましたが、エリシャは、十二軛の牛の最後の軛と共に歩むような人であるのを、エリヤは自分の後継者として相応しい人物であると見たのです。自分が殿《しんがり》になって、群れの配慮と指導に当たる謙虚さと責任を取る姿勢とが、そこに見られます。そのエリシャが、エリコからベテルへと坂道を上っている時に少年たちが彼を見て、「はげ頭、上って行け」と二回、嘲ります。原文は「上れ、はげ」です。

中学のとき、校庭によく一人の男の人が入ってきました。彼は、今、思うに、体の曲がった身体障がいの方でした。今は校庭には外部の人は入れませんが、その頃は自由でした。すると生徒は「きっきが来たぞ、きっきじゃ」と言って嘲りました。あるとき、私は、彼が小さな母親と手を繋ぎ、銭湯に行くのを見ました。その後、生徒たちの間で、きっきが死んだという噂が流れました。私はそのことを今でも思い出し、心に悔いを覚えます。あるとき、教会を出て下校途中の小学生がスキンヘッドの私を見て「えろはげじじいじゃ、えろはげじじいが来たぞ」と言いながら一目散に駆けて行きました。かつてしたことを私も言われるのだなと思いました。――われを見てえろはげじじいと囃したる子らを前にしエリシャになれず――エリシャが主の名によって子どもたちを呪い、その結果、四十二人の子どもが熊にひき裂かれて死んだというこの物語は、預言者の超自然的な力を示すものでありますが、もし現代に神の言葉としての聖書を編集するということがあるとしたら、採用されず、あるいは削除されるかもしれません。言葉は、人を生かしもすれば、殺しもします。暴力は物理的なものだけではありません。言葉は暴力性をもっています。それはともかく私たちは、人を傷つける言葉や心ない言葉、悪意ある中傷、捨てぜりふ、ネガティブな言葉を語らないように気をつけたいものです。そのような言葉は、相手の記憶、心の中に一生、暗い影として残るだけでなく、そのような言葉を吐いた人にも、よくない影響を残すからです。「人を呪わば穴二つ」という諺があるとおりです。そうではなくて、私たちは、人を生かす愛の言葉、祝福する言葉、塩で味付けられた言葉、ポジティブな言葉を語るようにしなければならないと思います。もし人がそのような祝福や愛に値しなかったり、裏切ったりしたとしても、そのようなことを気にする必要はありません。その場合には祝福は、自分に帰ってきます。イエスは、七十二人の弟子を宣教に遣わすにあたって言われます。「行きなさい。わたしはあなたがたを遣わす。それは、狼の群れに小羊を送り込むようなものだ。どこかの家に入ったら、まず、『この家に平和があるように』と言いなさい。平和の子がそこにいるなら、あなたがたの願う平和はその人にとどまる。もし、いなければ、その平和はあなたがたに戻ってくる」（ルカ10・3、5、6）と。

その杯は一つひとつ異なっていた

エステル記1・5―7

エステルは、ペルシアが滅ぼしたバビロニアによってエルサレムからバビロンに捕囚された民の子孫で、紀元前五三八年にバビロニアを滅ぼしたペルシアのキュロス王により、ユダヤ人のエルサレム帰還が許された時に、バビロンに留まった家族の一員でした。両親は亡くなり、従兄のモルデカイが後見になっていました。そのような身寄りの薄いエステルが、ペルシアでユダヤ人絶滅の陰謀が起こるに及んで、身を挺して王様の妃となり、陰謀者に打ち勝ち、ユダヤ人たちを滅びの危機から救うことになる物語です。旧約聖書では「ルツ記」(旧約続編の「ユディト記」)とともに女性の名前が冠せられた物語です。この物語には､主､神といった言葉が全然、出てきません。私がこの物語を選んだのは、世俗化した現代世界や日本において普段は全くキリスト教の神や主が出てこない社会に生きている私たちにとり、そのような名前が出てこない世界においても、はたして主なる神の働き、導き、歴史への介入や摂理があるかを知るためです。

エステル記は、そのような異郷のペルシア世界に残った神の民、また、その中の小さな女性に神の救いの働きがあることを証ししています。エステルは、ペルシア名で「星」という意味です。ユダヤ人としての本名はハダサであることが2章7節に出てきます。ハダサはヘブライ語で聖木「ミルトス」という意味です。自分の素性を、名前を変えて隠して生きていたのです。1章で王が、即位後三年めに開いた祝宴が描写されています。第一の祝宴は、王国全体の有力者を招待し百八十日にわたり、開催されました。その後、王は都の人たちをみな招待して第二の祝宴を開きます。

その第二の祝宴から学びたいと思います。5－7節には当時のペルシアの王宮風俗が正確に描写されており、出席した者の目撃によるものです。先述したようにエステル記には信仰的な表現、神、主が出てきませんので、私たちは、ここに出てくる事物をシンボリック、すなわち象徴的に解釈することになります。何の象徴かと言うと私たちにとって、王は主なるキリストであり、私たちは神の国の大宴会、祝宴に招かれた者であるという視点から考えます。そうしますと、クセルクセスは神の国の王(神)の象徴となります。王が「大きな者から小さな者に至るすべての民」を招いたことは、神の国に招かれる者は、男女、民族、地位の高低、貧富など何の区別差別もない神の民ということです。そして、目撃した人の証言が反映している、7節でふるまわれた王の葡萄酒を受ける黄金の「杯は一つ一つ異なっていた」とあります。

私たちは、ここから神の国に招かれる人々は皆異なった、しかし神に平等に愛される存在だということです。日本社会は同調圧力が強いですが、神は私たちの個性、違いを尊重してくださるのです。私たち一人ひとり違ってよいですよ、あなたには神の国の見える姿である教会、また主の祝宴である聖餐において居場所がありますよと言ってくださるのです。

もしこの時にあなたが黙っているならば

エステル記4・14

ここにお集まりの多くのキリスト者の皆さまは、自分がクリスチャンであることを社会生活の中でどのくらい、明らかにしているでしょうか。また私たちは、どのような時に、それを闡明にしなければならないのでしょうか。日本において超少数派である私たちは、異教の風土の中で、どのように信仰を表明しているでしょうか。

取り挙げますエステルは、バビロン捕囚後、ペルシアの都スサで育ったユダヤ人でした。両親は既に亡くなり、従兄で年長のモルデカイにひき取られました。ペルシアの王クセルクセスが妃を廃位し、新しい妃候補を全国から選抜して、美容に磨きをかけさせ、その中から妃を選ぶことになります。エステルも候補となり、後宮の管理者、宦官ヘガイから厚遇を得ます。その時、エステルは、自らがユダヤ人であることをモルデカイの助言により隠し、ペルシアの食事、習慣を受け入れます。ユダヤ人は律法により、厳格な食物規定と戒律をもっていますが、エステルは、ペルシアの食事、風習を受け入れました。そのことを批判する立場があります。その際、ひきあいに出されるのは、同じくバビロンに連れて行かれ、王宮に召されたダニエルの態度です。ダニエルは、ユダヤ人の食物規定を厳守し、バビロニアの食事、風習を拒絶したのでした（ダニエル1・8）。私は、エステルの態度を生温いとか、異教の習慣、宗教に妥協したとは思いません。なぜなら、私たちは、必要のないときに、自分がキリスト者であることを敢えて公表して、自分の立場や、全体に軋轢をもたらす必要はないからです。キリスト者は「地の塩」とよばれます（マタイ5・13）。塩は「隠し味」としての働きもあるからです。しかし、エステルは、後に明かしています。それが今日、取り挙げた、「もし、この時に黙っているならば」（4・4）です。国のナンバー2に上り詰めたハマンという人の策略により、ユダヤ人を滅ぼすという布告が、王から出たとき、モルデカイは、王の妃になっていたエステルに、王に対して、自分がユダヤ人であることを告げて、ユダヤ民族を救わねばならない。そのためにあなたは王の妃になったのだ、と説得し、それに応じて、エステルも、命がけで自分の素性を告白し、決然と行動に出て、結果、ユダヤ人が破滅から救われることになったのでした。

ここで、私は、自分がキリスト者であることを公然とすべきか、否かという問いに関して、聖書の二箇所を想起いたしました。一つは、旧約コヘレトの言葉3章7節の「黙すに時があり、語るに時がある」です。つまり、隠すに時があり、明らかにするに時があるということです。二つは、新約のマタイによる福音書10章16節にあるイエスの言葉、「蛇のように賢く、鳩のように直であれ」です。しかし、「もしこの時に黙っているならば」、キリスト者、教会、また国家の存亡にかかわるようなとき――それを神学では「信仰告白の事態」（status confessionis）と言います――は、敢然、決然と、私たちは、自分がキリスト者であることを表明して行動すべきなのです。

三つの「理由なく」——ヨブの苦難

ヨブ記1・9、2・3、9・17

「ヨブ記」は、人間の苦難、この世になぜ、苦難や悪があるのか、なぜ、正義にして愛である神が、この世界を創造したのなら、なぜ、そのようなものがあるのかという問題を扱っています。いわゆる「神義論」（Theodizee）の問題です。私たちの人生にはさまざまな苦難があり、それは、不公平であります。悪が生き長らえ、善人が早死にしたりします。不慮の事故や、災害、戦争、病などで、多くの人が亡くなります。生まれた環境や、家庭、時代、国々、才能の遺伝的な素質など不公平です。私たちが、そのような不幸な目、病、禍、不運にあったとき、あるいは他の人が、そのような苦難に遭ったとき、自分や先祖に、何か罪や罪業があって、その報いを受けているのだと言って来る宗教者があったり、自分でも、それを責めたりすることがあるかもしれません。そういうことはあるかもしれませんが、それでだけでは説明、理由になりません。ニーチェという人は「運命愛」（amor fati）ということを申しましたが、事故で突如、亡くなった人に、この言葉は言えないと思います。

ヨブ記は、人間の不幸、苦難に根本的に「理由がない」ことを告げています。1章9節。「ヨブが理由なしに神を畏れるでしょうか」。これは、神に対するサタンの言葉です。私たちが、神を信じる理由はあるのかということです。何か自分に得があるからなのか。これに対しては、「神が神であるから」としか、言いようがないでしょう。2章3節。「あなたは……理由なく彼を滅ぼそうとした」。これは、神のサタンに対する言葉です。ヨブの苦難に理由はないと、神は言われるのです。9章17節。「神は……理由もなく私に多くの傷を与える」。これはヨブの神に対する言葉です。つまり、サタン、神、ヨブが、一様に、「理由がない」ということを問題にしているのです。この世界の苦難や病、禍、また生きる理由がはたしてあるのか。それについて究極には「理由はない」ということになります。「ヨブ記」では、ヨブたちの議論に対し、神は、ご自身が創造された世界を示すだけです。ところで、今日の宇宙像は私たちの想像を絶しています。この説教の後、『讃美歌』の258番を歌います。その4節に「わが罪あやまち限りもなけれど、底いも知られぬ恵みの御手もてイスラエル人を救いしかみは、げにわが牧者ぞ」とあります。イエスの十字架に示された神の愛は、「底いも知られぬ」恵みです。「底いも知られぬ」とは無底、底なし、つまりドイツ語でいう「グルントロース」(grundlos)、根拠なき、「理由なき」ということです。

ZARDのボーカリストで作詞家であった坂井泉水さんという人がいます。平塚の出身です。この人の作詞した曲に「君がいたから」という曲があります。その中に私の好きな歌詞が出てきます。「この世界に踊り続けるしかないのか。心の中に君がいたから」。「君とは誰でしょう」。この世には苦難や不幸がありますが、この世界は、神が創造し、イエスが人間の苦難、罪、病をすべて担って十字架にかかり、私たちに「無底」の愛を示してくださった。「君がいたから」、私たちはこの世界で歓び、踊り続けるのです。

ヨブの信仰

ヨブ記19・25―27

「ヨブ記」は、義人が受ける理由なき苦難について語る書物です。ヨブは、健康で家族や家畜や財産に恵まれた、神を畏れ敬う義人でした。これを見たサタンは、ヨブが神を敬うのは、そのように恵まれ祝福された生活をしているからに違いない、それが無くなり、奪われれば、きっとあなたを呪うに違いないと言います。これに対し神は、サタンに、彼の命以外のものを取り去ることを許します。

サタンは、ヨブからすべてのものを奪い去り、ヨブは深刻な病に冒されます。これを機に、やって来たヨブの友人たちとの対話が、くり広げられます。友人たちは、彼を慰めに来るのですが、ヨブに降りかかった苦難の原因がヨブの罪にあると主張します。これに、ヨブは激しく反論します。ヨブの苦難には、実は、理由はないのです。

この箇所は「ヨブ記」でも最も重要な箇所です。なぜなら、25節でヨブは、苦悩のうちに自分の罪を贖う方が、現に今、生きて存在し、やがてこの地上に立たれることを洞察しているからです。「私を贖う方」とは、イエスにほかなりません。コロサイの信徒への手紙1章14節に、「私たちは、この御子によって、贖い、すなわち罪の赦しを得ているのです」とあるとおりです。ヨブは、旧約の奥底、苦悩のどん底から、贖い主イエスが、この地上に来られることを予言しているのです。そして26節では、「この皮膚が損なわれようとも、この身をもって私は神を仰ぎ見るであろう」と将来に、贖い主の出現と、その前での肉体のよみがえりに言及しています。「新共同訳」は、「私はこの身をもって」と訳しております。ここを「口語訳」は、「私は肉を離れて」と訳しています。原文は、どちらにも訳すことのできる言葉です。「肉から」と訳せば、イエスの再臨による「体のよみがえり」を意味することになります。「新共同訳」は、その意味に取り、訳しております。「口語訳」の場合には、死後、肉体を離れた後、主を仰ぎ見ることになります。このことは、コリントの信徒への手紙一13章12節に、「私たちは、今は、鏡におぼろに映ったものを見ている。だがそのときには、顔と顔とを合わせて見ることになる」とあるとおりです。ちなみに、今度の『聖書協会共同訳』では、「私は肉を離れ」が、本文に、「この身をもって」が、別訳として入りました。いずれにせよ、どちらの訳も正しいのです。キリスト者は、死後、肉体を離れて、神を仰ぎ見、また終わりの日には、よみがえった体をもって神を仰ぎ見るからです。

それゆえ、この箇所は、使徒信条の「肉体のよみがえり」の、旧約における聖書的根拠として大切です。やがて、イエスが再び地上に立たれる、体のよみがえりにあずかることは確かなことであります。27節に「この私が仰ぎ見る。ほかならぬこの目で見る。腹の底から焦がれ、はらわたは絶え入る」とあります。私たちも、ヨブの信仰に倣い、救い主イエス・キリストを聖霊によって告白させていただいて、どんな苦難や困難や試練に遭おうとも、復活信仰に立って、主イエス・キリストを仰ぎ見つつ、歩んでまいりたいと思います。

人は何者なので

詩編8・1―10

詩編8編は、1―2節で、天と共に地上にある神の栄光、3、4節で、地上における人間の卑小さ、5―6節で、人間に与えられた統治代行権、7―8節で命の管理人、9節で、地上における神の栄光が、歌われています。

1―2節。「主、われらの主よ、あなたの名は地にあまねく、いかに尊いことでしょう。あなたの栄光は天の上にあり、乳飲み子の口によって、砦を築かれた」。3節の後半を読みますと、詩篇詩人は、天地創造後の人間の堕落と罪を認識していることがわかります。4節。「あなたの指の業である天を、あなたが据えた月と星とを見て思う」。太陽に言及がないので、詩人は、夜空を見上げていることがわかります。4節。「人とは何者なのか、あなたが心に留めるとは」。実は、「思う」という言葉は、原文にはありません。詩人は、夜空の宇宙を見上げて絶句したのです。「人間とは何者なのか」。これは、人間の永遠の問いです。こんな卑小な人間を、創造主なる神が顧みられることに圧倒的な被造物感情を詩人は抱いたのです。十七世紀のパスカルは、『パンセ』の中で、もはや、宇宙は恐ろしい空間であり、これに対し人間は、考える葦として卑小さの中に偉大さを有する存在と考えました。また、十八世紀啓蒙主義時代のカントは、『実践理性批判』の結びにおいて、「いやましに尊崇するものは天の星屑と我内なる道徳律」と書いています。これに対し詩篇詩人は、神の創造した大宇宙の中で、人間の卑小さを認識すると同時に、5節で、神に僅かに劣る者とされ低く造って、栄えと誉とをこうむらせ、人間の栄光、被造物を治めるという、神の委託における「神より少し低い」光栄ある地位を人間に認めているのです。

人間は、「万物の霊長」であると言われます。『徒然草』の二一一段に、「人は天地の霊なり」とあります。7節。「御手の業を治めさせ、あらゆるものをその足元におかれた」とあります。創世記1章26節では人間が神の似姿に創造されたことが言われています。文脈においては被造物を治めるということです。新約聖書においては、ヘブライ人への手紙2章6－8節、コリントの信徒への手紙一15章27節に引用されております。ヘブライ書では、キリストの働きを預言する詩篇となっています。8節から9節では、すべての羊と牛、また野の獣、空の鳥と海の魚、海路を通うものまでもとあり、人間の管理下に置かれたものが、身近なものから遠いものに並べられています。また地上の家畜、野獣、鳥、海の魚という命あるものが、しかも地上の生命から並べられております。このことから、人間は、すべての生き物の命の管理を委ねられていることがわかります。この思想が、キリスト教世界において人間による自然破壊、環境破壊をもたらした。だから、東洋的な思想に帰るべきであるという主張がなされることがありますが、それは誤った考えです。10節。「主、われらの主よ、あなたの名は地にあまねく、いかに尊いことでしょう」。人間における神の似姿の回復と、地上における神の栄光の回復を、詩篇詩人は望んでおり、またその成就はキリストであります。

人とは何者なのか

詩編8・4、5

私がこの詩編8編から説教をしますのは、茅ヶ崎東教会にまいりましてから、二回めであります。有名な写真があります。一九九〇年二月十四日、宇宙探査機ボイジャー1号が、約60億キロメートルの彼方から地球を撮影した写真で、「ペイル・ブルー・ドット」（淡く、青い、点）と言われるものです。この写真を見ますと、あらためて地球の小ささ、いとおしさが、ひしひしと伝わってきます。宇宙は137億年前に誕生し、今でも、宇宙は膨張し続けていて、その広さは450億光年と言われています。地球は、この宇宙でほんと独りぼっちの芥子粒にもならない存在です。このような地球の表面で、現在も、この地上に住む人類が争い続けていることの愚かさを感じます。

詩人は、今のような宇宙像が知られる前に、夜空を見上げて宇宙の広大無辺さの前に、人間の儚さを痛感し、5節で「人とは何者なのか、あなたが心に留めるとは。人の子とは何者なのか、あなたが心に顧みるとは」と感慨に耽るのです。詩人は、こんなちっぽけな存在、儚い存在である人間を、創造主なる神が、造り、配慮し、導いておられることを信じて疑いません。人間は、この広大無辺な宇宙にあって無に等しく、この恐ろしいほど巨大な宇宙の中での人間の儚さ、無常を感じる人が多いのではないでしょうか。

しかし、ノーベル物理学賞受賞者のロジャー・ペンローズ博士は、人間が、この世界においては決してちっぽけな存在ではないと言っています。なぜなら対数で考えれば、宇宙は10のマイナス40乗秒から10の20乗秒までの時間スケールにあって人間は10の10乗秒弱、大きさは10のマイナス30乗メートルから10の20乗メートルの範囲で、10のゼロ乗メートルで比較的存在は大きいからです。また現代の量子力学では、二重スリット実験以降、人間の観察行為、意識というものが、量子の状態を波から粒に収束させること、人間の意識は、脳のニューロン組織中の素粒子の波動の連続的な収束であると、博士は書いています。また人間の意識は、死後肉体から解放され、その情報は宇宙に保存されるのではないかとも、あるいは、この宇宙自体が二次元平面の三次元世界への投影、ホログラムではないかとも他の学者により言われています。

詩人は「あなたは人間を、神に僅かに劣る者とされ」と言います。人間は、神の形に似せて創造され、意識をもち、宇宙の素粒子の振る舞いに影響を与えるほどの能力をもっています。宇宙には、中心も果てもありません。その意味で、かつての天動説は取れませんが、それでも地球は、やはり中心とも言えるのです。ここに、神の子であるお方が、主イエスとして受肉し、人の子となられたというのは、決して荒唐無稽なありえないことではないと私は思います。もちろん、このことは宇宙論や量子力学によって明らかになることではなく、神から与えられる恵みによって与えられる信仰による知識でありますが、今日、私が言いたかったことは、決して現代の最先端科学の知見と矛盾するものではないということであります。

私の目を光り輝かせてください。

詩編13・1－6

詩編13編は、「苦難の中での讃美」をささげるダビデの歌です。詩人は、「いつまでですか、主よ」と言って、この詩を始めます。「いつまでですか」という主なる神に対する問いかけは、この詩編に四回出てきます。私たちは、今、長引く感染症や戦争を前にして、このような、いわば出口の無いトンネルの中を歩むような試練の只中にあって、いったい、このような試練がいつまでも永遠に続くような思いに捕らわれてしまいます。試練が、いつまでも続くということです。

しかし、ペトロの手紙一の1章6節にこうあります。「それゆえ、あなたがたは大いに喜んでいます。今暫くの間、さまざまな試錬に悩まねばならないかもしれませんが、あなたがたの信仰の試練は、火で精錬されながらも朽ちるほかない金よりはるかに尊く、イエス・キリストが現れるときに、称賛と栄光と誉れとをもたらすのです」。ある説教者が、「神は人間が作った時計の奴隷ではない」と言っています。私たちには「いつまでも」続くように見えることも、神にとっては「暫くの間」なのです。人間の時は、「クロノス」（時計の刻む時）とよばれますが、神の時は「カイロス」（出来事として満ちる時）とよばれます。私たちは、自分の尺度で測るクロノスではなく、神の定めたカイロスに目を向ける必要があります。

さて詩人は、第二段落で、神に「私を顧み、答えてください」と祈ります。そして、「わたしの目を光り輝かせてください」と祈ります。「光り輝かす」とは、不安や恐れからの解放と希望を与えられた状態です。しかも、単に肉体的な回復や危険な状況からの解放だけでなく、霊的、内面的な救いをも意味します。マタイによる福音書6章22－23節にあるように、古代人は、目から光が出ると考えましたし、光の根源は神であると考えられました。詩編36編9節には、「あなたの光によって私たちは光を見ます」とあります。人間の体、また目からバイオフォトンとよばれる素粒子である光が出ていて、人間の意識は、その波動の収束なのだそうです。「目が光り輝く」とは、光源である神に、人間の意識が向けられることではないでしょうか。

第三段落は、試練に打ち勝った、主に対するダビデの讃美です。あなたの「慈しみ」と言われているのは、「ヘセド」という言葉で、神の愛、慈愛のことです。私たちは何を喜ぶかが、とても大事です。神を信じる者の喜びは、神の救いに対する喜びです。これに対し、神を蔑ろにする者の喜びは、5節で語られていますように、人間との競争に勝った喜びであり、他人の不幸です。ドイツ語で言う他人の不幸に対する喜び、「シャーデンフロイデ」（Schadenfreude）です。

6節の「報いる」という言葉は、「ガーマル」というヘブライ語で、「実を熟させる」「完全に乳離れさせる」という意味をもっています。この言葉は、試練によって信仰者が成熟していく、乳離れし神の前に自主独立の人格となるということを意味します。私たちは試練、苦難をとおして、信仰の豊かな実りを成熟させていくのです。

憩いの汀に伴われる

詩編23・1、2

私は、牧師で、二人のお嬢さんに「いこい」と「みぎわ」と名づけた方を知っています。求道者の時、牧師の、そのお話を聞いて、どれも美しい名前だと思ったのを覚えています。

さて詩編23編2節は、「新共同訳」では、「主はわたしを青草の原に休ませ、憩いの水のほとりに伴い」と訳しています。「口語訳」は、「主はわたしを緑の牧場に伏させ、いこいのみぎわに伴われる」でした。今度の「聖書協会共同訳」では、「主は私を緑の野に伏させ憩いの汀に伴われる」となりました。「いこい」と「みぎわ」が漢字になりましたが、「口語訳」で用いられていた美しい日本語が復活したことは、嬉しいことです。

詩編23編は、羊飼いであったダビデが、主が「わたしの羊飼い」であって、たとえ、どんな苦難や試練が押し寄せたとしても、自分が、羊たちを狼やライオンから守ったように、羊飼いである主が自分を守り、「緑の野に伏させ、憩いの汀に伴われる」と歌っているのです。この箇所を読むと、いつも私は、ある絵本を思い出します。今日はこれを紹介して説教を終えたいと思います。

アフリカの草原に若くて強いエルフという雄の駝鳥がいました。エルフとは、アフリカの言葉で千。一気に千メートルも走れたからです。エルフは、子どもが好きで、弱い子どもの動物たちを背中に乗せて、木の実を与えたりして、世話をし、守ってやりました。ある日、ジャッカルが襲って来たときも、ライオンの鳴きまねをして追い払いました。ところが、次に本物のライオンが襲って来たとき、エルフは皆に、逃げるように言い、一人でライオンに立ち向かいました。ライオンと死闘する中、エルフの足蹴りで、ライオンが、ようやく去ったとき、皆はエルフが勝ったと喜んだのも、束の間、エルフの足の一本が食いちぎられていたのです。皆は驚いて、その場を立ち去り、エルフは、その場に蹲まって苦しみの日が続きました。最初はいろいろ世話をしてくれた動物たちも、やがていつしか、いなくなり、エルフはみんなから忘れられていきました。エルフは、熱い日差しの中で蹲まったまま、段々、干乾びて、背丈だけが、高くなっていきました。ハイエナや、はげわしたちは、そんなエルフを見て、早く倒れてくれれば、俺たちの餌になるんだが、と言って嘲ります。

目を瞑ったままのエルフから涙が一粒零れました。エルフの慰めは、遊んでいる子どもたちの声に耳を傾けることだけでした。ある日、黒豹が現れ、子どもたちに襲いかかったとき、エルフは、最後の声を振り絞り、みんな自分の背中に乗れと叫んで、皆を背中に乗せました。黒豹は牙を向き、襲い掛かりましたが、片足のエルフは最後の力を振り絞って戦い、とうとう豹は退散しました。子どもたちが背中から降りて、お礼を言おうとエルフの方を振り向くと、そこにはエルフとそっくりの大きな木があり、顔の真下辺りには、エルフの涙でできたような綺麗な泉があり、涼しい木陰となって、動物たちの憩いの汀となったのでした（文・絵、おのきがく『かたあしだちょうのエルフ』ポプラ社、一九七〇年）。

主の家にわたしは帰り

詩編23・1－6

詩編23編は、ダビデの歌であります。ダビデ自身、王になる前は、羊飼いの少年でした。そしてダビデは、羊飼いがその羊を守り、導き、決して見捨てないことを自分の体験から知っておりました。

1節の「主は羊飼い、わたしには何も欠けることがない」というのは、そのような体験から、主なる神さまが、羊飼いとして、羊である自分を決して見捨てることなく、守り導いてくださるお方であることを告白しているのであります。私たち信仰者にとって牧者は、主イエス・キリストであります。ヘブライ人への手紙13章20節に「永遠の契約の血による羊の大牧者、わたしたちの主イエスを、死者の中から引き上げられた平和の神」とあるとおりです。主イエス・キリストは、私たちのために、十字架で命を犠牲にしてくださったほどまで、私たち羊を愛してくださった羊飼いであられます。ヨハネによる福音書10章11－12節に、こう書かれています。「わたしはよい羊飼である。よい羊飼は、羊のために命を捨てる。羊飼ではなく、羊が自分のものでもない雇人は、狼が来るのを見ると、羊をすてて逃げ去る。そして、狼は羊を奪い、また追い散らす」。

6節。「命のある限り、恵みと慈しみはいつもわたしを追う。主の家にわたしは帰り、生涯、そこにとどまるであろう」。私たちは何に追われているのでしょうか。敵に追われているのでしょうか。私たちの生存と安心を脅かすものに追われているのでしょうか。罪と死と悪に追われているのでしょうか。そして、私たちは、どこに逃げ込めばよいのでしょうか。確かに、聖書は私たちを敵が追い、迫っている現実を知っています。けれども、その敵の前で神は、私たちを安全に保護し、匿い、敵の前で宴を設けてくださるのであります。敵が追うよりも早く、神の慈しみと恵みが私たちを追い、私たちを安全なご自身のみ許に追い込んでくださるということであります。「主の家にわたしは帰り」とあります。ここで「住む」と訳されている言葉は、ヘブライ語で「シューブ」という言葉です。「帰る」「戻る」という言葉であり、正確には「主の家に帰る」ということです。またこれは主の許に立ち帰ることから、回心して悔い改めることにも用いられる言葉です。ジンメルという哲学者が、人の生涯は家から出ていくか、家に帰るかのどちらかであると申しております。私たちが生まれ育った地上の実家は、もうないかもしれません。住んでいる家は、やがてはなくなる時がくるでしょう。しかし、私たち信仰者には帰るべき家、神の家である教会があります。そこで、主なる神は、私たちを「緑の牧場に伏させ、いこいのみぎわに伴われ」るとともに、また「敵の前で」聖餐という天国の祝宴にあずからせてくださるのです。

キリスト者の生涯は、絶えず悔い改めて主の許に立ち帰るとともに、その最後は、天にある父のみ許に帰って、主の宮に永遠に住むことになるのであります。

主の山に上る者は誰か㈠

詩編24編

この詩篇は、大きく三つの部分に分けることができます。

第一の部分は、1節から2節です。そこでは、主が地とそれに満ちるものをすべて創造し、支えていてくださるということが言われております。これは、主なる神が天地万物を創造し、またそれを支えていてくださっているというイスラエル人の信仰告白です。私たちが生きている世界は、無目的に存在しているのではなく、神によって造られ、また神が顧みていていてくださるということを信じることは、私たちの世界や人生に生きる目的と意味とを与えるものです。

第二の部分は、2節から6節までです。主から義とされる人がどのような者であるかが、語られております。そこでの問いは、「神から義とされる者はだれか」であります。「神からの義を受ける」ということは、神からよしとされることです。エルサレム神殿のある山に登って、神から、あなたは私の前に正しいと認めていただく人が、どのような人であるかについて、4節で詩人は、「手が清く、心のいさぎよい者、その魂がむなしい事に望みをかけない者、偽って誓わない者こそ、その人である」と語っていますが、私たちは、その手は清くなく、心は汚れており、魂も虚しいものに望みをかけてしまう罪びとですので、そのままでは神から、誰も、義とされることはないのです。けれども、神の独り子イエスが、私たちの代わりに義人として、人間の生を全うし、また不義である私たちの罪のために十字架について、罪びとの死を死んでくださったことに免じて、神が、私たちを罪びとのままで義としてくださったのです。キリストの義が、私たちにいわば、帰せられる、転嫁されるのです。キリストの義という、いわば、晴れ着を神は私たち罪びとにかけてくださって私たちは、主の御前に出ることができるのです。そのことに感謝して、私たちの行動は、清められ、心は虚しいものに頼ることなく、また、偽りからも遠ざかり、神に信頼を置く者とされていくのです。

第三の部分は、7節から10節までです。そこでは、栄光の王のことが語られます。栄光の王、これは、ダビデの時代またソロモンの建てた神殿時代には、エルサレムの城門である王の門へ契約の箱が入場することでした。契約の箱に主なる神が、臨在し、敵と戦い勝利すると考えられていたのです。キリスト教信仰から、このみ言葉を見ると、戦いに勝利して凱旋するお方は、私たちの罪のために死んで復活し、罪と死と悪に勝利してくださった王なるイエスであり、このお方の凱旋入場にほかなりません。3節に「主の山」という言葉が出てきます。主の山とは、ダビデの時代、ユダヤの人たちにとっては、山にあるエルサレムの神殿でありました。主の山に登る者に対し、詩篇24篇5節には「このような人は主から祝福をうけ、その救の神から義をうける」とあります。私たちは、主イエスの十字架の死と復活によって罪びとのままで義と認められた者として、主の山である教会に集います。その意味で私たちは、「主を慕う人」であり、「み顔を求める人」です。主はそのような人を祝福してくださるのです。

地とそこに満ちるもの

詩編24・1、2

本日、取り上げます詩編24編は、全部で10節の比較的短い詩編ですが、古来、多くの信仰者によって親しまれてまいりました。

この詩編は、大きく、三つの部分に分けることができます。1節から2節、3節から6節、7節から10節です。「新共同訳」も、そのように、三つに分けて訳されております。本主日から三回にわたって読んでまいりたいと思います。第一の部分は、1節から2節です。そこでは、主が、地と、それに満ちるものをすべて創造し、支えていてくださるということです。これは、主なる神が天地万物を創造し、またそれを支えていてくださっているという、イスラエル人の信仰告白です。私たちが生きている世界は、無目的にただ、存在しているのではなく、神によって造られ、また神が顧みていてくださるということを信じることは、私たちの世界や人生に、生きる目的と意味とを与えてくれるものです。昨年の日本における自殺者はそれまでの減少傾向から一転、増加に転じました。感染症の蔓延に伴う結果だと分析されております。私たちは、同胞の人たちに対し、この世界と、世界にあるすべてのもの、そして、私たち自身が、神に造られ、神によって支えられているのだということを伝える使命を負っています。主イエス・キリストが、この世界に王として来られ、私たちをご自分の命をかけて、すなわち、十字架についてまでも愛し救ってくださったということを、私たちは、伝えていかなければならないと思います。この世界と私たちの人生には、存在の意味と目的があるのだということを、生きる意味と目的を失って絶望している人たちに、宣べ伝えていく責任を負っているのです。

また、この24編1節は、現代世界において、特に重要な意味をもつものとして注目されています。それは、現代世界は、環境に対する人類の責任ということが言われるようになってきたからです。私たちの周囲の世界、自然世界は、神のものであるということです。私たちの環境は、神の被造物であり、神の意思に従っています。被造物の一部である人類もまた、神によって造られたものであり、私たちに与えられた環境を、神の目的と栄光とのために用いる責任があるのです。今日、環境に対する人類の責任を表す言葉として「スチュワードシップ」（stewardship）という用語が用いられることがあります。私たちは、神が享受するようにと、私たちに与えてくださった自然世界を、良い「スチュワード」ないしは配慮者でなければなりません。新型ウイルスの起源は、不明ですが、無害な宿主から飛び出して来る環境は、制御する必要があります。私たちは、世界の資源を私たち自身の目的のためにではなく、神の目的のために使うべきなのです。そのことを24編1節は、あらためて私たちに自覚させるのです。「地とそこに満ちるものは主のもの」。今日の主権国家同士の領土争いや、国境線や経済資源、海洋資源をめぐる争いに対して根本的に、それらはみな、主のものであるという認識を、改めて聖書から示される必要があると思います。

主の山に上る者は誰か(二)

詩編24・3－6

詩編24編の二番めの部分を取り上げます。3節に「主の山」という言葉が出てきます。主の山とは、ダビデの時代ユダヤの人たちにとっては、山にあるエルサレムの神殿でありました。新約時代の私たちにとっては教会であります。主の山に上る者に対し詩編24編5節には「主はそのような人を祝福し、救いの神は恵みをお与えになる」とあります。「口語訳」では、ここは「このような人は主から祝福を受け、その救いの神から義を受ける」となっています。原語は「恵み」よりは「義」の方が正確です。したがって、3節の「主の山に上る者は誰か」という問いは、「神から義とされる者は誰か」という問いです。「神からの義を受ける」ということは、神からよしとされることです。正しいと認めていただくことです。

エルサレム神殿のある山に上って、神から、あなたは私の前に正しいと認めていただく人がどのような人であるかについて、4節で、「潔白な手と清い心をもつ人、むなしいものに魂を奪われることなく、欺くものによって誓うことをしない人」と語っていますが、私たちは、その手は清くなく、心は汚れており、魂も虚しいものに望みをかけてしまう罪びとですので、そのままでは神から誰一人義とされることはないのです。

パウロが、ローマの信徒への手紙3章9節以下で「正しい者は一人もいない」と語っているとおりです。ですから、これでいくと、誰一人神の御前に義とされることはできないのです。けれども、主イエスが、私たちの代わりに義人として人間の生をまっとうし、また私たちの罪のために十字架について罪びとの死を死んでくださったことに免じて、神が、私たちを罪びとのままで義としてくださったのです。キリストの義が私たちにいわば帰せられる、転嫁されるのです。キリストの義という、いわば晴れ着を神は私たち罪びとにかけてくださって私たちは主の御前に出ることができるのです。そのことを覚えて、私たちは、キリストの義の衣を着せられた者として、3節以下に記されておりますように、行動は清められ、心は虚しいものに頼ることなく、また偽りからも遠ざかり、神に信頼を置く者とされていくのです。ですから、キリスト教にとってこのことは、神から義を受け、救われるための条件ではなく、神によって義とされた者が神との交わりの中で起こっていく救いの結果としての恵みの出来事であるのです。

「主の山」とは、新約時代の私たちにとっては、主イエスのみ言葉を聴く聖所のことであり、それはイエスがご自身の血潮で贖い取ってくださった教会のことです。私たちは、主イエスの十字架の死と復活によって、罪びとのままで義と認められたキリスト者として、主の山である教会に集います。その意味で私たちは「主を求める人」であり、「御顔を尋ね求める人」なのです。主は、そのような私たちを祝福してくださいます。キリスト者は、何よりも主の山に上る者なのであります。

栄光に輝く王とは誰か

詩編24・7−10

詩編24編の第三の部分、7節から10節までです。そこでは、栄光の王のことが語られます。栄光の王、これは、ダビデの時代、またソロモンの建てた神殿時代にとっては、エルサレムの城門である王の門へ契約の箱が入って行くことでした。契約の箱に万軍の主である神が、臨在すると考えられ、戦争の時にはこの契約の箱を担いで戦場に行ったのです。神が戦うと考えられたからです。そして、戦争に勝つと、契約の箱は王の門を通り、凱旋したのでした。キリスト教信仰から、このみ言葉を見ると、戦いに勝利して凱旋するお方は、私たちの罪のために死んで復活し、罪と死と悪に勝利してくださった王なる主イエスの凱旋入場であります。

さて、この第二の部分と第三の部分は、詩歌の形の面から見ても対応しています。それは第二の部分の3節、「主の山に上るべき者は誰か。その聖所に立つべき者は誰か」と、二回、「誰か」と問い、また第三の部分の8節と10節で、「栄光の王とは誰か」と二回、「誰か」が問われている点です。第二で問われている「誰か」は、「神から義とされる者は誰か」という問いであり、第三で問われている「誰か」は、王である主イエスは、いかなるお方であるかという問いです。すなわち、第二の部分の問いは、「私たち人間がいかなる者であるか」という問いであり、第三の部分の問いは、「神はいかなるお方であるか」という問いです。この二つの問いこそ、人間の問うべき最大の問題であります。

カルヴァンは、『キリスト教綱要』の冒頭で、「私たちが知らなければならないことは、人間がいかなる者かということと神がいかなるお方であるかという二つの知識であり、この二つは相即、つまり互いに関係し合っている」と言っております。

ところで、6節と10節の箇所に、小さく見慣れない「セラ」という言葉が記されています。これは、音楽用語だったらしいのです。正確なことはわからないのですが、ヘブライ語の「上げる」という言葉からきたと、考えられております。詩編は詩歌として奏楽と共に歌われたのですが、この部分で声や奏楽の調子を揚げたものと解されております。このこともまた、とても意義深いことではないでしょうか。人間が、神の前に罪びとでありながら、義とされた者であるという、人間存在の問いに対する答えを得て、私たちは声を上げて、神を讃美するのです。私たちの救いのために、イエスが、神の国の王として凱旋し、入場されるお方であるという、神がいかなるお方でありたもうかという、人生最大の問いに対する答えが与えられる時、私たちもまた、ここで声を上げて、神をほめたたえるのです。

主はわが光

詩編27・1

詩編27編1節を、今月の聖句として掲げました。主なる神が「光」「救い」「命の砦」として三重に私たち信仰者を守ってくださるという確信を歌っています。ちょうど神が、父と子と聖霊という三重の神さまであることを示しているかのようです。キリスト者は、この三位一体の神のみ名によって洗礼を受けた者として、この神が、私たちと共にいて守ってくださるので、いかなるものも恐れることはないのです。今日は特に、「主はわが光」について考えてみたいと思います。

光が無ければ、物を見ることはできません。光がなければ、全くの闇です。この世界には闇があります。人間の暗い罪の闇です。私は、テレビを持っておらず、ラジオを置いていましたが、過払い金返還請求のコマーシャルばかり流れるのがいやで、ラジオも処分してしまいました。弁護士や司法書士たちが消費者金融から過払いしたお金を取り返す、その市場が何千億円とあり、それに群がっているのです。どこから借りたか記憶が定かでなくても「調べる方法がある」と言います。最近、大手の弁護士法人が倒産しましたが、何とサラ金の元支店長が顧客名簿を持ち出して、弁護士法人に高く売りつけ、過払い金を巻き上げていたのです。名簿が高く売られて、それを弁護士たちが利用し、そのお金に群がっているのです。そのコマーシャル料で放送がなされても、それが問題にされることはありません。人間の世界の闇は、深く恐ろしいです。私たちは、イエスが真の光としてこの闇に打ち勝ってくださったこと、闇はまだ存在しているが、真の光の前に敗走しつつあることを覚えて、この光の中を歩まなければならないのです。

「主はわが光」は、オックスフォード大学の標語です。ラテン語で「ドミヌス イルミナーチオ メアア」(dominus illuminatio mea) です。オックスフォード大学は、世界の大学ランキングでトップに入る大学です。起源は、十一世紀末まで遡ります。その大学の根本精神が、この詩編27編1節の「主はわが光」なのです。

光は、「恩寵の光」(lumen gratiae) と「自然の光」(lummen naturale) に分けられます。恩寵の光とは、三位一体の神について私たちを照らす光です。神がいかなるお方であり、私たちに何をしてくださったかを知るためには、私たちは、神から照らされなければ理解することも、信じることもできません。詩編36編10節に「命の泉はあなたのもとにあり、あなたの光によって、私たちは光を見ます」とあるとおりです。神についての学問が、神学です。オックスフォード大学を始め、中世ヨーロッパの大学は神学部を中心に建てられました。これに対し「自然の光」は、私たちのもっている理性です。他の学問は、この理性に基づきます。日本の大学は、明治に西欧列強に追いつくために、国家主導の官学として建てられました。その際、神学は不要なものとして近代化に必要な法学、医学、工学などの実学だけが導入されました。しかし、この「自然の光」もまた、神からのものです。私たちは、神学をする場合でも、他の学問をする場合でも、神の光に照らされ、その光の中で学問をするのです。

神にゆだねる新年

詩編37・4

「神はあなたがたをかえりみていてくださるのであるから、思い煩いは、何もかも神にお任せしなさい。神があなたがたのことを心にかけていてくださるからである」とあります。これが、新年合同礼拝にあたって、本日、与えられたみ言葉です。

ここでは、私たちが思い煩う存在であることが前提となっています。思い煩いというのは、将来への不安、自分や、世界や、周りのものがどうなっていくのかに伴う不安のことです。自分の将来の生活に対する不安です。健康上の不安、経済的な不安、学業や進路、仕事の不安、老後の不安、世界情勢がどうなっていくのかという不安です。私たちは、そのような不安に満たされて生きています。不安を感じ思い煩うのは、人間の本性です。そのことを聖書は、よく理解したうえで、そのような思い煩いを一切、神に委ねなさいと言うのです。その理由は、神があなたがたのことを配慮し、慮ってくださっているからだというのです。私たちは、神が天地万物の造り主であり、お造りになったものをすべて、神ご自身の御旨に従って導き、采配しておられることを信じている者です。これをキリスト教では摂理とよんでおります。それは、世界の歴史だけでなく、私たちの人生をもまた、み手をもって導いてくださるという信仰です。そのために、私たちに求められていることは、6節にありますように、「神の力強い御手のもとに、自らを低くする」ことです。神が自分や世界を導いておられることを認めないで、自分で自分のことをすべて、恰も自分が主人であるかのように考えたりする傲慢な生き方を止めなければならないのです。そうしないと、神の摂理は見えてきません。そうではなくて、「自らを低くする」のです。しかし、それは自分でできることではありません。実は、ここは「身を低くされなさい」「謙遜にされなさい」と受動形、受身で書かれております。生まれつき傲慢で、高ぶった人間が、自分の力で謙ることはできません。神さまによって私たちは、謙虚にされるのです。私たちは、神の子であられる主イエスが、ベツレヘムの馬小屋で貧しい幼子として生まれ、貧しい僕《しもべ》の姿となられ、十字架の死に至るまで、謙りたもうたこと、また、そのことが、私たちの罪を贖い、救ってくださることであったことを知っています。その恵みによって私たちは、傲慢な者でありながら、謙虚にされるのです。

ここで「お任せしなさい」と訳されている言葉は、原文では「投げ下ろす」とか「投げかける」という言葉になっております。どこに投げ降ろすのでしょうか。イエスに、また神さまにであります。私たちは、自分の重荷や生活の不安をちょうど旅人が重いリュックや装備を到着した場所で投げ下ろすように、イエスの許に、神の許にすべて投げ下ろすのです。ここに、自分の本当の安らぎ、重荷を下ろし憩う場所があるのです。しかも、いつもそうしながら私たちは、この地上の人生を歩んでいくのです。この一年、私たちは、恵みの神に、一切の思い煩いを投げ下ろし、委ねて歩んでいきたいと思います。

信ずる者を聖化し、御心を行はしむ

詩編51・11－13

「日本キリスト教会信仰の告白」の、「信ずる者を聖化し、御心を行はしむ」という箇所から、聖霊の働きについて教理を学びます。主題は聖化です。聖書の箇所としては、詩編51編10－11節、ローマの信徒への手紙15章16節、テサロニケの信徒への手紙二2章13節、テトスへの手紙3章5節などです。聖化は、更新、更生、新生、清めなどと言われます。ペトロの手紙一1章2節では、父、御霊、御子の順で聖霊による聖化が語られます。聖化について、以下四つのことを申し上げたいと思います。第一に、聖化は、実体概念か関係概念か、ということです。聖書には「霊に感じる」という表現があります（黙示1・10、4・2、17・3）。これだと外からの感化、影響になります。他方、ルカによる福音書1章41節、使徒言行録13章51節などには「霊に満たされ」という表現、ユダの手紙19節には「霊を持つ」があります。これだと、聖霊は中にあり、あるいは所持することになります。聖霊の注入、内住か、聖霊の感化、影響か。どちらの表現も聖書にはあるのです。コリントの信徒への手紙二13章13節にあるように、聖霊との絶えざる交わりであって、実体的な注ぎ、絶えざる交わりにおける感化、関係であると考えます。第二に、義認と聖化の関係です。プロテスタントは、義認の中に聖化があり、あくまでも罪びとがイエスに対する信仰によって義とされる中で、聖霊の感化により聖化が起こると考えます。これに対し、ローマ・カトリックでは、義認は聖化に吸収されます。義化とよばれます。第三に「御心を行はしむ」ということの意味です。御心は、神の意思にほかなりません。このことを闡明にするのは、改革派の諸信仰告白です。たとえば、第二スイス信仰告白（一五六六年）の9章には、私たちの「知性は聖霊によって照明されて神の奥義も意思も認識するようになる。意思そのものも、御霊によって変えられるだけでなく、さらに能力を与えられて、自発的に善を欲し、善を行うことができるようになる」とあります。「行はしむ」と使役形になっています。これは、聖化を独り善がりなもの、人間の側の熱心に帰着させないように、あくまでも、聖化の主が、聖霊でありたもうことを表現しているのです。第四に「聖霊の実」について。「聖なる者となるための実」（ローマ6・22）。聖霊の実については、ガラテヤの信徒への手紙5章22、23節などにリストがあります。「光の結ぶ実」（エフェソ5・9）、「イエス・キリストによる義の実」（コロサイ1・11）など。実ですから木の譬が使われます（ヨハネ15・2、マタイ6・44）。実を結ばない木について（ルカ13・6）。イエスという命の木に連なるために、聖霊は、われわれを枝として接木するのです。ここで大変重要なことは、聖書において実（ギリシア語でカルポス）は、いつも単数形であることです。「実」がどんなに多くても単数で記されているということを教えてくれたのは、新約学者のウィリアム・バークレーです。どれも聖霊のもたらす同じ一つの実であることを示しています。これが、複数形で語られる聖霊の「賜物」（ギリシア語でカリスの複数形カリスマタ）（コリント一12・1）と違うところです。聖霊の賜物は各自に分かち与えられ、それぞれ異なるが、聖霊の実はどれも同じものなのです。唯一の聖霊の光の中にわれわれの聖化的な生活が置かれているということです。

あなたの祭壇の傍らに

詩編84・2－5

燕の話をさせていただきます。私とＫＥ教会のＳ先生とは神学校の同級生で、同じ湘南地区の牧師として親しくお交わりをいただいております。同師は難病の潰瘍性大腸炎を患って、この五月まで暫く講壇から離れ、療養しておられました。彼が元気なとき、年に二度ほど、いろんな所を散策します。一昨年の五月は、大磯を散策いたしました。大磯駅の駅舎の中で待っていると、ひっきりなしに燕が駅舎の中を出入りしています。多くの行楽客や乗客でひしめく低い駅舎の中に、人の頭をすり抜けているのです。見ると、駅舎の中の壁に燕の巣があり、そこに雛たちが口を開けて親夫婦ツバメの運んで来る餌を待っているのです。壁には、上に燕の巣があります。大切に見守りましょうという駅員の書いた張り紙があり心が和んだことでした。

――ツバメの巣うへにありますと張り紙のありて優しき大磯駅舎――

前置きが長くなりましたが、本日の詩編84編の4節に「あなたの祭壇の傍らに小鳥さえも住処を見つけ、燕も巣をかけて、雛を育てています」とあります。そのように私の魂も、主なる神の住まいに憧れ、そこを住処としあなたに絶えず讃美を献げたいと詩人は歌っているのです。最近、私は、動物行動学者の書物を読んで興味深いことを知り、この詩編が心から納得できたのです。それは、スズメなどの多くの鳥は人間を恐れ、人間の近くに巣を作ることはないのだが、燕だけは進んで人間の住まい、しかも人がたくさん集まり、出入りする所を好んで巣を作るのだそうです。なぜなら、そこは蛇などの天敵が近づかないことを知って人間を信頼しているからだと言うのです。それで、大磯の駅舎の中に巣があることも納得できましたし、詩編詩人が、神殿の祭壇の傍らに燕も巣をかけて雛を育てていますということも腑に落ちたのです。神殿の祭壇には多くのイスラエル人が礼拝に訪れていたのです。その燕の巣が最近、日本では少なくなってきたそうです。それは、軒先と土壁のある家屋が少なくなったこと、日本の人口が減少したことが挙げられるそうです。また燕の巣から落ちる糞を嫌い、巣を壊し、取り去る人も出てきたからです。先の動物行動学者の本を読んで、もう一つ合点がいったことがあります。日本では昔から、燕が巣を作る家は栄えると言われてきたことです。なぜなら、人の出入りが多いから巣が作られるのであり、人の出入りが多いということは、その家なり商いが繁盛していることの証だからです。燕は子育てが終わると何千キロも離れた南方の熱帯に渡りますが、翌年、同じ巣に戻って来る、その帰巣本能は驚くべきことです。その巣を使って、また雛を育てるのです。

「あなたの祭壇の傍らに」。私たちもまた主なる神の祭壇のある教会から離れることなく、そこを住まい、信仰と生活の拠点として絶えず主なる神に讃美を献げたいと願う者です。そして、讃美の献げられる礼拝空間、祭壇の傍らで、私たちの「雛」、つまり子どもたちを育てたいと思います。「つばめが巣つくりひなそだてるあなたのすまいに住めるならば私はどれほど幸せでしょう」(『讃美歌21』140番2節)。

涙と共に種を蒔く人は

詩編126編

詩編126編は都詣での歌の一つです。イスラエルの人たちがエルサレム神殿で礼拝をするために都エルサレムに上る時に歌われた巡礼歌です。

前半は、バビロン捕囚からの帰還の喜びを回想しています。

今から約二六〇〇年前、ユダヤの国はバビロニアのネブカデネザル王によって侵略され、大多数の民が都バビロンに連れ去られました。これがかの有名なバビロン捕囚であります。七十年の歳月の後、ペルシア王クロスによってユダヤの民は解放され、帰還が許されました。1－3節はそのときの民の喜びを歌って回想しております。

これに対し後半は涙の嘆願となっています。後半の暗転には次のような背景があります。ユダヤの民が喜び勇んで祖国の地を踏んでみると、田畑は荒れに荒れておりました。捕囚の民が戻ってきたパレスチナは国土が荒廃していただけでなく、帰還を快く思わない隣国の民からの圧迫といった問題が山積していたからです。帰還した民は喜びから一転、種蒔きの労苦に直面したのでした。「涙と共に種を蒔く」とはどういうことでしょうか。種蒔きが喜びを一時的に断念することは確かです。種を粉にして加工すればパンやご飯になるものを、種籾として将来のために取り分け地に蒔かねなければならないからです。

私たちは主の日の礼拝を守り、み言葉をいただき、み言葉の種を携えてこの世へと派遣されてまいります。キリスト者としてみ言葉の種蒔きをするとき、現代の日本はみ言葉の種蒔きがしやすい土地でしょうか。答えはノーでありましょう。主イエスは言われました。マタイ福音書10章16節。「わたしがあなたがたをつかわすのは、羊を狼の中に送るようなものである」。世俗化し価値観の多様化した時代だと言われます。しかし、いつの時代もまたみ言葉の種蒔きは涙なしにはおこなわれないでしょう。なぜなら人間は神にそむき神からはなれた者であって、聖霊が働かないかぎり、み言葉を素直に受け入れることはないからです。

この世への派遣と伝道はまたキリスト者の務めでもあります。主なる神さまはみ言葉を受けた者を、そのみ言葉の種蒔きへとまた召し、遣わされるのです。種蒔きをする者が一時的に飢えるように、私たちもまたそのようなみ言葉を蒔くものとしての労苦が求められています。伝道は喜びでもありますが、自分や人々の罪の悔い改めや執り成しの涙なしにはなされません。しかし、み言葉の種蒔きには必ず刈り取りがあります。いかに労多く困難でも、み言葉の種はやがて収穫の束となることが約束されています。私たちは喜びと感謝とをもってまた神を礼拝しに帰ってくることでしょう。そのために力を合わせ、祈り、伝道の種蒔きをするのです。蒔かぬ種は生えません。種蒔きをやめてしまったならば収穫はないでしょう。困難や試練の中でも諦めず、み言葉の種を蒔き続けることが大切です。コヘレトの言葉に「あなたのパンを水に浮かべて流すがよい。月日がたってから、それを見いだすだろう」とあるとおりです。

主ご自身が建ててくださるのでなければ

詩編127・1－5

詩編127編は、都上りの歌に分類されていますが、内容は、都に詣でた信仰者に信仰生活上の知恵を与える知恵の詩編であると言われます。バビロン捕囚から帰還し、エルサレム神殿を建て直し、また礼拝するために遠くから巡礼するイスラエルの民によって歌われたものでありましょう。捕囚から帰還した民は、神の家である神殿の再建と自分の家の再建という二つの課題を両立させねばなりませんでした。民は次第に、主のために神殿を再建するよりも、自分の故郷の町と家を再建することを優先するようになりました。そのことを念頭にして詩人は、「主ご自身が建てられるのでなければ、建てる者の勤労はむなしい。主が町を守られるのでなければ、守る者のさめているのはむなしい」と言うのです。主が共同体を建てるのでなければ、家族であっても、町であっても、家族共同体を建てていく者の働きも、また町を守るものが寝ずの番をして町を守るのも、空しいと。

私たちキリスト者にとっても家は、何よりも、信仰者の家族としての教会共同体であります。教会は、主が、ご自身の血によって贖い取った信仰者の集まりであり、また主イエス・キリストのからだとよばれます。

私たちは、主のひとつの洗礼とひとつの聖霊とによって生まれた兄弟・姉妹として、ひとつの家族です。教会を建てていかれるのは、主ご自身であります。牧師や伝道者や他の誰でも、ありません。教会の頭《かしら》は、主イエス・キリストであり、教会は、主が、ご自身の血と聖霊と御言によって、また洗礼と聖餐とによって臨まれ、支配し、建てていかれるのです。

「主ご自身が建てられるのでなければ」と、仮定で言われているのは、もしそうでないならば、教会共同体としての家族は形成されないし、またたとえどんなに見栄えがよく、外見は立派であっても、それは「むなしい」ということです。2節は、「口語訳」では、「あなたがたが早く起き、おそく休み、辛苦の糧を食べることは、むなしいことである。主はその愛する者に、眠っている時にも、なくてならぬものを与えられるからである」とあります。2節もまた、1節に続き、私たちが眠っている時も、私たちのために必要なものを備えてくださる主に信頼して生きていくのでなければ、どんなに昼間、労苦しても、それは空しいというのです。

後半は、そのように主が建てられる家族共同体に与えられる子どもの祝福が、語られております。イスラエルの人たちにとって、子どもは、神からの賜物であり、嗣業であると考えられていました。子どもが与えられることは、はっきりと神の賜物であると言われています。ここで「嗣業」と訳されている言葉は、神から与えられる分け前としての財産であるということです。教会共同体という家族において新しく家族が、与えられていくのです。教会は、主のみ言と聖霊の働きをとおして、新しい命を誕生させてまいります。それは、主が与えてくださった賜物であり、信仰の継承者としての神から与えられた嗣業なのであります。

手の及ぶことは

コヘレトの言葉9・10

コヘレトの言葉9章10節の「手の及ぶことはどのようなことでも力を尽くして行うがよい」というみ言葉は、今月の聖句として掲げた箇所です。ここに「手」が出てきます。偽る口、つまり人の当てにならない言葉（神の口、神の言葉ではなく）よりも、手に注目すべきなのです。日本語の手に関する言葉を挙げてみます。「手伝う」「手を差し伸べる」「手助けをする」「手ほどきをする」「手引きをする」「手厚い」「手土産」「手間をかける」「手塩にかける」「手当をする」など。

『こどもさんびか』17番に「手をあわせ、目をとじてみんな静かに致しましょう。神さま、ぼくのわたしのおいのりを聞いてくださいささげます」とありますように、合掌とは「手を合わせ祈ることであり、水と火を合わせることでしょう。「手の及ぶことは」に注意したいと思います。逆に言えば「手の及ばないこと」「手の届かない」ことに注力する必要はないのです。皆が、手の届く範囲だけに全力を注ぐならば戦争は起こらないでしょう。手の届く範囲に気を配り、全力を注ぐということです。

口では何でも言うことができますが、何もしない人がいます。私は牧師としては、この世では生産性、有用性のない無価値な存在だと思ってきました。しかし、パウロもそうであったことに慰められます。パウロの自己規定は「私たちは世の屑、あらゆるものの滓」でした。

「手の及ぶところ」という主題でお話をしてまいりましたが、私は、イエスのように病める人、悪霊に憑かれた人に手を按いて癒すような奇蹟を起こす（マルコ1・31、41、5・41など）ことはできません。そういう賜物をもった伝道者もいることを知っています。私は、手ということで、伝道者の姿勢に関し、これでいいのだと示されたことが、二つあります。

一つは、礼拝の最後に牧師がなす祝禱（祝福）です。祝禱は、手を挙げない、片手だけ挙げる人、両手を挙げるという三つのスタイルがあります。スタイルはこうでなければならないということはありませんが、私はイエスが、両手を挙げて弟子たちを祝福しながら昇天されたという記事（ルカ24・50、51）を読み、これに従い、両手を挙げて祝福をすることにしています。信徒をこの世へと派遣するにあたり、牧師ができることはただ、両手を挙げて祝福することだけだからです。

第二の箇所は、テモテへの手紙一2・8でパウロが若い伝道者であり弟子であるテモテに「私が望むのは、男は怒らず争わず、どこででも清い手を上げて祈ることです」と奨めていることです。「どこででも」（in omni loco）、つまり不愉快な場所、戦場、修羅場、屈辱的な場所、どんな場所でも、牧師は「手」（ここも両手で）を上げて祈ることなのです。しかも「清い手」で。詩編24：3、4にこうあります。「誰が主の山に上り、誰がその聖所に立つのか。汚れのない手と清い心をもつ人。魂を空しいものに向けず、偽りの誓いをしない人」。

アダム、ヒューマン、ひと、アニマル

コヘレトの言葉12・7

　聖書において人間、動物は死後、どうなるのかについて、聖書と、また言葉の語源などから考えてみたいと思います。まず人間の創造につきましては、創世記2章7節に「神である主は、土の塵で人を形造りづくり、その鼻に息を吹き込まれた」とあります。土は、ヘブライ語で「アダマ」、そこから人は「アダム」となります。英語で人間のことは、ヒューマンですが、この語源はラテン語の「大地、土」(humus)からきています。そういう意味で、聖書のヘブライ語「アダム」と同じです。ちなみに日本語の「ひと」の語源は、「ひ」は「霊」「火」「と」は狭い通路を意味します。「ほと」(火の通路から女性器)、「せと」(早い水の通路)、「みと」(水の通路)、「とつぐ」(狭い通路をつなぐ)、「と」(戸)など。そういう訳で日本語で「ひと」とは、「火、霊」の通路なのです。旧約聖書では、「霊」は「ルーアハ」であり、神の霊も、人間の霊も、悪霊もすべて同じ「ルーアハ」です。

　新約聖書でも「霊」は、「プネウマ」であり、同じく神の霊、人間の霊、悪霊に使われます。また旧約聖書では、コヘレトの言葉3章19節にある「動物の息」は、別訳「霊」であり、同じ「ルーアハ」です。ここでは、人間も動物も同じ霊であり、21節にありますように、人間の霊が上に、動物の霊が地に下るとは言えない。体は、どちらも塵に帰るが、人間の霊も動物の霊も、同じ所にいくと考えられています。12章7節では、「塵は元の大地に帰り」、息（つまり霊、ルーアハ）は、人間のそれも動物のそれも、皆、「神に帰る」のです。ここで「帰る」という言葉は、「シューブ」というヘブライ語です。私たちはジンメルが言ったように、人生は家から出て行くか、家に帰るかのどちらかしかないのです。私たちの霊は、創造主なる神のみ許に帰るのです。今日、ペットは、人間のかけがえのないパートナーであり、寺社の境内にはペットの霊園もあります。キリスト教ではカンバーランド長老教会の式文には「動物埋葬の祈り」があります。ちなみに、動物のことを英語でアニマルと言いますが、これはラテン語のアニマ、魂に由来します。

以上のことから言えるのは、人間も動物も、等しく神の被造物であり、どちらも神がお召しになれば、体は土に帰り、霊は神の許に帰るということなのです。私たちが生物的な死を死ぬということは、霊が、今、着ている服を脱ぎ捨てる、服である体は土に帰るわけですが、霊は神のみ許に帰るのです。これは、いわゆる霊魂不滅とは違います。霊は、神のみ許に帰るのです。キリスト教信仰は、その上で、イエスをキリストと信じて、洗礼を受ける者は、神の霊である聖霊が注がれ、終わりの日に身体がよみがえるとの復活信仰が与えられていることです。これは、イエスの復活に根拠があります。いわば、神のみ許に帰った霊に、新しい服、着物が与えられるということです。神から、身体に、霊を衣服のように着せていただくのです。

雅歌1・4

私を引き寄せ、あなたの後ろから

会員による聖書研究で学んだ箇所です。そこで学んだことを、今日は、お集まりの方々にお裾分けしたいと思います。

雅歌は、ユダヤ人の恋愛相聞歌であると同時に、神と神の民の究極的な信仰的、霊的な交わりを示すものとされてきました。本日の箇所は、おとめが王と結婚して、婚姻の寝屋に向かう場面です。今日は、キリスト教信仰の立場から、この箇所を読みたいと思います。「私を引き寄せ」とあります。王とは、キリストをさします。

私たちは、自分で選んで教会、信仰に入ったように思うかもしれませんが、神の選び、お導きがなければ、キリストの許に行くことも、信仰に入ることもできません。当今、「引き寄せの法則」ということが言われます。「類は友を呼ぶ」「ソウルメイト」などと言われますが、私たちが何に引き寄せられるかが、大事です。美しい魂は美しい魂と引きあい、悪い魂は悪い魂を引き寄せます。信仰は、キリストが私たちを引き寄せてくださったのです。私たちが相応しくないままに。「引き寄せる」という言葉で、新約聖書の二つのイエスの言葉を思い起こします。ヨハネによる福音書6章44節「私をお遣わしになった父が引き寄せてくださらなければ、誰も私の許に来ることはできない」と12章32節「私は地から上げられるとき、すべての人を自分の許に引き寄せよう」という言葉です。「地から上げられる」というのは三重の意味があります。「十字架に挙げられる」「黄泉から地上に挙げられる（復活する）」「地から天に挙げられる」、つまり、十字架、復活、昇天です。

私の好きなアウグスティヌスの言葉に、「私の愛は私の重さ」(pondus meum amor meus)があります。これは『告白』（13章9節10）にある、有名な言葉です。私を引き寄せる神の引力、重力が、私を動かす愛、神の愛であるということです。「あなたの後ろからついて行かせてください」。前に進む、前に出ることは必要ないし、してはいけないのです。信仰は、キリストの後ろからついて行くこと、ドイツ語で文字どおりNachfolge（後に従う）ということです。「さあ急ぎましょう」。

私はここで、ラテン語の格言を二つ紹介したいと思います。第一の格言は「ゆっくり急げ」(festina lente)。焦らず目的に向かって、じっくり着実に歩むのです。「急がば回れ」「せいては事を仕損じる」ということです。信仰、教会生活の歩みも、じっくり、しかし急ぐのです。時には道草もあるでしょう。神の創造した美に立ち止まってうっとりする、エンジョイすることもあるでしょう。第二の格言は、「芸術は長く、人生は短い」(ars longa, vita brevis)。人生は思ったより短いですから、私たちは、時間を浪費することはできるだけ避けて、人生の目的に向かって自己を進めていく必要があります。人間の目的は畢竟、「神を愛し、神を喜ぶ」、神を「享受」することにあります。おとめが「あなたのもとで喜びましょう」と言っているとおりです。ウェストミンスター小教理問答1に、「人間の目的は何ですか。人間の第一の目的は、神に栄光を帰し、永遠に神を喜びとすることです」とあるとおりです。

あの方の旗印は愛です

雅歌2・4

「旗幟を鮮明にする」ということがあります。敵味方相乱れて戦う場合、敵味方を区別するために、また自分はどちらにつくのかを鮮明にするために旗を掲げるのです。

雅歌2章4節では「あの方の旗印は愛です」とあります。あの方とは、おとめの恋する若者をさしますが、キリスト教会は、おとめを「キリスト教徒」もしくは「教会」、若者を「主イエス」と読んでまいりました。キリスト教会は、信仰告白を世々告白してきました。信仰告白は新約聖書にもありますが、纏まったものとしては二世紀のローマ教会の古洗礼信条である使徒信条が知られております。この信条は、イエスの十二使徒が、一つずつ箇条をもち寄ってそれを結集したものであるとの言い伝え、レジェンドがあります。その真偽はともかく、この信仰告白のもとに主を信じる者は結集し、洗礼を受け、教会が建ってきたのです。この伝説には真理契機があります。というのは、信条、信仰告白のことをラテン語でシンボルム（英語のシンボルはこれに由来します）と言いますが、これはさらにギリシア語のシュンバレイン「同じところに結集する」という言葉に遡ります。現にラテン語の辞書を引くとシンボルムには「旗盟」という意味があり、そこから信条、信仰告白という意味も出てきます。

今、水曜日の聖書研究・祈り会では第一水曜日に鈴木崇巨著『牧師の仕事』という本をテキストとして学んでいます。そこでいろいろなことを学びましたが、私がこの本を読んで一番よかったのは牧会の原理を「愛に置く」ように、ということです。日本語の「牧会」とは「羊を養う」ということで、牧羊に関わる英語のパスター(pastor)の訳であって、牧羊文化のない日本人には、リアリティーの薄い言葉です。ドイツ語ではゼールゾルゲ（Seelsorge)、「魂への気遣い、配慮」で、これの方が内容にふさわしいです。「牧会」とは何かということを考える際に、牧会の原理が愛であることは、今更ながら目から鱗でした。まさに「私の上にたなびくあの方の旗印は愛」なのです。愛、それは、言うまでもなくイエスの示された贖罪の愛、罪を赦す無償の愛です。神の愛以外に結集原理はありません。人の力も利害もそういうものは何もあってはならないのです。今日は後で『讃美歌』380番を歌います。これは教会員のK兄の愛唱歌で兄は英語で歌います。「たてよいざ立て主の強者、見ずや、み旗の翻るを」。英語では、**Stand up, stand up for Jesus you soldiers of the cross lift high his royal banner** と「御旗」（バナー）という言葉が使われています。ソルジャーで兄は海軍の従軍体験がありますから、軍隊で覚えたのかもしれません。

そのような神の愛によって私たちは罪を赦され主の食卓へと招かれます。「あの方は私をぶどう酒の館に誘いました」とあります。「ぶどう酒の館」は主の晩餐、主の体と血を表すパンとぶどう酒の食卓です。そのように私たちは、主の御旗のもとに信仰告白をもって結集し、主の聖餐（ユーカリスティアはギリシア語で感謝の意味）に文字どおり「感謝」をもってあずかるのです。

私の鳩よ、あなたの声を聴かせてください

雅歌2・14

聖霊降臨日、ペンテコステです。聖霊は、火、また鳩としてイメージされます。説教箇所として、また今月の聖句として雅歌2章14節の「岩の裂目、崖の隠れ場にいる鳩よ。あなたの声を聴かせてください」を選びました。おとめが恋人に言う言葉です。私は、キリスト者が、神の言葉を求める祈りの言葉と理解いたします。鳩で象徴されているお方は、聖霊なる神とも言えます。聖霊は隠れているのです。三位一体の神の説明は難しいですが、言葉の譬えを使って説明します。父なる神は、言（ことば）を語る神、子なる神であるキリストは、語られ受肉した言、聖霊なる神は、語られ受肉した言を聴かせるお方です。いわば人形浄瑠璃の人形遣いのように、聖霊は隠れている神です。風は目に見えませんが、木々がそよぐとわかるのと同じです。いわば聖霊は神の言を聴かせる耳なのです。普通、人間の言葉は、耳が先にあって、それで他者の言葉を受け止める訳ですが、神の言葉を聴く場合には「初めに言ありき」（ヨハネ1・1）で、言が聴く耳を創造するのです。新約聖書では、聖霊が働かなくては誰もイエスを主と告白できないと言われています（コリントー12・3）。言霊という言葉がありますが、聖霊は言霊です。旧約聖書においては、預言者に注がれ、時

満ちて主は、聖霊によりておとめマリアに宿り、主の洗礼時、聖霊が鳩のように主にくだり、主の復活、昇天後ペンテコステにおいて地上の信徒にくだり、教会が誕生し、今も教会は、マリアの胎のように、聖霊が満ちて、イエスを主と告白する神の子たちが新生しているのです。

創世記1章1節に、「神の霊が水の面を動いていた」とあります。霊は、聖霊なる神です。水は、洗礼を象徴します。主が洗礼を受けられた時、聖霊が鳩のような姿でくだったとあります。また聖霊が降臨した日に、ペトロの説教を聴いて三千人の人が洗礼を受けました。このゆえに、聖霊の注ぎと水による洗礼、神の霊と水とは、不可分であります。使徒言行録には、使徒ペトロが水の洗礼を受けた人に手を置くと、聖霊が、その人にくだったという箇所があります（8・17）。

原文の「手」は、実は複数です。つまり両手なのです。近年の教会では、按手礼、洗礼式、長老任職式等では、片方の手を置きますが、本来、聖書では洗礼や任職を受ける人の頭に右手、左手の両方の手を置いたのです。皆さん右と左という日本語の語源は、ご存じでしょうか。みぎは、「水際（汀）みぎわ、」すなわち、水ぎわ、ひだりは「火垂り」、すなわち、火が出るという意味に由来します。これを適用いたしますと、聖霊が火のように下り、人々は、イエスを主と告白して、水の洗礼を受けます。あるいは、主イエスのように水の洗礼を受けた際に聖霊が降るのです。使徒たちが按手の際に両手を置くのは、水の右手と火の左手とが不可分であるからだと思います。『こどもさんびか』17番に、「手を合わせ目をとじて／みんなしずかにいたしましょう」とあります。宗教を問わず、祈りの際に手を合わせるのも、そこからかもしれないと思います。

わたしたちのぶどう畑は花盛りですから

雅歌2・15、16

「葡萄畑を荒らす小狐を捕まえてください」。ここに小狐が出てきます。13節で、「葡萄の花は香る」と若者は言います。葡萄の花の香りは、実に芳しいものです。今、葡萄畑は花盛りなのです。葡萄の花は五月に開花し、その後、実が付きます。その花畑を小狐に荒らされては、葡萄の実がならなくなるのです。そこで、そのような悪さをする小狐を捕まえてくださいと歌われているのです。教会の聖書解釈の歴史において、この箇所は教会という神の葡萄畑を侵し、荒らす異端者として説教されてきました。

雅歌から多くの説教を残したベルナルドゥスという人は、この箇所一節から幾つものそのような説教をしております。狐というのは、イエスも、ご自分の言葉の中で二回言っておられます。マタイによる福音書8章20節では、「狐には穴があり、空の鳥には巣がある。だが、人の子には枕する所もない」とご自身の流離の生活を狐と比べてお語りになっています。ルカによる福音書13章31－32節では、「ファリサイ派の人々が何人か近寄って来て、イエスに言った。『ここを立ち去ってください。ヘロデがあなたを殺そうとしています。』イエスは言われた。『行って、あの狐に、「今日も明日も、悪霊を追い出し、病気をいやし、三日目にすべてを終える」とわたしが言ったと伝えなさい』」。イエスは、ご自分を殺そうとしているヘロデのことを「狐」とよんで、ここでは「狐」は陰険で悪い動物として言われているのです。こうしたこともあって神の葡萄畑、葡萄園を荒らす小狐は、悪者、駆逐すべき異端者として解き明かされてきたのかもしれません。

しかし、私は、そのように読む必要はないと思います。雅歌で狐とあるのは「小さな子どもの狐たち」です。神の花盛りの葡萄園に小さないたずらをする狐たちが、いてもよいのではないでしょうか。むしろ葡萄の園にそのようないたずらをする動物は一匹もいない、根絶やしにされている世界こそ、どこかおかしいのではないでしょうか。神の葡萄畑である教会にそのような悪戯をする、また走り回る小さな狐たちとは、何でありましょう。それは、幼子、小さな子どもたちではないでしょうか。そのようなことを、ここの箇所で言っているのは、ヘルマン・ホイベルス神父です。教会堂の礼拝の中で子どもたちが走り回り、悪戯をする、それはもちろん限度ものでしょうから、大人が「小狐たちをつかまえる」ことはあるでしょう。教会は小さな子どもたちが走り、悪さを、悪戯をするような、神の葡萄畑でもあるのです。そこには幼子も招かれているのです。「わたしたちの葡萄畑は花盛りですから」。幼子が葡萄の園を走り、泣けば泣くほど神の葡萄園は栄え、神の国は栄えるのではないでしょうか。

神の葡萄畑である教会は、花盛りなのです。世々の時代や民族を超えて、遍く広がっている豊かな葡萄畑なのです。そこに招かれている私たちもまた、主の花嫁として若い娘、この雅歌で若者と相聞しているいつまでも若い乙女なのであります。

傷ついた葦を折ることなく

イザヤ書42・1－3

イザヤ書42章1－4節は、いわゆる「苦難の僕《しもべ》」のことが記されています。特に3節には、主なる神が選んだ僕が、「また傷ついた葦を折ることなく、ほのぐらい灯心を消すことなく、真実をもって道をしめす」とあります。

「傷ついた葦を折ることなく」。最近、傷ついた人、障がいのある人、肉体的、精神的に弱さを覚えている人を攻撃したり、自然淘汰観に立った社会ダーウィニズムや優生思想に基づいて、命を殺めたりする、恐ろしい事件が増えています。

人間の尊厳の根拠は、どこにあるのでしょう。それは何よりも、創世記1章27節にありますように、「神はご自分にかたどって人を創造された」ということです。人間は、神のかたどりをもっている。似姿を持って造られた、かけがえのない存在であるということです。ここで「傷ついた葦」「ほのぐらい灯心」とは、ある註解書によれば「神の愛がその心の中に死滅せんとする者、あるいは信仰が困難の中にあってなお生きんとして悶え苦しむ者」とあります。私たちは、川辺の葦のように、傷つき、折れやすい存在です。また、「ほのぐらい灯心」のように、その一生は、儚く消えてしまうように見えます。けれども、主は、そのような私たちの弱さを覚え、「傷ついた葦を折ることなく、ほのぐらい灯心を消すことなく、真実をもって道をしめ」してくださるのです。

パスカルは、『パンセ』の中で、「人間は考える葦である」と言っております。「人間は自然のうち最も弱い一本の葦にすぎない」が「考える」ということが人間の偉大さであるというのです。確かに人間が、思考するということは大事なことですが、人間の偉大さ、尊厳が、「考える」ということにあるとするのには、問題があります。なぜなら、たとえば、認知症になって考えることができなくなった人や、あるいは、すでに死んだ人には、人間としての尊厳はないのかということになるでしょう。ですから、私は、「人間は考える葦」であるという人間規定よりは、イザヤ書の「傷ついた葦を折ることのない」真実な愛の神に目を向けたいと思います。

人間は傷ついた葦でありますが、この弱く儚い人間を真実の愛をもって守り導いてくださる神に委ねて生きていくのです。イザヤ書42章に記されている「主の僕」が、誰をさすのかは、議論があるようです。イザヤ書においては、個人ではなく集団、それも、現実の罪と背反に満ちた現実のイスラエルではなく、理想的な集合人格としてのイスラエルの使命のことが語られております。けれども、キリスト教信仰は、この主の僕は、主イエスを予言するものと理解してきました。イエスは、父に選ばれ、神の霊が注がれ、病を癒し、傷ついた者を憐れまれました。主は言われます。「疲れた者、重荷を負う者は、だれでも私のもとに来なさい。休ませてあげよう。私は柔和で謙遜な者だから、私の軛を負い、私に学びなさい。そうすれば、あなたがたは安らぎを得られる。私の軛は負いやすく、私の荷は軽いからである」（マタイ11・28－30）と。

われはシオンのために黙さず

イザヤ書62・1

預言者イザヤ、特に第三イザヤの言葉です。彼は、紀元前6世紀後半、イスラエルがキュロス王の解放令によってバビロン捕囚からエルサレムに帰還し、荒廃したエルサレム（シオン）の街と、何よりも神殿を再建する事業へと、民を鼓吹した人物でした。ここで、「私」とあるのは預言者自身であると同時に、預言者をとおして語る神でもありますが、私たちは、これをキリストご自身また、さらには自分に置き換えて読むことができます。

マーティン・ルーサー・キング牧師に「私には夢がある」（I have a dream）という有名な説教があります。「私には夢がある。それは、いつの日か、かつての奴隷の息子と、奴隷所有者の息子が、兄弟として同じテーブルに腰をおろすことだ」。夢を懐き、それが実現するように祈ることは、重要です。「エルサレムの救いが燃える松明の様になるまで」と預言者は語ります。シオンやエルサレムという部分を、日本や、茅ヶ崎市、あるいは教会に置き換えて読んでみてよいでしょう。福音宣教をとおして、救いが、この街に松明のように燃え上がり、この会堂が主を礼拝する人々で満ち溢れるような夢をもって、そのために祈るのです。キリスト教の古からの格言に「祈り働け」（ora et labora）とあるように、祈ったことが必ず実現することを信じて働くのです。フィリピの信徒への手紙2章13節に、「あなたがたのうちに働きかけて、その願いを起こさせ、かつ実現に至らせるのは神であって、それは神のよしとされるところだからである」と、あるとおりです。

イエスは、「私の父は今に至るまで働いておられる。私も働くのである」（ヨハネ5・17）と仰っています。主ご自身が、エルサレムの救いのために休まず、働いていてくださるのですから、私たちもまた、主のために働くのです。「はたらきびとに主はいませり。われも日ごとの業をつとめん」（『讃美歌』369番）。伝道は、人間のわざではなく、神ご自身のなしたもう、摂理のみわざです。人の目には不可能と思われることも、神は万事を益となるように働き導いてくださいます（ローマ8・28）。その上で「黙さず、休まず」。私たちは「時がよくても悪くても」（テモテ二4・2）イエスの福音を宣べ伝えるのです。

「黙さず」。確かに、主の前に静まる、沈黙することは大事でしょう。ドイツ語で沈黙するという言葉「シュティレン」（stillen）は「授乳する」という意味からきていると、聞いたことがあります。乳児は、乳を飲む時、沈黙するからです。これでいけば私たちは、「今生まれたばかりの乳飲み子のように、混じりけのない霊の乳」（ペトロ一2・1）であるみ言葉に聴く礼拝においては沈黙しますけれども、福音を宣べ伝えることにおいては、沈黙しないのです。私たちのできる方法で人々に伝道し、教会の礼拝に導くように努めたいものです。「休まず」。これは上に述べたように、休まず伝道に努めるだけでなく、私たち自身もまた、何よりも教会の主日礼拝、また聖書研究・祈り会などの各集会にできる限り休まず、出席することも求められているのです。

エレミヤよ、何が見えるか

エレミヤ書1・1―19

エレミヤは、預言者としての召命を受けるにあたって、二つの幻を受けました。それは、アーモンドの木と、煮えたぎる鍋の幻です。前者は、自然の光景であり、後者は、家庭の光景であり、ごく普通の光景であります。

まずエレミヤは、主なる神さまから「エレミヤよ、あなたは何を見るか」と問われます。これに対し、彼は答えます。「あめんどうの枝を見ます」。これに対し、主は12節で「あなたの見たとおりだ。わたしは自分の言葉を行おうとして見張っているのだ」と言われます。ここで「アーモンド」という言葉（シャケド）と「見張る」という言葉（ショケド）が、ヘブライ語では語呂合わせになっています。けれども、これは単に語呂合わせにすぎないものではないと思われます。

彼が見たのは、あめんどうの花ではなく、その枝であります。おそらくエレミヤにこの言葉が臨んだのは、まだ春にならない冬先のことであったと思われます。桜もそうですが、アーモンドの木も、冬の厳しい寒さの中でその一見、枯れて、ごつごつした樹皮の下には、春に花を咲かせるための準備が、固い樹皮の下で着々かつ粛々と進んでいます。一見、枯渇し、混沌とした歴史と世界の中で、神は、み言葉を実現しようと、独り着々と目覚めて、ご計画を進めておられるということであります。

また13節で、「主の言葉が再びわたしに臨んで言う、『あなたは何を見るか』。わたしは答えた、『煮え立っているなべを見ます。北からこちらに向かっています』」。鍋は、北から南に向かって傾いていたのでありましょう。これに対し、主はエレミヤに言われます。「災が北から起って、この地に住むすべての者の上に臨む」。エレミヤは、アーモンドの木のある、庭先で冬に鍋物料理を作っていたのかもしれません。アーモンドの木が、静的で枯れたような寒々とした状態を示していたのに対して、こちらの幻は、動的で燃えるようなイメージであります。これらの幻でもって、主なる神さまは、真の神に背反し偶像崇拝に落ちたユダヤに下す審判を、北の新バビロニアが攻めて来る災いとして示しているのです。

この二つの幻とも、エレミヤの家の庭先や台所のごく普通の日常的な光景です。われわれもまた、平凡な日常生活を営んでいます。家庭を営み、社会にあって市民として生きています。しかし、そのような生活において、主なる神は、われわれ一人ひとりに語りかけます。「エレミヤよ、何を見るか」と。神が、歴史において、み言葉を実現すべく、目覚め、見張っているように、われわれキリスト者も、この混沌とした世界と歴史の趨勢の中で、み言葉をしっかりと保って見張り、目覚めていなければならないのです。どんなに世界が真冬のように凍りつき、すべての命が枯死寸前のように見え、世界がどんなにぐつぐつと煮えたぎり、混沌としているように見えても、われわれは、主なる神が、世界と歴史の趨勢の中で、ご自身一人目覚め、番人として見張っておられることを、堅く信じて信仰生活をしていくのであります。

霊よ、四方から吹き来れ

エゼキエル書37・1―10

エゼキエルは、今から二六〇〇年前に活躍した預言者です。ユダ王国が、バビロニアによって紀元前六〇六年頃から侵攻を受け、前五九七年の第一回バビロン捕囚で、バビロンに連れて行かれたときに、祭司として彼も連行されました。そのバビロンの地で、エゼキエルは、預言者としての召命を受けます。今日の箇所は、バビロンで前五八七年にエルサレムが、陥落したという報告を受けた後に、彼に臨んだ幻が記されています。

1―2節の「主の手がわたしに臨み、主はわたしを主の霊に満たして出て行かせ、谷の中にわたしを置かれた。そこには骨が満ちていた。彼はわたしに谷の周囲をいきめぐらせた。見よ、谷の面には、はなはだ多くの骨があり、皆いたく枯れていた」という言葉は、バビロンとの戦いで、エルサレムが陥落し、その丘の谷にイスラエルの兵士の夥しい遺骸が枯れた骨となって、重なり転がっている光景が記されています。「枯れた骨」は、旧約聖書においては、人間の苦悩の深さを示す表現として出てまいります。エゼキエル書では、神に背いた人間の共同体や、社会の在り方が、「枯れた骨」という言葉で表現されております。社会や、職場、学校なども、表面的にはどんなに繁栄し、進歩しているように見えても、神さまの目から見れば、皆、死の谷に転がっている枯れた骨であるというのです。ユダヤの国は、預言者をとおして語られた神の言葉に反し、背き、やがて、バビロニアの侵攻を受け、戦争によりエルサレムは壊滅してしまいます。エゼキエルは、そのように敗北し、希望を失い、打ちのめされているバビロン捕囚の民に対して、次のように語ります。

「主はまたわたしに言われた、『これらの骨に預言して、言え。枯れた骨よ、主の言葉を聞け。『主なる神はこれらの骨にこう言われる、見よ、わたしはあなたがたのうちに息を入れて、あなたがたを生かす』」。

主なる神は、四方から霊が、枯れた骨に吹き付け、これに息を入れて、骨に筋を、筋に肉を、肉に皮膚を生じさせて、彼らを生き返らせ、大いなる群集とし、イスラエルを回復させ、捕囚の地から解放して、エルサレムへと帰還させるという希望を語るのです。

「枯れた骨よ、主の言葉を聞け。主なる神はこれらの骨にこう言われる、見よ、わたしはあなたがたのうちに息を入れて、あなたがたを生かす」。私たちも、主の十字架の贖いと復活の命にあずかり、主の霊の息吹を受けて、今や、主の体なる教会の一つの肢として結ばれ、繋がり、一つの命に生きる共同体を形成することが、許されています。この世界、またこの国も、依然として枯れた骨に満ちた谷であり、私たちもまた、このような苦悩の谷に住んでおります。けれども、すでに主イエスによって希望と喜びと慰めをいただいておりますす私たちは、聖霊降臨日にあってこの谷において、「枯れた骨よ、主の言葉を聞け。主なる神はこれらの骨にこう言われる、見よ、わたしはあなたがたのうちに息を入れて、あなたがたを生かす」という神の言葉を聴くのです。

彼は以前からしていたように

ダニエル書6・11

ダニエル書6章11節からみ言葉に聴きたいと思います。

ペルシアの高官たちはダレイオス王を唆し、王以外の神を拝む者をライオンの穴に入れるという文書に署名させます。これは、ユダヤ人でヤハウェを拝むダニエルを陥れるためでした。11節に、「ダニエルは、文書が署名されたことを知って」とあります。ダニエルは、自分に対する陰謀、王の署名を認識しています。ここから学ぶことは、キリスト者は、自分が生きている世界の現状については、リアリストでなければならないということです。決して、現実離れした人間、夢想家であってはならないと思います。「蛇のように賢く」なければならないのです。その上で、冷静沈着さを失わない平常な心をもつのです。ダニエルは、「以前からしていたように」とあります。

ルターは、「たとえ明日世界の終わりが来ようとも、私は林檎の木を植える」と言いました。私たちは、「現状」(status quo) がどんなに危機的な状況であっても、主が言われたように「心を騒がせることなく」(ヨハネ14・1) 静穏な心、平常心をもつようにしなければならないのです。そのためには、「以前からしていたように」

とありますように、常日頃からの生活が大切です。聖書を読む、祈りをする。毎日の訓練というよりは、それがルーティンワークになっていなければならないのです。何事も、ルーティンから始めると心が落ち着きます。「彼の屋上の部屋の窓はエルサレムに向かって開かれていた」とあります。今でも、イスラム圏の国のホテルに泊まる部屋の天井には、矢印が書かれています。それはイスラム教徒がメッカに向かって一日五度の祈りをするためです。ユダヤ教では、ここに記されていますように、一日三度でした。もちろん、私たちは、公的に、私的に、教会において、また密室において、時を定めて祈ります。けれども、神に対する心の窓はいつも開かれているのです。

最近、寝室を締め切って寝ると、朝は二酸化炭素の量が通常の空気の四倍になっているので、窓は開けるか、換気して寝ないと体に悪い、呼吸に悪いと聞きました。窓を開いておくことは、大切なことなのです。キリスト者にとって、祈りは、霊的な呼吸であると言われます。オイラーという数学者は、「人が呼吸をするように、鳥が空を飛ぶように」数学をしたと言われています。呼吸は、意識しません。意識しないほど、祈りが霊の呼吸になるのです。私たちが絶えず、また意識することなく、呼吸をしているように、私たちは、祈りが霊の呼吸のように、神に献げられることが、求められていると思います。

さて、窓は、「エルサレムに向かって開かれていた」とあります。、窓は、外の世界に対して開くものです。このことは、ダニエルの心がいつも、神に向かって開かれていたことを示しております。それゆえ、ダニエルが、危機的な状況の中にあっても、開かれていた窓からエルサレムに向かって祈ったように、私たちはどんな時にも、神さまに向かって心の窓を開き、祈るのです。

緑豊かな糸杉、それが私である

ホセア書14・9

風薫る五月です。教会の前にある樅《もみ》の木も緑に芽吹いています。

聖書の箇所は、茅ヶ崎東教会の五月の聖句です。「口語訳」も「新共同訳」も「わたしは命に満ちた糸杉」となっています。「命に満ちた」が「聖書協会共同訳」では「緑豊かな」と訳されました。原文の言葉は、「生い茂った」という言葉です。「緑」という言葉はありませんが、五月は新緑の季節ですし、キリスト教の伝統では緑は希望の色です。ちなみに白は純正な信仰、赤は深い愛を象徴します。「私は緑豊かな糸杉」と神は自身を直喩で「糸杉」に譬えています。

糸杉で思い出すのは、ゴッホです。彼の作品に「糸杉のある麦畑」があります。ある人が、ジョットの描いた「キリストの死への悲しみ」に構図がそっくりであると言っています。ジョットの絵は、十字架から降ろされたキリストの場面を描いたものです。私も実際、ネットで検索して二つの絵を比べてみましたが、細部まで本当にそうです。ゴッホは、牧師の息子であり伝道者を志したこともあり、ジョットに傾倒していたのですから、ジョットのこの絵が糸杉の絵の構図に影響しているのでしょう。ゴッホは、糸杉の絵を描く時、十字架の死を遂げられたキリストへの深い悲しみとともに、ホセア書で言われている、神の命に満ちた豊かな糸杉を想起していたのかもしれません。

ところで、フランクルの『夜と霧』の中に、つぎのような強制収容所で死を待っていたひとりの女性の話が出てきます。「この若い女性は自分が近いうちに死ぬであろうことを知っていた。それにもかかわらず、私と語ったとき、彼女は快活であった。『わたしをこんなひどい目に遭わしてくれた運命に対して私は感謝していますわ』と言葉どおりに彼女はわたしに言った。『なぜかといいますと、以前のブルジョワ的生活で私は甘やかされていましたし、本当に真剣に精神的な望みを追ってはいなかったからですの』。その最後の日に彼女はまったく内面の世界へと向いていた。『あそこにある木はひとりぼっちの私のただひとつのお友だちですの』と彼女はいい、バラックの窓の外をさした。外では一本のカスタニエンの木がちょうど花盛りであった。病人の寝台のところにかがんで外をみると、バラックの病舎の小さな窓を通して、ちょうど二つのろうそくのような花をつけた一本の緑の枝を見ることができた。『この木とよくお話しますの』と彼女は言った。私はちょっとまごついて彼女の言葉の意味が判らなかった。彼女は譫妄状態で幻覚を起こしているのだろうか。不思議に思って私は彼女に聞いた。『木はあなたに何か返事しましたか。しましたって。では、何て木は言ったのですか』。彼女は答えた。『あの木はこう申しましたの。私はここにいる。私はここに、いる。私はいるのだ。永遠の命だ』」。

私たちは、どんな困難で望みのないような状態にあっても希望をもって生きていくことができるのです。たとえそれが一本の木であっても。

神さまは直喩のうちにいましたまふめらめら燃ゆるゴッホの糸杉

あの地震の二年前に——被造物の呻き

アモス書１・１

アモスは、前8世紀の預言者です。彼の預言活動について、「あの地震の二年前のこと」と記されています。この地震についてゼカリヤ書14章5節にも記載があります。これは、考古学者により前七六〇年と推定されています。人間が神に反するとき、アモスによれば、大地が揺れ、「獅子が吠える」のです（8・8）。日本でも、最近、大地震がくるのではないかと言われています。南海トラフ地震や富士山の噴火など。地震を予感させる宏観現象が見られます。ダイオウイカやリュウグウノツカイ、イルカやクジラの打ち上げや、迷い込みが続いています。創世記1章28節を見ますと、人間が、他の被造物に対する管理責任、統治を創造主なる神から委ねられていることが記されています。よくここからキリスト教に対する批判がなされることがあります。唯一神教が自然を破壊した。八百万のアニミズムこそ自然保護的であるというのです。EUでは、屠殺される動物の保護のための欧州協定があり、背景にはキリスト教があります。

人間は、他の生物と共に同じ被造物であります。最初の人アダムの名は土（アダマ）に由来します。エデンの園のアダムは動物と親しい関係にありました。創世記7章3節には、ノアの箱舟の物語があり、そこではノアに、種の保存の責任が課せられます。今日では種の絶滅、40億年で二〇〇〇万種、毎年五万から十五万種、一日一〇〇から三〇〇種が、乱獲、汚染、開発などで絶滅しているそうです。聖書には、動物に対する人間の配慮が多く記されています。リベカの駱駝への水やり。旧約律法における動物に対する愛（出エジプト23・19、申命25・4）。またヨブ記38章41節、詩編104編21節など。新約でも同じです。

イエスは、ベツレヘムの馬小屋で生まれました。荒野の誘惑の際にイエスは、野の獣と共におられました（マルコ1・13）。エデンの園における第一のアダムに対し、イエスは第二のアダムであられます。ローマの信徒への手紙8章19－22節を見ますと、被造物が虚無に服したのは、「服従させた方」、すなわち創造主なる神によるのだとあります。これは、創世記3章15節で、神がアダムに「あなたのゆえに、土は呪われてしまった」という言葉を背景にしています。人間（アダム）の罪により、人間が由来する大地が虚無に服したのです。この考え方はプリミティブなものでしょうか。そうではありません。「被造物の呻き」です。戦争による自然環境破壊、感染症、火山の噴火、大地震など。そしてローマの信徒への手紙8章21、23節を見ますと、被造物もまた「神の子どもたちの栄光の自由に入ること」「体の贖われることを切に呻きながら待ち望んでいる」のです。仏教には、「草木悉皆成仏」という言葉がありますが、被造物全体の救済です。動物の死もまた人間と同じです。涙を流し、目が合うのです。そのために被造物もまた、「神の子」とされた私たちと共に呻いているのです。聖書が描く終末世界については、イザヤ書11章6－9節にあるとおりです。

自分の神と出会う備えをせよ

アモス書4・12

アモス書4章12節は、イスラエルに対する五つの警告にもかかわらず、悔い改めないイスラエルに対する最後の警告が記されています。それは、「自分の神に会う備えをせよ」というものです。しかし、神に会うことが人間の側から可能なのかというと、それは不可能です。出エジプト記33章で、主なる神は、モーセに「あなたは私の顔を見ることはできない。人は私を見て、なお生きていることはできないからである」と言われています。絶対的に聖なる神を、罪びとである人間は、直接、見ることはできないのです。人間の側から神に出会うことは不可能です。人間と神とは非連続であり、人間の延長線上、可能性の中で、神と出会うことは絶対にできないのです。そうではなくて人間の側からではなく、神が私たちに出会ってくださるのです。その時、私たちは、マルコによる福音書9章24節に出てくる汚れた霊に取り憑かれた息子が、主イエスの前で叫んだように、「われ信ず、信仰なきわれを救いたまえ」としか言うことはできないのです。言い換えれば、人間の可能性がすべて潰えたところで、神が、私たちに出会ってくださるのです。有限なものの可能性が消えたところで無限なるものが、有限なるものと出会うのです。

有限なものが無限なものを入れることができるのか否かについては、ルター派の教会とカルヴァン派の教会の神学者で、議論があります。ルター派は、「有限は無限を入れることができる」（finitum capax infiniti）と考えます。これに対して改革派は、「有限は無限を入れることはできない」（finitum non capax infiniti）と主張しました。それはともかく、この歴史の中で、無限者と有限者が、たった一度だけ出会った出来事があります。それは、主イエスにおいてであります。主イエスにおいてのみ無限なる神と有限なる人間とが出会い一体となってこの世界に生まれました。クリスマスの出来事です。そして、この地上を歩まれました。つまり、無限者なる神が、有限者なる人となって、地上を歩まれたのです、けれども、この方をイスラエルは十字架にかけて拒否したのです。

「イスラエルよ、自分の神に出会う備えをせよ」というアモスの叫びをイスラエルの民は聞かず、却って拒否したのでした。しかし、その十字架の出来事において神は、自分を拒否した人間の罪を自ら負い、ここにおいて神は、人間の罪を赦し、私たちに対する愛を示されたのであります。私たちが神に出会うことのできるのは、イエスにおいてのみであり、十字架にかけられた主においてのみです。「イスラエルよ、自分の神に出会う備えをせよ」という、このアモスの言葉は、紀元前八世紀の奥底から、主イエスの十字架をさして語られています。ここにおいてのみ、有限なる、そして罪びとである私たちは、無限にして聖なる神と出会うことができるのです。

今は、キリストの十字架への道行きを覚える受難節であります。私たちは、このレントの日々、主イエスの十字架の出来事、またその三日後の復活節に向かって「自分の神と出会う備え」をする者でありたいと思います。

アモスの見た第一と第二の幻――とりなしということ

アモス書7・1―6

アモス書7章から8章にかけて、アモスの見た幻が四つ記されています。その第一と第二の幻から、執り成しについて学びたいと思います。

これらの幻は、「私は」という一人称で記されており、預言者の活動の初めにあった個人的な体験を示していると考えられます。そして最初の二つの幻は、全く同じ形式で、イスラエルのために彼が執り成しの祈りをし、よって主が民に下そうとしている禍を思い返されたとあります。

第一の幻は、主が起こそうとしているバッタによる禍であり、第二の禍は、深淵にある水をも舐め尽くす審判の火です。預言者アモスは、北イスラエルの堕落に対して、主なる神の厳しい裁きが下ることを預言した人ですが、その根底には、神に対するアモスの真摯な執り成しの祈りがあったことがわかります。執り成しは、旧、新約をとおし一貫して流れている祈りです。アブラハムは、腐敗したソドムのために執り成しをしました（創世18章）。またイエスは、ご自分を十字架に架けた人たちのために祈られました（ルカ23・34）。何よりも、私たちの罪のために執り成してくださるお方は、主イエスにほかなりません（ヨハネ一2・1）。「日本キリスト教会信仰の告白」でも、主イエスは「救いの完成される日までわたしたちのために執り成してくださいます」と告白されています。第一と第二の幻では、アモスの執り成しの祈りは聴かれ、「主はこれを思いなおされ」とあります。いったい、神が人間の執り成しで、しようとされていることを「思い直す」などということがあるのでしょうか。そういうことがあることが、ここでわかります。そうでないなら、執り成しの祈りは、そもそも無駄であることになるでしょう。ある人が、人間の執り成しは、神の決定した意思を変えることはできないが、こうしようと考えておられる意向は変えることができると述べています。また、まだ神を知らない人のために、私たちキリスト者が執り成しの祈りをすることができるし、また、それが求められているのは、私たちが真の神を知っているからです。

さて、執り成しについて私たちは、どのように祈ったらよいのでしょう。まず、アモスの執り成しから教えられることは、短い祈りでよいのです。家族のために。「主よ、家族をお救いください」。「夫を信仰へと導いてください」。国家、民族のために。「新疆ウイグル自治区、香港、ミャンマーを圧政からお救いください」。教会の兄弟姉妹のために。「誰それさんの病気を癒してください」等々。執り成しの祈りについては、『讃美歌21』で、「とりなし」という言葉自体が出てくるものは、今日この後で歌う526番の4節に「神はみ子イエスのとりなしに応え、救いの恵みを与えてくださる」という箇所しかありませんが、執り成しの祈りについては34番によって祈ることもできます。

主の下げ振り――アモスの見た第三の幻

アモス書7・7－9

アモス書7章から8章にかけて、アモスの見た幻が四つ記されています。これらの幻は、「私は」という一人称で記されており、預言者の活動のはじめにあった個人的な体験を示していると考えられます。

これまで第一と第二と第三の幻を見てまいりました。今日は、第三の幻から学びたいと思います。第三の幻は、後の三つの幻と違う点があります。それは、第一、第二の幻では、アモスが見たのは、バッタの群れと焼き尽くす火であり、第四の幻では、一籠の夏の果物という、いわば自然の物であったのに対し、第三の幻では、主なる神ご自身であったということです。主は、城壁の上に立っておられたのです。城壁は、都市を守るために北イスラエルが築いた防御の壁です。首都のサマリアであったかもしれません。そして人々は、この城壁により外敵からも守られて安心であると思い込み、為政者、国家祭祀、富裕層の人たちは豪奢な生活をする一方で、貧しい人、弱い人たちを虐げ搾取していたのです。その高い城壁の上に主が立って、下げ振りを手にしているのを、預言者は見たのでした。

「下げ振り」とは、聞き慣れない言葉です。「新共同訳」も同じです。「口語訳」は、「測り縄をもって築いた石垣」と訳していました。ここで使われている言葉は、ヘブライ語で普通「測り縄」と訳される言葉とは違います。測り縄は燈心草、藺草などを用いて作った尺、スケールのことです。ここで使われている言葉は「鋼」とか、固い物という言葉です。これは今日、建築物が垂直に立っているかを測る測鉛の重りであると考えられています。つまり、主は、イスラエルの建てたものが垂直に建っておらず傾いていて、これはやがて倒れ崩壊する。それは外敵アッシリアによるのだが、実は、主ご自身が重りで測り、垂直でないことを示して、審判を下すということを言っておられるのです。主が、高みから私たちの立てた人生、構造物、文化など、あらゆるものが垂直に、すなわち、神に向かって建てられているかを、重りで測るのです。その前に私たちは皆、神に背き、垂直でない生き方をしていますので、裁かれるほかはないのです。垂直が決まらなければ水平も決まりません。神に対して人間が垂直関係になければ、人間と人間との水平関係も定まらなくなるのです。アモスが見た、主が高みから垂直におろす「下げ振り」、それに耐える人は一人もないのです。

そのために主が、永遠の昔から計画し、やがて地上にくだされた「主の下げ振り」こそ、主イエス・キリストにほかなりません。ゴルゴタの丘に立つ十字架は、主の垂直軸と、それによって決まる水平軸を示しており、その中心に主は、手を水平に広げて十字架につけられています。イエスが、私たちに代わり、自ら「主の下げ振り」となって裁きを受けると同時に、私たちを救ってくださるのです。

一籠の夏の果物――アモスの見た第四の幻

アモス書8・1―3

アモス書7章から8章にかけて、アモスの見た幻が、四つ記されています。今回は、その第四の幻について学びたいと思います。

これらの幻は、「私は」という一人称で記されており、預言者の活動のはじめにあった個人的な体験を示していると考えられます。アモスに主が、「何が見えるか」と問い、アモスは「一籠の夏の果物」と答えます。それに対して主は、「わが民イスラエルに終わりが来た」と言われます。ここで「夏の果物」と「終わり」という言葉が、ヘブライ語で「カイツ」と「ケツ」で同じ文字であり、語呂合わせ、言葉遊びになっています。「一籠の夏の果物」、それは、バスケットに入った夏の果物を思い浮かべていただくとよくわかりますように、豊かさ、豊穣、贅沢ささえ感じさせられます。普通の食事に、熟した果物が籠に盛られるような食卓、それは庶民の食卓ではなかったでしょう。主は、この幻で、経済的繁栄の極致にあって、豊かで贅沢な食事をし、他方で弱い者、貧しい者を虐げている北イスラエルの富裕層、支配者、宗教家たちに、やがて主の厳しい裁きが下される終わりが来る、いや、その時が来たと言っておられるのです。第一と第二の幻の際には、先回、見ましたように、アモスの執り成しによって主は裁きを下すことを思い返されました。しかし、もはや、その余地はなく、主は「その日には宮殿の歌い女は泣きわめき、屍は夥しく、至るところに投げ捨てられる」と北イスラエルに下る破局的な審判を告げます。そして、神の言葉を告げる預言者アモスに対しては、「沈黙せよ」と言われるのです。絵画のジャンルに静物画というのがあります。英語で still life と言います。静かなもの、果物とか、ガラス瓶だとか、動かない物を対象とします。私は、絵画展に行って、いつも不思議に思うことがありました。それは、果物や花などの美しい物と共に人間の髑髏や牛の骸骨、虫の死骸、腐った葉っぱなども描かれていることが多いからです。これにはいろいろな理由があるでしょうが、美術の専門家に聞くと、いわゆるメメント・モリ（ラテン語で memento mori）つまり、「死を覚えよ」ということなのだそうです。どんなに美しい成熟した果物も華美な物も、最後は朽ち果てる、つまり「終わり」が来るということを示しているのです。それは豪奢な生活をし、豊かな果物を食卓に置けるような人々に対する戒めでもあります。熟した果物も、そこを頂点、盛りとして朽ちていきます。私たちの信仰も、夏の果物のように成熟することを求められています。しかし同時に、その成熟は、私たちの人生の終わりをも厳粛に告げるものであり、「終わり」を想起させるものなのです。

主の言葉を聞くことのききん

アモス書8・11

私たち茅ヶ崎東教会では、水曜日の朝の聖書研究・祈り会で、アモス書を学んでおりましたときに、今回のようなパンデミックという緊急事態が起こって、礼拝、諸集会が中止となりました。そのような中、このアモス書のみ言葉を思い浮かべた人も多くあったのではないかと思います。

預言者アモスは、紀元前八世紀に北イスラエルで活動した人です。当時、北イスラエル王国は、経済的に繁栄を謳歌していましたが、主なる神に対する信仰から離れてしまい、ベテルやギルガルなどの国家的聖所において、異教のバアル崇拝や金の子牛礼拝などがおこなわれていました。主のみ言葉を語る者、また聞く者が誰もいなくなってしまったのです。そのような時代に、南ユダ王国のテコア出身のアモスが、神の言葉を「咆えたける獅子」のような声として聴き、預言者として召され、北イスラエルで、み言葉を語ったのでした。しかし、彼の語るみ言葉に耳を傾ける者はなく、彼は、国外追放となったのです。彼は、そのような北イスラエルの指導者や民衆に向けて神の審判を語りました。

「主なる神は言われる、『見よ、わたしがききんをこの国に送る日が来る、それはパンのききんではない、水にかわくのでもない、主の言葉を聞くことのききんである』」（「口語訳」）。「飢饉」を「新共同訳」は「飢えと渇き」、また「聖書協会共同訳」は「飢え渇き」と訳していますが、私は「飢饉」と訳さないといけないと思います。なぜなら詩編42編1－2節で、み言葉を鹿が、谷川の水を慕い求めるように、私の魂もみ言葉をあえぎ渇き求めますと歌っていますように、「飢え渇き」と訳せば、そのように取られかねないからです。そうではなく、み言葉を聞くことが全く絶えてしまった北イスラエルの霊的状態を表現しているからです。

このたびのパンデミックで、私たちの遭った試練は、そういう意味での「み言葉の飢饉」ではありません。み言葉を語る説教者もいます。み言葉を聞くための礼拝が物理的に妨げられたのであって、み言葉を何とか聞きたいという思いを皆さんがもっておられたからです。ローマの信徒への手紙10章17節に「したがって、信仰は聞くことによるのであり、聞くことはキリストの言葉から来るのである」とありますように信仰は聞くことによります。「聴くことによる信仰」（ラテン語で fides ex auditu）とよばれるものです。「聞くことはキリストの言葉から来る」とあります。人間の言葉は、聞く器官である耳が最初にあって、言葉が後にきます。しかし、神の言葉は、人間の聞くということ、すなわち聴従としての信仰を出来事として起こすのです。「きく」も「聴く」がよいでしょう。「聞」は門の中に耳と書きますが、「聴」は十四の心をもってきくからです。神の言葉が、聴く耳を創造するのです。み言葉が出来事をひき起こすのです。神の言葉が、天地万物を創造したように、神の言葉が、私たちに信仰という出来事を起こすのです。まさに「初めに言葉ありき」（ヨハネ1・1）であります。

祭壇の傍らに立っておられる主――アモスの見た第五の幻

アモス書9・1－4

アモスの見た最後の第五の幻です。

アモスは、祭壇の傍らに立っておられる主を見ます。神殿が揺れ動き、礼拝をしている者の上に崩れかかり、生き残った者も、戦争で死に、誰も逃れることはできない。天の上に隠れても、陰府にくだっても、海の底に隠れても逃れることはできないと宣言いたします。神殿は、当時、北イスラエルのベテルやダンにあった国家聖所をさしていると思われます。真の神を神としない偽りの礼拝をし、社会的な公正をおこなわないイスラエルの指導者と、民に対する徹底的な裁きです。神殿で礼拝する民も皆、滅んでしまうという、全く救いの見られないような記事ですが、旧約聖書は新約聖書の光、すなわち主イエス・キリストをさし示す書物であるという、私たちキリスト教の聖書理解からここを見ることができるように思いますので、以下三点にわたって、それを述べたいと思います。

旧約聖書が、新約のキリストをさし示すという場合、それは、そこで語られていることが、そのまま主の出来事をさし示す場合と、写真のネガのような、いわば影としてさし示す場合がありますが、ここはネガフィルムの形で、キリストの出来事を示しています。一つめは、1節の「生き残った者は、私が剣で殺す」ということから、生き残る者はないということです。旧約聖書には、「残りの者」（レムナント）という思想があります。最後は皆、滅ぶべき者で、誰も残らない。しかし、神は、最後に残る者として、主イエスを送ってくださいました。弟子たちが、主の受難の前に、一人残らず逃げ去ったとき、主だけが残ったのです。

そして、二つめは、2、3節にありますように、主の裁きから、誰も逃れることはできませんが、最後に残った主が、陰府の底にくだり、また復活、昇天して天に上られたので、このお方のゆえに、私たちは、逃れ場を、このお方の許でもつことができるのです。

三つめは、3節の終わりに出てくる蛇です。逃れた者を蛇に噛ませ、殺すということです。蛇は、創世記3章に出てきて、人間を誘惑し、禁断の木の実を食べさせ、失楽園をさせた悪魔のことです。15節の「彼はあなたの頭を砕き、あなたは彼の踵を砕く」というのは、イエスによる喜ばしい救いのおとずれを示すものとして「原始福音」「原型福音」とよばれます。十字架で悪魔は、イエスの踵を砕きましたが、主は、悪魔の頭を砕いてくださったのです。悪魔が、人間を誘惑して、主イエスを十字架にかけさせましたが、主は、十字架と復活によって、人間が、神の前に負っている罪と死と呪いを滅ぼし、悪魔の頭を潰してくださったということです。

蛇の体と尻尾は、まだ烈しく動いております。人類の歴史や人生において悪魔的な出来事は、まだ続いております。人類の歴史を見れば、悪魔的な出来事に満ちており、歴史は正視するには耐えられないでしょう。しかし、そのような尻尾の大きな振回しに動揺してしまってはいけないと思います。頭の方を見なければならないのです。悪魔の頭には、大きな鉄槌が打たれているということを忘れてはならないのです。

ガザ――人間性剥奪の場

アモス書9・6、7、創世記1・27

二〇二三年十月七日、ハマス主導の越境奇襲攻撃を端に、イスラエルによるガザ攻撃が始まり、今なお戦争は続いています。説教は、神の言葉である聖書のみ言葉を現在化、現代化させることです。ガザについて私が参考にした書物は、岡真理著『ガザとは何か――パレスチナを知るための緊急講義』（大和書房、二〇二三年）です。

現代史は概略以下のとおりです。一九四六年パレスチナ分割、一九四七年、イスラエル建国によりイスラエルによるパレスチナ人に対する民族浄化、虐殺、土地収奪、レイプ、追放が始まる。一九四八年の民族浄化（ナクバ、大災厄）の悲劇。一九六七年、第三次中東戦争。イスラエルによる東エルサレム、ヨルダン川西岸、ガザ、シナイ半島、ゴラン高原占領。二〇〇〇年九月、第二次インティファーダ（民衆蜂起）。ガザの少女と少年がイスラエルの発砲により死亡。二〇〇七年にハマス政権成立。イスラエルによるガザ完全封鎖。二〇〇八年十二月、イスラエル、ガザを攻撃（22日間）。二〇一四年七月、イスラエル、ガザを攻撃（51日間）。二〇一八年三月末から一年半以上、ガザで「帰還の大行進」。二〇二一年五月、イスラエル、ガザを攻撃（15日間）。二〇二二年五月、イスラエル、ガザを攻撃（15日間）。二〇二二年五月、イスラエル、ガザを攻撃（3日間）。ガザの概要は次のとおりです。面積は三六〇平方キロ（東京23区の6割）。地中海に面し40キロの海岸線。二〇〇七年に完全封鎖され十七年。人口は二三〇万人。内、6割が故郷を失ったパレスチナ難民。65％が24歳以下。40％が14歳以下。ライフライン、インフラは劣悪、医療劣悪。食糧不足。餓死者、自殺者多数。失業率は50％です。ガザは、イスラエルによる世界最悪の野外絶滅収容所、スペシオサイド（空間扼殺）です。民族浄化、ジェノサイド、アパルトヘイト、新型兵器の実験場であります。特にイスラエルは、「バタフライ・ブレット」と言って、若者の足を狙い打ち、しかも肉がばらばらに裂け足を切断させる銃撃をおこないます。また白リン弾という肉や肺を焼き尽くす爆弾を使っています。まさに、アガンベンが「ホモ・サケル」（homo sacer、聖なる人間）とよぶ人間性剥奪の場、生き地獄なのです。アモス書9章6節で神は、「私はイスラエルをエジプトの地から、ペリシテ人をカフトルから導き上ったではないか」と言い、ご自身が全世界の主として、神に背くイスラエルに対する裁きを告げられます。ペリシテ人は、前一二〇〇年頃、エーゲ海から地中海沿岸に移動して来た「海の民」とよばれる民族です。パレスティナという呼称の由来です。この民もまた主なる神が導いた民であり、ガザは聖書にも出てくる、その主要な都市です（創世10・19。使徒8・26等）。現代イスラエルのおこなっていることは国際法違反なのです。

創世記1章27節では人間は「神の似姿」（imago Dei）に造られたとあり、このことをユダヤ教徒もキリスト教徒も知っている筈です。イスラム教徒なら、「私たちは皆、バヌー・アダム（アダムの子孫）である」と教えられているのです。

さあ、起きてあなたの神を呼べ

ヨナ書1・4－6

預言者ヨナは、異教徒の国であるニネベに行って神の言葉を宣べ伝えるように主から命じられたのに、悪に満ちた異教徒など滅んでよいのだと考え、神に背き、全く正反対の方向に逃げ、タルシシ行きの船に乗ります。これに対し、「主は大風を吹かせられ」、船は暴風の中で今にも沈みそうになります。ここで船は、人類、船長は人類の生存のために責任を負っている指導者と考えてよいでしょう。

ダンテは『神曲』天国篇第27歌の中で、人類を船団に喩え、その船団が神の方にではなく、その正反対の滅びの方に向かっていると語っています。けれども人類という船団は、やがて悔い改めて180度方向転換をして神に向かう日が来ると、いささか楽観的な見方を述べています。

今、人類という船は、地球環境破壊による気候の激変、極地の氷の溶解による海面上昇、人口増大による食糧不足、軍拡競争、ロボット兵器、人権の抑圧、そして全人類に及ぶ感染症といった多くの危機に直面しています。人々は暴風の中で「積荷を海に投げ捨て、船を少しでも軽くしようとした」とあります。人類の直面している破局的な災いを回避するため、余計な物を取り除く、削減する。二酸化炭素の削減、核兵器の制限、人口爆発の抑制、感染症の危険の削減、これらはすべて緊急課題です。5節で「それぞれ自分の神に助けを求めて叫びを上げ」たとあります。諸宗教が、今も人類という船に在って祈りを献げています。ところがヨナは、「天地万物の造り主」を知っているのに、船長の求めに応じて、神に祈り求めた形跡がありません。彼は、神の言葉を託せられた者としての応答責任を果たさず、異教徒たちの世界は滅んでもいい、ニネベの人たちが滅んでもいいというのと全く同じ態度を取って、船底でふて寝をしているのです。キリスト教以外の諸宗教については、二つの考え方があります。一つは、諸宗教は不信仰の悪である、キリスト教は神の啓示にして善であるとしてキリスト教の絶対性を説く立場です。キリスト以外に救いはないという立場で、聖書に根拠があります（ヨハネ14・6、使徒4・12）。二つは、キリスト教も諸宗教の一つであることを認め、キリスト教の相対性を説く立場です。私は、キリスト教も宗教の一つであるが、キリストによる救いを説く立場に立って、他の健全な宗教に対してはリスペクトをする立場に立ちたいと思います。神の言葉の受肉ということ、神の言葉がナザレのイエスという一人の貧しい人間として地上を歩まれたことを大事に考えるからです。

二〇一一年の東日本大震災では、多くの宗教家が現地で祈りを献げ、さまざまな奉仕をしました。6節で船の責任者である異教徒の船長が、「さあ、起きてあなたの神を呼べ」とヨナに語ります。預言者ヨナは、天地万物の造り主と真の救い主を知らされ神の言葉を託せられている教会です。危機に瀕する世界からキリスト教会に責任を果たすように求められています。神の言葉を託された教会の応答責任は、全世界の運命、滅びからの救いに関わっているのです。

あなたの怒りは正しいか――神のアンガーマネージメント

ヨナ書4・1―11

ヨナの宣教によって、ニネベの人々は悔い改めます。町全体をめぐるのに三日もかかるのに、たった一日でそうなったのです。神が、ニネベの人々を悔い改めさせたのでした。ヨナは、そのことが気に入らず、怒り心頭に達します。四十日経ったらこの町は滅びると言ったのに滅びないことになれば、預言者としての自分の面子は丸潰れになります。そのこともヨナは耐えられなかったのでしょう。そこでヨナは、町から出て、町の東の方に座し、そこに自分のために、一つの小屋を作り、町の成り行きを見極めようとしたのです。そのようなヨナを暑さの苦痛から救うために、神は、とうごまを備えて日陰を設けられます。ヨナは、怒り心頭に発して、頭が、かあっと熱くなっていたのです。このとうごまをヨナは、非常に喜びますが、それが神の配慮だとは気づきませんでした。

神はさらに、ヨナのために備えられます。それは、とうごまの茎を噛む虫を備えて、これを枯らし、今度は太陽の日差しの下、「暑い東風」でヨナの頭を焼くのです。これもまた、荒療治をして、ヨナに教訓を与えようとする神の配慮でした。つまり、あなたは、自分が育てたのではないのに、この小さなとうごまが滅びたことを惜しんでいる。まして私は、十二万もの人と多くの家畜のいる、この大きな都ニネベを、惜しまないでいられようか、ということを教えるためです。ヨナのために「とうごま」を、それから「虫」を、次いで「暑い東風」を備えた神は、怒り、傷つきやすい私たちを教え、導こうと生活の中でいろいろなものを「備えて」くださるお方であります。

1章17節にも「主は大いなる魚を備えて、ヨナをのませられた。ヨナは三日三夜その魚の腹の中にいた」とありましたように、主なる神は、罪と滅びの深淵に沈んでいた私たちを救うために、「大いなる魚」である主イエス・キリストを、この罪の世に送り、十字架につけ、三日めによみがらせるというしかたで、私たちを罪の滅びから贖い出し、ご自身の救いの中に入れてくださったのです。

ところで、この箇所には、ヨナが「怒る」という表現が四回出てきます。怒ってはならないと言われているのではありません。怒ることは主イエスもまた、なさっておられます。正当な怒りや義憤は、あるでしょう。問題は、怒りを正しく処理すること、コントロールすることでありましょう。私たちが、たとえそれが、もっともな怒りであっても、神さまから、「あなたの怒りは正しいか」と問われていることを思い起こす必要があるのです。エフェソへの手紙4章26節に「怒ることがあっても、罪を犯してはなりません。日が暮れるまで怒ったままでいてはいけません」とありますように、怒りを翌日まで、もち越してはならないということです。そのためには赦すことです。自分が、主イエス・キリストの尊い犠牲によって赦されていることを思い、赦せない相手の中に注がれている神の慈しみと、またその人に対する感謝に目を開かれることです。赦すことは、赦せないという怒りからの自己解放であり、他者解放であります。

そこで、ヨナは都を出て

ヨナ書４・５－11

預言者ヨナは、自分が神に反抗し、神の裁きを受けたが、大きな魚の中で悔い改めの祈りをささげ、赦されたのでした。けれどもヨナは、ニネベの人が、ヨナの宣教により悔い改め、神が、裁きをやめて憐れみ赦されたことに、我慢できませんでした。その態度は、マタイによる福音書18章21－35節に出て来る、「仲間を許さない家来」や、ルカ福音書15章の放蕩息子の兄と同じです。そこで、神は、このようなヨナに対し、実物訓練をおこなって態度を改めさせようとされます。神は、これまで、大風、大きな魚を用いて、彼を悔い改めへと導きましたが、４章では、とうごま、虫、東風、太陽を備え、用いて、彼を教育されるのです。ヨナは、都の外に小屋を建て（５節）、自分だけ快適かつ安全な世界に閉じ籠り、傍観者となります。１章で、船が大嵐の時に船底で寝ていたように、高見の見物を決め込むのです。しかし、人間は、世界の運命の外に立ち、傍観者になることは許されるのでしょうか。

今日、人類は、気候変動や環境破壊などの世界的な問題に直面しています。自由と民主主義の戦いが、香港やチベット、ウイグル自治区などで起こっています。神のこのような備えに対し、「ヨナの不満は消え、このとうごまの木を大いに喜び」ますが、とうごまが虫に食われ、太陽と東風がヨナの頭を焼くと、彼はまた、死を願うのです。ヨナとエリヤとを比較することができます。ヨナは、神からの逃亡と不満の中でとうごまの木の下で死を願います。他方、エリヤは神に服従した結果として迫害、命の危険に晒され、れだまの木の下で、やはり死を願います。神は、二人の預言者に等しく配慮されます。

ところで5節に、「そこで、ヨナは都を出て」とあります。ここに写真のネガのように、イエスが示されています。「都の外に出てイエスは十字架にかかられました」（ヘブライ13・12－13）。『讃美歌』261番に「都の外となる丘の上に主を曳行きしは何のわざぞ。神より離れし神の子らの幾重と知られぬ罪の絆」とあるとおりです。「ヨナは都を出て」。現在、新型コロナウイルスの蔓延する武漢から多くの人が、外に退避しています。裕福な国の人は、チャーター便で都の外に出ますが、都の中に取り残された人たちは、一体、どうなるのでしょう。イエスは、都エルサレムに入るにあたり、この都のために泣かれました（ルカ19・41－42、44）。そしてご自身は、都の人々の罪を負い、都の外に出て、十字架につかれたのでした。

ニネベは、神に反抗して滅びに向かう、神を知らない世界を示しています。ここで神は、「右も左も弁えぬ人々と言い、滅ぶべき、裁かれる世界とは、言っておりません。人生の意味や、どう生きるべきかを知らないで、唯、迷える小羊のように右往左往している人間を、神は、憐れまれるのです。10節、11節の「惜しむ」という言葉は、哀れむ、いとおしく思うという意味です。10節の神の最終的な問いかけに対するヨナの応答は、記されていません。そこでヨナは、消え去り、読者であるわれわれ一人ひとりに、この問いかけは向けられているのです。

自分たちが刺し貫いた私を見て

ゼカリヤ書12・10

ゼカリヤ書は旧約聖書の中で、新約聖書に最も多く引用される書物です。ゼカリヤ書12章10節を本日の箇所として掲げました。「私はダビデの家とエルサレムの住民に、恵みと嘆願の霊とを注ぐ。彼らは、自分たちが刺し貫いた者のことで私を見て、独り子の死を嘆くように嘆き、初子の死を悼む」です。「聖書協会共同訳」は、「自分たちが刺し貫いた者のことで私を見て」に、別訳として欄外に「私を見て」を挙げていますが、この方が訳として、すっきりしています。

エルサレムの救いの日に、人々は喜ぶどころか、「自分たちが突き刺した私を見て」「独り子の死を嘆くように嘆く」というのです。つまり大いなる解放と救いの前に、大いなる痛ましい出来事が起こり、エルサレム中の人たちが嘆くというのです。このゼカリヤの箇所は、イエスの十字架の御受難を予言するものとしてヨハネ福音書19章37節に引用されております。「また、聖書の別の箇所に、『彼らは、自分たちの突き刺した者を見る』とも書いてある」と。

この、突き刺した者を見るというのは、三つのことが含意されていると私は思います。まず第一に、十字架においで槍で突き刺されたイエスの痛ましいお姿を見るということです。ちなみに、イエスを突き刺した人については「兵士の一人」と記されているだけです。伝説では、ロンギヌスという人物とされ、「突き刺した者を見る」という言葉から、介添えの人の手を借り、脇腹を刺した傷から槍を伝わって流れ出た血で、その眼病が癒された人物としてキリスト教美術では描かれます。十字架をめぐるキリスト者たちの敬虔な黙想から生み出された美しい伝説であります。第二に、この言葉は、復活され、脇腹に傷を負ったイエスを見るということを告げていると思います。そのことは、ヨハネ福音書20章20節で、よみがえられたイエスが弟子たちに現れ、「手と脇腹をお見せになった」とあり、またその時、その場所にいなかったトマスにも八日後、現れ、彼に「あなたの手を伸ばし、私の脇腹に入れなさい」とあることに示されています。ですので、このゼカリヤ書の予言は、キリストの復活をも視野に含むということになるでしょう。

さらに第三として、このゼカリヤ書の予言は、ヨハネの黙示録1章7節で主の再臨の成就として引用されております。「すべての人の目が彼を仰ぎ見る。ことに、彼を突き刺した者たちは。地上の部族は皆、彼のために嘆き悲しむ」と。黙示録が、名前と教会の伝承どおり、同じヨハネの思想圏にあることを示す例ですが、ここではイエスの再臨です。つまり、ゼカリヤもこの予言は、十字架、復活、さらに再臨をも視野に含んでいるのです。ゼカリヤ書12章10節で予言されるこの出来事のゆえにエルサレムの民は、それぞれ分かれて「彼らだけで嘆く」と以下で語られます。今は、主のご受難を覚えるレントの期間です。世界中の主の民が、いわば、それぞれの群れ毎に「分かれて嘆」いているのであります。

新約聖書の冒頭の言葉とは

マタイによる福音書１・１

今日、取り上げましたのは、新約聖書の冒頭の言葉です。1章の1節の「アブラハムの子、ダビデの子、イエス・キリストの系図」です。

新約聖書の冒頭、つまりマタイ福音書の最初には、イエスの系図が記されています。イエスが、アブラハムから数えて四十二代め。これを血の系図としますと、前にも申しましたが、血は、2の42乗分の1、約4兆4千億分の1となります。系図は、アブラハム、ダビデと、その子孫に対する神の契約の成就と理解することができます。創世記2章4節に、「これが天と地が創造された次第である」とあります。「聖書協会共同訳」は、「次第」と訳していますが、「口語訳」、「新共同訳」は、「由来」と訳しています。ギリシア語訳である七十人訳聖書で、この言葉が「ゲネシス」となっていて、創世記（英語でジェネシス）という書名は、ここから来ています。ヘブライ語では、この言葉は、「由来」とも「系図」とも訳せる言葉です。ですから、マタイによる福音書1章1節の言葉を「系図」と訳すことも可能です。しかし、この言葉は、18節にも出てまいります。そこでは、「イエス・キリストの誕生の次第はこうであった」とあり、「誕生の次第」と訳されています。ここを「系図」と訳すことはできません。また新約聖書では、明らかに系図と読むべき言葉には別の単語が充てられています。テモテへの手紙一1章4節、テトスへの手紙3章9節、ヘブライ人への手紙7章3節です。これらの箇所はいずれも「系図」が空しいものとして扱われています。

「ゲネシス」という言葉は、系図ではなく、むしろ誕生、起源と読むべきだと思います。現にゲネシスというギリシア語は、ゲンナオー、「生む」という動詞に由来しています。つまり、マタイによる福音書1章1節は、1章におけるイエスの誕生の由来を語るとともに、マタイ福音書全体のタイトル、つまり、マタイは、「イエス・キリストのゲネシス」ということで、イエス・キリストによる新しい天と地の創造が起こったということを、ここで語っているのです。「ゲネシス」は、創世記では天地創造の次第、由来、創成、創生、起源と訳すことができますが、人間について、これらの言葉を使うのは困難です。それで、今回の「聖書協会共同訳」では、伝統訳として「系図」を本文の訳として採用し、「創成の書」を別訳で入れることにしたのです。マタイは、「イエス・キリストのゲネシス」ということで、イエス・キリストによる新しい天と地の創造が起こったということを、ここで語っているのです。ここの「の」は主格的属格（subjective genetive）であって、「イエス・キリストが、新しい天地の創造の起源」「創成」者であるという意味です。

込み入った話をいたしましたが、新約聖書の冒頭は、1章におけるイエスの誕生の由来を語るとともに、マタイ福音書全体のタイトルとなっています。そして、この冒頭の言葉は、マタイの最後の主の大宣教命令とも対応しています。28章18節。「私は天と地との一切の権能を授かっている」。またこれが、新約聖書の最初の言葉であるということを考えますと、新約聖書全体の、いわばタイトルとも言えるのであります。

系図の終わり

マタイによる福音書1・1―17

聖書に記された（ルカの系図を除く）最後の系図が、マタイによる福音書の1章のイエス・キリストの系図です。アブラハムの子、ダビデの子、イエス・キリストの系図と記されています。

アブラハムの召命から、神による堕落したアダムの子孫である人類救済の歴史が始まりました。それはイスラエルの民の歴史となり、ダビデ王国となり、やがてダビデの末裔からメシアが到来するという預言と期待になり、そしてこれがマリアより生まれたイエスであるというのが、マタイによる福音書の主張なのであります。マタイは系図を14代ごとに整理して記しています。なぜ14ずつかというと、ヘブライ語のアルファベットでダビデはＤＷＤと表記しますが、Ｄは四番め、Ｗは六番めであり、ＤＷＤで４＋６＋４で14になり、ダビデ数14に数を合わせているのです。実際13節以下には旧約に出てこない人名が八名記されていますし、第三グループは十三人しか出ていません。新約聖書のこの系図をもって旧約以来の長々とした系図は終わり、これ以後、系図はもう出ません。その意味は大きいと思われます。それは、旧約以来の系図はひとえに、この人類の救い主の誕生を最終ゴールとして書かれているということであり、このゴールに到達した以上、もはや、系図は要らないということであります。系図の終わりであります。

系図の詮索は場合によっては有害でさえあるでしょう。優越心や差別になっていくことがあるからです。新約聖書の時代も福音の精神に反して系図が幅を利かすということがあったようです。テモテへの手紙一1章4節に「作り話や切りのない系図に心を奪われたりしないように」と。このような作り話や系図は、信仰による神の救いの計画の実現よりも、むしろ無意味な詮索を引き起こします」。またテトスへの手紙3章9節に「愚かな議論、系図の詮索、争い、律法についての論議を避けなさい」とあります。

このマタイの系図が、アブラハムの血による子孫からイエスが生まれたという血筋を言っているとするなら、それはおかしなことです。血は42代まで下ると2の42乗分の1に薄まります。2の42乗分の1は、四兆三九八〇億四六五一万一一〇四分の一です。そもそもイエスはマリアから処女降誕で生まれたのでアブラハムから42代め（本当は41代め）のヨセフの血は引いていないのです。ここで言われているのは、救い主はアブラハムとダビデにそれぞれなされた救いの契約の実行としておこなわれ、イエスを救い主として信じて洗礼を受ける者は、みな血や肉に関係なく神の子とされるということなのです。

同じことをヨハネによる福音書は次のように記しています。1章12、13節。「しかし、言は、自分を受け入れた人、その名を信じる人々には神の子となる資格を与えた。この人々は、血によってではなく、肉の欲によってではなく、人の欲によってでもなく、神によって生れたのである」。イエスを信じ洗礼を受けた者はみな神の子としてイエス・キリストの家族に属する者なのです。

聖霊によりて身ごもられ

マタイによる福音書1・18

クリスマスおめでとうございます。本日は、マタイによる福音書1章18節を取り上げクリスマスの意義について考えてみたいと思います。

この箇所はいわゆる処女懐胎とよばれるところです。私たちの教会では「聖書協会共同訳」を使用しておりますが、そこではこの箇所が、マリアの処女懐胎の箇所であるマタイによる福音書1章18節「一緒になる前に、聖霊によって身ごもっていることが分かった」。原文ではヒュレセーという動詞が使われています。それを「分かった」と訳出しています。新共同訳では「明らかになった」でしたが、これも誤訳。いったい誰にわかったのかも不明だし、マリアの妊娠が聖霊によるものであることがわからなかったから、ヨセフは悩んで離縁しようとしたのです。これはドイツ語の sich befinden と同じで、そういう状態になるくらいの意味です。口語訳は「聖霊によって身重になった」と正しく訳していいます。マリアが処女のまま、聖霊によって身ごもったということを処女懐胎、ヴァージン・バースと言います。乗っけから私たち人間には理解できないようなことが出てくるのです。先ほど「分かった」という訳が間違いであると申しましたが、反対にこれは、「わからない」出来事です。マリアは単為生殖をしたとでも言うのでしょうか。

神は、人間の婚姻、男女の性的な結合を否定したのではありません。マリアは御子イエスを生んだ後、ヨセフと性的な結合による結婚をしています。

ニーグレンという神学者に『アガペーとエロース』という書物があります。神の御子が生まれるまで人間の愛はギリシア語でエロースという言葉が使われていました。これはギリシア神話の自らの欠乏の充足を相手から求めるエロースの神に由来します。新約聖書は、ギリシア語において、それまで使われることのほとんどなかったアガペーという言葉を、神が御子イエスにおいて示されたことを表現するために用いました。この言葉は、イエスを私たちのために十字架にかけてまでして私たちを贖い、救ってくださった神の愛を表すために用いられたギリシア語であります。それは神の無償の愛、犠牲愛、惜しみなく与える愛を示す言葉であって、人間の愛とは全く本質の異なる愛であります。ギュツラフ訳の聖書はこの愛を、デウス様の「御大切」と訳しました。

北森嘉蔵は処女懐胎の神学的意味について神は御子を処女マリアから生まれさせるにあたり、人間のエロースを排除したのであると言っています。つまり、神が人間を愛し、人間を救うためにまた人間の罪を贖うためにご自分の御子を与えるみわざは「惜しみなく奪う」エロースという人間の愛ではなく、「惜しみなく与える」無償の愛であることであるからです。私たちは、神が私たちを愛してくださった愛によってこのような神の愛を知らされ、その神の愛の空間、領域の中に入れられたことによって、その限りにおいて、そのような神の愛を受けて、今度はその愛をもって神を愛し、また人間を愛することが求められるのであります。

立ち上がる人生――ヨセフの信仰に学ぶ

マタイによる福音書1・24

世界で最初のクリスマスは、安穏たる出来事ではなく、生まれて来られるイエスだけでなく、クリスマスに登場する人たちの多くは命の危険に晒された試練の連続でした。

ヨセフは、婚約していたマリアが身籠るという出来事に直面するという試練に遭いました。また、人口調査のための故郷に帰っての登録の際には、身重のマリアと共に、ベツレヘムまで旅をしました。その後、イエスが生まれた後、ヘロデ王が、イエスの命を狙っているという事態の中で、幼子と妻を連れてエジプトに逃避いたしました。それから、ヘロデ王が死んだ後、エジプトからナザレへと帰りました。こうしてイエスは、ナザレで育つことになったのです。ヨセフは、聖書で義人、正しい人と言われていますが、このような人生の危機に直面したとき、いつも主の天使が、さながら危機介入のように夢で現れ、ヨセフに、これからすべきことを告げています。1章20節、2章13節、19節の三箇所です。これに対しヨセフは、翌日、直ちに天使に告げられたみ言葉に従って行動しています。私たちは、ここから、試練の只中にあって、怯むことなく、み言葉に聴いて、直ちに行動するヨセフの信仰に学ぶことができます。その際、聖書を原文で読むとよくわかるのですが、主の御告げがなされる三つの場面で、ヨセフは「起きると」という同じ言葉が、三度くり返されることです。ギリシア語で「エゲルセイス」という言葉です。

1章24節。ここは「目覚めて」は原文にはなく単に「起きると」です。2章14節。ヨセフは「起きて」。21節も同じです。これは「起き上がらせられる」という受動態で、この「エゲルセイス」は、単に起きるだけでなく聖書、特にマタイでは、主の復活を表す言葉です（28・6、8）。義人ヨセフは、自らの「立ち上がる」「起き上がらせられる」という言葉と姿勢で、主の復活を予告する存在なのです。箴言24章16節では、「正しい者は七度倒れてもまた起き上がる」と、正に七転び八起きを言っています。ここで言う「正しい者」とは、私たちの正しさではなく、信仰によって神に従う者のことです。言い換えれば、信仰者は、たとえどんなことがあっても、挫けることなく、怯むことなく、立ち上がる不屈さ、強靭さを、神から与えられているということです。それは、単なる独り善がりでも、強がりでも、負けん気の強さでもありません。そうではなくて、私たちキリスト者のもっている強さ、強靭さであると思います。キリスト者は、たとえどんな苦境や危機に直面しても、そのうちに信仰のばねのような強靭な生命力をもっているのです。今、七転び八起と申し上げましたが、不思議な言葉です。七回倒れて立つならば、七転び七起きとなるはずです。八は八方塞がりと八方美人とかいう言葉がありますように「全部」という意味をもっています。

キリスト者は、何度倒されても、み言葉に信頼し、希望をもって何度でも立ち上がる、決して屈しない。そして最後のエゲルセイスは、体のよみがえり、主のエゲルセイス、復活にあずかり、永遠に生きるのです。

ヘロデ王の不安

マタイによる福音書2・3

主の降誕のことを聞いて「ヘロデ王は不安を抱いた」とあります。自分の王としての地位を脅かす者に対する不安です。先日、ユーチューブを見ておりましたら「人間を幸福にすると思われる財産」を二種類に分けて説明しておりました。地位財と非地位財です。地位財とは地位や収入や権力などです。これは皆が価値があるものとして競争し獲得しようとするものです。これは自分より上の地位にある人が出てくると満足しなくなったり、嫉妬したり憎しみになったりするものです。これに対し非地位財というのは、自分にとって大事であり他人にとってはどうでもよいものです。それは、かけがえのない家族やペットでありますが、そのような多くの人が財産だと思うものでないものでもよいのです。観葉植物であったり、散歩の途中で猫と出合ったり。フルートの音を唯一つ綺麗に出すことでもよいのです。この非地位財は他との競争や比較優劣とは無関係のものです。

私たちはもちろんある程度の地位財は必要でしょうが、むしろ非地位財のほうに幸せと心の安らぎ、平安を求める方向に人生をシフトしていくことが大事だと思います。

ヘロデ王は地位財において権力者であり、栄華権勢を極めた人であったのですが、それだからこそ「不安を抱いた」のです。この言葉は、かき乱すという意味のタラッソーという言葉で、まさに日本語でいう「心乱れる」「心をかき乱す」ということです。

実は、イエスが生まれた時代は、長らく続いた争い、戦争の時代が皇帝アウグストによってローマ帝国が統一、戦争のない時代になった「ローマの平和」(Pax Romana)の時代であり、またアレキサンダー大王のギリシア世界と東方世界の融合によりヘレニズムの文化圏が生まれた時代でした。この時代に人々が求めたものは、「心の平安」でした。「アタラクシア」とよばれます。これは、先ほど「不安を抱いた」という言葉がタラッソーであると申しましたが、この言葉にアという否定辞がついてできた不安がない状態ということです。

けれども主の御降誕はヘロデ王だけでなく「エルサレムの人々も同様であった」とあるとおり、人々の不安をもかきたてたのです。このように主イエスの到来はわたしたち人間を不安にさせるものです。それは私たちのこれまでの生き方を根本的に問い覆すものであるからです。新しい生き方を求めるものだからです。

私たち現代人も、「心をかき乱される」ような出来事に囲まれて生きています。不安でたまらなくなります。そのようなとき、私たちにこのイエスの言葉が聞こえてきます。ヨハネ福音書14章2節。「心を騒がせてはならない。神を信じ、また私を信じなさい。私の父の家には住まいがたくさんある」。この「騒がせる」という言葉は、ヘロデは「不安を抱いた」と訳されている言葉と同じ言葉なのです。主イエスに自分を委ねることにこそ真の平安があるのです。

宝の箱を開けて

マタイによる福音書2・11

親しい人にプレゼントをするとき、その贈り物として選ぶ品は、贈る相手のことをよく知り、よく考えた上で相応しいプレゼントをするものです。きっと博士たちもそのように贈る品物を選んで、はるばる携えてきたに違いありません。

博士たちは、幼子に会い、ひれ伏して礼拝した後、携えてきた贈り物を献げました。それは、黄金と乳香と没薬でありました。この宝物のもつ意味について考えてみましょう。まず「黄金」は、輝く権威、支配の象徴として、支配者である王に相応しいものであります。博士たちは、あの黄金に輝く壮麗なエルサレムのヘロデ王の宮殿から、ベツレヘムの小さな田舎の村に至り、しかも貧しい、むさくるしい家畜小屋に着いて、そこの飼い葉桶の中にいる幼子のもとに至りましたが、この幼子こそ「ユダヤ人の王」としてお生まれになった方であるということに躓きませんでした。かえって、この黄金を献げることにより、このお方こそ神の国の王であられることを告白したのであります。次に「乳香」は、旧約時代以来、これは祭司たちが礼拝で献げる聖なる香料でありました。ゆえに博士たちは、この乳香を御子に贈り物として献げることによって、この幼子が大祭司でありたもうことを告白しているのです。不思議なのは、三つめの没薬であります。これは死体に塗る薬でありました。ですから、生まれたばかりの赤子に「没薬」を贈るというのは、不吉な、常識では考えられないことです。けれども博士たちは、没薬を贈ることによって、この幼子の終わりの死をその生の始めに告白したのであると言うことができます。クリスマスには十字架の影が差しているのです。御子主イエスは神の国の王、また神の国の祭司としてこの世に来られましたが、それは、あのゴルゴタの丘で十字架につかれて死にたもうお方として来られたのであるということが、ここで告白されているのです。東方から来た博士たちは、「宝の箱をあけて」献げたとあります。元の言葉では「あけて」というのは、「開いて」という言葉です。「開く」というのは、聖書で大事な意味をもった言葉です。それは、天におられる神が地上にいる私たちに対して私たちの方に、ご自身を開いてくださった出来事をさす言葉として用いられています。

　私たち人間の方から神の方に向かって行く道が私たちの罪により閉ざされているときに、神は、救い主キリストを地に送り、そして十字架の死において、その妨げとなっている罪を取り除いてくださった。そのことによって、私たちが、罪びとのままで罪赦され神の方に向かって歩んでいく道が開かれたのです。このように、まずご自身の方から私たちを救おうと、ご自身のかけがえのない宝でありたもう独り子イエス・キリストを私たちに賜った神と、その御子主イエスに対して、私たちもまた、東方から来た博士たちのように、「ひれ伏して拝み」、自分のもてる「宝の箱を開いて」、心からの信仰と讃美と感謝を献げてまいりたいと思います。

幼子が母マリアと共におられた──共生する世界へ向けて

マタイによる福音書2・11

説教の副題は、「共生する世界へ向けて」としました。「共生」とは「共に生きる」ということです。私たちは独りで孤立して生きることはできません。人間は、アリストテレスのいうように、「社会的動物」（ゾーン・ポリティコン）です。けれども私たちの生きているこの世界では、今もあちこちで戦争、内戦がくり広げられています。戦争はなぜ地上から無くならないのでしょう。それは戦争をひき起こし、戦争を続けることによって巨大な利益を得る軍産複合体が存在するからです。マッチアンドポンプのような巨大な闇の勢力があるからです。ウクライナ戦争やガザ戦争が終わらないのは、終わらせない戦争で莫大な利益を上げている人たちが存在するからです。「共生する世界」「共に生きる世界」は、この人間世界では到底現実のものとはならないでしょう。

マタイによる福音書が私たちに伝えるメッセージは、しかし、「共に生きる世界」です。それは主が「私たちと共に」生きて、歩んでくださるという、この現実世界に起こった出来事を中心に生まれる「共生する世界」だと思います。マタイのキリスト論の特徴は「インマヌエル・キリスト論」と言われます。1章23節に「『見よ、おとめが身ごもって男の子を産む。その名はインマヌエルとよばれる』。これは、『神は私たちと共におられる』という意味である」とあります。イエスは、「神我らと共にいます」方として生まれます。そして今日取り上げた箇所の2章11節を見ますと、東方から来た博士たちが星に導かれて、イエスの誕生した家に入りますと「幼子が母マリアと共におられた」とあります。私はこれまで、この2章11節からクリスマスに何度も説教をしてきましたが、今回はっとしたことがあります。ああ「イエスさまは母マリアと共におられる」ということです。

ダンテの『神曲』では天国でイエスは母マリアと共におられる姿で描かれています。イエスを受胎して神の子を産んだ母マリアとイエスは、共におられる。カルヴァンは教会を、聖霊によってみ言葉により神の子を産みだす教会を「母なる教会」とよんでいます。イエスは母なる教会とも、共にいてくださるということです。母マリアは教会の原型です。マタイによる福音書26章38節を見ますと、ゲッセマネの園でイエスは、ご受難を前に「私は死ぬほど苦しい。ここを離れず、私と共に目を覚ましていなさい」と言われます。けれども弟子たちが眠っているのをご覧になって、40節では「一時も私と共に目を覚ましていられなかったのか」と主は言われます。この二度出てくる「私と共に」という言葉は、マルコ、ルカの並行箇所にはありません。

この福音書の最後の言葉は、「私は世の終わりまでいつもあなたがたと共にいる」(28・20)です。イエスは世の終わりまで、私たちと共にいてくださるのです。ですから私たちもまた、私たちと共に世の終わりまでいてくださるイエスから離れることなく、イエスのもとに「共に」生きてゆきたいと願うものです。

別の道を通って

マタイによる福音書2・12

マタイによる福音書の1章から2章にかけて、主なる神さまは、夢を通してお告げをなさっています。1章20節では、マリアが身籠ったことを知って、悩んでいた夫ヨセフに主は、夢でお告げになりました。また2章13節では、夫ヨセフに夢で主は、ヘロデの魔の手から逃れるためエジプトに行くようにお告げになります。また19節では、ヘロデが死んだのでイスラエルに戻るように夢でお告げになります。さらに2章22節では、アルケラオがユダヤの地を支配していることを知って恐れるヨセフに対し、ガリラヤに行くように告げられました。いずれの場合も、人生の差し迫った危機に直面したヨセフや博士たちに、その危機から逃れる道を備え、それを告げているのです。マタイ福音書では、夢を通してであります。

夢は、しばしば予知や予告を知らせる場合があります。旧約聖書では、あの夢を見るヨセフのことを思い出します。夢は、その人の置かれた現実や危機、危険、欲望などを知らせてくれるものです。このことは精神分析の学者たちがおこなってきた多くの、夢の解釈や夢の研究を見れば明らかです。現代の私たちは、もはや、このような予知的な夢は見ないかもしれませんし、神さまが夢でお告げをされるということもないかもしれません。神さまのみこころは、何よりも聖書のみ言葉を通してなされるのが基本であります。けれども、私たちが寝ているときも、起きているときも、主にあってよい夢を与えられ、その実現を信じ、夢を抱き続けることは、大切なことではないでしょうか。そして実際、主にあって抱いた夢は不思議なしかたで必ず実現するのだと思います。主のみわざは、私たちに与えられる夢や、人との出会い、また私たちに起こるさまざまな出来事をとおしても働き、実現します。それは、天使の働きであることもあります。

マリアの夫ヨセフに夢の中で現れ、語りかけたのは天使でした。それは、私たちに差し迫る悪の危険を知らせ、そのような危険な道に入って行かないようにさせる働きです。聖霊の導きと言ってもよいでしょうし、天使の働きと言ってもよいでしょうし、神のくすしき助けと言ってもよいものです。私たちのこれまでの人生を振り返っても、あの時、神さまが自分を危ういところから助け出してくださったという経験や、神さまが、私を別の道に導いてくださったということがあるのではないでしょうか。言い換えますと、神さまが、私たちの過去も現在も未来も皆知っておられ、導いておられるということです。「ヘロデのところへ帰るな」。私たちも、救い主キリストと出会い、キリストによって救われた者として、もうこれまでの古い生き方、死すべき生活には戻ってはならないのです。神は「試練と共に、それに耐えられるよう、逃れる道をも備えていてくださいます」（コリント一10・13）。「別の道」を神さまは、どんな時にも、私たちのために備え開き示してくださるのであります。

幼子殉教者

マタイによる福音書2・16―18

マタイによる福音書2章16―18節は、ヘロデ王が、ベツレヘム周辺の二歳以下の男の子を虐殺したという出来事が記されています。ユダヤの王として生まれた子どもが、どこで、誰なのか、博士たちが教えないで帰ってしまったので、王は、自分の地位を将来脅かすことになる男児を消すためにそうしたのです。この記事はクリスマスの時期に取り上げられることはあまりないですが、本日はここからみ言葉に聴きたいと思います。

殉教者としては、使徒言行録に出てくるステファノが知られていますが、最初の殉教者はこの幼子たちです。この出来事は、モーセが誕生したときにエジプトの王ファラオが、ヘブライ人の男子の新生児を殺そうとしたことを想起させます。マタイ福音書の著者は、幼児虐殺の出来事をエレミヤ書31章15節の預言の成就として、この箇所を引用しています。エルサレムの民がバビロン捕囚のためラマに集められるときの嘆きを、このラマの地に墓があると伝えられたヤコブの妻ラケルの嘆きとして、エレミヤが語ったものです。幼子たちに原罪があるのかどうかについて神学者たちの見解は分かれています。人は生まれながらに罪びとであるという立場と少なくとも嬰児には罪がないという立場があります。カルヴァンは前者の立場ですが、私は後者の立場を取りたいと思います。アウグスティヌスは原罪遺伝説を取りましたが、私は取りません。幼子の死については、こう祈ります。「あまりにも早くこの幼子がみもとに召されたことは、私たちの小さな思いでは神のみこころを測り知ることはできません。主よどうか幼子をみもとに御受け入れください」と。

ちなみにダンテ『神曲』における子どもの位置について、ふれておきます。キリスト到来前の子どもについては、創世の頃の無垢な子どもたちと無垢な時代が去った後に割礼を受けた男の子たちとが、至高天の違った段に配置されます。さらにキリスト到来後に洗礼を受けた子どもが別の段に配置されます。それ以外の子どもは、どこにいるかというと地獄の第一圏である辺獄（リンボ）にいるのです。ところで二歳以下の幼子たちが殺されたことから、イエスの誕生の時期をある程度定めることができます。実はヘロデ王は紀元前4年に死去したことがわかっています。イエスの亡くなった年齢との兼ねあいであまり遡らせることはできませんが、当時年齢は数え年であり、結論としてイエスは紀元前6年以降に生まれたことになります。

幼子殉教者の意味はどこにあるのでしょうか。一つは、この幼子たちがイエスのために亡くなり、二歳以下、満年齢で一歳以下の嬰児に罪がないとすれば、幼子たちは自らの死をもってイエスの無実の死を証ししているのです。二つめは、マタイによる、エレミヤ書31章の引用です。31章31節以下では、捕囚後の民に対する神の救いの約束が、新しい契約として預言されます。聖書は、罪に囚われ、捕囚の状態にある私たち人間と神が、この罪のないお方が十字架の死を遂げることによって結ばれる新しい契約の出来事を罪のない、つまり無辜で無垢な幼子の殉教の死とともに語っているのです。

わたしのまずしい心の部屋にも

マタイによる福音書5・3

山上の説教は、何よりも神のみ許に集まる者たちに対する神さまの、またイエスの祝福です。3節のみ言葉を学びたいと思います。「こころの貧しい人たちは幸いである」とあります。ここで、「こころの貧しい」という貧しさというのは原文の言葉では「何も持たない」「乞食のような」「貧乏な」という意味の言葉です。心の貧しさというのは、あの人は精神的に貧しい人だという意味とは違います。そうではなくて、「神の前に誇るものを何も持たない」ということであります。あるドイツ語訳の聖書には「神の前に空手《からて》で立つ人」とあります。

ここで私は、二つのことを示されました。一つは、あのルカによる福音書の19章9－14節に出てくる「ファリサイ派の人と徴税人の譬え」です。ファリサイ派の人は、神と、この徴税人との前で、自分が神の前に出ることのできる多くの長所や取り柄をもっていることを誇ったのでした。11、12節に「私は」「私は」と二回くり返され、結局、この人は、自分のことしか語っておらず、それは、祈りではなく、自慢にすぎないのです。これに対し、徴税人は、自分が神の前に罪びとであり、何も神の前に誇るものをもたない者として、神の前に祈ったのでした。「遠くに立って、目を天に上げようともせず、胸を打ちながら言った『神さま、罪人《つみびと》のわたしを憐れんでください』」。またここで、主が、「遜《へりくだ》る者は高められる」と言われたように、こころの貧しい人とは、遜る者と言うことができます。しかしこの遜る、謙遜ということは、われわれの自分の努力や性格ということではありません。私たちは、生まれながら、神の前には傲慢な者であり、高ぶった者だからです。謙遜ということは、われわれの魂が神によって打ち砕かれることであり、それは常に、自分の傲慢さを神の前に打ち砕かれるということです。もう一つ、こころの貧しさということで考えなければならないことは、何よりもそれは、私たちのイエス・キリストのことです。イエスこそ、富んでおられたのに、私たちを贖い救うために、貧しくなられたお方であります。

こころの貧しいと同じ言葉が動詞として使われている大切な聖書の箇所があります。それはコリントの信徒への手紙二の8章9節の言葉です。「あなたがたは、私たちイエスの恵みを知っています。すなわち、主は豊かであられたのに、あなたがたのために貧しくなられた。それは、主の貧しさによって、あなたがたが豊かになるためだったのです」。ここで豊かになるというのは、へりくだる者、自分の罪を悔い、打ち砕かれる者の現実に、神の赦しの恵みが豊かに注がれるからです。正確に言うならば、打ち砕かれるのも、神の恵みによるものであり、自分の手柄ではなく、罪を悔い打ち砕かれることと、憐れみによる恵みは同時であります。この恵みが、今、豊かに注がれるのです。こうして神の赦しの恵みに、私たちは何も持たず、ただ神の憐れみによってのみ、今、現在入れていただくことができるのです。

その人たちは満たされる

マタイによる福音書5・6

ユダヤの人たちにとっては、神の前に自分が義とされることが、大問題でした。そうでなければ、神のみ許には行けない、すなわち、救われないと考えられていました。しかし、ユダヤ教においては、いつしか神の律法を守ることが義ということになり、多くの人たちは、そのような律法を守れない罪びととしての扱いを、ファリサイ派の人たちから受けるようになっていました。また、当時の民衆も、自分たちはそういう意味で罪びとであり、神さまに救われないと考えるようになっていたのです。ここに、イエスが登場され、そのような人たちに神の国の福音を宣べ伝えました。

イエスの言われたことは、人は律法のおこないによる自分の義によって救われるのではなく、「義に飢え渇くこと」で、神に救われるということでありました。さまざまな義、人間の義があるけれども、ここの義はそういう多くの中の一つにすぎない義ではありません。そうではなくて、唯一の神の義ということであり、唯一の義とは、神そのものでありますから、神と言い換えてよいと思われます。神に飢え渇くということでありいます。「神の義を熱心に慕う」ということは、言い換えると、どういうことでしょうか。義とは、神さまとの正しい関係と言うことができます。逆に罪とは、神さまとの関係の破れですから、神さまに義としていただくということは、神さまとの正しい関係に置いていただくということです。神さまが、私たちをご自分との正しい関係に置いてくださるのです。「その人たちは満たされる」とあります。受身で書かれていますのは、満たしてくださるお方が、神さまだからです。ここで満たされると訳されている言葉は、原文のギリシア語では、「牧草で豊かに養う」という言葉です。イスラエルでは、羊飼いが、羊に水や牧草を与えて養いました。ですから、ここで羊飼いとして、われわれを養ってくださるのは神さまであり、イエス・キリストであります。この言葉は、実際、聖書では、主イエスが五千人の人にパンを給食した奇跡において、「すべての人が食べて満腹した」（マタイ14・20）と言われる場合に使われています。それでは、主イエスは、私たちを何で養ってくださるのでしょう。言うまでもなく、それは、み言葉です。

私たちが、み言葉で養われるということは、神さまから義をいただく、義なるものとしていただくことです。自分は、神の前に正しい者ではないけれども、そのような私を、神さまは、イエスの義に免じて義と認めてくださるということです。ですから、この場合の義とは、自分の義ではありません。神さまが、罪びとの私を義としてくださる神の義であります。裁きの義、正義の審判の義ではなく、赦しの義、憐れみの義であります。

その義を私たちに豊かに与えてくださるために、イエスご自身が、私たちのために義となって、十字架で死んでくださったのです。その義に私たちがあずかるだけで、私たちの救いのためには、必要十分なのです。イエスの恵みで十分なのです。神さまが、私たちの罪の贖いのために、み国に入ることのためにイエスにおいて必要かつ十分なことをしてくださったのです。

地の塩としての教会

マタイによる福音書5・13

「あなたがたは地の塩である」と言われています。「あなたがたは」とあります。「あなたがた」と複数になっています。山上の説教は、個人に語られたものであるよりは、イエスの弟子たち、つまり、教会に語られたものです。次に「地の塩」という言葉が出てきます。パレスチナ地方では、またヨーロッパでも、塩は、岩塩として大地から取れるのであります。ですから、地の塩というのです。「である」という言葉が、大切です。あなたがた、つまり、教会は、地の塩であるのであって、地の塩とならなければならないと言われているのではないのです。まして、よく誤解されるように、キリスト者は、世にあって道徳的に模範たれ、模範とならなければならないと言われているのでもありません。さて、それでは、「地の塩」であるということは、どういうことでしょうか。

塩は、私たちの生存に不可欠のものです。給与生活者のことをサラリーマンと言いますが、サラリーとは給与のことで、ソルト、塩という言葉からきています。昔は、兵士の給料が塩で支払われたのでした。それほど塩は、人間の生存に不可欠なものであります。地の塩であるわれわれは、実はこの世の生存、存続に不可欠なものなのです。教会は、世にあって取るにたりないもののように思われるけれども、教会がある、存在しているということが、この世の存続に不可欠だということです。次に、塩の効用を考えてみますと、腐敗防止ということがあります。塩付けにした食品は、腐りません。主の民が、世に存在することが、世の腐敗堕落を防いでいるのです。また、塩には、清めの効果があるとされています。塩の存在は腐敗防止だけでなく、浄化ということもあるでしょう。さらに塩は、隠し味として風味をひき立てます。塩気のない食事を食べることは困難です。また、塩を隠し味として用いるのです。世にあって教会の民も、隠れて目立たないかもしれないですが、実は、大きな存在意義をもっているのです。

「だが、塩に塩気がなくなる」とあります。塩が塩気を失うことがあるのだろうかと思いますが、パレスチナの塩は岩塩ですから、塩分だけが抜けて他の不純物だけが石に残るということがあるのです。そうなると、これは無用なものとして、「もはや何の役にも立たず、外に投げ捨てられ、人々に踏みつけられるだけ」になるのです。これはキリスト者も福音信仰の恵みを失ってしまうと地の塩としての存在意味がなくなるということであります。「何の役にも立たず」と訳されていますが、これだと社会や世に役に立たないものは排除するということになります。キリスト者は社会に役立つものでなければならないと誤解されかねません。原文は「力を失う」です。「力を失う」とありますが、キリスト者にとって力とは、何でしょう。それについては、ローマの信徒への手紙1章16節に「わたしは福音を恥としない。福音は、ユダヤ人をはじめ、ギリシア人にも、信じる者すべてに救いをもたらす神の力です」とあるとおりです。

あなたがたは世の光である

マタイによる福音書5・14－16

「あなたがたは世の光である」と言われています。また16節で、「あなたがたの光を人々の前に輝かしなさい」とあります。これは、キリスト者にとっては、なんだか気恥ずかしいようにも聞こえます。しかし、私たち自身が、光なのではありません。光そのものは神さまであり、イエス・キリストです。もちろん、ここで言われる光は、神に造られた光ではありません。造られない光であります。しかし、私たちが、180度方向を変えられて真の光である方の方を向くときに、私たちは、真の光を反射するものとなるのです。このことが、私たち自身が光源でないことから出てくる二つめのことです。つまり、私たちは、光源の方に方向転換する必要があるのです。この180度の方向転換こそ、悔い改めとよばれるものです。方向転換のポイントに置かれているものが、洗礼であります。

私たちは、これから洗礼式を執りおこないますが、洗礼は、古代教会より、光に照らされることとして、つまり照明として考えられてきました。16節に、「そのようにあなたがたの光を人々の前に輝かしなさい」とありますが、このことは、今、申したようにわれわれが洗礼を受けて真の光である方の方を向き、み言葉を聞き続けて、歩むということです。人々に輝くのは、自分ではありません。あくまでも、神からの光を反射する光であり、聞いたみ言葉を世に告げて、神を証しするということです。16節の後半に「人々が、あなたがたの立派な行いを見て、あなたがたの天の父をあがめるようになるためである」とあるようにです。皆さんの中には、「あなたがたの立派な行いを見て」が気になる方がおられると思います。「立派な行い」とは、善いおこない、すなわち善行であると考えられるかもしれません。確かに、キリスト者は、世にあって善きわざに励みます。しかし、ここでいう善きわざは、あくまでもみ言葉を聞くことの所産であります。信仰とはみ言葉への服従ですから、信仰と言い換えてよいのです。続いて、「山の上にある町は、隠れることができない」とあります。イエスが、山上の説教を山の上で弟子たちに語っているように。旧約において主の山とはエルサレム神殿でありました。新約の時代に生きるわれわれにとっては、主の山の神殿とは、教会です。

キリスト者は、主の日毎に主の山に上り、み言葉を聞き続ける者です。そして、そこで聞いたみ言葉の光を主の山から照らすということです。キリスト者は、何よりも礼拝者、主の山に上るものです。そのことを誇りにし、世にみ言葉を信仰として証しする。そのことをとおして、神に栄光を帰すのです。み言葉を主の山で聞き続ける者に対するイエスの大きな恵みの約束も、記されています。「山の上にある町は隠れることができない」。燭台の上に置かれた灯火は、「家の中のものすべてを照らす」ということです。家とは、一人ひとりと考えてもよいですし、広く世界と考えてもよいでしょう。皆さんをとおしてみ言葉は、世を照らすのです。

一緒に二ミリオン行きなさい

マタイによる福音書5・41

聖書の箇所に、「だれかが一ミリオン行くように強いるなら」の「強いる」という言葉が、出てきます。一ミリオンは、約1.5キロです。当時のローマ帝国においては植民地でローマ兵は、いつでも民衆を荷物運搬人として強制徴用することができ、その距離が一ミリオンであったそうです。強制ですから、いやいやして、一ミリオンきっかりで、それ以上は御免というのが、人々の本音であったでしょう。そうだとすれば、主イエスは、徴用され、反発しがちなユダヤ人の弟子たちに、その倍行きなさいと言っているのです。無理に強いられて、致し方なくするということは、実は、恵みの受け方としても重要な事柄を含んでいます。

もし、自分の好みでするならば、嫌気がさせば止めになるでしょう。また事柄が上手くいけば、何かそれは、自分の手柄のように思えて天狗になり、傲慢になるかもしれないからです。それで神さまは、予め、この人という人を無理強いして、救いの恵みのみわざを遂行させたもうということがあるのです。「強いられた恩寵」とよばれています。それは誰も、自分を何か一廉《ひとかど》の者のように誇ることなく、自分のような者を神さまは、忝《かたじ》けなくも選び、救いのみわざのために用いてくださった光栄と恵みを、ただ噛み締めさせるためなのです。

二倍の奉仕ということで思い出しますのは、かつて創世記で学んだ、あのリベカのことです。創世記24章12節以下に記されていますように、アブラハムは、僕《しもべ》を遣って息子イサクの嫁を探しに行かせます。13節、「この町に住む人の娘たちが水を汲みに来たとき、その一人に『どうか、水がめを傾けて、飲ませてください』と頼んでみます。その娘が『どうぞ、お飲みください。らくだにも飲ませてあげましょう』と言ったら」、その娘こそ、イサクの妻だというのです。そして、そのとおりのことが起こったのでした。すなわち、18節以下を見ますと、リベカは駱駝《らくだ》にも水を飲ませるため、もう一度、井戸に走り、且つ、すべての駱駝に水を飲ませたのでした。私たちが、強いられて、二倍の道のりを行くにあたり、今一つ考えなければならないことは、私たちが、共倒れにならないように、私たちのために共にいて、歩んでくださるお方をしっかりと確認することであります。

さて、「かれとともに」行きなさいとあります。「共に」ということは、実はマタイによる福音書の一つの重要な鍵となる考えであります。皆さんも、直ぐ思い出されるように、マタイにおいて救い主、主イエス・キリストは、「インマヌエル」「神われらと共にいます」お方として、誕生を告知され、最後の言葉は、28章20節の「わたしは世の終りまで、いつもあなたがたと共にいる」です。

こうして主イエスこそ、付きあいきれないような罪びと、神を見放し、神に背き続けて、それゆえ、神から見放されてもしかたのない私たちと、いつまでも共にいてくださるお方なのです。二ミリオンどころか、一生、いや、いつまでも共に歩んでくださるのです。

父は善人にも悪人にも太陽を昇らせ

マタイによる福音書5・43－45

マタイによる福音書5章から7章までの山上の説教に収められているイエスの講話から学び、少し時事説教もしたいと思います。5章43節ではレビ記19章の「隣人を愛し敵を憎め」というみ言葉をイエスは引用し、これを「敵に対する愛、迫害する者のために祈れ」と言い、愛の対象を迫害者、敵にまで拡張しておられます。この福音書が書かれた時代、もう迫害が起こっていたと思われます。キリスト教の歴史においては、隣人愛は強調され、また実践されてきましたが、愛敵ということはほとんど困難であり続けています。イエスの十字架上での、自分を十字架につけた者に対し父に赦しを求める祈り、また最初の殉教者ステファノの祈り（使徒7・60）に見られます。

けれども愛敵の教えは人間にはとても難しいものです。誰がヒトラーのために祈るでしょうか。愛敵の根拠として、イエスは父なる神は、善人にも悪人にも太陽を昇らせ、雨を降らせてくださると言われます。マタイにおいてイエスは敵、迫害者、また人間は善人と悪人が存在することを前提にしておられます。また人間が、敵を愛することができることが前提になっています。マタイ福音書には、このような倫理的楽観主義、人道的エートスが見られます。これが、「義人なし。一人もなし。善を行う者なし。一人だになし」という悲観主義的な人間理解に立つ使徒パウロより、人間が愛敵も含め、善を行う能力についての楽観主義的な人間理解が見られます。

現実には愛敵は、人間にはほぼ不可能です。せいぜい隣人愛まででしょう。世界で人が読んで一番影響を受けたのはマタイ福音書であり、山上の説教であります。トルストイ、有島武郎など、これを実践しようとした人はたくさんいますが、それが実行不可能なことに絶望した人もまた多くいます。「神は善人にも悪人にも太陽を昇らせ雨を降らせてくださる」という父なる神の慈愛の広大無辺さ、普遍性を説くイエスに対し、現代人は、それが物理現象、気象現象にすぎないことを知っています。太陽は何と大きな恩恵をもたらしているでしょうか。太陽の光、水と空気などは神の恵みとして、すべての人が普遍的に与るものであり、それは創造主なる神の贈りものと考えます。次のような有名な逸話があります。犬儒派の哲学者として知られるディオゲネスは樽の中に住み日向ぼっこをしていました。アレクサンダー大王がやって来て「何なりと望みのものを申してみよ」と話しかけました。すると大王に対して、彼は「そこに立たれると陽が差さないのでどいていただきたい」と答えたそうです。

水資源や太陽光発電、ソーラーパネルなどをめぐり、さまざまな闇や不正、環境破壊などがおこなわれています。特に太陽光パネルの製造に欠かせない材料は新疆ウィグル自治区で強制収容所の強制労働で生産されているので、欧米では中国からのパネルの輸入を禁止している国も多いですが、日本はそうではありません。神さまが普遍的また人類に平等に与えてくださっている太陽光をめぐる闇があるのです。

こんなにも陽は明るきに人の世のソーラー発電の闇ふかきかな

右の手のしていることを

マタイによる福音書6・3、4

マタイ福音書の山上の説教の中から、イエスが施しについて教えておられる箇所を取り上げ学びたいと思います。

「施し」という言葉は、原文では「エレエモシュネー」という言葉で「憐れみ」「情け」という意味を含む言葉です。困っている人を助けるために与えることが、「施し」です。それについてイエスは、驚くべきことを語ります。その場合、「あなたが施しをするときには、あなたの右の手がしていることをあなたの左手に知らせてはならない」と言うのです。「あなた」という言葉が三度使われて協調されています。こんなことはありえないことです。稀に「私、そんなことをしたかしら」という人もいます。主は、そのような人が天国に入ると言われます（マタイ25・38、39）。

私たちの多くは、自分がした善行や寄付、施しを覚えています。感謝や見返りを相手に期待します。それがないと恩知らずだと怒って、いつまでも覚えています。しかし、イエスは、自分の施しを意識してもならないというのです。当時は、施しを人前でこれみよがしにして、自分でまた他者の前で自分を何か偉い善行をしているかのように振る舞っていた人たちが、いました。2節で主は、そのような人たちを偽善者として非難しています。彼らの間違いはどこにあるかというと、自己顕示欲であり、自分は与えるものを他者よりも多くもっていることの自慢、見せびらかしであり、他の人たちからの称賛を得る、あるいは恩を売るためでした。神のためにではなく、自分の栄誉のためになしていたのです。また「与えるもの」は自分で持っているものだと錯覚していたのです。「施し」として与えるものは、神が自分に与えてくださったものであり、またその行為は自分の栄光ではなく、神の栄光の為なのです。神は隠れたお方（イザヤ45・15）「隠された神」（deus absconditus）であり、隠れたことを見ておられ、報いてくださるからです。「報いてくださる」というのは、何時のことなのでしょうか。それは、ただ天の国でということだけではなく、現世においても起こることであると思います。「情けは人のためならず」という諺がありますが、本人に帰ってくるのです。それを本人が認識する場合もあれば、気がつかないこともあるでしょう。いずれにせよ、その人の生は、神から祝福を受けるのです。

これに関して本日は最後に永井隆博士の生涯とエピソードをご紹介いたします。博士はキリスト者、歌人、放射線医学者として長崎で被爆し、真っ先に報告書を作成し、『長崎の鐘』などの書物で戦後、有名になりました。著作で売名と金儲けをしていると非難されもしましたが一切弁明しませんでした。その根拠は、今日の箇所にあるのです。また戦争中は軍医として中国戦線に従軍し、敵味方を問わず治療に当たりました。そのことを記した中国の教科書からその部分が共産党の指示により削除されたことが最近、話題になりました。反日教育にそぐわないとされたからです。でもそれは永井博士の信仰に、結果添うことになったのです。

あなたが祈るときは――戸を閉じて

マタイによる福音書6・5、6

キリストは、祈りについて山上の説教の6章5節以下で、私たちに祈りについて教えてくださっています。5節では、「あなたがたが祈るときには」と、複数形で書かれていますが、6節では「あなたが祈るときには」と、単数形で書かれています。

5節は公同の祈りをさしています。公的な場所での祈りについては、主は「こうであってはならない」と、消極的に言われます。要点は、偽善者のようであってはならないということです。「かれらは、人に見てもらおうと、会堂や大通りの角に立って祈りたがる」。偽善者の祈りの動機、目的は、「人に見せる」ということです。共同体のためでも、神の栄光のためでもなく、人に見せるためなのです。自分の敬虔な信心深さ、祈りの美しさ、流暢な祈りの文句を見せるためなのです。「祈りたがる」とあります。祈りは好みや愛着ではなく、神を愛する者のなす務めであり、意志的、知的なものです。今日的に言えば、教会の講壇の上で公同礼拝において祈るということでしょう。われわれは、このような偽善の危険を、いつも身に覚え、恐れをもって会堂で祈るのです。この公的な祈りの背景に深く、広く、樹木の根のように見えない土台として、密室の祈りがなければなりません。

それで主は、6節で「あなたはこう祈りなさい」と、単数形で積極的に命令します。「奥まった自分の部屋に入れ」と言われます。奥まった部屋とあるのは「タメイオン」という言葉です。その人しか入れない秘密の部屋のことです。心の部屋と考えるならば、自分だけの神との親しい個人的な交わりとしての対話、祈りの空間です。この空間を心の内に確保し、神と親しく祈る秘密の部屋をもつことが、キリスト者の公的な礼拝の前提です。タメイオンには、「貯蔵庫」とか「納屋」という、もう一つの意味があります。そこに蓄えられるのは、祈りの恵みです。祈りをとおして与えられた神の恵みの貯蔵庫、倉庫です。恵みの弾薬庫とも言えます。キリスト者は、そこを拠点とし、祈りという武器で戦うのです。

さらにイザヤ書26章20節に「さあ、わが民よ、部屋に入れ。戸を堅く閉ざせ。しばらくの間、隠れよ。激しい怒りが過ぎ去るまで」とあるように、戸を閉じればそこは本当に隠れ家であり、神の裁きがおこなわれるこの世から完全に遮断されたシェルターなのです。「戸を閉じて」(cluso ostio) とあります。これは一つには先の偽善者のように人に見せようという誘惑を避けるためでもあります。しかしもっと積極的な理由があります。それは「あなたの御父が隠れたところにおられる」というのです。そして「隠れたことを見ておられるあなたの父が報いてくださるだろう」というのです。「隠れたところにおられる」御父について、イザヤ書45章5節に「イスラエルの神よ、まことにあなたはご自分を隠しておられる神である」とあります。神は、ナザレの大工、主イエスという貧しい僕の姿を取った神の子の御父としてご自分を現されたのです。この父に祈るのです。

赦すということ――主の祈りの第五祈願

マタイによる福音書6・12

主の祈りにおける第五祈願について、み言葉に聞きたいと願います。

人間は、孤独に生きていくことはできません。人間という言葉が、人の間と書くように、人間は、他者との関わりの中で生きていかざるをえない存在です。その場合の他者は、通常、人間と考えられます。イエスは、人間関係において私たち人間が一番必要とするものとして、赦しということを挙げておられます。ところでマタイは、ルカと違って、罪という言葉を用いず、負いめ、負債という言葉を使っています。罪というと、悪しき行為に示される人間の在り方になるのでありますが、負いめと言えば、もっと視野が広がる面があります。いや私は、人に何の負いめも負債もないという人があるかもしれません。しかし、私たちは皆、自分の存在を誰かに負って生きています。その際、マタイは、「私たちもまた自分に負い目のある人を赦しましたように」という言葉を入れています。ルカにある主の祈りと違い、過去形になっています。マタイは、他人の負債を、まず赦すということがあって、その後に、自分の負いめを赦してくださいと祈るということなのです。自分が他人の負いめを免除してやらないで、自分だけが、神に自分の負いめを赦してくださいと祈るというのは、虫のいいことです。しかし、ここで二つのことを考えざるをえません。矛盾しているようですが、どちらも人間の現実です。一つは、他者が自分に負っている負いめを、そもそも赦すことができるだろうかということを考えますと、私たちは、容易には決して人を赦すことができない者です。だとすれば、この祈りは、決して祈れないことになりますし、神に自分の罪を赦していただくことに対しては、絶望する他はないでしょう。しかし、第二に、私たちは、赦し合って生きていかなければ、人間社会が修羅地獄になることも事実です。

そこで私たちは次のような矛盾した現実に直面するのです。人は互いの負いめを赦しあわねば生きていけない存在である。ところが、私たちは、ぬきさし難く、他の人の負いめを赦せない存在であるのです。次のように考えます。私は、自分に負いめのある人を赦さなければならないということが、神のご意思であることを知っています。けれども、私は、あれこれを、なかなか忘れることも赦すこともできない、そういう意味で、あなたの前に罪びとであり、負いめのある者です。このような罪びとの私をどうかお赦しください。こう祈るほかはないでありましょう。私たちの罪ある、負いめのある現実を、すべてそのまま神さまは、憐れみをもって受け止めてくださいます。私たちは言うまでもなく、イエスによって一切の罪、負いめを赦された者であります。そこから、赦せない他の人の罪や負いめを赦すということが起こってくるのです。

我らを試みに遭わせず

マタイによる福音書6・13

主の祈りにおける第六祈願です。私たち人間の生存におきましては、暗雲のようなものが、人生行路のいたるところにあるわけです。不慮の事故とか、不幸、災厄、疫病などであります。そういったものから私たちが守られるようにということは真剣な願いであります。

「試みに遭わせず」とあります。試練に遭わせるものは誰なのでしょう。このように祈るということは、試練の元凶が神であるということなのでしょうか。事故に遭ったり、重い病に罹ったり、不幸に陥ったりするのは、神のせいなのでしょうか。そのようなことをした神に、そうしないでくださいと祈るのは矛盾をしていることになるのでしょうか。ヨブ記においてヨブはさまざまな試練に遭いますが、それをするのは悪魔です。悪魔は神の御手の中で試みる者として働いています。悪魔は神に反抗していますが、神の摂理の御手の中で動いているのです。ヨブからみますと悪魔だけに正面から襲われているように見えるのです。そこで問われるのは見えざるお方への信仰です。洗礼を受けた信仰者に試練が降りかかるということは、イエスの荒野の誘惑が示しています。マタイによる福音書4章1節に「さて、イエスは悪魔から誘惑を受けるため、霊に導かれて荒野に行かれた」とあります。ヨブの場合にも神の御手の摂理が働いていたように、キリスト者も「霊に導かれて」いるということを忘れてはなりません。霊とは聖霊であり、聖霊は私たちにイエスを主と告白せしめるお方ですので、試練にあったときも、霊の導きを信じて、主に対する信仰を揺るがせないようにすることが求められています。コリントの信徒への手紙一10章13節に「あなたがたを襲った試練で、人間として耐えられないようなものはなかったはずです。神は真実な方です。あなたがたを耐えられないような試練に遭わせることはなさらず、試練とともに、それに耐えられるよう、逃れる道をも備えていてくださいます」とあります。神は私たちが耐えることのできないような試練、誘惑には遭わせないのですから、私たちは信仰をもって試練と戦うのですけれども、できるならば、そのような試練に陥らないようにすることは大切なことでしょう。それゆえ「我らを試みに遭わせず」と祈るのです。

イエスは荒野の誘惑において悪魔の試みに勝ちましたが、その生涯の終わりにおいても悪魔の誘惑に打ち勝ってくださいました。イエスは十字架を避けることについての誘惑とゲツセマネの園で祈りの戦いをしなければなりませんでした。十字架上でもそのような誘惑に晒されました。マタイによる福音書27章40節にあるとおりです。「神の子なら、自分を救ってみろ。そして十字架から降りて来い」。このような誘惑に弟子たちは勝つことができませんでした。この誘惑に打ち勝ったのは、十字架につき、そのような誘惑に負けてしまった弟子たち、私たちのためにゲツセマネの園、また十字架の上で一人祈り、罪を赦し贖い、悪魔に打ち勝ってくださったイエスご自身なのです。

天に宝を積みなさい

マタイによる福音書6・19－21

地上に宝を積んではならないとあります。理由は、二つ挙げられています。一つは、「虫が食ったり、錆びついたりする」ということです。「錆びつく」というと金属の感じがしますが、ここは正確には、「虫食い」ということで、主に高価な布のことです。二つめは、「盗人が忍びこみ取られる」ということです。「忍びこむ」とありますが、元の意味は、「穴を穿つ」という言葉です。当時のパレスチナの家屋は、土壁でできていました。いずれにせよ、自分の所有として永久に留めることは、できないということです。宝自体が朽ちていくということ、盗まれるということです。しかし、留まらないものは、地上の富だけでなく、自分の地上の命もそうです。人間が貯め込もうとするのは、地上の宝により、生活が豊かになると漠然と考えているからです。しかし、地上の宝自体が、われわれの命を保証してはくれないことは、少し考えてみたらわかります。たとえ何百億の資産を持っていても、それを携えて死んでいくことはできないからです。

昔から、教会の宝ないし宝蔵ということが、言われてきました。世々の聖徒たちが天の倉に蓄えた宝であり、それは、自分が天に入るのに必要な功績だけでなく、それ以上の功徳のストックとして余剰に積まれたもの（余功）は、これから天国に入る者のために、いわば融資されるものと考えられたのです。そこから、天国銀行ということが言われます。また宝というのは、ただお金や物質だけではないでしょう。賜物や恵みというのは、時間や労力や祈り、奉仕、音楽や著作、学問などの精神的なものすべてです。それを天国の倉に、お納めするのである。そのような気持ちで、恵みや宝を用いるのです。

三浦綾子著『ちいろば先生物語』（朝日新聞社）に、次のようなくだりがあります。淡路島で生まれ、今治の教会の牧師をした榎本保郎という人の伝記です。寸借をくり返す青年に、ちいろば先生は、その度にお金を貸します。『「仕方あらへんわな。三千四百円、ほんまにあいつが必要やとしたら、誰かが貸さなならん。誰も貸す者がないと、人さまのものに手ぇつけるかも知れへんでな。罪を犯させてはならん。ああ、あった。あった。ぼくの財布と和子の財布合わせて、三千二百円あったわ。けど、まだ二百円足らん」と、窓からるつ子を呼んだ。「るっちゃん。るっちゃん。るっちゃん。一大事やあ」一大事と聞いて、るつ子がにこっと笑って飛んで来た。るつ子は十歳だ。「すまんなあ。るっちゃん。お父さんに二百円貸してくれんかな」「オーケー、また天国に貯金するんね。イエスさまに上げるんね」るつ子はにっこり笑って、机の上の貯金箱を持って来た。人のために使うのは、天国に貯金することだと、いつもるつ子は教えられている。るつ子は喜んで貯金箱をあけ二百円差し出した。るつ子の貯金箱には三十五円しか残らなかった」』（290頁）。貯めることを、英語でsaveと言います。そして、この言葉はまた、「救う」という意味ももっています。人は天に宝を積むことによって、救われる、自らを救うのです。

この花の一つほどにも

マタイによる福音書6・28―30

花の日です。イエスはマタイによる福音書6章28節で「野の花がどのように育つか、よく学びなさい」と言われました。「野の花」というのは、原語では百合のことです。キルケゴールという人がこの箇所から黙想をして『野の百合、空の鳥』という美しい書物を書いています。

「よく学びなさい」とあります。単に「学びなさい」というだけでなく、「よく」という言葉がついています。徹底的に学びなさいというのです。このみ言葉だけからも植物学、ボタニーが、植物学者が生まれるのではないでしょうか。

くしくも花の日に、聖書で聖木とされているミルトスが教会の玄関前で白い可憐な花を咲かせました。神の配慮と御守りは、儚い野の花にも感じます。後で歌う『讃美歌21』の60番は、『こどもさんびか』103番にも、ある歌です。その2節には、こうあります。「『なまえもしらない　野のはなも　かみさまはさかせてくださる』って、イエスさまの　おことば」とあります。他方、イザヤ書40章7、8節、ヤコブの手紙1章10節には、人間の、また、富んでいる者の虚しさが、草花の儚さに比せられています。ちなみにイザヤ書40章8節は、私たちの教会玄関向かって右側にある、石碑に刻まれたみ言葉です。人間と草花と、どちらが優れているか、それはわかりません。今日の箇所の少し前に語られている空の鳥（鳥類）よりも、人間が優れていることは人間的には自明でないのと同様です。実際、野の花や草は、人間のように、罪を犯すことはありません。しかし、神さまは、空の鳥や野の花よりも優れたものであると言ってくださるのです。

『置かれた場所で咲きなさい』という本があります。渡辺和子さんというカトリックのシスターが書かれた本です。教会の図書に入れておりますので、興味のある方は、是非お読みください。キリスト教の立場から書かれた本ですが、珍しく何百万部も売れるベストセラーになりました。そして「置かれた場所で咲きなさい」という言葉は、一般の人にも知られるようになりました。この言葉は、著者が、自分の置かれた職場で悪戦苦闘していた時に、ある宣教師から教えられた言葉だそうです。英語では、Bloom where God has planted you です。「神があなたを植えられた場所で咲きなさい」という言葉で、「神が」植えられた場所です。「神が植えられた」ということが大事です。この本を批判する人がいます。人間は植物ではなく自由に動ける動物であるし、また非人間的な環境に置かれたまま忍従する必要はないと言うのです。もちろん、人間性を蹂躙するような環境、場所で抵抗することなく忍従するということではありません。大事なのは、神が置いてくださった場所で咲くということです。

私たちは、神から与えられた命を、神が置いてくださった場所で感謝して生きる、生も死も配慮してくださる神に委ねて、神が私たちを置いてくださった所で感謝して生きるということを学ぶのです。

父は求める者に良い物をくださる

マタイによる福音書7・9－11

「パンを欲しがる子どもに石を、魚を欲しがる子どもに蛇を与えるだろうか」と9－11節にあるとおりです。これは「そんなことはない」という修辞疑問文です。マタイは性善説に立った人間観ですが、現代は、「魚を欲しがる子どもに」、ネグレクト（放棄）、虐待ばかりかミサイル、爆弾が容赦なく飛んでくるのです。戦争は昔からありますが、昔の戦争は、人の住まない関ケ原のような野原、また武装した兵士だけでおこなわれていましたが、今はそうでなくなりました（ジェノサイド、ホロコースト、トータルウオー）。

「魚を欲しがる子どもに」という言葉で思い出したことがあります。あるおさかな屋さんがありました。ある時から一匹の野良猫が来るようになりました。その猫は不思議なことに、毎日、いろいろな葉っぱを口に咥えてさかな屋さんの所に来るのです。魚屋の主人は、それを不思議に思って見ていましたが、ある時にふと理解しました。それは店に来る人たちが財布から紙幣を出し、お魚を買っているのを見て、猫は、紙幣を葉っぱと理解していたのです。それに気づいた主人は、猫の咥えた葉っぱとひき換えに、お魚を一匹、与えたのでした。この箇所には、「与える」という言葉が四回出てまいります。11節の「くださる」という言葉も同じ言葉です。「与える」という言葉から、ギリシア語の「賜物」（ドーロン）という言葉ができ、英語のギフト、ドイツ語のガーベという言葉もまたみな「与える」という言葉に由来します。「愛は惜しみなく与える」ということです。

私たちの人生も、人生の後半期からは、獲得する生き方、Takerではなく与える生き方、Giverに変わらなければならないと思います。今度は、社会や次世代に寄与し、生きていくという姿勢に変わる必要があるのです。ある人は、「与える物」を持たない者がどうして他者に与えることができるのかと考えるかもしれません。結論だけ申しますと、われわれ人間が他者に与える場合には、自分が持っていない物は、与えることはできません。また、相手に与えれば、自分の持っている物は減っていくことになります。けれども、神の恵みは、何も持たない者であっても、神の愛から無償で豊かに与えられ、与えれば与えるほど、与えられた者が豊かになるだけではなく、与えた者もさらに豊かになるのです。「情けは人のためならず」という言葉もそうですが、これはギブアンドテイクとか、功利主義的なこと、ウィンウィンの関係ではなく、「豊かに蒔く者は豊かに刈り取る」（コリント二9・6）ということです。父なる神は、「至高善」「最高善」（summum bonum）のお方でありますから、求める者に、命のパンであるみ言葉だけでなく、あらゆるよい物を与えてくださいます。『讃美歌21』386番に歌われているとおりです。

私たちは、夜寝るときに今日神さまから与えられた良い物を数えて感謝するようにしたいものです。生かされていることだけでも、空気、太陽の光を享受できることだけでも感謝なのです。

パンを欲しがる自分の子どもに

マタイによる福音書7・9－12

7章11、12節を取り上げます。ちなみに7節は、「求めよ、探せ、叩け」は茅ヶ崎東教会の週報の表に英語で掲げています。Ask, Seek, Knock で、Kの脚韻。頭文字を並べると ASK で、アナグラムになっています。本日は、「日曜学校日」でありますので、子ども、教育について、聖書から考えたいと思います。

私たちは、自分の子どもに何を与え、何を残したい、伝えたいと思うでしょうか。「敬天愛人」を座右の銘とした西郷隆盛は「児孫のために美田を買わず」と言っております。教会は、次世代を担う子どもたち、幼子に対して学校を設けてきました。子どもたちに聖書を教え、信仰の道筋を教えてまいりました。それは神の言葉、信仰、イエスこそが、信仰者である私たちが子どもに与え、伝え、残したい、継がせたいと願う最高の宝であると、考えてきたからです。「教育は国家百年の計」と言われるように、総じて教育には長い期間がかかります。しかし、とても重要なものです。そして日曜学校は、大きな働きをしてまいりました。コヘレトの言葉11章1節に「あなたのパンを水面に投げよ。月日が過ぎれば、それを見出す」とあるとおりです。

「パンを欲しがる子どもに石を、魚を欲しがる子どもに蛇を与えるだろうか」と9－11節にあるとおりです。これは「そんなことはない」という修辞疑問文です。ところで、この箇所には個人的な思い出があります。三十代のとき東北学院大学でチャプレンをしていたとき、大学の入学式の司式の担当がまわってきたことがあります。そこで、毎年読まれる箇所が、このマタイによる福音書7章7－11節でした。新入生、親たちの前で、この箇所が読まれるのです。「あなたがたは悪い者でありながら」という箇所で、聞いている親の人たちは「ぎょっ」とする、あるいは気分を害するのではないかと思ったことでした。残念ながら、現代の世界、日本の状況はどうでしょう。パンや魚を欲しがる子どもに、ミサイルが撃ち込まれ、死んでしまう現実。パンや魚も無くて飢えている子どもたち。これは世界の貧しい国々だけでなく、日本の困窮家庭、シングルマザー、非正規雇用で収入が少なく、自分の子どもに十分な食事も与えることのできない家庭が増えています。子ども食堂やフードパントリーなど、民間や教会などが、そのために立ち上がっています。また、人類の倫理、道徳は進歩してきた半面で、親による育児放棄、ネグレクト、虐待による死亡など、痛ましいことが続いています。この点では、イエスの言葉は、親の性善説に立った、子に対する愛情というものが、前提とされていますが、今の現実は、それ以上にひどいものです。

父なる神は、「至高善」「最高善」（summum bonum）のお方でありますから、求める者に命のパンであるみ言葉だけでなく、あらゆる善い物を与えてくださいます。後で歌う『讃美歌21』386番に「良いもののみな神から来る」と歌われているとおりです。私たちは、夜寝る時に、今日、神さまからいただいた善い物を数えて感謝するようにしたいものです。生かされていることだけでも、空気、太陽の光を享受できることだけでも、感謝ではないでしょうか。

あなたの人生の土台とは

マタイによる福音書7・24－27

イエスのなさった山上の説教の締め括りとして語られています。

二人の人が、同じように家を建てても、岩の上に家を建てた者と砂の上に家を建てた者との違いは、雨が降り、洪水が押し寄せ、風が吹いた時にはっきりとわかるというのです。家屋としての家には、三つの働きがあります。一つは、雨風を避けるという生命、財産の保全、防御としての機能、第二に、家族の営みや団欒の場所としての機能、第三に、労働の休養の場所としての機能という訳です。それを聞いて、確かにこれは考えてみれば、そのとおりであるけれども、あらためて第一の生命、財産の防御という側面を考えさせられました。家は、雨風、台風、地震などから、私たちの命や財産を守るものでなければならないという側面です。イエスは、聖書の言葉を聞いて、これを行う者を岩の上に家を建てた賢い者、聖書の教えを聞いても、これをおこなわない者を砂の上に家を建てた愚かな者と言っておられます。砂の上に家を建てた人も家の構造や玄関の向き、日当たりなど、個々の面については賢明な判断をしたかもしれません。しかし、この人は根本的なところでミスをしたのです。み言葉を聞いても悔い改めず、生き方を180度方向転換して神の言葉に従って生きることをしない者に対して警告がなされています。岩の上に自分の家を建てるということは、どういうことでしょうか。岩の上に立つ建築物で当時の人がまず思い浮かべたものは、エルサレム神殿であったかもしれません。エルサレムはイスラエルにおいて山の上にあり、また固い岩盤の上に立っていたからです。けれどもこの神殿も、やがて第一次ユダヤ戦争によって破壊されてしまいます。ですから岩の上に家を建てる人と砂の上に家を建てる人というのは、あくまでも比喩であります。

岩の上に家を建てるということで思い出す聖書の箇所は、マタイによる福音書16章13－18のみ言葉であります。「あなたこそ生ける神の子キリストです」という告白をしたペトロに対し、イエスは18節で、ペトロに、こう厳かに宣言されます。「そこで、私もあなたに言う。あなたはペトロである。そして、私はこの岩の上に私の教会を建てよう。黄泉の力もそれに打ち勝つことはない」と。ペトロというのは「岩」という意味です。この岩の上にというのは、ペトロという血肉の上にではなく、ペトロの信仰告白の上にということです。教会は、この信仰告白の上に、この基礎の上に成り立っているのです。私たちが、自分の人生の土台を何に据えて生きているのか、私はイエスを人生の土台の岩に据えているか、私はイエスに対する信仰を自分の人生の岩として生きているか、それ以外のものを岩としていないか、そういうことを真剣に考え、悔い改める機会であるのです。

イエスは、私たちに、あなたの人生が本当に磐石な岩の上に建てられていますか、それとも砂上の楼閣のようなものになっていないかを、もう一度検討するようにここで警告しておられるのです。

岩の上に人生を

マタイによる福音書7・24－29

主イエスは、聖書の言葉を聞いて、これをおこなう者を岩の上に家を建てた賢い者、聖書の教えを聞いてもこれをおこなわない者を砂の上に家を建てた愚かな者と言っておられます。ここで、「賢い」と訳されている言葉は、普通に使われる賢いという言葉ではなく、心の意図や志の確かさ、思慮深さを意味する言葉です。これは、全体の方向としての確かさということではないかと考えます。砂の上に家を建てた人も家の構造や玄関の向き、日当たりなど、個々の面については賢明な判断をしたかもしれません。しかし、この人は根本的なところでミスをしたのです。そういう意味で、賢さとは、全体的な判断と根本的な方向における思慮深さということが、この言葉で言われていると思われます。

ここでは人間が生きていく上で根本的なところで正しい判断と方向に向かっているか、否かということが問われているのだと思います。他方で、み言葉を聞いても悔い改めず、生き方を180度方向転換して、神の言葉に従って生きることをしない者に対して、警告がなされています。岩の上に自分の家を建てるということは、どういうことでしょうか。岩の上に立つ建築物で、当時の人がまず思い浮かべたものは、エルサレム神殿であったかもしれません。エルサレムは、イスラエルにおいて山の上にあり、また固い岩盤の上に立っていたからです。けれども、この神殿もやがて第一次ユダヤ戦争によって破壊されてしまいます。ですから、岩の上に家を建てる人と砂の上に家を建てる人というのは、これは、あくまでも比喩である訳です。

岩の上に家を建てるということで思い出す聖書の箇所は、マタイによる福音書16章13－18節のみ言葉であります。「あなたこそ、生ける神の子キリストです」という告白をしたペトロに対し、主イエスは、「シモン・バルヨナ、あなたは、幸いだ」と言われます。原文の言葉では、「幸いだ」という言葉が、最初にあります。この「幸いだ」というのは、山上の説教における、「心の貧しい人たちは、幸いである」というのと同じ言葉です。あの場合には、こういう人たちは幸いであると言われていたのでありますが、ここでは、直接、あなたは幸いであると言われているのです。そして、主は言われます。「あなたはペトロ。わたしはこの岩の上にわたしの教会を建てる。陰府の力もこれに対抗できない」。ペトロというのは、岩という意味です。この岩の上にというのは、ペトロという人の上にではなく、ペトロの信仰告白の上にということです。ここに教会の基礎、礎が何であるかが、はっきりと宣言されています。教会の基礎は人間的な智恵や手段、自然的な人間の感情ではなく、天の父が私たちに恵みとして与えてくださった「あなたはメシア、生ける神の子です」との信仰告白なのです。教会は、この告白の上に、この土台の上に成り立っているのです。また「陰府の力」、すなわち罪と悪と死も、これに打ち勝つことはできません。この「岩」の上に人生を築き上げる人は幸いであります。

彼は立ち上がってイエスに従った

マタイによる福音書9・9－13

「イエスはそこをたち、通りがかりに、マタイという人が、収税所に座っているのを見かけて、『わたしに従いなさい』と言われた。彼は立ち上がってイエスに従った」とあります。マタイが召されたのは、主イエスが、偶々、通りがかりにマタイが目に入ったからなのでしょうか。それは、単なる偶然だったのでしょうか。主イエスがマタイを召されたということは人間の目から見れば、それは単なる偶然のようにみえるかもしれませんが、神の方からみればそれは神のご計画としての定めであったと思います。私たちも、キリスト者になった人なら、皆、そうであるし、そうだと賛同していただけると思うのですが、自分の人生のある時、ある場所で、主イエスの「わたしに従ってきなさい」という言葉を聞いて、そこから「立ち上がって」、キリストに従う者となったのではないでしょうか。私は、ここに、このマタイ福音書を記したマタイという人物が、自分を簡潔且つ謙虚に署名していると思います。

私たちが、神も主イエスも知らないで、この罪の世界に、自分もまた、罪びととして生きあぐね、人知れず悩み、苦しんでいた時に、主イエスの方が、そのような私たちに近づき、招いてくださったのではないでしょうか。それは、マタイのように自分がいつも座っている、この小さなオフィスのデスクであったかもしれません。それは、小さなオフィスのデスクですが、ローマ帝国と同胞のユダヤとを繋ぐ罪の拠点ともいうべき場所であったのでした。マタイは、どのような気持ちで徴税人の机に向かって座っていたのでしょうか。その悩みや重荷や、彼の一切を主は御覧になり、罪びとの彼を憐れみ、お召しになったのです。主イエスは、私たち罪びとを深く憐れまれ、この私の罪、重荷、呪い、不幸などのすべてを、やがて、ご自分の十字架に負い、ひき受けてくださったのです。

「わたしが来た」と言われます。主イエスは、他の町や村から、この場所に来たというのではないのです。主イエスは、私たち罪びとを招くために、天の父なる神のみ許から、永遠の許から、わたしたちのこの過ぎ行く時間性の、罪の世に来られ、私たちの罪を贖い、私たちを神の子としてみ国の祝宴、食事にあずからせるために、来られたのです。

「『わたしに従いなさい』と言われた。彼は立ち上がってイエスに従った」と、ごく簡単にですが、実に深遠な事柄が記されております。彼は、「立ち上がって」と記されています。彼は、どこから立ち上がったのでしょうか。徴税人として向かっている机、椅子からです。しかし、それは、彼の悩み、辛さ、人からの軽蔑、いや一切のことから、すなわち、罪びととして座する、この世界から、彼は立ち上がったのではないでしょうか。

私たちもまた、主の「わたしに従ってきなさい」いう招きに応えて、いつも罪と死の世界から立ち上がり、主に従い、み国の食卓に招かれた者として、これにあずかる者でありたいと願うのです。

その一羽さえ、あなたがたの父なしには

マタイによる福音書10・29

十一月の小春日和でしたか、私は朝、教会の庭、ちょうど水道栓のあるフェンス辺りに一羽の小鳥が死んでいるのを見つけました。雀よりは、やや体が大きく、尾が長く黄緑色の胴体をしていて、まだ体が冷たくなく、落ちて時間が経っていないようでした。私は、昨年、とうごまを植えた辺りに穴を掘って、短くお祈りをしてから埋葬してやりました。その時に詠んだ歌です。

ゆくりなく小鳥の躯を見つけたり小春日和の朝にはさきに／雀よりやや尾が長く黄緑の腹をしてをり青鵐《あをじ》なるらむ／生き死には神のみこころこの鳥もわれの命も変はりはあらじ／アアメンとひとこと唱へ教会の庭に蒿雀《あをじ》のむくろうづめつ

小鳥を葬りながら、私の脳裏に浮かんだのが、お読みした聖句です。当時、雀は二羽で一二〇円位で、食用に売られていました。イエスは、そのような値打ちのないものをも、神はお守りになり、み前に覚えられているのだ。まして雀よりも価値のある私たち人間を神は守り、覚えてくださると言われたのです。ところで、この箇所について、最近、私は、ある新約学者から大変興味深く、そして大事なことを教わりました。それ

は、「新共同訳」で、「その一羽さえ、あなたがたの父のお許しがなければ」と訳されているギリシア語原文は、「その一羽さえ、あなたがたの父なしには」であり、「お許し」という言葉はないということです。明治以来、また、今度出た「聖書協会共同訳」も「お許し」という言葉が入っていて、まるで、神が一羽一羽の鳥、すべての被造物の死について何か天上で裁可、許可を与えているかのようなイメージの訳になっている訳ですが、これは違うのではないかと思います。そうではなくて、雀のような値打ちのないような生き物の死においてさえ、神は彼らと共にいてくださるということをイエスは言っているのです。

マタイによる福音書では、神が「共に」いてくださるということが強調されます。皆さん、ご存じのように、おとめマリアから生まれるイエスは「インマヌエル」と唱えられ、これは「神われらと共にいます」という意味です。またマタイ福音書の最後の言葉はイエスの「わたしは世の終りまで、いつもあなたがたと共にいる」というものです。「神われらと共にいます」、この「インマヌエル」ということが、「その一羽さえも、あなたがたの父なしは地に落ちることはないという言葉で言われているのです。

ゲツセマネの記事の中で、マタイによる福音書だけにしかない言葉があります。「あなたがたはこのように、わずか一時も私と共に目をさましていられなかったのか」というイエスのお言葉の中の「私と共に」という言葉です。受難節にあってインマヌエルのお方であるイエスは、私たちも主と共にあることを願っておられます。

私たちの父なる神は、被造物すべての死にあっても、共にいてくださいます。東日本大震災から九周年、またこの度の新型肺炎で亡くなった方も、地上で生き、亡くなった人、一人ひとりに神は共にいてくださるということを覚えたいと思います。

きたるべき方はあなたなのですか

マタイによる福音書11・2－12

ヨハネの使命は「来たるべきお方」のための道備えをすることでありました。彼は先駆けであり、来たるべきメシアの告知者であったのです。そしてそれは、いかなる到来となるものであったでしょうか。というのは、ヨハネの期待したメシアは、麦を殻から分け、よい実を結ばないものを尽く切り倒しに来る、火のように激しい改革者であったからです。火のように激しい改革者が、力と権能をもって来るはずであり、この世の権力を打ち負かすであろう。力強いヨハネ自身でさえも、メシアのサンダルの紐を解く値打ちもないようなお方であろう。

そのヨハネが、今や獄中に座して、イエスの活動についての報告を弟子たちから受け、イエスが本当にそのお方なのだろうかと訝しく思っている。報告を受けてヨハネは、使いをイエスのもとに送って問わせます。「『きたるべきかた』はあなたなのですか、それとも、ほかに誰かを待つべきでしょうか」。疑いが、ヨハネに生じ、とうとう彼は弟子を使いにやってこのイエスについての真実を見出そうとしたのであります。弟子たちは来て、イエスに対するヨハネの質問を文字どおりくり返しております。「『きたるべきかた』はあなたなのですか、それとも、ほかにだれかを待つべきでしょうか」。

これは単純にイエスかノーかの二者択一の問いであって、イエスは、そうであるかないかのいずれかであります。けれども、返ってきた答えは、私たちが思うような単純なものではありません。なぜならイエスは、ストレートにはお答えになられないからであります。その代わりにイエスは、ご自分の務めへと赴き、その際、ヨハネの二人の弟子を連れて行き、ご自身がなしておられることを見せ、またご自身が何者であるかをお示しになられます。そこで主は癒し、目が見えるようにし、悪霊を追い出していたもうのです。12節に「バプテスマのヨハネの時から今に至るまで、天国は激しく襲われている。そして激しく襲う者たちがそれを奪い取っている」とあります。

ヤコブは人間的な策略で、エサウから長子特権を奪い取りましたが、ヤボクの渡しでは神さまと戦って、今度は祝福を力づくで勝ち取りました。イエスは「バプテスマのヨハネの時から今に至るまで、天国は激しく襲われている。そして激しく襲う者たちがそれを奪い取っている」と言っておられます。天国を激しく求める者とは、「私を祝福してくださらないなら、あなたを去らせません」と言って、神と戦い、神から祝福を勝ち取ったヤコブのように、天国の祝福を受けよう、天国に入ろうと激しく襲い、戦う者たちのことです。天国を激しく襲い、これを奪うというのは、キリスト者の生きる姿勢であります。

「バプテスマのヨハネの時から今に至るまで、天国は激しく襲われている。そして激しく襲う者たちがそれを奪い取っている」ということが、歴史において、また今も全世界において起こっているのですから、私たちも、そのような激しい思いをもって共に天国に入るべく信仰の戦いをしていきたいものです。

烈しく攻める者がこれを奪う

マタイによる福音書11・11、12

聖書の中でも私の好きな聖句を取り上げます。マタイによる福音書11章12節です。私は、新約学関係その他で書いた論文集を二〇一四年に出しましたが、その本のタイトルも、ここから取りました。「烈しく攻める者がこれを奪う」です。「はげしく」は激流の「激」ではなく、壮烈の「烈」にしました。新約聖書のマタイによる福音書11章12節の「バプテスマのヨハネの時から今に至るまで、天国は激しく襲われている。そして激しく襲う者たちがそれを奪い取っている」から取ったのです。

ヤコブは、人間的な策略でエサウから長子特権を奪い取りましたが、ヤボクの渡しでは、神さまと戦って、今度は祝福を力づくで勝ち取りました。「奪う」ということは言葉の感覚としては抵抗があるかもしれません。しかし、主イエスは「バプテスマのヨハネの時から今に至るまで、天国は激しく襲われている。そして激しく襲う者たちがそれを奪い取っている」と言っておられます。「バプテスマのヨハネの時から今に至るまで、天国は激しく襲われている」というのを、終わりの日の神の到来を宣べ伝えたバプテスマのヨハネが迫害され受難したように、天国の側が敵対者に迫害されているということを言っているのだと解釈する人がいます。

ここはそうではありません。天国を激しく求める者とは、「わたしを祝福してくださらないなら、あなたを去らせません」といって神と戦い、神から祝福を勝ち取ったヤコブのように天国の祝福を受けようと激しく襲い、戦う者たちのことです。

「激しく襲う者がこれを奪う」The Violent Bear It Away という、この箇所から題名を取った小説を、アメリカの女性の作家フラナリー・オコナーという人が書いています。キリスト教は、ごめんなさい、差別的な意味でなく、申し上げますが、おんな、こどもの宗教ではありません。教会に壮年男子や青年男子が少ないのは、会社や仕事で、それこそ戦っているのでしょうが、キリスト教は、男であれ、女であれ「たおやか」である一方、「ますらお」でもあるのです。キリスト者は、柔和であっても、うちには激しい闘志を秘め、天国を激しく襲う者なのです。よくデパートのバーゲンや福袋セールなどで、そのような場面を目にいたします。けれどもキリスト者のそれは、他者を押しのけての奪いあいではありません。天国を激しく襲い、これを奪うというのは、私たちキリスト者の生きる姿勢であります。

私たちの国では、教会における天国というセールの会場に、それこそ人が群がり殺到し、奪いあうということはないのですが、「バプテスマのヨハネの時から今に至るまで、天国は激しく襲われている。そして激しく襲う者たちがそれを奪い取っている」ということが、歴史において、また今も全世界において起こっているのですから、キリスト者一人ひとりはそのような激しい心をもって共に天国に入るべく信仰の戦いをしていきたいものです。

陰府にくだり

マタイによる福音書12・38―40

本日は、使徒信条にある「陰府にくだり」という箇所について学びたいと思います。「よみ」は、旧約聖書では死んだ人のいく暗い世界と考えられておりました。日本語のよみは、「夜を見る」ということに由来します。ヘブライ語でシェオル、ギリシア語でハデス、ラテン語ではインフェルヌスです。日本語では、陰府、黄泉と訳してまいりました。使徒信条は、後二世紀のローマ教会の洗礼信条にまで遡りますが、そこにはこの項目はありません。この項目が最初に出てくるのは、四世紀のルフィヌスの『使徒信条註解』です。それで、一八九〇年の旧日本基督教会の信仰告白では括弧の中に入れられていました。日本キリスト教会の最初の告白も、それを踏襲して括弧に入っていました。

しかし聖書は、旧約だけでなく新約聖書においても陰府の存在について明確に語っています。ペトロの手紙一3章18―20節では、「霊においてキリストは、捕らわれていた霊たちのところへ行って宣教されました」とあり、イエスが十字架の死後、霊において陰府へ行って宣教されたことが語られています。「捕らわれていた」とあるように、陰府はまた獄、監獄としてもイメージされています。マタイによる福音書12章40節では、「ヨナが三日三晩、大魚の腹の中にいたように、人の子も三日三晩、大地の中にいることになる」と主が言われています。この項目の解釈については、カルヴァンとルターとの間で理解が異なります。

ルターは、イエスの陰府くだりを主の謙遜、謙卑の最終段階として理解しています。敗北の最終段階、すなわち、フィリピの信徒への手紙2章8節の「十字架の死に至るまでの」謙遜の延長線上の最終段階と理解するのです。この場合、栄光の勝利の最初は復活となります。しかし、マタイによる福音書27章52、53節によれば、すでに主の死の直後に陰府が解放されたしるしが現れています。

これに対しカルヴァンは、十字架が敗北の最終段階で、陰府下降は栄光の勝利への第一段階と理解します。カルヴァンの理解は、ペトロの手紙一の理解に近いのです。この条項の信仰的意味は何でしょう。イエスが陰府を打破したということです。主は陰府の深淵にくだることによって、私たちのいわば「セーフティーネット」になってくださっているのです。深淵で大魚の中にいたヨナは、主が陰府に三日三晩いることの予表であるだけでなく、イエスは深淵に沈むヨナを救う深淵にいる大魚に象徴される存在でもありたもうのです。主の陰府への宣教により、地上でキリストを信じることなく、また信じる可能性のなかった人たちの救いの可能性が閉ざされていないという希望があります。私たちは、その人たちの救いについては、神に委ねて、自分たちの使命としての地上における宣教を果たしていくのです。

ローマの信徒への手紙10章7節に「『「誰が底なしの淵に下るか」と言ってもならない』。これは、キリストを死者の中から引き上げることになります」とあります。キリストの救いの深さは、陰府の深淵よりも深い底なしなのです。

空き家の話

マタイによる福音書12・43－45

この記事は、福音書では、ここと ルカによる福音書の11章24－26節にしか出てこない記事で、実に奇妙な話です。

汚れた霊は、自ら出て行くのか、悪霊祓いによって追い出されるのか、よくわかりません。比較しますと、マタイにある「空き家になって」という言葉と、最後の「この邪悪な時代もそうなる」という言葉が、ルカにはありません。「悪霊が水の無い所」をうろつくというのもわかりません。「霊は水場を好む」ということでしょうか。荒れ野を彷徨するのでしょうか。そこで元いた「我が家」に戻ろうというのです。「わが」「私の」という言葉が入っています。すると、「空き家になっていて」「掃除がされて」「飾り付け」がしてあったので、「自分より悪いほかの七つの霊」を連れて来て、前より状態が悪くなると。他の霊とあるのは、自分と同じ霊ではなく、「異なる悪霊」を意味します。そもそも、「空き家」になれば、家はたちまち傷み、雑草が生茂り、美観を損ない、泥棒などが入り、治安が悪くなります、所有者もわからず行政も処分に困ります。日本は今後、少子高齢化が進み、空き家だらけになります。「掃除をして」とありますが、掃除をすることは大切です。

空き家でなくても、人は体調や心が病むと掃除ができなくなり、急速に家は汚れていき、ごみ屋敷になっていきます。「飾り付け」という言葉は、「コスモス」秩序という言葉に由来し、「飾り付ける」と訳するよりは、「秩序づける」という言葉でよいことです。このように意味がわからないので、私も、ここで説教するのは初めてです。

このイエスの話で語られていることは、何なのでしょうか。「家」を、個人と見ることも、マタイが言うように「時代」と取ることも、「世界」と取ることもできます。「個人」と取れば、たとえ悪霊が出ていき、そこをいわば「綺麗」にしても、真の主でありたもうイエスを主として迎え入れなければ、そこは、さらに悪霊の巣窟になるということでしょうか。自分の心は綺麗で美しく整っていると思っていても、そこに真の主がいなければ、それは、アウグスティヌスの言うような「輝かしい悪徳」(splendid vices)にすぎないのではないか。むしろ、イエスに私の罪深い貧しい心の家を清めていただき、主をお迎えしなければいけないということでしょう。日本人は非常に綺麗好きで、清潔な生活を好みますので、こういうイエスの言葉は、かえって挑戦的です。

また「私の家」を、悪霊が支配している世界、時代と取ることもできるでしょう。人間の歴史は、悪が支配する残酷、冷酷なものです。今また世界は、ウクライナを支援するNATO、アメリカとロシア、台湾、尖閣、沖縄をめぐって中国のしかける戦争、これらは、いつ核戦争になってもおかしくない「邪悪な時代」なのです。世界は、戦争で悪霊を追い出してきた歴史です。これではますますさまざまな異なる悪霊が世界に戻ってきて、世界は前の状態より、さらに悪くなるでしょう。個人も世界も歴史も真に支配したもうお方を家に迎えなければならないのです。

み言葉と畑

マタイによる福音書13・1－9

イエスは、この譬え話をとおしてみ言葉を受ける私たちの心のありようを語ったと、この後で、この譬え話について解説がなされています。そこでは畑とは、み言葉を受ける私たちの心であるというのです。悪い畑がどういうものであるかについて三つ述べられています。

第一の種は「道ばたに落ちた種があった。すると、鳥がきて食べてしまった」とあります。「道端」とは「道路」のことです。道路とは多くの人が往来して踏み固められている場所ですから、世間の固定観念や自分の考え方で凝り固まってみ言葉を受けつけない固い心のことです。「鳥がきて食べてしまった」とあります。「食べる」という言葉は「食べ尽くす」という言葉です。鳥は後の19節で、「悪い者」と言われています。サタンでありましょう。み言葉なんか自分が生きて来た、またこれから生きていく世間において何の意味も力もないように思われ、すっかり跡形もなくなって残らないという訳です。第二は「土の薄い石地に落ちた」種です。「そこは土が深くないので、すぐ芽を出したが、日が上ると焼けて、根がないために枯れてしまった」とあります。すぐ芽を出すというのは、表面的な理解や一時的な感動や興味から、み言葉を聴き、キリスト教に入り、教会に加わるけれども、深い理解と根気がないために「困難や迫害」があると躓いてしまうのです。「土が深くないので」ということは、み言葉を表面的な感動や一時的な興味や感激で受け止めるのではなく、しっかりじっくりと深く定着させるということでありましょう。第三は「茨の地に落ちた」種です。み言葉を受け入れ、根気もあり理解し成長していくのですが、茨に塞がれるというのです。「茨も伸びて」とありますように、このようなケースは、この世の気遣いや富に対する関心も、また共に強くなってみ言葉を塞いでしまうのです。

最後に第四は「良い地に落ちた」種であります。「良い地」とは何でしょう。それは、第一から第三の種の反対を考えればよいでしょう。み言葉を人や自分が踏み固めたこの世の観念や考えで聞くのではなく、み言葉に照らされてみ言葉から自分を理解するようにするということです。「よい地」とは、み言葉を深く理解し根を深くするために神の前に己を低くし、謙虚になることです。自分本位の感動や興味からではなく、み言葉の前に自分を低くし、み言葉を深く受け止めていく態度であると言えるでしょう。しかしまた私たちは、人をこの四つのタイプに分けてしまうことはできないでしょう。自分がみ言葉を聴く時に、どの場合場合もあるからです。しかし、翻って神の前に「よい地」があるのでしょうか。人は神の前に「よい地」と言えるでしょうか。答えは否です。神が、私たち悪い地を聖霊によって耕し、柔らかくし、み言葉を受けるに相応しい者としてくださることによってです。恵みにより、よい地として認めてくださり、そして実際、よい地に造り変えられていくのです。

主イエスぞときわにかわりなき

マタイによる福音書14・22－32

私たちの人生は、「板子一枚下は地獄」のような状況に置かれています、いつ何どき大きな試練や災難が起こるかもしれません。海原の真中で嵐に見舞われて、木っ端微塵になりそうな出来事が、いつでも起こり得るのです。そのような中にあって、私たちは、人生の逆風に漕ぎ悩み、生きていくのは、もう困難だと絶望するかもしれません。でもそのような私たちをイエスは、ちょうど山で祈り、弟子たちの様子をご覧になり、水上を歩行して来られたように、見捨てることなく、共に歩んでくださるのです。そして「安心しなさい」「勇気を出しなさい」、生きる、勇気をもって生き続けなさいとおっしゃってくださるのです。私たちが、実存し続ける勇気の根拠は、どこにあるのかと言うと、三つの言葉の真中の「私である」というイエスの言葉にあります。「私である」というのは、ここでイエスは「私だ、ほら私だよ」と言っておられるだけでなくて、「私はある」という意味で、これは聖書における「神のみ名」そのものです。

モーセに燃える柴の中でご自身をお現しになった神に、モーセが名前を聞くと、「神はモーセに、『私はある。私はあるという者だ』と言われ、また、『イスラエルの人々にこう言うがよい。「私はある」という方が私をあなたたちに遣わされたのだと』」（出エジプト3・14）とあります。イエスは、「私はある」と言われ、ご自身が神であることを宣言しておられるのです。「私はある」という名の神が、私たちと共にいて、あなたに存在の根拠を与え、そして「恐れることはない」と言われるのです。ところでマタイによる福音書にしかない記事があります。ペトロは、水上を歩いて来られたお方がイエスだと知ると、28節でこう言います。「主よ、あなたでしたら、私に命令して、水の上を歩いてそちらに行かせてください」。イエスが「来なさい」と言われたので、ペトロは舟から降りて水の上を歩き、主の方へ進んだ。しかし、強い風に気がついて怖くなり、沈みかけたので、「主よ、助けてください」と叫んだとあります。

主はすみやかに救いの手をさしのべ、「信仰の薄い者よ、なぜ疑ったのか」と叱責なさいます。ここにペトロの性格がよく出ています。率先して行動をするが、挫折してしまい、主に叱られるという面です。しかし注目すべきは、ペトロは、自分勝手に主の所に行こうとしたのではなく、主に対して、自分にそれを命令してくださるように求めていることです。アウグスティヌスの『告白』の中に「汝の命じるところを与えたまえ。汝の欲するところを命じたまえ」という有名な祈りがありますが、ペトロがここでしたことも、そういうことです。私たちも、自分の思いではなく、主が命じることをなさせたまえと願うことができればと思います。主が命じたことは、必ず実現する、どんなことも果たすことが、信仰によってできるのだと思います。世の中の嵐を見て怖がるのではなく、まっすぐに主を見つめて歩むなら、それができるのです。

この最後の者にも

マタイによる福音書20・1－16

今日《こんにち》、未曾有の金融危機が叫ばれ、市場経済は常に破綻の危機に直面し、人々の間で経済格差が増していきます。多死社会を迎える中で、多くの人が、この世でどのように生きていったらよいのか、人生の意味を見失っております。特に若者は、ブラック企業や完全に使い捨ての雇用環境の中で、未来に希望をもてなくなっています。

さてここで、彼らが立っていたのは「市場」であったと聖書に記されております。市場、これはまさにマーケットであり、この世のものがさまざま売買され取り引きされる場所であります。私たちも、この世の市場で生きていかなくてはならないのですが、そこで、多くの人は「雇ってくれる」者を見出すことができず、6節にあるように、「なぜ、何もしないで一日中ここに立っているのか」と問われ、「だれも雇ってくれないのです」と答えるような者になっているのではないでしょうか。そのような私たちの全人格を、神さまは、まさに一日の終わり間近、まさに生きるか死ぬかの土壇場でかけがえのない存在として見出し、ご自分のぶどう園で働かせてくださるのです。「ぶどう園」、それは神のみ国の園であります。それはまた、神のぶどう園としての教会であると言うこともできるでありましょう。私たちは、この神のぶどう園に、神自ら声をかけられて働くことになった労働者です。そしてこの私たちに神さまは、全く同じ一日分の賃金をくださるのです。

これを見て、先に朝から働いていた者たちが、文句を言っております。後から来た者と彼らが比較したからです。彼らが一時間しか働かないのに一デナリオンもらったのであれば、自分たちは十二時間働いたのだから、十二デナリオンもしくは、自分たちが一デナリオンならば彼らは十二分の一デナリオンでないとおかしいという訳です。またそれ以上のことを言っています。自分たちは暑い中ずっと仕事をしたのに、彼らは、夕方涼しくなって労働環境がよいというのです。

しかし、最後の人に対して神さまがお与えになる賃金は、私たちに対する神の大いなる恵みを表しております。最後の人は、今日はもうだめだと思っていた五時になって仕事を得、しかも一日の賃金をもらって帰ったのです。

「この最後の者にも」と言われます。神は、この最後の者である、誰もこの世の市場で雇ってくれることのなかった、この私にも、満額の賃金を与えてくださる、一日の賃金とは、生活の糧としての命そのものであり、これを神さまは、ぶどう園で働く者たちすべてに恵みとして与えてくださるのです。神の恵みの意思にほかなりません。15節でそのことが「自分のものを自分がしたいようにする」という言葉で示されております。私たちの救いは、一重に神の断固たる恵みの意思にかかっているのです。

仕えられるためではなく仕えるために

マタイによる福音書20・20－28

私たち人間は、生きていくなかでさまざまな願いをもっています。しかし、本当に自分が何を願っているのだろうかと考えてみるとわからなくなってくるのではないでしょうか。また信仰者である私たちは、神さまに、いったい何を願い求めればよいのでしょうか。

この聖書の箇所では、イエスの許にゼベダイの息子たちの母が、息子たちと一緒に来て、自分たちの願いごとを叶えてくれるようにイエスに求めています。彼らは、自分たちの願い求めていることをわかっていると思っていたのですが、その願いごとは、イエスから御覧になれば、全く見当違いの願いであったのです。それでは、彼らの願いの誤りは、どこにあったのでしょうか。

一つの大きな誤りは、イエスが、これからお受けになる栄光を地上的な栄光と勘違いしていることです。確かに、イエスは、やがて栄光をお受けになるのですが、それは、十字架の死を通してであって、この世の権力者や、王のような栄光ではありません。彼らは、イエスがエルサレムに上り、やがて、イスラエルの王として目に見える地上の王として即位なさるのだと思っていたのです。彼らが、望んだこと、それは、その際に、王としてのイエスの右と左に座する者となる、権力あるポストを要求することであったのです。

二つめの誤りは、21節の彼らの願いにあるように、彼らが、イエスに自分たちが願うことを何でも、イエスが自分たちのために叶えてくれることを望んだことにあります。これは、自分の利益になることを、イエスに叶えてもらおうとする自己中心的な態度であります。22節でイエスは、彼らに、「あなたがたは私が飲む杯を飲み、私が受けるバプテスマを受けることができるか」とお問いになっていますが、私が飲む杯、私が受けるバプテスマとは、イエスがおかかりになる十字架のことでありました。24節を見ますと、後の十人たちは、ヤコブとヨハネのことで憤慨したとありますが、彼らが怒ったのは、ヤコブとヨハネが、イエスに対して、そのような自己中心的な願いをもち出したことに対してではなく、彼らが自分たちをさしおいて、いわば抜け駆けをしたからでありました。言い換えれば、彼らもまた、内心では彼らと同じような野心を抱いていたのであります。

25節以下に記されていることは、驚くべきことです。この世の支配は、イエスの言われるように地上的な権力の栄光を求めての権力闘争であり、その地位や、またその右や左のポストをめぐっての闘争であります。けれども、その上で、イエスは、「しかし、あなたがたの間ではそうであってはならない」と言われるのです。キリスト者の間では、またキリスト者のこの世での行動原理は、地上的な栄光を求める在り方とは、全く違い、僕として仕える生き方です。イエスは、そのために来られたのです。イエスは、仕えられるためにではなく、仕えるために来られたのです。そのために、これから十字架におかかりになり、多くの人たちの贖いとして、ご自身の命を犠牲として与えてくださるのです。

後で考え直して

マタイによる福音書21・28－32

ある人に二人の兄弟がいて、父が「今日、ぶどう園に行って働いてくれ」とどちらにも言いますが、一人は、行くと言って行かなかった。もう一人は、いやですと言ったが、後で行ったというのです。弟は、父の願いを聞き容れますが、結局、行かなかったのです。安請けあいをしたのでしょうか。何でも安請けあいをするが、責任感がなくて、何もしないでいてしまう。心の中で、父との約束を気にしつつも、ずるずると先延ばしにして結局、しないで終わったのか、あるいは、父との約束よりも、他の優先すべき用事に追われて、父との約束を忘れてしまったのでしょうか。あるいは、ぶどう園での労働のきつさを考えて、矢張りやめたということになったのでしょうか。あるいは、安請けあいをするには、父の願いなど自分が果たすことは容やすいと考えていたからかもしれません。自信過剰であり、他方で父親を軽く見ていたからかもしれません。また、守らなかったって何とかなるし、父は許してくれるという了見なのかもしれません。弟は、「お父さん、承知しました」と答えています。原文は、「主よ」という言葉です。主なる神の、主です。この譬えにおいて、父は主なる神です。

神からの願いに、この息子は、「主よ」と言っています。私に向かって「主よ、主よ」と言う者ではなく、父の御心をおこなう者だけが、天の国に入るとイエスは言われました。ところでぶどう園とは何でしょうか。それは、神のぶどう園ですから、神の国、また教会と言ってよいと思います。父なる神は、私たち、主イエス・キリストを信じた者をご自身のぶどう園で働くように願っているのではないでしょうか。これに対し、兄は、最初、「いやです」と父の願いを拒絶します。この息子は、ぶどう園で働くことに伴う責任の重さ、重大さと自分の能力を測って拒絶したのかもしれません。ぶどう園で働くことを教会での奉仕ということに置き換えると、一方の息子のように、「主よ、そうします」と言って、簡単に応えるが、結局は何もしない人、他方、「いやです」と言って、やはり何もしない人もいることでしょう。両者の結果は同じことになります。理想としては、「主よ、そういたします」と応答して、きちんとそれを果たすことでしょうが、それは難しいことです。

ところで、父親の願いをにべもなく拒絶したが、この息子は「後で考え直して」とあります。元の言葉は「考えを変えさせられる」という受け身で、後悔する、思いを変えるという意味の言葉です。悔恨、悔い改めです。それは神によって起こるということです。己の「然り」から、神の国に入ることは難しい、いや無限に遠いことですが、自分の「否」を「後で心を変える」こと、つまり回心、これは神の永遠の介入によってしか起こらないのですから、神による「否の否」は、神の国に近いのです。

私たちは、己の「然り」によって神の国に入ることはできません。神による「否の否」「否定の否定」(die Negation der Negation)という神の「然り」によってしか、神の国に入ることはできないのであります。

始まりの終わりと終わりの始まり——世の終わりにはどんな徴があるのか

マタイによる福音書24・1－14

ドイツ語の諺に、「終わりよければすべてよし」（Ende gut, alles gut）という言葉があります。物事には、すべて終わりがあり、どのように終わらせるかはとても大事だし、難しいことです。ロシア・ウクライナ戦争も、終わりが見えません。戦争は、この聖書の箇所でイエスが、6節で「戦争は必ず起こる」と言われていますように、戦争が、この地上からなくなることはないのです。戦争は、始めることよりも、終わらせることの方が難しいのです。イエスは夢想家でも、この世離れした理想主義者でもなく、現実家です。イエスは、弟子たちが壮麗壮大なエルサレム神殿に見とれていたのに対して、この神殿が戦争により瓦解することを予言しました。戦争と神殿崩壊を予言したのはイエスだけです。実際、この神殿は、イエスの死後、四十年あまり経って起こった第一次ユダヤ戦争によるローマ軍の侵攻により紀元後七十年に崩れ去ったのです。

終わりと始まりとの関係には、二つあります。一つは「始まりの終わり」です。これは、これまでのものが終わることです。現在の日本では、昭和からずっと続いて来、権威や力あるものとされていたことが終わりかけています。たとえば、某タレント会社の社長のおぞましい行為が暴露されて終焉を迎える。某お笑いタレントの醜悪な所業が暴露され、興行会社共々、終わりを迎える。政権与党の派閥による裏金集金システムが暴露される。某少女歌劇団内部の陰湿ないじめ体質が暴露される等。これらはすべて、近年出てきた問題ですが、始めからあって続いてきた事柄が、今や暴露されて終焉を迎えているのです。現代のバベルの塔とも言える「万博」もまた、始まりの終わりを迎えているように思われます。

これに対し「終わりの始まり」があります。これは、まさに終局に向かって出来事が始まるということです。イエスは終わりの徴として「メシアの僭称者や偽預言者たちの出現」「戦争」「戦争の噂」「民族や国々の対立」「飢饉」「地震」「不法」「憎しみの増大」を挙げておられます。これらの事象については、私たちにも思い当たる出来事があります。昨年は、日本の新興宗教、カルト宗教のカリスマ的な指導者が相次いで世を去りました。新しい年を迎えて、地震、戦争、飢饉、民族対立が起こっています。これらはみな、「終わりの始まり」「産みの苦しみ」（8節）であって「終わり」そのものではありません。私たちは、このような「終わりの始まり」を前にして、「惑わされる」ことなく、「慌てず」「最後まで耐え忍ぶ」ことが求められています。私たちキリスト者が、ここで教えられる意外なことは、み国の宣教と「終わり」とが結びついていることです。福音が全世界、民族に宣べ伝えられて、それから「終わり」が来るのです。

私たちは、「始めの終わり」と「終わりの始まり」の交錯するこの世にあって、不安になることなく希望と喜びをもって今年もみ国の宣教に邁進していきたいと思います。

備えなき備え――十人のおとめのたとえ

マタイによる福音書25・1―13

最近、防災について、「備えなき備え」ということが言われております。日常から防災意識をもって準備しておき、非常事態になって慌てて物品を調達、特別な用意をすることのないようにするということです。自分の背より高い家具や転倒しそうな物を置かないとか、水や食料の備蓄、ライフラインが止まった時に代用になる懐中電灯、閉じ込められた時のためのタンバリンや笛などを常時携帯しておくこと、動線に物を置かない、ヘルメットの用意、厚底の靴などはもちろんですが、「備えなき備え」ということは、さらに進んで、普段の持ち物が非常時に役立つというところまで踏み込んでいます。リップクリームは、交通機関が止まって歩いて帰らないといけないとき、靴擦れ防止に役立つそうです。電子マネーは使えなくなるので現金、小銭を常時、持っておく。止血や骨の固定のためのハンカチ、クリアファイルが役立つとか。またお気に入りの香水は、災害時の心の安定に役立つのだそうです。

私はこれを聞いて、今日の「十人のおとめ」の譬えを思い起こしました。終わりの時の主の再臨が、結婚式における花婿の到来に譬えられています。ユダヤにおいて結婚式は、夜におこなわれました。それで花婿を迎えるためには、灯と油を入れた壺を用意していなければなりませんでした。花婿が来るのが遅れたとあります。これは主の再臨が、人々が当初、期待していたよりも遅くなったことを示しています。それで十人のおとめは皆、うとうととして眠ってしまいます。真夜中に花婿が着いて、「迎えに出よ」と叫ぶ声がした時に、皆、起きて自分の灯を整えますが、愚かな五人のおとめは油の用意をしておらず、灯が消えそうなり、あらかじめ壺に油を用意していた五人のおとめに油を分けてくれるように頼みますが、断られ、店に買いに行っている間に、祝宴の間が閉じられ、賢い五人のおとめは部屋に入ることができたが、愚かな五人のおとめはシャットアウトされた、つまり、天国に入ることができなかったというのです。

本日は聖霊降臨日です。油とは信仰とも聖霊とも取ることができますが、特に、聖霊が「油」と言われていることについては、ヨハネの手紙一 2章27節に「あなたがたの内に、御子から注がれた油がとどまっているので、誰からも教えを受ける必要はありません。この油があなたがたにすべてのことを教えます」とあるとおりです。私たちは、聖書の教えを伝えることはできますが、信仰や聖霊を与えることができるのは、ただ神だけであって、私たちが信仰や聖霊を与えたり、人から貰ったりすることはできないこと、その点で厳しいものであることを、この譬えから教えられます。

汝がともしびにあぶらを満たし

マタイによる福音書25・1－13

春の伝道礼拝にあたり、マタイによる福音書25章1－13節に出てまいります「十人のおとめのたとえ」を取り上げます。内容はここに書かれてあるとおりです。今年（二〇二四年）は元日早々大地震があり、地震、火山噴火が頻発しています。そのような中で、災害備蓄が奨励されています。「備えあれば憂い無し」という諺のとおり、何事にも備えておくことは大事ですが、取り分け地震などの天災に対しては急務でありましょう。

備えには、心理的、精神的な備えと物質的な備えがあります。前者は、災害がいつ来てもよいように常日頃から心の備えをしておくということで、後者は食糧などの備蓄、事前対策です。ローリングストックが薦められています。キリスト教の信仰生活は、災害への備えと共通する面があります。キリスト者は、救い主イエスの再臨と、その時におこなわれる天国の祝宴に与ることができるように、各自備えをして待つことが求められます。各自が備えるものとして、聖書では、「灯」と、それに入れる「油」が記されています。灯は「油」を入れる器で、イエスに対する信仰ということができます。

油とは、聖書では聖霊の油注ぎです。聖霊とは神の霊であり、聖書では「油」（ヨハネ一2・20、27）、「火」（使徒2・3）と言われます。灯と油のいずれも不可欠です。ちなみに「ひと」（人）の語源は、「ひ」（霊）の「と」「戸」「止」、霊の留まる所、通路です。救い主の到来に備え、「火」「霊」「油」を留め燃やす通路、灯です。「災害は忘れた頃にやって来る」とありますが、花婿イエスの到来もいつなのかわかりません。この点も地震などの災害と同じです。花婿の到来が遅れたので、おとめたちは眠ってしまいました。真夜中に花婿が来て、おとめたちは起きて、各自、灯を整えます。

愚かなおとめたちは油の備えがたりず、賢いおとめたちに油を分けてくださいと頼みますが、後者は分けてあげるには到底たりないと断ります。前者は油断していたのです。油断とはよく言ったものです。

ここでも災害に類比することができます。災害備蓄をしている人は備蓄を人に言わない方がいいと言われます。災害時、備蓄のない人がくれくれと言って来て困るからです。人に分けてしまうと自分が生きていくことができなくなるからです。共助は必要ですが、個人備蓄に頼ることはできません。

また、賢いおとめたちは、愚かなおとめたちに店に行って買うように勧め、後者は買いに行きますが、買えたかどうかは、記されていません。災害時にはコンビニ、スーパーの食品棚はすぐに空っぽになります。「日本キリスト教会信仰の告白」には、「終りの日に備へつつ主の来り給ふを待ち望む」とあります。説教後に歌う『讃美歌』172番の2節に「汝がともしびにあぶら満たし、すくいのためにそなえをせよ」とあるとおりであります。災害のローリングストックのように常日頃から備え、後は毎日を憂いなく楽しく生きたいと願う者です。

神による決算のとき

マタイによる福音書25・14－30

マタイによる福音書25章14節以下には、「タラントンの譬え」が記されています。ある主人が、三人の僕に、それぞれ五タラントン、二タラントン、一タラントンの財産を与えて管理を命じ、長旅に出ます。タレントという言葉は、この言葉に由来しますが、聖書では、神さまが、主イエス・キリストに召され、神の国の御事業のために主の許で僕として仕える私たちキリスト者に与えてくださる豊かな賜物を意味します。一タラントンは、当時の労働者の六〇〇〇日分の賃金にあたりますから、相当な金額です。最初の二人は、与えられたタラントンを用い、これを、それぞれ倍に増やしました。他方、一タラントンの人は、神さまが過酷な方であると誤解し恐れ、これを土の中に隠し、終には、これも取り上げられ、天国からも閉め出されてしまいます。

神さまから恵みの賜物をいただいたキリスト者は、神と教会と隣人のために、それを豊かに用いる責任があります。賜物は生かせば生かすほど、他者と自分を豊かにします。逆に賜物を他者のために用いなければ、賜物どころか自分の命をも失ってしまうことになるのです。五タラントン、二タラントンの人が、それぞれ倍にして稼いだのを見て主人は言います。「忠実な良い忠僕だ。よくやった。あなたは少しのものに忠実であったから、多くのものを管理させよう。主人と一緒に喜んでくれ」と。人には大金に見えても、神さまから見れば、五タラントンも二タラントンも「少しのもの」にすぎません。教会史上、偉大な働きをした人であっても、広大無辺な神の国の宝、キリストにある無尽蔵な富に比べれば、それはちっぽけなものでありましょう。にもかかわらず主なる神さまは、「忠実な良い僕だ。よくやった」と言って喜ばれ、さらに大きな天国の財産の管理を、私たちにお任せになられるのであります。

「忠実」という言葉が二回出てきます。忠実（ピストス）という言葉は、信仰（ピスティス）と同じ系統の言葉であります。忠実であるということは、信仰の大事な要素なのです。与えられた神の賜物を豊かに用い、増やすために、一人ひとり忠実に、僕としての務めを果たすことが求められています。神さまは、五タラントンの人に対しても、二タラントンの人に対しても同じ言葉をかけておられます。タラントンの大小は関係ないのです。ですから、自分に与えられた賜物が他の人と比べて、多いことを誇ることも、少ないことを僻んだりする必要もありません。賜物を豊かに用い、これを差し出す人を神さまは、平等に喜んでくださるのであります。

「さて、かなり日がたってから、主人が帰って来て、彼らと清算を始めた」とあります。主イエス・キリストが再臨された時、一人ひとり、主の前に進み出て、自分に与えられた賜物の決算報告、総決算をしなければなりません。神さまからの賜物を、神と隣人のために豊かに用いて、これを増やし、終わりの日の総決算に臨んで御前に立つとき、「忠実な僕だ。よくやった」と、神さまからお声をいただける人は幸いです。

この最も小さな者の一人にしたのは

マタイによる福音書25・31－46

マタイによる福音書25章31節以下には、終わりの日にキリストが再臨し、すべての人を裁く時に、羊を右に山羊を左に分けるように人を分けることが記されています。右に分けられ天国に入る者たちは、「この最も小さい人に」寄り添い、手を差し伸べた人であり、「この最も小さい者の一人にしたのは、私にしてくれたことなのである」とあります。この箇所は、先日、天に召されたM姉の葬儀で取り上げた箇所であります。

葬儀の辞を書くとき、私は故人が書き残した文章を探します。特に、教会報を探ります。そこで故人の人となりがわかるからです。すると一九八四年十月七日の教会報に故人が書いた文章が見つかりました。会報は「小さい者と共に」という主題のもとに開かれた教会全体修養会のことが記されており、障がい者に仕えているN・Tさんという柏木教会の会員の講演の感想が記されています。そこでM姉は、「『私たちも神さまの前には小さい者である』という最初に上げられたこの言葉は、私たちにはそのまま受け取れる」と書き出し、「私たちは、身体的精神的に弱い者、異常あると言われる者と共に歩み、その者の立場や気持ちになって一緒に歩む心掛が大切なのだ、と思います」と結んでいます。看護師であったM姉は、自らも小さい者として、小さな者と共に歩む人であったのです。「新共同訳」では「私の兄弟である」という言葉がついていますが、写本の中には、これがないものがあります。これはただ最も小さい者ではなく、クリスチャンである兄弟姉妹でなければならないと考えた後の写本家が、付け加えたもので、考えが狭量です。たとえ神を信じていない人であっても、愛の対象であります。それで、今度の「聖書協会共同訳」は、これのないものを本文に採用し、「私の兄弟である」というのがついている写本を欄外に載せました。「小さい者」の中にキリストを見る、そのような人たちにした愛のわざは、キリストにしたことなのであるという考えは、キリスト教に一貫して流れている思想です。

トルストイに「愛あるところ神あり」という民話作品があります。「靴屋のマルチン」の話です。マルチンは優秀な靴職人でした、妻、子どもに先立たれ、己が不幸を嘆き、教会にも行かなくなります。そこに友人が訪ねてきて、不幸を嘆く彼に、福音書を読むように勧めます。聖書に親しむようになった彼は、次第に心が優しくなります。ある時、彼は、「明日あなたの家に行く」というキリストの声を聴きます。翌日、彼は、雪かきで弱った老人を家に入れ、温かいお茶を出します。次に、真冬なのに夏服しか着ていない、赤子を抱いた女を家に入れ、食べさせ、服を与えます。ついで、リンゴを盗んだ少年を懲らしめようとしている婆さんを宥めます。皆が去った後、福音書を開いた彼に、背後で声がしたのでした。「マルチン、お前は私がきょうお前の家に行ったのがわからないのかね」。「誰ですか」。「私だ。この最も小さい者の一人にしたのは、私にしてくれたことなのだ」と。

主よ、いつ私たちは

マタイによる福音書25・33－40

マタイによる福音書25章に出てくるいわゆる「羊と山羊の譬」です。「主よ、いつ私たちは」と、施しをした人たちは言っています。これらの人たちは自分が他者にした善いおこないを覚えてはいるが、それはイエスさま、主にしたものではないと言っているのかもしれませんし、そもそも気前よくて自分のしたことを忘れてしまっているのでしょうか。マタイ福音書は、イエスは、慈善や施しについて6章5節で「施しをするときは、右の手のしていることを左手に知らせてはならない」と言われます。これら羊の群れとして右側に置かれ天国に入る人は、右の手のしたことを左手にも知らせなかった人たちなのでしょうか。

私は、自分が他者から受けたありがたいことも覚えておりますが、自分が他者におこなった善も覚えています。教会には、会員の方々とはまた別に、さまざまな事情や困窮している方が来られます。そのような人に自分のできることをするように努めてきました。食事を求めて来た方に、あり合わせのものしか差し上げられなかったこともあります。金銭、食べ物など与えたことがあります。しかし、食べ物などあってもステーキや上等なもの、自分に取って置きたいものは上げません。残飯を上げたりはしませんが、開封したが手をつけてないものを上げます。私は、これらの人の中にキリストを見て、最上の物を上げるようなことはできない貧しい人間です。かつてインドで死を待つ人たちを助けるために生涯をささげ、ノーベル平和賞を授けられ死後、列聖された修道女がおられました。死後、批判が起こりました。劣悪な環境で医療も不十分な一方、自分の病の治療のためにはアメリカで最高の医療を受けたなどの点が批判されます。私も批判する気持ちになりましたが、自分もステーキや高級品は確保して、そうでない物を与えている点で同じです。お金を必ず返すと言った人で戻ってきたことも、後で感謝を受けたことも一度もありません。そういうことは執念深く覚えている人間なので、自分はこの右側の羊のグループに入ることはできません。主に憐れみを求めてイエスに対し自分のそのような罪深さを赦して貰う他、天国に入る術はないです。また金銭や食べ物を求めてやって来る人たちと自分と人間としてどこが違うというのでしょうか、明日は我身かもしれないし、そのような不遇な状況になっていたかもしれません。あのファリサイ派の人を思い出します(ルカ18・11)。「主よ、いつ私たちは」と問う人たちに、主は言われます。「この最も小さな者の一人にしたのは、すなわち、私にしたのである」。ところでここは「聖書協会共同訳」の欄外に記されていますように「私のきょうだいであるこの……」とする写本があります。「口語訳」「新共同訳」はこれを本文に採用しています。しかし、これは、慈善の対象をキリスト信者に限ろうとした後の写本家の付加であり、偏狭な考えです。慈悲の対象はすべての人間に対して遍《あまね》きものでなければならないですし、これがマタイ福音書の思想でもあります。困難にある人、貧しい人々の中に「キリスト」を見るという思想は、トルストイの「靴屋のマルチン」の民話にあるとおり東方キリスト教に浸透した思想です。この思想の根源には、人間が創造主により「神の像」(imago Dei)に創造され(1・27)、「神のかたち」とはキリストにほかならない(コロサイ1・15)ということであります。

「おはよう」と言われる主

マタイによる福音書28・9

挨拶は人間関係の基本としてとても大事なことです。私が伝道者になりたての頃、先輩の先生から「こんにちは、おはよう、ありがとう、すみません」という挨拶がきちんとできれば、牧師はやっていけるよと教えられたことを思い出します。

ちなみに「挨拶」という言葉は、禅宗から出た言葉です。「一挨一拶」という、挨は、師が弟子に禅の悟りについて動作や言葉で質問することを意味し、ここから人々が出会ったときにする短い儀礼の言葉をさすようになりました。挨拶という言葉には何気にそのような宗教的な意味あいが含まれているのです。

この聖書の箇所は、復活の朝に起こった出来事です。イエスが復活されたことを天使から墓で告げられた女たちが、弟子たちにそのことを告げるために急いで墓から戻っていく道の行く手に主が立っていて「おはよう」と言われたというのです。「行く手に立っていて」と訳されている言葉が「出会う」という言葉です。「出会い」「邂逅」は不思議です。私たちが人生で出会い、重要な意味をもった人、その中でイエスとの出会いは決定的です。

復活の主は、私たちが人生で直面する人間の死や絶望や暗闇や悲しみを越えて、その「行く手」に先立っておられ、私たちと「出会い」復活の大いなる喜び、恵み、ご自身の永遠の命の中へと招き入れてくださるのです。神学で「先行する恵み」（gratia praeveniens）とよばれるものです。そして、主は私たちに「おはよう」と声をかけて挨拶してくださいます。ここで「おはよう」と訳されているギリシア語は、「喜びなさい」という意味です。あなたがたは、死の嘆きに暮れることはもうありませんよ。ほら私は復活して生きていますよ。ごらん、私が生前、あなたがたと朝、「おはよう」と挨拶していたように。あなたがたは、悲しむことなく、大いなる復活の朝の光の中に、招き入れられているのですよ。喜びなさいと、私たちの人生の歩みの先に立って挨拶を、「おはよう」と声をかけてくださるのです。おそらく人間にとって復活の主との出会いは、死後であっても異常なこと、非日常の出来事ではなく、私たちが「おはよう」と挨拶を交わすようなごく日常のことなのです。

召天者記念礼拝を守っていますが、きっと先に天に帰られた人たちとの出会いも、何か遠いことではなく、私たちがごく日常で交わす挨拶のようにとても身近なことなのだと思います。現代物理学では私たちが住み経験している宇宙には縦、横、高さの三次元空間に時間を加えた四次元にさらに五つ以上の余剰次元が畳み込まれているとも言われます。それは遠い向こうではなく、「今、ここに」（hic et nunc）なのです。『わたしにとって復活とは』（日本キリスト教団出版局、二〇〇四年）に収められたキリスト者で歌人の林あまり氏による「おはよう」と題された十一首の歌の冒頭にある歌を引用して今日の講話を閉じたいと思います。

「おはよう」と　のんびり明るい声がする道の向こうで待っているひと

いつもあなたがたと共にいる

マタイによる福音書28・16－20

マタイによる福音書の終わりです。場面は、ガリラヤの、ある山です。そこに行くように弟子たちは、イエスから言われたとあります。この山は、主が、ガリラヤの山で、いわゆる山上の説教をなさった山であったかもしれません。信仰は山を上って行く側面と、山を下って行く側面の二つがあります。山に上ることは、私たちがこの世のことから離れて神に会い、神を礼拝しに主の教会に来ることと言えます。弟子たちも、「イエスに会って拝した」とありますように、礼拝をしたのです。他方、山を下って行くという側面があります。これは、礼拝をし、み言葉を受けた者が、主から派遣されて、元の現場、この世で私たちが生活をしている、それぞれの持ち場に帰っていくこと、正確に言えば、後で見ますように、主によって派遣されていくことです。

そのように礼拝をした彼らにイエスは、近づいて来て言われます。「私は天においても地においても一切の権威を授けられた」。主に天地万物を支配する権威をお与えになったのは、父なる神です。このことは、イエスの十字架と復活の後に与えられました。19節で、イエスによる命令が出されます。「大宣教命令」とよばれるものです。私たちが、教会として、また個人として宣教する根拠は、一重に、この派遣命令に基づいています。私たちは、主の宣教命令を受けて遣わされるミッションであります。ミッションはラテン語の「送る」「派遣する」という言葉（mittere）に由来する語です。キリスト者がおこなうことは、それがイエスの宣教命令に基づくなら、すべてミッションなのです。イエスが教えたことを守るように教えることに、重点を置くなら、学校や教育になるでしょうし、父と子と聖霊の名によって洗礼を施すことに重点を置くなら、それは教会でありましょう。いずれも、すべての民を主の弟子とすることを目標としています。

宣教は困難ですが、不可能な宣教、「ミッション・インポッシブル」ではなく、可能な宣教、「ミッション・ポッシブル」です。十字架の死と復活によって天地万物に対する一切の権威を与えられたイエスの権威、すなわち、み言葉の権威によって、私たちは派遣されるからです。

福音書はイエスの言葉で終わります。「見よ、私は世の終わりまで、いつもあなたがたと共にいる」。「あなたがたと共に」永遠にイエスは、私たちと共にいてくださるという約束で終わっています。こうしてイエスは、「世の終わりまで我らと共にいましたもう」お方であると言われて、私たちを励ましてくださっています。「神われらと共にいます」「さようなら」は英語で「グッドバイ」です。これは「ゴッドバイ」、「神があなたと共にいますように」という言葉からきております。イエスは、永遠に「私たちと共にいてくださる」ゴッドバイなのです。

「終わりよければすべてよし」。福音書の終わりにおいて語られていることは、主が世の終わりまで永遠に我らと共にいます、ゴッドバイということです。私たちは、教会の主日礼拝の終わりにも、この派遣と祝福の言葉を受けて、世へと派遣されていきます。主の山を下って行くのです。

マルコのラディカリズムに学ぶ

マルコによる福音書1・10、14・3

マルコ福音書は、四つの福音書の中で最も早く成立し、後の福音書の基礎となり、一番短い福音書です。この福音書のもつラディカル、つまり激しい側面から学びたいと思います。

まず、1章10節のこれまでの訳を比べて見ます。

「そしてすぐ、水から上がっているとき、天が裂けて、霊が鳩のようにご自分の中へ降って来るのを御覧になった」(聖書協会共同訳)。「水の中から上がるとすぐ、天が裂けて〝霊〟が鳩のように御自分に降って来るのを、御覧になった」(新共同訳)。「口語訳」「新改訳」も同じようにここを訳しております。従来の訳は、イエスの受洗に伴って起こった出来事が一連の水から上がった後の出来事として訳しているのです。

しかし、原文は文法的に、イエスが「見た」時に、同時に起こった出来事として理解しなければ正しくありません。イエスが見たとき、水から上がりつつ、天が裂けつつ、鳩が下りつつあったのです。このようなダイナミックな表現は、言語よりは視覚的、映画的な手法です。ここで、天が「裂ける」という表現をマタイは「開ける」という言葉に代えました。過激すぎて不穏当であると考えたのです。

「裂ける」というのは創世記におけるノアの洪水の時に「深遠の源がすべて裂け」た出来事（創世7・11）を想起させます。

イエスの洗礼は私たちの洗礼の基礎です。洗礼を受けるということは、天が開け、創造世界が破れ混沌に帰すと同時に、聖霊が鳩のように下り、人がいったん、ノアの洪水のように滅ぼされ、カオスに帰し、新しく創造されるそのような出来事であることを意味しているのです。次は14章3節です。ナルドの香油の話です。マルコは、女性が「その壷を壊し」と記していますが、この記事を基にしたマタイ（26・7）、ヨハネ（12・3）では「壊す」という行為が削除されています。これもイエスの洗礼時に天が「裂けた」という表現と同様に後の福音書記者にはあまりに過激すぎると思われたのでしょう。しかし、これもまたマルコのラディカリズムです。破壊のための破壊は何も齎しません。

しかし、創造的破壊ということがあるのではないでしょうか。自分を生かし救ってくれる大いなる存在の前で、自分のこれまでの生き方を壊すということが。この女性はナルドの香油をイエスに注ぎ、イエスが神の国の王、メシア（ヘブライ語で油注がれた者という意味、キリストはそのギリシア語訳）、十字架にかけられ死んで葬られる王であり、救い主でありたもうことを告白したのです。何よりも神が、私たちのために、独り子イエスを、ナルドの壺のように十字架で惜しみなく砕き、犠牲として献げ、私たちの罪を贖い、救い出してくださったのです。

悔い改めるとは、ラテン語ではコントリチオ（contritio）で、これは「砕く」「砕かれる」という意味です。神の前に自分のこれまでの生き方が、「砕かれる」こと、罪深いこれまでの在り方を「砕き」、イエスこそ私たちの救い主であることを告白することなのです。

私は望む。清くなれ

マルコによる福音書1・40－45

マルコによる福音書は、イエスの宣教の初めに、イエスが、一人の「規定の病」に侵された人を癒した物語を記しています。今回の「聖書協会共同訳」は、レビ記13、14章にこの病のことが、詳しく記されておりますので、「規定の病」と訳しました。さて、この規定の病に侵された人が、イエスの許に来て、跪き、「みこころでしたら、清めていただけるのですが」と言ったのであります。「みこころでしたら」とあるのは、「あなたがそのことをお望みなら癒してください」という意味です。これに対し「イエスは深く憐れみ、手を伸ばして、彼に触れ、『私は望む。清くなれ』と言われた」とあります。触れることさえ、人々は忌み嫌ったのに、主は「手を伸ばして」とありますように、敢えて手を伸ばし、この人に触れたのであります。「私は望む」とは「アイ・ウィシュ」ということです。イエスは、私たちが神の前に清められること、救われることと、病や罪や悲惨から解き放たれることを願っておられるのであります。

さて、イエスが、そのようにして触れると、病が直ちに去って、この人は清められます。すると、すぐにイエスは、厳しく戒めて、すぐにそこを去らせ、こう言い聞かせられます。「何も人に話さないように、注意しなさい。ただ行って、自分の体を祭司に見せ、それから、モーセが命じたものをあなたの清めのために献げて、人々に証明しなさい」と。主は、律法に従った社会復帰のルールに従って、この人が共同体に復帰できるように望まれたのであります。

ところが、この人は、イエスの命令に背きます。「自分の身に起ったことを盛んに語り」、その結果、「イエスはもはや表立っては町に、入ることができなくなり、外の寂しい所に留まっておられた」とありますように、主の宣教活動に支障が出ることになるのです。

ところで、41節の、「深くあわれみ」という言葉は「はらわた」「腸」という意味で、「腸が痛むほどの深い同情」を意味する言葉です。イエスは、町の外のゴルゴタの丘で十字架につけられ、苦しんでくださったのです。主は、十字架において手を伸ばされ、その手には釘が打たれました。主が、町に入ることができなくなり、外に出て行かざるをえなくなったことは、イエスのゴルゴタの丘での受難を予期させます。イエスは、エルサレムの外で私たちに代わって捨てられ、十字架上で手を伸ばし、私たち一人ひとりに「私は望む。清くなれ」と仰っておられるのです。

ボアネルゲス（雷の子ら）

マルコによる福音書3・17

怖いものを表す諺に「地震、雷、火事、親父」があります。雷は二番めに挙げられています。雷は、日本語で「かみなり」は「神鳴り」であり、また「いかづち」は「怒りの霊」を意味します。いずれも日本人は雷鳴に神の怒りを感じてきたのでしょう。

「雷」が神の怒りを意味することについてキリスト教に関連して二つのことを思い起こしました。一つはルターの回心です。一五〇五年夏、シュトッテンハイムで彼は徒歩旅行の途中、雷に打たれ「聖アンナ様、助けてください。私は修道士になります」と叫んだのでした。二つは、ペンシルベニア州を拠点とするアーミッシュは、電気・ガス・水道などの近代的な生活を拒否し、十七世紀さながらの生活をします。彼らの習慣の一つに避雷針を立てないというものがあります。私は昔、「刑事ジョン・ブック目撃者」という映画を観たことがあります。殺人事件の「目撃者」となったアーミッシュの少年とその母親を守ろうとする刑事の格闘を描いた映画でした。彼らの信仰では、雷は神の怒りの表れであって、雷を人間的な方策で避けることは不信仰だというのです。

イエスは、弟子たちに綽名を付けました。その綽名はその人の性格や運命を見事に見抜いた愛情深いものです。シモンはペトロ、岩と名づけられました。主に死んでも従うといった舌の根が乾かぬうちに三度否み、かっとなって大祭司の僕マルコスの耳を切り落とした比熱の低い脆い岩のような性格の彼が、やがて教会の不動の岩のような人物になることを予見した綽名です。ヤコブとヨハネの兄弟を「ボアネルゲス」、雷の子らと名づけたのもそうです。兄弟は雷のように電光石火、怒る気性の荒い、癇の強い人たちだったのでしょう。ルカによる福音書9章51節以下にサマリア人はイエスを歓迎しなかったときに、二人が激怒し「主よ、お望みなら、天から火を下し、彼らを焼き滅ぼすように言いましょうか」と提案し、主に叱られる話が出てきます。やがて兄ヤコブはヘロデ王に剣で殺され殉教します（使徒12・2）が、弟のヨハネは長寿を全うし、神の愛を説く穏やかな人物となります。「雷」は、旧約以来、神の臨在の象徴であったように（出エジプト19・19）、二人はいつもイエスの傍にいます。ここで雷とある元の言葉は「ブロンテ」です。この言葉は、英語圏で姓となっています。ブロンテ三姉妹をご存じでしょう。ジェーン・エアを書いた長女のシャーロット、次女で『嵐が丘』を書いたエミリ、三女で詩人のアンで、ヨークシャーの牧師館で育ちました。

人は、老人になり二つに分かれるように思われます。煮詰まった滓、灰汁のように性格が益々濁ってゆく人と、段々陶冶、浄化されて上澄みの蒸留酒のようになってゆく人です。聖霊によって汚さ、罪汚れを浄化された者になりたいものです。聖さを意味するholy、また癒しを意味するhealは、共に、健全、全きものを意味するwholeに由来します。私たちは全き聖性であられる神によって清められ、癒されるのです。

嵐を静める主イエス

マルコによる福音書4・35―41

イエスは、夕方、弟子たちに「向こう岸へ渡ろう」と言われ、船出します。ところが、闇夜の真っ只中で、彼らは、突然の激しい突風に襲われ、船は大波を被り、今や、沈みそうになります。ところが、パニックに陥ってしまった弟子たちに対し、主「イエス自身は、艫の方でまくらをして、眠っておられた」のでした。弟子たちは、よりにもよって、こんな大変な時に眠っているイエスを起こし、「先生、わたしどもがおぼれ死んでも、おかまいにならないのですか」と非難します。

人生には、三つの坂があると言われます。順風満帆の上り坂、逆境の下り坂、それからもう一つは「まさか」という坂です。まさか、こんな目に遭うとはという、この世の突然の嵐に襲われるのです。そして、風が逆巻き、大水が打ち込んで来て、人生という小舟が今や沈没寸前となり、神も仏もあるものか、キリスト者であっても、まさか、こんな筈ではなかった、イエスさまさえも自分を助けてくれないと、不信仰にもイエスを非難し、呟いてしまうのです。

主が「眠っておられた」ということは、二つのことを示しています。一つは、イエスは、私たち人間と同じように、疲れを覚え、休養し、睡眠を取られるということであります。イエスは、「狐には穴があり、空の鳥には巣がある。しかし、人の子には枕する所がない」と言われたほどに、この日も、ガリラヤ湖の畔で、一日、群集に教え続けられたのです。もう一つは、主が、父なる神への全き信頼の中に平安に憩っておられるということです。イエスは「真の人」としては、疲れて眠り、また神に全く信頼して平安の中にあると同時に、「真の神」としては、眠ることなく、微睡むことのないお方であります。詩編121編3節にこうあります。「あなたを守る者はまどろむことがない。見よ、イスラエルを守る者は、まどろむこともなく、眠ることもない」。私が、人生の荒波や嵐に見舞われるときも、「主はわたしを守り、微睡むことなく守ってくださる」という信頼をもって、神に委ねるのです。

次に注目すべきことは、イエスが船の艫、つまり船の最後尾にいましたもうたということです。最後尾のことを「アンカー」といいます。アンカーとは錨、船を固定するための錘であります。アンカーとは、リレーや綱引きでも最後尾にどっしりと構えていて、戦いや競技を安定させてくれる要の存在です。アンカーに、一番、力ある者が、どっしり構えているので、私たちは安心してこの人生の戦いを戦い抜くことができるし、また右往左往することもないのです。心理学では、アンカーは、人間の心の拠り所、いわば投錨点であるとされています。

イエスこそ私たちの安心の拠り所、アンカーマンであり、投錨点なのです（ヘブライ6・19）。私たちは、いつもこのお方をわれわれの魂を安全にし、不動にするポイントであることを信じて、この厳しい試練に満ちた人生を信仰の勇気をもって「あめのみなとに」（『讃美歌21』456番1節）向かって歩んでまいりたいと思います。

レギオンからの解放

マルコによる福音書5・1－9

主イエスは、この人に「なんと言う名前か」と尋ねられます。

名前は、単なる記号ではありません。その人の人格的な本質を捉えたものとして、名前を知るということは大事なことですし、また名前をきちんと言えるということは、一つの健全な人格的な応答力を示すものであります。この問いに、「名はレギオン。大勢だから」と答えます。イエスは、この悪霊に憑かれた人の名前を聞いたのですが、この男が、自分の名前を言ったのではなく、この男に取り憑いた悪霊の群れが、全体として「レギオン」と名乗ったのです。レギオンというのは、当時の世界を支配していたローマ帝国の軍団のことで、一レギオンは、五、六千人の歩兵軍団でした。そこから転じて、レギオンというのは「大勢」を意味したのです。

この悪霊の答えは、二つの意味で挑戦的であり、また悪霊とか悪魔というものの本領をよく示しています。一つは、悪霊というものは、大変たちの悪い、いわば悪ふざけをするということです。悪魔的なものの特長としての悪ふざけは、ヒトラーの率いたナチスがおこなった多くの言動に典型的にみることができます。ユダヤ人絶滅収容所の入り口には「労働は自由にする」(Arbeit macht frei)と書かれていたことなど。もう一つは、自分は、この男をローマの最強軍団のような力で支配しているのだという主張です。主イエスに対して、この世を支配しているのは、「いと高き神の子イエス」でも、神でもなく、強大な地上の軍事力をもった権力だという悪魔なりのリアリズムであります。しかし強大な軍事力による解決は、本当の解決になるのでしょうか。物理的な力というものは、問題を解決するにはストレートで一旦は、当座解決したように見えても、それは本当の解決にはならず、そのような物理的な力としての「足かせ」や「鎖」は、また砕かれ、引きちぎられて、それを抑えるためには、さらに大きな力が必要になるという暴力のエスカレーションが起こっていくのではないでしょうか。その結果として、世界や、人類や、また個人の統合性や一体性は、ますますなくなり、分裂し、世界や人間は荒廃した死の墓場に、ますます追いやられるのではないでしょうか。

ところで、この人は「石で自分を打ち叩」いていたとあります。石は複数形が使われています。いろいろな石で自分を傷つけていたというのです。自傷行為です。自傷ではリストカットが最も知られています。髪を抜いたり、骨を折ったり、体に火を点けたりするなど、さまざまな自傷行為があります。リストカットをくり返す少女たちの叫びは、力による有無を言わせない親や社会からの強制や抑圧ではなく、本当は、「自分を真実に理解し、受け止めてくれる者」を求めて真実に生きたいという、心からの叫びではないでしょうか。このゲラサ人の話は、神ならぬもの、神に敵対する悪魔的な力のもとに、私たち人間が、人類全体としても個人としても囚われているということを物語っています。そのような私たちを、レギオンから解放し、真の自由を与えるためにキリストは来られたのです。

破局のかなたに

マルコによる福音書5・10―20

今やイエスの前でこの男に取り憑いていることのできなくなった悪霊たちは、イエスに、山の中腹にいた豚の大群に入らせてくれと願い、主は許されます。悪霊たちは、この男から出て、豚の群れに入り、二千匹の豚が、崖から駆け下り、海の中で溺れ死んでしまいます。その結果、この土地の人たちは、イエスに、この地方から出て行っていただきたいと願うのです。

それは悪魔の策略でした。悪霊の考えることは、自分のなす仕業をとおして、神の子が、この世の人たちから排除されるようにすることです。この破局的な出来事の後に、正気と狂気が逆転します。レギオンの狂気に取り憑かれていた人が、「着物を着て、正気になって座っていた」というのであります。狂気と正気の逆転というのは、この男の前と後とで起こっただけではありません。この男が正気になったのと対照的に、ゲラサの人たちの、いわば、狂気が明らかになっています。この男に取り憑いていた悪霊が、イエスとの関わりを拒否したように、この土地の人たちも、イエスとの関わりを拒否したのです。イエスは、そのような悪霊の企みを知らないで、悪霊たちが豚に入ることを許可されたのでしょうか。いえ、そうなることをすべてご存じの上です。ご自分が、土地の人々から忌み嫌われてでも、救おうと望んだ、この男を救い、悪霊から解放し、正気にしようと望まれたのです。

この出来事は、イエスの十字架による救いの出来事を予想させるものであります。霊が、豚に乗り移る破局以上の出来事です。イエスが、全人類の罪の呪いを受けて死んでくださり、陰府にまでくだり、それにより、私たちは救われたのです。不思議なことに、この人が、イエスにお供をしたいと願い出たが、お許しにならなかったとあります。不思議なことです。イエスは、この男に取り憑いていた悪霊が、自分たちを豚に入らせてくれと願った時には、イエスはお許しになったのです。また土地の人々が、イエスに、この地方から出て行っていただきたいと頼んだときも願いを聞き入れたのです。ところが、この人の真面目な願いは許可されませんでした。悪霊や土地の人たちの自分勝手な願いは、聞かれたのに。イエスが悪霊や人々の願いを聞いたのは、彼らの要求が正しいからではなく、そのことを通して、自分が不利益を受けてでも、この男を救おうということを第一にお考えになったからです。イエスが、主の御供をしたいというのを許可しなかったのも、イエスにとって一番ふさわしい主への弟子としての従い方を御考えになってのことなのです。

イエスに従っていくキリスト者の在り方は、さまざまです。ペトロたちのように、主にフルタイムの弟子として従うかたちを、この人に主は求めず、家族伝道が命じられました。あなたの家族の許に帰って、主がどんなに大きなことをしてくださったかを知らせなさいと。私たちも礼拝の後、それぞれの家族の許に帰り、また狂気のような世界にあって、主の救いを告げる者でありたいと思います。

中断された人生

マルコによる福音書5・21ー43

ここに出てきた人たちは皆、何らかの意味でそれぞれが中断された人生を余儀なくされていることに気がつきます。会堂長ヤイロは愛する娘が死ぬような病に罹って、会堂長としての日々の仕事にも中断があったのではないでしょうか。またイエスは、会堂長の家に向かう途中で十二年長血を患う女性によって中断されています。これはヤイロも同じです。行く手を塞ぐ中断が起こるのです。彼らの道行を中断させた当のこの女性もまた中断された人生を送っていたのではないでしょうか。厳しい病によって女性として人として歩むことのできた人生は、あるとき中断させられて十二年間も苦しんでいたのです。会堂長ヤイロの娘もまた中断された人生です。十二歳というのは、少女は児童から青年期の前期に入っていく節目の時期です。このときに病で死んでしまうということは、これもまた中断された人生ではないでしょうか。会堂長ヤイロにとって、自分の大切な娘を失うということは、彼の人生にとっての大きな中断となるのではないでしょうか。

このような中で人々は、イエスと会堂長に35節で彼らがしようとしていることを最終的に中断させようとします。35節。「イエスが、まだ話しておられるうちに、会堂長の家から人々がきて言った、『あなたの娘はなくなりました。このうえ、先生を煩わすには及びますまい』」。これを聞いたヤイロは絶望したのではないでしょうか。どんなに病気を癒す力あるわざをしているこの人でも、死という圧倒的な重い現実の前にはもう無力であるとみえるのです。「このうえ、先生を煩わすには及びますまい」というのは、まことしやかではありますが、死の前にはもはやイエスであっても役には立たないという態度がはっきりと表されています。けれどイエスは、その言葉を聞き流して、会堂長に言われます。「恐れることはない。ただ信じなさい」。そのような中断の試みは無視するのです。イエスにとって死は人生を中断するものではなく、終わりではないからです。「子どもは死んだのではない。眠っているだけである」。私たちは、イエスが人生を断ち切り、中断し、すべてを取り去ってしまうような死を、それこそ中断したお方であることを知っています。イエスはその十字架と復活によって死を中断してくださいました。イエスの救いの恵みによって大いなる中断をされた人生です。会堂長に語られた「恐れることはない。ただ信じなさい」という言葉も、少女に語られた「タリタ・クミ」という言葉も、実質は同じ意味です。

イエスは私たち一人ひとりにそのようにお語りになり、勇気を出して神を信じなさい。絶望と死の恐怖から立ち上がり、私の命の中に信仰をもって生き続けなさいと直接語りかけるのです。死は中断でもなく、断絶でもありません。死はイエスによって中断され、そこにイエスのよみがえりの命が流れ込んでいます。その中断された人生を私たちは生きるのです。

遣わされた者として

マルコによる福音書6・6b—13

今日《こんにち》、教会共同体のもっている二つの側面が、正しいバランスをもって認められるようになりました。それは、教会は主によって世から離され、分かたれ、聖別されて召集された共同体であるという側面と、主によって今度は、世へと派遣される、遣わされる共同体の側面という、二つの面をもっているということであります。このことが正しく認識されて、日本キリスト教会の礼拝の式文にも、そのことが明確にされました。主の日の礼拝は主の招き、召集によって開始され、み言葉を受けた者が、祝福とともに世へと派遣されることによって閉じられるのです。派遣という、自分はキリスト者であるけれども、キリスト教や神さまについての十分な知識もないので、宣教に派遣されると言われても、それは無理ではないかと考える人がいるかもしれません。この派遣が重荷であるということを訴える会員、信徒の方がおられることを、私は存じております。これらの人たちは、自分が世に派遣されるということを、とても真面目に受け留めるので、そのように言われるのです。

これについては、二つのことを申し上げたいと思います。第一に、確かに自分が宣教する事柄については、よく学び理解しなければ相手に伝えることはできません。キリスト者は、聖書や信仰の筋道につき鋭意努力して学ぶ必要があります。けれども、この箇所で派遣された十二人の弟子たちは、主イエスのことを決して十分に理解していた人たちでもなく、また欠点や弱さを各自もっていたのです。しかし、主によってみ言葉を宣べ伝える権威を与えられて、ただ、派遣され、その中で訓練を受けたのですし、続く12節に「そこで、彼らは出て行って、悔い改めを宣べ伝え、多くの悪霊を追い出し、大ぜいの病人に油をぬっていやした」とありますように、多くの成果と恵みを与えられたのです。ですから、私たちも、学び、時には伝道者としての専門的な学びも続ける一方で、そのような弱さをもった不十分な者をも、み言葉の権威のもとで主なるイエス・キリストが用いてくださることを信じて、共に宣教のわざに遣わされ、その豊かな恵みにあずかるものとさせていただきたいと思うのです。第二に、キリスト者のこの世への派遣は、自分がキリスト者であることや、キリスト教を言葉で宣べ伝えることを無理にする必要はないと思います。むしろ、そこにキリスト者として存在（プレゼンス）することであると思います。主イエスも、地上にある間、ご自身を敢えて表すということはなさらないで活動をされました。時が来れば明らかになることで、神にお任せすればよいのです。

キリスト者は大人しすぎる、もっとキリスト者であることを積極的に標榜して、世と闘うべきであるというスタンスを、私は取りません。大事なことは、私たちが、キリスト者として世に派遣されているということ、孤独に、一人ではなく、共同体の一員として派遣されているということを、いつも自覚し、遣わされたその場所でプレゼンスするということであります。

何を願いましょうか

マルコによる福音書6・14－29

啄木の歌に「考へれば、ほんとに欲しと思ふこと有るやうで無し。煙管をみがく。」という歌があります。皆さんは、誰かから、何でも願う物を言えば上げよう、と言われたら何を願うでしょうか。

ヘロデ王は、王の誕生日を祝う宴の席で舞を舞ったサロメに、「欲しいものがあれば何でも言いなさい。お前にやろう」「お前が願うなら、この国の半分でもやろう」と言っています。この世の支配者たちは、権力を求め、地上の国の領土を求め、権勢を求め、人々からの賞賛、名誉、富を求めるものです。現に、王の祝宴に列している人たちは、皆、そのようなものを求める人たちでした。実際、そういう意味でのこの世の栄華で、ヘロデの宮廷にない物はないのです。サロメは母に、「何を願いましようか」と尋ねました。私たちはいかなる国の王の宴に座し、また彼に何を求めるのでしょうか。主イエス・キリストは、神の国の王でありたまいます。この王でありたもう主イエスが、私たちにみ国をくださるというのであります。「恐れるな、小さい群れよ。み国をくださることは、あなたがたの父の御心なのである」（ルカ12・32）と主が言われているとおりです。この箇所は、主イエスによる十二人の弟子たちの派遣と、30節以下に記される、その弟子たちが帰還後、主イエスに対してなした報告記事との間に置かれています。福音書はなぜ、十二弟子の宣教への派遣と宣教からの帰還との間に、この暗い悲劇的なバプテスマのヨハネの死の出来事を語る記事を挿んだのでしょうか。それは、福音の始め、先駆けとしての洗礼者ヨハネの死において主イエスのご受難が予め暗示されるとともに、主の弟子たちのこの世における宣教もまた、十字架の主に従う者としての困難や迫害、さらには、殉教を現実にして、なされるということを、私たちに教えようと意図しているのであります。

主イエス・キリストは、その十字架の受難と死において、ご自身が神の国の王であることをお示しになられました。そして、御子主イエス・キリストの十字架の死による罪の贖いを信じる者を、功のないままに、み国へと招き、み国をくださいます。半分どころか、み国をすべてくださるのです。そしてすでにこの世にあってみ国の祝宴を先取りする聖餐に私たちを招いてくださるのです。そこには、この世の王国の宴のような毒々しさも、どぎつさも、権力者の驕りも、酩酊も大言壮語も、見栄も不安も、復讐心も恨みも、存在しません。ただ、あるのは、主の恵みとしての信仰と愛と希望であります。そのような清冽な宴に出でて、私たちは王に何を願うのでしょうか。

私たちは御子主イエス・キリストが、その死をもって勝ち取ってくださった罪の赦しと永遠の生命を心から願い、いただきたいと思います。また、神さまのため、神の国のため、私たちの王である主イエス・キリストのため、教会のために、私たちができることを祈り求めたいと思います。私どもがうちに懐く願いについては、「あなたがたのうちに働きかけて、その願いを起こさせ、かつ実現に至らせるのは神であって、それは神のよしとされるところだからである」（フィリピ2・13）と記されているとおりです。

洗礼者ヨハネと現代

マルコによる福音書6・24、25

この箇所は、洗礼者ヨハネの死が記されているところです。ここでヘロデ王と出てまいりますのは、ヘロデ大王のことではなく、その孫のヘロデ・アグリッパ王でありまます。彼は、ナバテア王の娘を娶っていましたが、異母兄弟のヘロデ・ピリポの妻であったヘロデヤと通じ、妻を離縁して、ヘロデヤと結婚しました。洗礼者ヨハネは、これを非難したため、捕えられ投獄されたのです。ところが、妻のヘロデヤは、夫のヘロデより残忍で復讐心の強い陰険な性格であって、自分たちの結婚のことで「ヨハネを怨み、かれを殺そうとしていた」のです。ここに絶好のチャンスがきたのです。ヘロデ王の誕生を祝う祝宴が、大勢の将校や、政府高官、有力者を招いておこなわれたのです。そこでヘロデヤの娘、これは聖書では名前が出ていませんが、サロメという名であったことがわかっています。

このサロメは、ヘロデヤの連れ子でした。この少女は、王や、並みいるお歴々の前で舞を舞い、王や列座の人たちを喜ばせたのです。そこで王は「ほしいものは何でも言いなさい。あなたにあげるから」と言ったとあります。王はさらに、「ほしければ、この国の半分でもあげよう」といいます。ここには、この娘は、そこまでは求めまいという見くびりのようなものも感じられます。たかが小娘、ケーキかお菓子で片づくぞ、という気持ちです。ところが、サロメは母と同じく冷酷、強かでした。娘は、「座を外して出ていき」母に相談したとあります。サロメは、その場ですぐ返事せず、座を外して、冷静に相談したのです。母は、「洗礼者ヨハネの首を」貰うようにと言います。少女は、「すぐ王のところに行った」とあります。直ぐというのは、王の心が変わらないうちにという冷徹な判断からです。ヘロデ王とサロメ、ヘロデヤの両方の会話から、王の方が手玉に取られ、翻弄されていることがわかります。オスカー・ワイルドは、ここに題材を取り、『サロメ』という戯曲を書きました。さて、お盆に載った首を見てヘロデヤは「ああ、私はとうとうお前の口に口づけしたよ。ヨハネ、お前の口に口づけしたよ」と言います。

最近、娘が家族と共謀し、交際していたＬＧＢＴの男性の首を持ち帰り、風呂場に置くという猟奇的な事件が有りました。真相はまだ不明ですが、女性が相手の男性の首を自分の物にするというのは、憎しみとともに、歪んだ愛が裏にあり、猟奇的な事件は、現代の闇を先鋭な形で象徴し現しています。王は、宴の席でサロメに、「ほしいものは私になんでも言いなさい。あげるから」「ほしければ国の半分でもやろう」と言っています。

さて、私たちは、いかなる国の王に、何を求めるのでしょうか。イエスは、十字架の死において、ご自身が神の国の王であることをお示しになられました。そして、私たち御子を信じる者を、功のないままにみ国へと招き、み国をくださいます。半分どころか、み国をすべてくださるのです。そして、すでに、この世にあってみ国の祝宴を予め告げる聖餐に私たちを招いていてくださるのです。

しばらく休むがよい

マルコによる福音書6・30、31

伝道活動からイエスのもとに帰って来て、成果を報告した弟子たちに、イエスが告げた言葉が記されています。「寂しい所へ行き、しばらく休むがよい」。「寂しい所」とある、「寂しい」という言葉は、荒野とか砂漠という意味の言葉です。初代教会の後の時代になりますと、エジプトの砂漠に出て行って一人修行をする隠修士が現れます。アントニウスがその最初の人でした。英語やドイツ語の隠修士という言葉はこの「寂しい所」「荒れ野」「砂漠」（エレーモス）に由来します。

イエスもまた、その宣教活動においてしばしば「寂しい所」で一人祈られました。マルコによる福音書1章35節に「朝早くまだ暗いうちに、イエスは起きて、寂しい所へ出て行き、そこで祈っておられた」とあります。私たちは、主の日毎に礼拝に出てみ言葉に聴き、その後、この世へと派遣されます。主の日は安息日としてこの世の仕事を一切やめて、神の前に静まる時です。安息日とは、主なる神が六日で天地万物を創造し、七日めに休まれたことから、神が設定したもので、まさに安息、ヘブライ語で「シャーバト」とは「休む」ということです。しかし、それだけではなく、私たちは、この世において忙しく働いている時も、休むことは必要です。それは単に体を休める、ストレスを解消する、家族と団欒をしたりするということだけでなく、「寂しい所」に行くことです。古代の隠修士のように砂漠に出ていくことではありません。一人で神の前に静まって、聖書のみ言葉に親しみ、み言葉を思いめぐらし、また祈りの時間をもつということです。言い換えれば神と向かいあう自分の時をもつということです。具体的には、自分の部屋で、公園で、またベッドにおいて。どこでもよいのです。自分の心の中にインナールームとして神と交わる部屋をもつことだと思います。マタイによる福音書6章6節に「あなたが祈るときは、奥の部屋に入って戸を閉め、隠れた所におられるあなたの父に祈りなさい」とあるとおりです。自分の心の中に「奥の部屋」つまり神と交わる、そして誰も入って来ない部屋をもつのです。「戸を閉めて」（ラテン語でcluso ostio）です。独りになることと、孤独とは別です。神との交わりにおいて人は独りであっても孤独ではありません。神との交わりの場所、寂しい「所」（ギリシア語でトポス）があるのです。

「自分探しの旅」ということが言われます。現代の若者が、特定の職業や既成の秩序にとどまらず、自分を探して彷徨うことをさします。けれども、この言葉には矛盾があります。なぜなら、自分を探しているのは、他者ではなく、自分ですから、すでに自分は見つかっていることになるからです。自分とは何者かを自分で考えてもわかることはありません。自分が何者かは、神と向きあうことによってわかるのです。寂しい所に行って休むとは、神と独りで向きあうことです。それによって、自分が神の前にどのような者であり、神が自分に何を求めておられるかを知ることができるのです。

安心しなさい――存在への勇気

マルコによる福音書6・45―51

私たちの人生は、「板子一枚下は地獄」のような状況に置かれています、いつ何どき、大きな試練や災難が起こるかもしれません。海原の真中で嵐に見舞われて、木っ端微塵になりそうな出来事がいつでも起こりうるのです。そのような中にあって、私たちは、人生の逆風に漕ぎ悩み、帆は裂けて、吹き飛び、オールは折れ、流され、生きていくのはもう困難だと絶望するかもしれません。でもイエスは、ちょうど山で独り祈り、弟子たちが漕ぎ悩んでいる様子をご覧になり、水上を歩行して、彼らの傍に来られたように、私たちの困窮を見て、知っていてくださり、しかも私たちを見捨てず、現実に救いに来てくださるのです。そして声をかけてくださいます。聖書に「しっかりしなさい」と訳されている元の言葉は、「勇気を出しなさい」というのが正確です。勇気をもって、生き続けなさいと仰ってくださるのです。

それでは、私たちが、生存し続ける勇気の源はどこにあるのかというと、それが次の「私である」という主イエスの言葉に示されています。この「私である」「アイアム」というのは、「私はある」「私は存在する」という意味で、実はこれは、聖書における「神のみ名」そのものなのです。出エジプト記3章14節を見ますと、モーセに燃える柴の中でご自身をお現しになった神に、モーセが、その名前を聞きますと、神はモーセに言われます。「『わたしは、有って有る者』。また言われた、『イスラエルの人々にこう言いなさい、「わたしは有る」というかたが、わたしをあなたがたのところへつかわされました』と」。「神はまたモーセに言われた、『イスラエルの人々にこう言いなさい「あなたがたの先祖の神、アブラハムの神、イサクの神、ヤコブの神である主が、わたしをあなたがたのところへつかわされました」と』。これは永遠にわたしの名、これは世々のわたしの呼び名である」とあります。ですから、主が「わたしはある」と言われるとき、ご自身が正に神であることを宣言しておられるのです。「わたしはある」という名の神さまなのです。昔いまし、今いまし、永遠にいますお方なのです。これは存在そのものであられるお方ということです。この永遠にいます「わたしはある」「わたしは存在する」という名をもったお方が、自分だけ超然と存在し、人間の苦悩や救いには知らん振りという方ではなく、モーセに燃える枯れ柴においてご自身を現し、また時至ってナザレのイエスにおいて肉体を取って私たちに現れたもうたお方であり、その存在に私たちをあずからせ、ご自分と永遠に交わりをもとうとされるのです。

私たちは、「頑張る」、すなわち、「我を張る」というしかたで自己の存在の不安を根本動機としてエゴを拡張していくエゴイズムに生きるのではなく、イエスにおいてご自身をお現しになられた神に自分の存在の根拠を置くということです。そのとき、私たちは神から真の平安が与えられ、この試練の多き人生にあっても、勇気をもって生きていく力が与えられるのであります。

マルコによる福音書7・9

履物ひとつで――私の献身物語

説教者は「自分のことを語らず」と教えられてきました。確かに、自己宣伝や自己顕示は避けなければなりません。しかし、説教者が、み言葉を自己防衛のために武装する、いわば、スーツの鎧をつけ、説教者の実存や、迸《ほとばし》る命が伝わらないということもあります。パウロも自分のことを語っています。私はもう、店仕舞いも近くなってきましたので、時事説教、お伽説教、実験的説教などいろいろ試したいと考えるようになりました。

この箇所で、イエスは、弟子たちを伝道に派遣するにあたり、「履物は履け」とあります。ちなみにマタイ、ルカでは、履物も禁止されています（各10・10、9・3）。ここで、自分の献身物語を、少し語ってみたいと思います。

私は、子どもの頃から今に至るまで、履物貧乏、靴貧乏です。今は三足ですが、学生時代は靴一足でした。若い時は金が無かったということもありますが、一番大きな理由は、生来の偏平足で、どんな立派な靴も船のようになって型崩れしてしまうからです。私は、大学を出てすぐに東神大に入りました。なぜかと言うと、その当時、東神大は学費が国立16万だった時に、確か、14万で日本一授業料が安かったからです（今は高いです）。東京大学法学部を卒業し、神学校に入るときに、大学で買った教科書、書籍等、すべて処分しました。学費を出して貰った親には申し訳なかったと思います。それこそ「履物一つ」で、神学校に入りました。

ところが、そのことで同級生から陰口を言われました。東大を出ていながら、よれよれの靴を履いている。書籍も無く何だと。社会人を経て入学した人は、ピカピカの靴を履いていたし（今は私も磨きます）、神学生は兎に角、書籍をたくさん持っていたからです。人は足元を見るのです。学生時代、あるお宅を訪ねた時がありました。その御家庭は、教師一家でした。家に上がり、お話をしている時、母親が、突如、「偏平足は馬鹿が多い」と言ったのです。その時は、自分のことを言ったとは思いませんでした。今、思うに、自分の教師経験と玄関の船のように崩れた靴と、客間での私の足を見たからでしょう。

その後、牧師になってから、私の偏平足を見た、ある人が「仏陀も偏平足なのよ。仏足石を御覧なさい」と言ってくれたのです。偏平足は確かに「土踏まず」アーチがないので滑らかに、軽やかに歩くことはできないし、陸上運動も苦手、不器用になります（得意なのはそれが活用できる平泳ぎだけです）。なぜゴータマが偏平足かと言うと、地上の衆生を救うためにできるだけ、大地に足を着けるためなのです。キリスト教に出会う前に、このことを聴いていたら迷わず仏教徒になっていたでしょう。それで私は、仏陀を尊敬しています。今は私を見下した人たちに恨みはありません。

皆、今も牧師をしています。東神大を学生たちは「等身大」とよんでいました。性格、気質、趣味、何一つ共通点がないのです。まあ神さまはかくも多様な人たちをお召しになり、神から召命を受けたという、ただ一点を除き、誰も神の前では等身大でいられるのです。

人を汚すもの

マルコによる福音書7・14－23

イエスの時代、ユダヤ人は、外から人の体に入る物が人を汚すと考えていました。しかし、イエスは、全く逆の命題を主張されました。「すべて外から人の中に入って、人を穢しうるものはない」。19節で、「それは、人の心の中に入るものではなく、腹の中に入り、そして外に出て行くだけである」と言われます。原文は、「厠に出て行く」とあります。このように、イエスは、外からの物が、自分を穢す、そのような汚れた外界と自らを区別することとしての聖性の観念を否定されました。その結果、食物規定を廃棄し、どんな食物も清いものとされたのです。こうしてイエスは、ユダヤ人と異邦人の区別を取り払われました。

イエスは、外から入る物、接触する物が、人を汚すのではなく、人の心の中から出てくる物が、人を汚すのであると言われ、21節以下で具体的な悪徳を挙げておられます。これは、新約聖書に出てくる悪徳のリストであって、たとえば、ガラテヤの信徒への手紙5章19節に、「肉の働きは明白である。すなわち、不品行、汚れ、好色、偶像礼拝、まじない、敵意、争い、そねみ、怒り、党派心、分裂、分派、ねたみ、泥酔、宴楽、および、そのたぐいである」と言われているのと、同じ類のものです。イエスは、穢れを、外にではなく、私どもの心の中から出てくる悪しき思いとされました。私たちの心に、そのような悪しき思いが出てこない人は、一人もいないのです。そういう意味では、私たちは皆、汚れています。そのように主なる真の聖なる神の御前に聖であるものは、ユダヤ人であれ、異邦人であれ、誰一人いないのです。けれども、イエスは、そのような私たちを招き、私たちに御手を差し伸べ、私たちと同じ食卓に着いてくださったのです。

私たちの心の中にある罪、穢れを、いわば、十字架でご自身が、身に受けてくださった。それと交換に、私たちは、罪赦されて、罪びとのままで義とされたのです。イエスは、父のみ許から聖霊を、私たちの心に注いで、私たちの心の中の肉の思いを退け、聖霊の実を、私たちが生むことができるようにしてくださいました。先のガラテヤの信徒への手紙5章22節以下には、このような肉のもたらす悪徳に代わる聖霊の実のもたらす徳目表が出ております。「しかし、聖霊の実は、愛、喜び、平和、寛容、慈愛、善意、忠実、柔和、自制であって、これらを否定する律法はない。キリスト・イエスに属する者は、自分の肉を、その情と欲と共に十字架につけてしまったのである。わたしたちが御霊によって生きるのなら、また御霊によって進もうではないか」とあります。どうか私たちが、心の中を御霊によって清めていただき、悪しき思いではなく、聖霊の実をもたらすことができるようにしていただき、私たちの外部の世界の人たちに、イエスがなさったように、和解と交わりの手を差し伸べていく者とさせていただきたいと思います。

食卓の下の小犬も

マルコによる福音書7・24－30

主イエスとシリア・フェニキアの女性との間に交された対話が記されています。主イエスは、「子どもたちのパンを取って、小犬にやってはいけない」と言われ、この異邦人の女を野良犬扱いしておられます。主はなぜ、彼女の願いをすぐに聞かれず、このような冷淡な態度を取られたのでしょう。イエスは、この女にご自身に対する忍耐強い信頼があるかどうかを試されたのです。

ルターはこの箇所に注目して、キリスト者は主の「否」「ノー」という拒絶の中に隠された「然り」、「イエス」を見るものでなければならないと言っております。ルターには「隠された神」（deus absconditus）（イザヤ45・15）という考えがあって、「神の後ろを見るものこそ、真に神を見るものである」と言っています。子どもは、親の後ろ姿を見て育つと言われます。神の後ろを見なければならないのです。一見、直面する冷たい拒否の裏に、背後に実は、主なる神の私たちに対する深い愛と哀れみが隠されている。神の峻厳と裁きの中に、十字架の死の中に、神の憐れみと慈愛と赦しが隠されているのです。この異邦人の女は、憤慨することなく、主イエスの言葉に含まれた小犬の譬えを自分も用いて答えます。

「主よ、お言葉どおりです。でも、小犬もその主人の食卓から落ちるパンくずはいただきます」。この発言には、異邦人は、野良犬のように、神の家である世界の外に追い出された存在ではなく、ユダヤ人と同じように、主なる神の経営する家である世界に置かれていて、ユダヤ人のように選ばれた民として、まず歴史において主の食卓に招かれたものではないけれども、それでも、私が家で飼っている小犬のように、食卓のおこぼれにあずかるものとされているのではないですかという、とても謙虚で機知に富んだ発言です。女性の家で小犬は、家の中にあって、きちんと愛情をもって訓練され躾けられていたのでしょう。犬は訓練すれば、食卓の下で行儀よく待っています。そのような犬の立場に、女は自分を見立てて、主イエスを主人とする家の中で自分は、きちんと訓練されて、食卓の下で主人からパンくずをいただく存在ですよと言っているのです。主は、この女の機知に富んだ答えを聞いてとても感心されました。主は彼女を試されたのですが、女は主に対する信頼をもち続けただけでなく、信仰の大切な点を表したことに主は深く感心されたのです。主イエスとその家の秩序の中で、主の愛に対する深い信頼をもって、自分の分際を謙虚に弁えた者として訓練されているという面です。

聖餐式の時に歌われる讃美歌に「パンくずさえ拾うにも値せぬ者なれど」（『讃美歌21』77番1節）という歌詞があります。私たちは、主の食卓からこぼれたパンくずさえいただく値打ちのない者ですが、主のかたじけない招きによって、主の恵みの食卓に家族として、あずからせていただく者とされたことを心から感謝するとともに、謙虚に主の訓練のもとで、主の愛情と訓練をいただき、キリスト者として成長する者でありたいと思います。

エッファタ

マルコによる福音書7・31－37

イエスのみ許に人々は、耳が聞こえず口のきけない人を連れて来て、何とか癒してやっていただきたいと願います。主は、この人一人を群集の外に連れ出し、唾で彼の舌を潤し、次のように言われます。「エッファタ」。ここでイエスは、「天を仰ぐ」とありますのは、ご自身、神の御子でありながら、私たち一人ひとりと同じ地平に立って、み父なる神さまに執り成しの祈りをしてくださるということです。「深い息をつき」とあります。原文の言葉では「呻《うめ》く」という言葉です。聖書では、この言葉は、ローマの信徒への手紙8章22、23、26節にも出てまいります。「実に、被造物全体が、今に至るまで、共に呻き共に産みの苦しみを続けていることを、私たちは知っている」。「それだけではなく、御霊の最初の実を持っている私たち自身も、心の内で呻きながら、子たる身分を授けられること、すなわち、体の贖われることを待ち望んでいる」。「御霊もまた同じように、弱い私を助けてくださる。なぜなら、私たちはどう祈ったらよいかわからないが、御霊自ら、言葉に表せない切なる呻きをもって、私たちのために執成してくださるからである」。そうすると、マルコによる福音書におけるイエスの呻きとは、イエスに充満している、聖霊の執り成しの呻きであると同時に、この虚無に陥っている被造物である私たちの苦しみに共感し、さらに共に苦しんでくださる呻きということになるでありましょう。

そして、「エッファタ」と言われます。「開けよ」という言葉は、イエスの十字架に繋がっています。イエスこそ、私たちに自己を開いてくださった、神の自己開示の、み言葉そのものであるからです。イエスは、み言葉を聴く耳をもたず、神に対する不従順のゆえに、神と断絶し、生ける命の源から断たれて、罪の死の壁に四方取り囲まれていた、私たちの閉塞した状況を打破し、その耳を開き、御霊の命を深い息として十字架において究極的に注ぎ出し、また御霊の執り成しの呻きによって、私たちの耳を開き、神のみ言葉を聴き、また聴いたみ言葉を今度は隣人に、はっきりと語ることができるようにしてくださったのです。

その意味で「エッファタ」と私たちに語りたもうイエスこそ、三位一体である神を、私たち人間に開示してくださったお方であると同時に、私たちを、神と隣人へと向けて人格的に開放してくださる方でありたもうのです。人々は、イエスのなさったことに驚き、讃美し、言っております。「この方のなさったことは、何もかも、すばらしい」。これは、「このお方のなしたことはすべてよかった」ということであり、創世記1章31節の、「神が創ったすべてのものを見られたところ、それは、はなはだ良かった」という言葉を想起させます。

ここで示されているのは、神が造られた世界の完成、救いの全き実現に対して献げられる讃美でもあるのです。私たちもまた、「この方のなさったことは何もかもすばらしい」と心から讃美する者でありたいと思います。

何か見えるか

マルコによる福音書8・22－26

この箇所は、原文を見ますと、盲人の目が開かれていく過程で、「見る」という言葉が、丁寧に使い分けられています。

まず、24節で「見えるようになって」と訳されています言葉は、「上を見る」という意味の言葉が使われています。私たちは、イエスによって視力を回復させていただかなければ、上なる世界、神の事柄、信仰の世界を見ることはできません。上を見上げてこの盲人が最初に言った言葉が記されています。「人が見えます。木のように見えます。歩いているようです」。「人が見えます。木のように見えます。歩いているようです」という言葉には、物が見えてきた人の喜びと感動が、込められています。彼には、木のようなものが歩いているのが見えたのです。それは一人ではなく、人々とあります。木も一本ではなく、複数なのです。まだそれは、ぼんやりとしていますが、彼に木々のような姿で、しかも歩いている人々が見えたのです。木のような姿で歩いている人たちとは、誰のことでしょうか。聖書には、人間が、木に喩えられている箇所があります。詩篇1篇3節に、「このような人は流れのほとりに植えられた木の、時が来ると実を結び、その葉もしぼまないように、そのなすところは皆栄える」とあります。「流れのほとりに植えられた木」というのは、神の民のことであります。木のように、しっかりと立ち、しかも歩いているのです。「歩く」という言葉は、聖書においては、神の民としての生活をすることを意味しています。

「木のように見えます」と男の人は感動して言いました。人は、木を見ることによってさえも希望をもって生きていくことができるのです。

イエスは、再び、両手を彼の眼に置かれます。「よく見えてきて」という言葉は原文では、「見通した」という言葉です。最後に「はっきりと見えるようになり」とあるのは、原文では「中を見続けた」という言葉です。私たちは、地上にあって、この世のさまざまな事柄から開放されて、いつも上なるものに目を向けます。そしてそこにある現実を、いわば、見通すのです。そして終にはみ国にあって、その中のものを永遠に見続けることになるでしょう。「見通す」というのは、外から中のものを見るということですが、「中を見続ける」というのは、中にあってのことです。その間に、「いやされ」とありますが、この言葉は、「万物が復興する」と、終わりの時に起こることを意味する言葉が使われていて、み国において起こる出来事が暗示されております。そして、その時には信仰者は、神の国で「すべてのものをはっきりと」見ることでしょう。

イエスは、この人に「何か見えるか」と問いかけられました。この問いは、私たち一人ひとりにも向けられているのではないでしょうか。あなたは何を見ているのかと。地上の過ぎ行くものにではなく、永遠なるもの、上なるものを、いつも見上げ、「流れのほとりに植えられた木」のように、しっかりと立って、神の民として歩んで行こうではありませんか。

あなたは分水嶺に立っている

マルコによる福音書8・27－30

分水嶺を見たことがあるでしょうか。マルコによる福音書の8章27節から30節のところは、福音書において、ちょうどそのような分水嶺をなしているところであります。なぜなら、マルコによる福音書が、この箇所をもって前半が終わり、後半に入っていくからです。

1章からここまでは、ガリラヤ湖の畔における四千人、五千人もの人たちへの給食記事にありますように、ガリラヤ地方を中心としたイエスの盛んな神の国の宣教活動が報告されております。それをある人がいみじくも「ガリラヤの春」とよんでおります。ところが、この箇所から後、イエスは、エルサレムの受難へ向かって、しかも、そのことをあからさまにしつつ歩んで行かれるのです。この分水嶺に立って、イエスが、弟子たちに求められたことは、「それでは、あなたがたは私を誰というか」ということです。人びとは、自分のことを「洗礼者ヨハネ」とか、「エリヤ」とか、「預言者のひとり」と言っているが、弟子である、あなたがたはどうなのかと、問われたのです。これから、エルサレムに行き、受難されることを見据えて、この問いを、主は、ご自分に弟子として従おうとする私たち一人ひとりに投げかけられるのです。「ガリラヤの春」から「エルサレムの冬」への分水嶺に立って。

このイエスの問いかけに対して、ペトロは、「あなたこそメシアです」と答えました。この答えそのものは、正しいのです。メシア、それは、ヘブライ語では「油注がれた者」「受膏者」という意味であって、イスラエルの民が待ち望んだ救い主をさす称号でありました。けれども、ペトロもまた、メシア、キリスト理解において正しい理解に立っていなかったことが、31節以下で直ちに明らかとなります。ペトロは、当時のイスラエルの人たちのように、政治的なメシア、地上的な王としての救い主を期待していたのでしょう。ペトロは、「あなたこそキリストです」と正しい答えをしたのですが、そのイエスが、事もあろうに、これからエルサレムに行って十字架につけられて死ぬ受難者としてメシアであるということは、思いもよらないこと、そんなことはありえないことであったのです。ですから、イエスは、30節で、「自分のことをだれにも言ってはいけないと、彼らを戒められた」のです。

私たちは、人生の重大な岐路、分水嶺に立たされているとき、「あなたがたは私を誰と言うか」とイエスさまから、ご自身に対する信仰告白を求められていると申しましたが、私たちのごく普通の日常生活においても求められております。なぜかと言いますと、27節で、「その途中で」「その道中」とあるからです。つまり、人生の決定的な岐路、分水嶺においてだけではなく、「その途中で」、つまり私たちの普通の生活の歩みの「途上」においてもまた、イエスは、私たちに「それではあなたがたは私をだれと言うか」と問うておられるのです。

ただイエスだけが

マルコによる福音書9・2－8

ペトロは、目を瞠るような素晴らしい光景を目のあたりにして、「先生、私たちがここにいるのは、すばらしいことです。それで、私たちは、幕屋を三つ建てましょう。一つはあなたのために、一つはモーセのために、一つはエリヤのために」と言ったとあり、また、それは、「みんなの者が非常に恐れていたので、ペトロは何を言ってよいか、わからなかったからである」と説明されています。人は、我を忘れるような恍惚状態において、自分でもわからないようなあらぬことを口走るものです。ペトロが、ここで言ったことは、イエスをモーセとエリヤと、いわば、同等に見ているのですから、おかしなことです。宗教的な感激や恍惚ということは、確かにあるかもしれませんが、それは本質ではないのです。

キリスト教信仰は、何よりも神の言葉に聞くこと、聞き続けることです。ローマ人への手紙10章17節に「信仰は、聞くことによるのであり、聞くことはキリストの言葉から来るのである」とあるとおりであって、何よりも私たちが、求められているのは、私たちが、主のみ言葉に聞き続けることなのです。いわゆる「聞くことによる信仰」（fides ex auditu）です。「これに聞け」の言葉が告げられた後、8節を見ますと、「かれらは急いで、見回したが、もはやだれも見えず、ただイエスだけが、自分たちと一緒におられた」とあります。

モーセもエリヤも、イエスを前の旧約時代から、キリストを証しする人物にすぎません。モーセもエリヤのような偉大な人間も、また素晴らしい感激も、目を見張るような光景も、所詮は過ぎ去るのです。私たちは、そのような過ぎ去るものに恍惚となり、それを永続させ、固定させようと、いわば、「幕屋」を建てるようなことはしないのです。私たち弟子たちが聞くべきは、ただ、イエスであり、またイエスだけが、私たちと永遠に共におられるのです。信仰生活、教会生活は、兄弟姉妹との主にある交わりの生活ですが、基本は、「ただイエスだけ」に目を向けて、み言葉に聞き続けていくべきであって、他の信仰者たちと自分を見比べたりしてはいけないのです。もちろん、ここで「彼らと共に」とあるように、私たちは、主にあって共に、み言葉に聞き続け、信仰を共にする者として、互いに励まし合っていくことが求められています。けれども、私たちが目を向けるのは「ただイエスだけ」なのです。ただ、このお方だけが、私たちと共にこの悩み多き地上においても、また死後も共におられるのです。私たちは、そのことを慰めとし、共にイエスのみ言葉に聞き続けてまいりたいと思います。

だれが一番偉いか

マルコによる福音書9・33―37

「誰が一番偉いか」という問いは、ここで弟子たちが、議論しているように、この地上において最も人が好んでする議論であります。国と国との関係においても、どの国が一番か、世界の覇権、また地域の覇権を握っているのは、どの国かということをめぐってしのぎを削っています。経済において誰が、どの国が、一番、富を持っているかの競争があります。学校や会社、スポーツでも、誰が一番になるかの競争があります。この問いをめぐって、イエスの弟子たちが、議論し合ったということは、教会の内部や教会間においても「誰が一番偉いか」という問いが起こるのだということを物語っています。

「誰が一番偉いか」という言葉は、原文では「誰がより大きいか」「より偉大であるか」という言葉です。イエスは、そのような他者、それは国家であったり、会社であったり、教会であったり、個人であったりするのですが、そのような他者との優劣の比較によって、他者よりも自分を抜きん出させ、他者を打ち負かす、蹴落として自分が偉くなっていくような生き方を、ご自分の弟子になろうとする者は、求めてはならないことを言葉と、また実演によって、お示しになりました。

まず、言葉で、「誰でも一番先になろうと思うならば、一番後になり、皆に仕える者とならねばならない」と言われます。つまり、他者との比較競争において自己を大きくすることを追求するのではなく、みんなの殿《しんがり》として仕えるものでありなさいと言われるのです。人間が偉大であることを欲することは、否定されていません。人間の偉大さは、自分を殿《しんがり》にし、小さくし、皆に仕えることにあるのだということを言っているのです。これが、イエス・キリストの精神であり、またその御生涯であったのです。イエスは、神の子、神と等しい高きにいますお方でありながら、私たち人間に仕え、私たちの罪の贖いのために僕の姿を取って地上を歩まれました。弟子たちの足を洗い、十字架についてくださったのです。イエスは、これからエルサレムに向かい、十字架につこうとされているのです。すべての人のために、十字架を負い、命をささげて仕える、苦難の僕の道を歩もうとされているのです。イエスは、そのことを、次に実演によって示されました。幼な子を弟子たち真中に立たせ、幼子を抱いて、「誰でも、このような幼な子の一人を私の名のゆえに受け入れる者は、私を受け入れるのである。そして、私を受け入れる者は、私を受け入れるのではなく、私を御遣わしになった方を受け入れるのである」と言われたのです。イエスはここで、他者との競争において、より大きくなることを成功と考える、この世の行き方に対し、幼な子のように、無力で小さな弱い存在と、ご自分とを重ねておられます。「神は細部に宿りたもう」。神は幼子のような小ささ、客観的な卑小さの中に宿られます。実際、十字架につけられた無力な弱い僕の姿を取ったイエスにおいて、神は、その栄光を表されるのです。

あなたに欠けているものが

マルコによる福音書10・17－31

17節から22節にはいわゆる富める青年あるいは富める若人とよばれる記事が記されています。イエスが道を進んでおられたとき、ひとりの人が走ってきて、イエスの前にひざまずき、尋ねて言ったとあります。「よき師よ、永遠の命を受けるためには、私は何をしたらよいでしょうか」。イエスはこれに対して「なぜ私をよき者と言うのか。神ひとりの他によい者はいない。戒めはあなたの知っているとおりである。口語訳では、「いましめはあなたの知っているとおりである」となっていますが、原文には「のとおりである」という言葉はありません。ただ「つぎのいましめをあなたは知っている」と言われただけです。これに対し、この人は、いましめを「これらすべて」守ったと自信をもって語っています。しかも「小さい時から」とあります。原文では「若い時から」という言葉です。実際、この人は若い時からいましめを一所懸命守ってきたのでしょう。最初に「よき先生」と語りかけたのですが、よいお方はただ神だけであるというイエスの指摘を受けて、今度は「先生」と語りかけているところにも、この人の向上心というか勤勉さがよく出ています。「あなたに足りないことが一つある」。原文では、「ひとつあなたに欠けている」と、「ひとつ」が強調されています。イエスは、この人を非難しようとしてこのことを言われたのではないことは、21節の「彼に目をとめ、いつくしんで言われた」という言葉に示されています。原文は「愛して」という言葉です。イエスは律法を若い時から実直に守ってよい人間になろうと向上心をもって歩んできたこの青年を愛されたのです。しかし、それだけではたりないのです。「よい子になりなさい」「よい人間になりなさい」というだけではたりないのです。彼の歩んできた道はその方向でした。ですから、イエスを最初に「よき先生」とよんだのです。イエスはそのような青年のあり方を知っておられたので「なぜ私をよき者というのか。神ひとりのほかによい者はいない」と言われたのです。そもそも、この青年のイエスに対する問題設定がそうなっているのです。この人は「永遠の命を受けるために、何をしたらよいでしょうか」と。よい人間になるということは倫理として大事なことです。でもこれだけではたりないのです。イエスは、これを否定していません。それどころか、これらのいましめは人類普遍の倫理であり、神の定めたいましめです。

けれどもよい子になりなさい、よい人間になりなさい、ではたりないのです。『こどもさんびか』58番にあり、『讃美歌21』の60番にも収められている讃美歌「どんなにちいさいことりでも」の3節の歌詞は「『よい子になれないわたしでも神さまは愛してくださる』って、イエスさまのおことば」とあります。私はここを歌うとき、いつも涙が出ます。「最高善」(summum bonum)の神の前に、自分はよい人間でしょうか。一人の罪びとにすぎないのではないでしょうか。しかし、そのような「よい子になれない」この私を神は慈しみ愛し救ってくださるのです。

主がお入り用なのです

マルコによる福音書11・1－11

イエスは、エルサレム入場をなされるにあたって、二人の弟子を先に遣って「まだだれも乗ったことのない」子驢馬《ろば》を、解いて引いて来させました。これは、イエスが予め、そのように、ある人と段取りして、子驢馬を調達しておいて、いわば、受け取りの際の合い言葉を打ち合わせておいたのか、それとも、イエスの神の子としての超自然的な予知能力に基づいたものなのか、定かではありませんが、いずれにせよ、ここで大事なこととして注目されてきたのは、まだだれも乗ったことのない、繋がれていた子驢馬が、解かれて主のために用いられたということです。ここで、子驢馬が、用いられているということは、ゼカリヤ書9章9節で、メシアがエルサレムで乗るのが、子驢馬であると預言されていることから、そうされたものです。また「まだだれも乗ったことのない」というのは、旧約聖書における儀式では、聖なる目的のために、そのような動物が用いられたことを踏まえていると思われます。

ここで、注目したいのは、その子驢馬が繋がれていたのが、イエスの聖なる目的のために、解かれ、引いて来られ、用いられているということです。「繋がれている」「解く」という言葉が、出てまいりますが、それは、新約聖書においては、人間に用いられる場合には、罪に繋がれる、罪から解かれ、赦されるという意味で用いられます。ここでは、子驢馬という動物ですが、教会は昔からこの子驢馬の姿に、私たち人間を重ね合わせてきました。

つまり、私たちもまた、それぞれの場所で繋がれていた者、自由を奪われていた者、罪とこの世のさまざまな勢力に囚われていた者であったのです。もっと言えば、罪と死と、この世の力に繋がれ、縛られていたものです。けれども、イエスが、ご自身の聖なる目的のために、選んで、そのような柵から解き放ち、用いてくださるのです。人々が、なぜ解くのかと問うたなら、「主がお入り用なのです」と言いなさいとありますように、イエスが、この私のような、罪と世に繋がれて死んでいたような者を選び、その支配から解き放ち、主のみ国の御用のために用いてくださるとは、何と光栄なことでしょう。イエスは正にそのために、エルサレムに入場し、私どもの罪を負い、十字架におかかりになって罪と死と悪と闇に勝利し、王として凱旋したもうのです。

私たちは、「主がお入り用なのです」と御声がかかったときに、自分には力や才能がないと言って尻込みする必要はないと思います。主が用いて御用をさせたもうときには、主ご自身が、それを成し遂げる力と時間と知恵を与えてくださるに違いないということを信じ、従っていくことが必要であると思います。そのようにして、私の罪を贖ってくださった「主がお入り用なのです」と仰ってくださる光栄に感謝して、私たちもまた、イエスのために、自分の命、私の手足、私の声、私の愛をささげてまいりたいと思うのです。

呪われたいちじくの木

マルコによる福音書11・21

イエスが無花果《いちじく》を呪われた出来事は、何を語ろうとしているのでしょうか。無花果の季節でないのだから、無花果がなっていないのは当たり前で、実りがないから、その木を呪われるのは、理不尽に思われます。しかし、これは旧約聖書以来、預言者たちがおこなってきた預言者による象徴行為であると言うことができます。大事なことは、「葉の茂った無花果の木」ということにあります。植物学者によれば、葉の繁った無花果からは、無花果の実りは期待できないのだそうです。枝葉末節、枝葉ばかりに栄養がいって、果実が実らないのです。枝葉のことばかりに注意がいって、本質的なことを忘れてしまっている人間の姿、人間の行き着く先を、イエスは、この象徴行為によってお示しになったのではないでしょうか。本質が大事で、枝葉のことは枝葉末節のことなのです。

本質は何かというと、神を神として崇めること、神を讃美し、神に祈ること、これこそ人間が神に対してなす本質的なあり方です。祈りが宗教の本質です。どのような祈りがなされるか、その内容と対象と姿勢が宗教の本質を成しています。キリスト教の神学的霊的生活の格言に「祈りの法則が、信仰の法則」（lex orandi,lex credendi）というのがあります。このことは、22節以下で、弟子たちが、「先生、ごらんなさい。あなたが呪われた無花果が、枯れています」と弟子たちが、無花果が枯れたという表面的な現象に目を奪われて、イエスにそのことを告げたとき、主は、そのような現象には目を向けず、些か唐突に、祈りの問題に入っていっていることからも明らかです。

葉ばかり繁る無花果の木、それは、私たちにとっては、創世記の最初の人間アダムと女が神に背き、原罪を犯した者になった時にとった行動を思い出させます。創世記3章7節に、「すると、ふたりの目が開け、自分たちの裸であることがわかったので、無花果の葉をつづり合わせて、腰に巻いた。彼らは、日の涼しい風の吹くころ、園の中に主なる神の歩まれる音を聞いた。そこで、人とその妻とは主なる神の顔を避けて、園の木の間に身を隠した」とあります。神に創られた人間が、神の前で取るべきことは、無花果の葉で自分の裸を隠すことではなく、神に悔い改めと感謝と讃美の祈りを献げることとです。御子は、そのような人間のもたらす感謝の実り、果実を喜んで受け入れてくださるのです。

本質を失った宗教は、表面的には繁栄しているように見えても、生命を失い、霊的に枯渇し、「根本から」とありますように、根源的に命を断たれた存在として、枯死していきます。イエスは、無花果の木を呪うという象徴行為によって、このことを示されたのです。人間が、神の前に神と交わる交通路を失うとき、根源的な死を死なねばならないときに、イエスが、私たちに代わって神の呪いとしての根源的な死を死んでくださったのです。その死によって私たちは、神に赦され、もはや、無花果の葉で惨めな裸の姿を覆うことなく、イエスによって義の衣を着せていただき、神との根源的な命の交わりに生きる者となるのです。

神のものは神に返しなさい

マルコによる福音書12・13−17

主イエスは、ご自分を試し、陥れようとする人たちに、「デナリを持ってきて見せなさい」と言われました。デナリは、当時の労働者の日当、つまり、一日の賃金であり、その賃金として支払われる貨幣に、ローマ皇帝の刻印が押されていたのです。私たちが、日々生きていくこの世界においては、私たちは、カイザルの国の刻印を受けて生きていると言えます。しかし、それは地上の有限で時間的な刻印であって、地上の貨幣や、そこに刻印されている皇帝のように、やがてそれは過ぎ去り、廃れていくものです。創世記1章27節には、初めに神に創造された人間が、「神の似姿、像」（imago dei）に似せて造られたことが、記されています。ちょうど貨幣を鋳造する時に原像をプレスするように、神の象《かたど》りを押されていたのです。ところが、神に人間が背いた結果、人間から、その像は失われてしまったのです。それは、この像は神に人間が向かっている時にだけ、像が像として結ばれているのであって、いわば、ピンぼけになったか、方向が、ぶれて写らなくなったような存在なのです。

そのような人間を救うために来られたのが主イエス・キリストであって、このお方こそ、神の像、神のかたちそのものなのです。そのことはコロサイの信徒への手紙1章15節に、「御子は、見えない神のかたちであって、すべての造られたものに先だって生れたかたである」とあるとおりです。私たちは、主イエスを信じ、洗礼を受けて新しく生まれることによって、この神の似姿が、私たちの中に回復し、私たちは、神の像の刻印を新たに受けて、神のものになるのです。このこともまたコロサイの信徒への手紙3章10節に、「あなたがたは、古き人をその行いと一緒に脱ぎ捨て、造り主のかたちに従って新しくされ、真の知識に至る新しき人を着たのである」とあるとおりです。こうして、他方、私たちは、主にあって、新しい人間としての刻印、イエス・キリストのものであるという刻印を受けて、日々、生きていくのです。使徒パウロが、コリント人への第二の手紙4章16節以下で、「だから、わたしたちは落胆しない。たといわたしたちの外なる人は滅びても、内なる人は日ごとに新しくされていく。なぜなら、このしばらくの軽い患難は働いて、永遠の重い栄光を、あふれるばかりにわたしたちに得させるからである。わたしたちは、見えるものにではなく、見えないものに目を注ぐ。見えるものは一時的であり、見えないものは永遠に続くのである」と言っているとおりです。

主イエスは、この世の終わりにもまた、私たち一人ひとりに、「デナリをもってきて見せなさい」と言われ、私たちに主イエス・キリストの肖像が刻まれているかどうかを、ご覧になるのではないでしょうか。私たちは、神の国で、いわば永遠に流通する神の「デナリ貨幣」なのです。そのために日々、カイザルの国にあってキリスト者として、この世に対する義務と責任を果たしながら、他方、日々、神のものとして、自分自身を神に献げ、神に神のものをお返ししつつ生きていくのです。

レプトン二つの信仰

マルコによる福音書12・38―44

イエスは、レプトン銅貨を二つを献げた、この貧しい寡婦《やもめ》の姿を御覧になり、43節で、「そこで、イエスは弟子たちを呼び寄せて言われた、『よく聞きなさい。あの貧しい寡婦は、献金箱に投げ入れている人たちの中で、だれよりもたくさん入れたのだ』」と言われました。弟子たちを呼び寄せて教えられたということは、これは、私たちキリスト者に献金のあり方について教えられたということであります。

ここから教えられることとは、イエスは、献金の額以上にそれを献げる者の心を御覧になっていることがわかります。献金は、神に対する私たちの信仰と感謝と、神と教会に仕える心の表れ、であります。41節にありますように、多くの金持ちは、たくさんのお金を投げ入れていたのですが、心が欠けていたのでした。それは、見栄であったり、人から賞賛を獲ようとしたりする気持ちからであったのです。レプトン二つを献げた寡婦は、「乏しい中から、あらゆる持ち物、その生活費全部」を入れたのであると言われます。彼女が、神に対する献身を、持てるものすべてを献げる具体的な態度で表したことを、イエスは賞賛されたのです。人間は、お金に対して弱く、汚く、卑しくなりやすいものですし、自分が愛しているものにしか時間とお金はかけないものです。その人が何にお金を用いているかで、その人の生活がわかります。

信仰と献金とは無関係ではなく、献金は、信仰のバロメーターでもあります。単なる金額ではなく、その人の献げる心の表れとして、大事な指標です。それを人間は判断できません。見ておられるのは、イエスご自身であります。献金はまた、私たちにとって信仰の訓練という面ももっています。献金は、献げる心、信仰の秤の表れであるという面とともに、まず形としての献金を自分に課すという面もあると思うのです。人間の弱さや醜さがお金に一番出やすいということを考えるとき、まず神に献金するというかたちを、生活の中で習慣化することが大事であると思います。そこから、自分を献げる心としての信仰もまた深められ、豊かになっていきます。

この寡婦の態度から私たちが教えられることは、終末論的な信仰です。明日のことは神に任せて、すべてを献げて今日を生きるという信仰です。われわれはいつ召されるかわからないのですから、一日がそれこそ一生であるという面はあるのです。確かに、継続性も大事です。私たちは、今日も明日も継続して献げて生きていく一方で、今日、すべてを献げて生きるという面も忘れてはならないでしょう。この貧しい寡婦の献金の話をもって、イエスの公的宣教は終わります。後は13章の神殿説教と14章以下の受難物語だけが残ります。したがって、この物語は、イエスの受難の、いわば序曲としての位置を占めております。彼女の行動は、これからまさにイエスが献げようとしている献げ物を予め示しているのです。彼女が、生きていくためのすべてのものを献げたように、イエスは私たちの贖いのためにご自身の命をすべて献げ切ってくださるのです。

このことが冬に起こらないように、祈りなさい

マルコによる福音書13・18

マルコによる福音書13章は、「小黙示録」とよばれ、旧約聖書のダニエル書に倣って書かれています。13章は、紀元後四十年に、時のローマ皇帝カリグラが、エルサレム神殿にゼウス像を置いて神殿を汚したこと、それから第一次ユダヤ戦争によって紀元後七十年に、エルサレムと神殿が、ローマ軍によって徹底的に破壊されたことが、歴史的背景にあると言われます。しかし、そのような歴史的背景だけでなく、世の終わりに起こる苦難を述べながら、それに信仰者が忍耐して終わりの時の神による最終的な勝利を待ち望むように、勧めるものです。18節に注目したいと思います。「このことが冬に起こらないように、祈りなさい」。このことは、13章8節にあるように、民族と民族との戦争、相次ぐ地震、飢饉など未曽有の苦難が起こるというのです。このような苦難に際して、具体的な指示がなされています。「山に逃げろ」。「屋上から降りるな」。「家財や上着を取りに家に戻るな」。そのような苦難で、身重の女性や乳飲み子が、犠牲になるとあります。そして18節で、イエスは言われます。「このことが冬に起こらないように、祈りなさい」。

私は、この18節が心に響きました。冬は言うまでもなく、寒く外には出にくいです。冬に災害や戦争が起

きれば、ライフラインも切れた場合、生存が困難になります。なぜ、このみ言葉が心に響いたかと言うと、今のウクライナ情勢があるからです。ウクライナとロシアは、八年近く紛争状態にあります。ウクライナにはロシア人が多く、ウクライナ人と内戦をしてきたからです。それに国際情勢が絡み、今や、ロシア軍が国境に集結して戦争寸前です。ロシア軍は、この冬の間に戦争をしなければ、春になると雪が解けて道がぬかるみ、進軍できなくなるからです。この戦争が起こると、死者はもちろん、何百万人もの人が、冬のさ中に難民となってしまいます。それらの人の食糧と受け入れ施設、医療体制など整えねばなりません。ですから私たちは、「このことが冬に起こらないように祈」らなければならないのです。同様に、中国で冬のオリンピックがおこなわれていますが、その裏で中国では、ウイグル族やチベットなどの民族弾圧、ジェノサイド、民族浄化、またキリスト教徒、イスラム教徒などへの宗教弾圧が激しくおこなわれています。また台湾海峡を挟んで戦争が起きないように、祈らなければならないでしょう。

皆さん、桜は、冬は死んだように、ごつごつとしています。しかし、その樹皮の下には、春に花を咲かせるための準備が、固い樹皮の下で、着々かつ粛々と進んでおり、冬の桜並木をよく見ると、中がうすぼんやりと桜色をしています。そのように、枯渇し、混沌とした歴史と世界の中で、神さまは、み言葉を実現しようと独り着々とご計画を進めておられるのです。私たちも、どんなに冬が厳しく、世界が凍えるような過酷なもののように見えても、歴史を終わりの救いへと導くお方が、世界の審判者として見張っていることを信じ、希望をもって祈りつつ、今日を生きてまいりたいと思います。

その日、その時は誰も知らない

マルコによる福音書13・32ー37

聖書は、私たちの終わりのことに関して、はっきりとしたメッセージを語っています。まず、終わりが何時なのかということについては、32節で「その日、その時は、誰も知らない」と言っています。終わりをカレンダー的に知ることはできないということです。ここで聖書は、「また子も知らない」と言っています。この言葉は真の人として、イエスが私たちと同じ限界性を生きてくださったことの証しであります。イエスは地上の生活においては、「真の神」としての無限性や全知全能を、「真の人」としての有限性のうちに空しくし、知識や能力の限界性の中に生きてくださったのです。それだけではなく、終わりが来るまでの間、神さまは、私たち一人ひとりになすべき務めと責任を与えてくださいます。

34節以下の譬えにおいて、主人は旅に出、家を留守にするにあたり、「その僕たちにそれぞれ仕事を割り宛てて責任を持たせ」てくださるというのです。「それぞれに」とあることが大切です。また「その家」というのは、これは教会のことでありましょう。私たちは、教会生活をする者として、それぞれがなすべき務めと責任を、主から与えられているということです。主が与えてくださるのであって、私たちが、自分のしたいことをするというのではありません。神さまが、なすべき務めと責任を与えてくださるとは言っても、それを実行する力も能力も、私たちにはないと考えるかもしれません。実は、聖書の原文の言葉は「それぞれに力と務め」とあって、力、権能も与えてくださるのです。そのことは、私たちを勇気づけるとともに、謙虚にもさせるのではないでしょうか。そのことを知るとき、私たちは、人間の限界性の中で、どのような苦難や試練に直面しても、それに負けることなく、自分の務めを淡々と、また、こつこつと果たしていく勇気と希望をもつことができるのです。また私たちが、地上の命において、まさに終末期に臨む時には、主ご自身が十字架の死の極み、また、陰府にまでくだってくださり、その死を突破して、大いなる復活の命の地平を切り開いてくださったということを堅く覚えて、この主にすべてを委ね、地上の死を越えた命に希望を置くことが許されていることを信じたいと思います。そういう意味で私たちは死を越えてイエスを仰ぎ見て将来を確信し、希望をもって歩んでいくことができるのです。その日、その時は誰も知らず、それは、ただ、神の御旨によりますが、私たちは、終わりの時まで、すなわち、主のみ許に召される時まで、神さまが一人ひとりに与えてくださった自分の務めを、感謝と歓びをもって地道に果たしていくことが求められているのです。

人は何のために生きるのか

マルコによる福音書14・3－9

4節、5節を見ますと、「なぜこんなに香油を無駄遣いしたのか。この香油は三百デナリオン以上に売って、貧しい人びとに施すことができたのに」と、そこにいた人たちの何人かが憤慨して互いに言ったとあります。「なぜこんなに」というのは、「何のために」という言葉です。何のためにとは、目的を問うことであり、大事なことです。何のために生きるのか、何のために勉強するのか、何のために働くのか、わからなければ、それは、無意味であり、無駄であると言えるでありましょう。人々が非難したように、この女性のなした行為は全く無駄なことだったのでしょうか。

キルケゴールという人が、人間の生き方、生の実存を三つの段階に分けて言っております。まずは、美や美的享楽のために生きる「審美的実存」、次に人のために慈善や道徳的生き方をする「倫理的実存」、最後に、神にために自分を献げて生きる「宗教的実存」ということを言っております。ナルドの香油を美的な装いとして用いるならば、それは、美的実存ということになりますし、貧しい人のために用いるならば倫理的実存ということになるでしょう。確かに美も善も、芸術も道徳も、私たちにとって価値のあり、大切なものです。

けれども、そのような次元をさらに超えた生き方、宗教的実存というものがあるのです。

それでは、この女性の行為には、どのような意味があるのでしょうか。一つは、イスラエルにおいて王が即位するときには、大祭司によって香油が注がれました。そのことから、この女性は主イエスに香油を注ぐことによって、イエスが王であること、王として即位したもう方であることを示し、また自ら、告白したのです。第二の意味は、香油はイスラエルにおいて葬りの時にあたり亡骸を清めるために用いられました。主イエスは、この女性が「前もってわたしのからだに香油を注ぎ、埋葬の準備をしてくれた」のであると言われています。実際、主イエスは、この後、十字架で死なれますが、その後、香油を塗られることもなく、墓に納められました。そのことを悲しみ、女性たちが、香油を塗って差し上げようと、墓にまいりました時には、主は既に、復活された後でした。

この女性が、ここで主イエスに「前もって主のからだに香油を注ぎ、埋葬の準備を」しなかったならば、主イエスは葬られたことにはならなかったでありましょう。この女性の行為は、主が神の国の王、救い主でありたもうことと、またこの王、救い主である主イエスが、十字架で死んで葬られるお方であることを、同時に示し、告白しています。しかし、この行為で示されていることは、むしろ神さまが、この女性に、また私たち一人ひとりのためにしてくださったことであります。神は、ご自身のかけがえのない独り子キリストを、私たちのために、十字架に惜しみなくおかけになり、この女性が壊したナルドの壺のように、十字架で惜しみなく砕き、犠牲として献げ、私たちの罪を贖い、救ってくださったということであります。

まさかわたしのことでは

マルコによる福音書14・17―21

17節に「夕方になると」とあります。イエスが弟子たちと取られた過ぎ越しの食事の記事に、場面が移ります。その食事の席でイエスは、厳かに言われます。「特にあなたがたに言っておくが、あなたがたの中のひとりで、私と一緒に食事をしている者が、私を裏切ろうとしている」。「特にあなたがたに言っておく」というのは、「アーメン」という言葉で始まる、厳かな宣言であります。正に、神の家族として共に食卓に着いて親しく交わっている、この弟子たちの中の一人が、私を裏切ろうとしているというのです。

私たちは、この聖書箇所の前の10節のところですでに、イスカリオテのユダがイエスを裏切ろうとしていることを知っている、そのような、いわば受難劇における観客の席にいるのですが、この宣言を受けた当の弟子たちは、そんなことは知らない訳です。19節を見ますと「弟子たちは心を痛めて『まさか私のことでは』と言い出した」というのです。「まさか私のことでは」。一人ひとり、そのように言ったと言われています。弟子たちは、誰も、それはあの人に違いないということも、自分ではないと断言することもできなかったのです。このことは、主の用意してくださった聖餐にあずかる私たちにとっても、言えることではないでしょうか。イエスを裏切った者は、弟子たちすべてであり、また、私たちすべてであると言えるのですが、ここでは、とりわけイスカリオテのユダに焦点が当てられています。21節で、「人の子は自分について書かれているとおりに去って行く」と言われ、イエスの受難が、聖書の預言の成就であり、したがって、これは、神が御計画されたものであるとすれば、なぜ、イエスは、他方で「人の子を引き渡す者」を「わざわいである」と言って、呪いまでして非難されるのでしょうか。「裏切る」と訳されている言葉は「渡す」という言葉であって、コリントの信徒への手紙一11章23節で、聖餐式の制定に関する記事に、「主は渡される夜、パンを取り、感謝してこれを裂き」とあるのと同じ言葉です。ここでは「渡される」と受け身になっていますが、お渡しになるのは、神であることが、意味されています。神が、御子を十字架にかけようとする勢力に御渡しになったのであって、イエスが渡されるというのは、神が、人類を救済するための深い御計画であったのです。歴史の中でイエスを「渡す」働きをしたのは、イスカリオテのユダです。ユダは神の人類救済のために用いられた「道具」となった人物です。

人の子を引き渡す者は、わざわいですが、その大きなわざわいを通して、実は、神さまの深遠なご計画が、実現していくということは、何という出来事でしょう。御子を十字架にかけるという、人類の測りしれない罪を通して、いや、その正に、その出来事において神の御子イエスによる人類の救済が、成就したということは、何という恵みであり深遠で感謝すべきことでしょう。私たちもまた、主の聖餐に恐れと感謝と悔い改めとをもってあずかりたいと心から願うものです。

今夜、にわとりが二度鳴く前に

マルコによる福音書14・27−32

主は、弟子たちと過ぎ越しの食事を取られた後、エルサレムを出てオリーブ山に行かれます。そこにゲツセマネの園があり、そこで祈られるためでありました。その途中でイエスは、弟子たちに言われます。「あなたがたは、皆わたしにつまずくであろう」。そして旧約聖書の一節を引用されます。「わたしは羊飼いを打つ。そして羊は散らされるであろう」。これはゼカリヤ書13章7節のみ言葉です。イエスは、イスカリオテのユダの裏切りにより、また弟子たちの躓きにより、皆、自分を見捨てて逃げ去ることを予告します、それをなしたもうのは、主なる神であるということをここで言っておられるのです。剣に呼びかけ（ゼカリヤ13・7）、牧者、つまり羊飼いであるイエスを打たせ、羊の群れを散らすのは、主なる神の御こころなのです。

この予告に対して、ペトロは29節で反論します。「たとい、みんなの者がつまずいても、わたしはつまずきません」。ペトロには、他の弟子たちはいざ知らず、自分はそんなことはないという自負があったのでしょう。自分は他の人とは違うという自己過信、傲慢があるのです。このような自信満々のペトロに、イエスは厳かに宣言されます。「イエスは言われた、『あなたによく言っておく。きょう、今夜、にわとりが二度鳴く前に、そう言うあなたが、三度わたしを知らないと言うだろう』」。これに対してペトロは、自尊心を傷つけられたかのようにムキになって反論します。「たといあなたと一緒に死なねばならなくなっても、あなたを知らないなどとは、決して申しません」と。ここでペトロは、善意から、イエスにそんなことはないと言ったのでしょう。聖書は「力を込めて」と記しています。しかし、それは独り善がりの自信であり、自己過信でありました。

ペトロは、本当に、イエスが言われたとおり、一晩に鶏が二度鳴く前に、三度、イエスのことを知らないと否認してしまうことになろうとは、夢にも思っていなかったでしょう。イエスは、そのような激しい試みがペトロを襲うことをご存じの上で彼にお告げになったのです。それは、ペトロが、あまりに人間的な自己過信に陥ってしまわないように警告し、またことが起こったときに、あらかじめ告げられたこのイエスの言葉を、ペトロは思い起こし、挫折することなく立ち直ることができるようにしてくださったのです。その意味で、ペトロの否認に伴って鳴く鶏の鳴き声、すなわち、鶏鳴は人間のもつ自己過信の罪、イエスを裏切り、見捨ててしまうペトロの、また主を見捨ててしまった弟子たち、さらには私たち一人ひとりのもつ底しれない罪の深さに対する警告であり、罪に対する人間の覚醒を呼び起こすものです。

しかし、その鶏鳴は、ただ単に人間の暗い罪と悲劇に対する警鐘に終わるものではありません。それは、また背き、裏切り、否認し続ける私たち人間の罪を、十字架によってお赦しになる歓びの訪れを告げるもの、大いなる復活の朝を告げるものなのであります。

私は死ぬばかりに悲しい

マルコによる福音書14・32－34

ゲッセマネの園でのイエスの祈りの記事は、僅か10節ばかりの短いものですが、これほど赤裸々に神に御子の人間としての苦悶と、また他方、それと対照的に弟子たちの無力を描いている記事はありません。

最後の晩餐を済ませ、ペトロの否みを予告したイエスは、いつもの祈りの場所であるゲッセマネに行かれます。そこには、ペトロ、ヤコブ、ヨハネの三人の弟子だけを連れて行かれます。そして32節以下を見ますと、「苦しみ悩み始め、彼らに言われた、『私は悲しみのあまり死ぬほどである。ここに待っていて、目を覚ましていなさい』」と言われます。イエスはなぜ、これほどまでに苦しみ悶えられたのでしょうか。イエスは、ご自分の受難の死を予告され覚悟され、また、それに向かって進んで来られたのでなかったでしょうか。イエスの死をソクラテスの死と比べて見るとき、ソクラテスは、従容と毒杯を仰いで死を恐れることなく、死に臨んでいます。これと比べますと、イエスは、目前の死を前に恐れ苦しみ悶えています。これは、世の英雄と違うことです。イエスの死は、そのような英雄の死、信仰のため、正義のために勇敢に死ぬというものではありませんでした。それは、神に呪われ、人々に棄てられ、罪びととして何の誉れもなく死ぬ死であったのです。自分は、人々の贖いのために身代わりになって死ぬのだというような自己理解によって合理化できるようなものではなかったのです。イエスは、自己の受けるべき者として直面した死、それは、罪びととして呪われ、捨てられる、何の栄誉もない不合理な死であったと思います。ですから、私たちは、ある人が平然と死んでも、天寿を全うし、穏やかに死んだとしても、逆に不慮の死や、不幸な死であっても、私たちの死は、罪びととしての死であって、イエスが、その罪びとの死の苦しみを担い、悶え苦しまれたのだということを忘れないようにしなければなりません。

イエスは、41節で「もうよかろう」と言われます。これは、弟子たちに、もう十分休んで眠っただろうということではなく、元の言葉は、「十分である」という意味であって、イエスの最終の決断と、父の御心の受容を、むしろさす言葉なのです。「十分だ」というのは、イエスが、ゲツセマネの祈りにおいて、決定的な勝利に到達した、ご自分の受難を受け入れるに十分な覚悟に至ったということをさす言葉です。

最後に、イエスは言われます。「時が来た。見よ、人の子は罪びとらの手に渡される。立て、行こう。見よ、私を裏切る者が近づいてきた」。弟子たちには、誰が近づいて来たのか、よくわからなかったでありましょう。しかしイエスは十字架に向かって断固として進み行かれるのです。「立て、行こう」。ご自分を見捨てて逃げ去る弟子たちに向かって。もう君たちは連れて行かないとは、言われないのです。そう言われてしかたのない私たち一人ひとりに、「立て、さあ行こう」。十字架のもとに行こう。そこにあなたがたの救いがあると呼びかけてくださるのです。

剣や棒を持って

マルコによる福音書14・43―50

主イエスが捕らえられる場面です。主を裏切ろうとしていたイスカリオテのユダが、近づいてきます。彼が、イエスが、どの人かを知らせるために合図としたことは、「わたしが接吻する者」ということであったということとは、裏切り方としては、性質の悪いものです。また主イエスが誰であるか、合図を決めておかなければわからなかったということは、単に暗がりであって、人違いをしないようにということ以上のことを示しています。主は、誰が見てもオーラを放ち、一際、光り輝き、一目で救い主とわかるようなお方ではなかったということです。

イザヤ書53章2、3節。「乾いた地に埋もれた根から生え出た若枝のように、この人は主の前に育った。見るべき面影はなく輝かしい風格も、好ましい容姿もない。彼は軽蔑され、人々に見捨てられ、多くの痛みを負い、病を知っている。彼はわたしたちに顔を隠し、わたしたちは彼を軽蔑し、無視していた」。主は、一人の見る影もない罪びとの姿で地上を歩まれたのです。その主に、祭司長、律法学者、長老たちは、礼拝と尊敬の念をもって近づいたのではなかったのです。「剣と棒とを持って」近づいたのです。この言葉は、

55節にも主ご自身によってくり返されます。実際、主は、強盗二人と一緒に十字架にかけられることになるのです。ゲッセマネの暗闇において明らかになること、それは、人の心の奥に隠れた暴力の噴出です。「剣や棒を」我々は、穏やかな心の奥底に秘めて生きているのではないでしょうか。それは普段は、抑圧されています。けれども、主イエスの前に人々は、土壇場で「剣や棒を持って」近づいたのです。

暴力に訴えたのは、主を捕らえに来た人たちだけではありません。「そのとき、イエスと一緒にいた者の一人が、手を伸ばして剣を抜き、大祭司の手下に打ちかかって、片方の耳を切り落とした」。名は記されていませんが、ヨハネ福音書からペトロであったことがわかります。「剣や棒」が今では、核ミサイルやテロリズムになっているのではないでしょうか。ペトロに主は、言われます。「剣をさやに納めなさい。剣を取る者は皆、剣で滅びる」。剣を捨てなさいとは言われていません。ただ、剣を用いて、争いを解決することができないこと、暴力に訴え戦争をするものは戦争で滅びるのだということを言われています。このことは、歴史が示していることでもあります。その主イエスが、今や人間の闇の中から吹き出す暴力によって捕らえられ、十字架につけられるのです。しかし、聖書は、主が、人間の裏切りと暴力、捕らえられ、十字架にかけられることが、神の必然としての御計画であったというのです。

「このとき、弟子たちは皆、イエスを見捨てて逃げてしまった」。人間の暴力と罪という闇の力の前に、今や主イエスは、ただお独り立ち向かわれ、その十字架の死によって、その力に勝利されたのです。そして逃げ去った弟子たちを新たに招き、信仰をもって再び主に近づくことを赦してくださるのです。

マルコの刻印

マルコによる福音書14・51、52

51節以下に、不思議な一人の若者の記事が出てまいります。この若者が、誰なのか、古来、多くの説が出されてきましたが、今日の多くの註解者は、これはマルコ福音書を記したマルコであると考えています。

この若者は、52節を見ますと、身に亜麻布の衣を纏っていたとあります。亜麻布とは、マタイによる福音書11章8節で、「柔らかい衣」と言われている高価な布であって、マルコは裕福な家の出であったことがわかります。最後の晩餐のおこなわれた家は、使徒言行録12章12節で出てまいりますマルコとよばれているヨハネの母マリアの家であったと思われます。マルコは、寝ていて、主の危機を知り、飛び起きて、直ぐさま、それを知らせようとし、後から追いかけたのです。しかし、自分に命の危険が及ぶと「亜麻布を脱ぎ捨て裸で逃げ」たのです。このようなマルコの性格は、一貫して聖書に見ることができます。

使徒言行録13章13節では、第一回伝道旅行においてマルコは、旅の途中で、エルサレムに帰ってしまったと記されております。15章37節で、バルナバとパウロは、第二回伝道旅行に出かけるにあたって、マルコを連れて行くか否かで対立します。バルナバはマルコを伝道旅行に連れて行こうとするのですが、パウロは、

第一回伝道旅行の際に逃げ帰ったような臆病者は連れて行かないと言って、争いになり、喧嘩別れをしてしまいます。ここに直ぐに行動を起こすが、現実の苦難に直面すると直ぐに逃げ去る、彼の脆く弱い面が出ています。そのような彼が、やがて福音書記者となって、ここに自分を刻印いたしました。画家がその絵の人物群の中に自分を書きこむように。しかし、自己を主張したり、自分の手柄を書き込むのではなく、イエスとの関わりで、自分の弱さ、挫折を、ここに刻印しているのです。

後にマルコは、ペトロやパウロにとっても欠かせない人物となりました（ペトロ一5・13）。第二伝道旅行の時、彼を連れて行かないと言ったパウロも、晩年には、マルコはなくてはならない存在となりました（テモテ二4・11）。そして何よりもマルコは、私たちのために、このマルコによる福音書を残してくれたのです。マルコ福音書は、今日、紀元七十年のエルサレム陥落前という緊急事態のなか、イエスのことを何とか早急にまとめなければいけないという使命感をもって急いで書いたと言われております。「すぐに」という言葉が何度もでてまいります。これは、マルコの口癖であり、またその性格をよく示すものです。またそれは、彼の性急な性格、また早急な挫折を性格として示すものであったのです。

性格のことを英語で「キャラクター」と言います。実はこの言葉は、元々、ギリシア語の「カラクテール」からきております。その意味は、刻み込まれたもの、「刻印」という意味です。キリスト者は、マルコのように、私の罪や弱さを負ってくださった十字架のイエスに自らを、その弱さ、挫折とともに刻印するのだと思います。十字架のイエスこそが、そのような私たちの罪と挫折と恥辱と呪いとを、すべてご自身に負ってくださったからです。

イエスの言葉を思い出して

マルコによる福音書14・66－72

ペトロの否認とよばれる箇所です。ペトロは、14章27節以下の最後の晩餐の場面で、イエスが、あなたがたは皆、私に躓いて私から逃げ去るであろうと言われたときに、「たとい皆が躓いても私は躓きません」と言います。それに対して、イエスは言われます。「あなたによく言っておく。今夜、鶏が二度鳴く前に、あなたは、三度私を知らないと言うだろう」。それに対して、ペトロは力を込めて、「たといあなたと一緒に死なねばならなくなっても、あなたを知らないなどとは、決して申しません」と言い張ったのでした。その彼が、イエスが捕らえられると、主の前から逃げ去り、大祭司の官邸の中庭にいて、闇に紛れて、しかし、寒さのゆえに人びとと一緒に火に当たっていたのです。体だけでなく、心も、霊も冷え切っていたのではないでしょうか。主を裏切り、主から離れてしまった人間が、凍えそうになりながら焚火に当たっている姿は何と侘しいことでしょう。人間を根源的に暖め、霊的に燃やすものはそこには無かったのです。

薪の火に照らされた彼の、暗い、絶望的な顔を、大祭司の女中が、じっと見て、ペトロが恐れていたことを口にします。「あなたもあのナザレ人イエスと一緒だった」。ペトロは、本能的に、それを打ち消して言います。「私は知らない。あなたの言うことが何のことかわからない」。この言い方は、やや曖昧です。彼は「私は知らない」と言っていますが、何を知らないかを伏せているからです。「ナザレ人イエスを」とは言っていません。ペトロは、この段階では、まだはっきりと、そのお方を知らないと言うことはできなかったのです。そして、中庭から庭口の方に出て行った。逃げたのです。

けれども、先の女中が彼について来て事を荒立てます。「この人はあの仲間の一人です」。この発言は、最初の発言と少し違います。最初は、あなたはキリスト者ですという指摘ですが、今度は、キリスト教共同体の一員であるという指摘です。ペトロは、これも打ち消します。しばらくすると傍にいた人たちが、そのことを言い出します。ペトロは、「あなたがたが話しているその人のことは何にも知らない」と言って、激しく誓い始めました。イエスのためなら、命をも捨てますと言ったペトロが、「あなたがたが話しているその人」と。その時、鶏が二度めに鳴き、ペトロは、ふっと我に帰ります。「イエスの言葉を思い出して、泣き続けた」。ペトロが、イエスの言葉を思い出すきっかけになったのも、主が言われた鶏鳴でした。

鶏鳴、それは、したがって、人間の弱さと罪を告げるものでありますが、それはまた、夜明けを告げるものです。「歴史とは思い出すことである」とある人が言っています。イエスが、私たちのためになさったこと、語られたこと、何よりも、イエスが、私たちのために死んで復活されたことを思い出させてくださるお方こそ、神であり、聖霊であります。神による救いの歴史は、また神のことを思い出した者たちの歴史でもあるのです。

茨の冠を主にかぶせて

マルコによる福音書15・16―20

イエスの十字架をめぐっては、さまざまな人物が登場しますが、今、お読みしたマルコによる福音書の15章16節以下に登場するのは、総督の兵士たちです。

彼らは、主イエスを嘲り、侮辱しております。上着を脱がせ、紫の衣を着せました。紫の外套は、当時のローマの兵士が着ていたマントです。そして茨の冠を編んで被らせ、「ユダヤ人の王、万歳」と言った。また、イエスに唾をかけ、また葦の棒で頭を叩き、跪いて拝むポーズをしました。こうしてイエスを嘲弄した挙句、衣を剥ぎ取って元の上着を着せ、それから十字架につけるために外へ引き出したとあります。神の子に対する侮辱です。私は、イエスのもつ真の神性と人間性に対する辱めが最大の侮辱と考えます。

今日《こんにち》の新疆ウイグル自治区や、ウクライナにおいて、また世界の至る所でおこなわれているレイプ、男性や女性に対する性拷問、性虐待などは人間性に対する蹂躙です。これらはすべて、キリストの受けられた辱め、蹂躙に繋がります。いや、イエスがそのような人間の歴史におけるさまざまな人間性の冒瀆、蹂躙を身に受けてくださっていると私は考えます。

彼らは、ただ面白半分に主イエスを馬鹿にして嘲笑したのですが、その行動をとおして知らずして主の真実を皮肉にも明らかにしています。「ユダヤ人の王、万歳」という嘲りの言葉は、まさにイエスは、そのようなお方として世に来られたからです。さて、この箇所をもとに、後で書かれたマタイによる福音書では27章27－31節に、この場面の記述がさらに詳しく言葉をたして描かれています。そこでは、マルコの言葉が微妙に変えられています。あらためて、私が気づきましたのは、最後の「十字架につけるために外へ引きだした」という箇所です。マタイは、ここを、「十字架につけるために引いて行った」としています。マルコで、「外に」とある部分がカットされています。この「外に」という言葉は、マルコにとって大事な言葉だと思います。主は、都エルサレムの城門の外にあるゴルゴタの丘に連れて行かれたからです。都の「外に」ということです。キリスト者は、十字架につけられる、また十字架につけられたイエスと共に、この世の都の「外に」出なればならないのです。この「外に」ということに主への黙想を集めたのは、ヘブライ書の著者です。13章12－13節にこうあります。「イエスもまた、ご自分の血で民を聖なる者とするために、門の外で苦難を受けられたのです。ですから私たちも、イエスの受けられた辱めを身に負い、宿営の外に出て、御もとに赴こうではありませんか」。『讃美歌』261番1節に、「みやこの外なる丘のうえに主を曳行きしはなにのわざぞ。神よりはなれし神の子らの幾重と知られぬつみのきずな」とあります。残念なことに、『讃美歌21』には収録されていませんが、美しい文語の日本語の歌詞です。キリスト者はもちろん、この世を生きていくのですが、私たちのめざす真の都は、この世の外にあるのであり、ある意味では、この世のアウトサイダーでなければならないのです。

本当に、この人は神の子だった

マルコによる福音書15・33—41

主が十字架につけられたのは、午前九時でありました。33節を見ますと、昼の十二時になると、全地は暗くなって、三時に及んだとあります。十字架を覆った暗黒、それは、私たちの罪そのもののもつ暗さであり、その罪のために神の御子が死にたもう暗さであります。この暗さは、もはや、人間の、また自然のいかなる光によっても取り払うことのできない暗さ、暗黒ではないでしょうか。何ものによっても明るくすることのできない暗闇に、私たちは覆われているのです。主はご自身、十字架にかけられることによって、そのような闇を味わい、また、それに打ち勝ってくださったのです。死と罪と悪の暗闇に人間がどうすることもできない闇を、自ら引き受け、これに打ち勝ってくださったのです。

三時に主は、大声で叫ばれます。「エロイ、エロイ、ラマ、サバクタニ」。これは当時のアラム語で「わが神、わが神、どうしてわたしをお見捨てになったのですか」という意味です。このみ言葉は、主の絶望の叫びと取るべきでしょうか。そうではありません。主のこの叫びは、罪びととして断罪され永遠の滅びを受ける人間の叫びを、主が、私たちに代わって受けてくださっている叫びであると言えるでしょう。言い換えれば、主は、神に捨てられたと思うほど、罪びととの審きとしての滅びを、ここで味わっておられるのです。本当は、私たち人間一人ひとりが、受けなければならない罪びととしての断罪の苦しみを、私たちに代わって受けてくださっているのです。苦悩のどん底で、主が、御父に「わが神、わが神」と呼びかけているところに、実は逆説的な形で、御子の御父に対する信頼の関係が保たれていることがわかります。この言葉は、詩篇22篇2節の引用です。この詩篇を終わりまで読んでいくと、この詩篇は、神に対する揺るぎない信頼と讃美に終わっていることがわかります。こうして主は、大声を上げて、息を引き取られます。

「そのとき、神殿の幕が上から下まで真っ二つに裂けた」のでした。神殿の幕、それは、神殿と至聖所を隔てる幕であって、年に一度、大贖罪日に大祭司が、その幕を通って犠牲を献げに入ることができた幕でありました。この幕が上から下まで裂けたというのは、もはや、主の神殿に大祭司が年に一度入る必要がなくなった。主ご自身が、大祭司として、ご自身を十字架において犠牲として献げてくださった結果、神と人間との間の罪の隔てが、取り払われて、神と人間との交通が開かれたことを意味しています。

主の十字架に相対して、一人の百人隊長が出てまいります。この人は、ローマの軍人で異邦人です。主の弟子たちがすべて逃げ去ったなかで、ただこの人が主の十字架の前に向き合って、「まことにこの人は神の子であった」と告白するのです。ここで彼は、主が神の子であると告白しています。私たちも、十字架につけられたこのお方こそ、「まことに神の子でありたもう」ことをこの人とともに、またこの人のように、しかしこの人のように過去形ではなく、現在形で、告白するように促されているのです。

目を上げて見ると、大きな石はすでに

マルコによる福音書16・1－4

復活の日の朝、女たちが墓場で経験したこと、それは、イエスの亡骸を収めたはずの墓を塞いでいた大きな石が転がされてあり、墓が空っぽだったことです。これをキリスト教では「空っぽの墓」（das leere Grab）とよんでおります。

キリスト教信仰の始まりは、十字架にかけられたあのナザレのイエスが、三日めに復活されたというイースターの出来事から始まっております。その出来事の歴史的に検証できる事実として「空っぽの墓」ということが記されているのであります。4節を見ますと、「ところが、目をあげて見ると、石はすでに転がしてあった。この石は非常に大きかった」とあります。

この石は私たちにとってどういう意味があるでしょうか。第一に罪を塞ぐ石であります。私たち人間がもっている罪を、神の前に明らかに告白し、悔い改めることをしないでいることです。私たちの罪を塞いでいる石を取り除き、神の前に自己を曝け出すときに、聖霊の光が私たちの心を照らし、罪のもたらす苦痛と死と滅びから解き放たれて、私たちは新しい生き方へと転換させられるのです。第二は不信仰という石です。イエスは十字架にかかって死んでしまい、私たちにとってもう信じて頼るべき救い主ではないのだ。イエス・キリストという人物は二千年前に生きて死んだ過去の人物であって私たちの手の届かない遠い墓場に収まった人間であるとする、不信仰の石であります。第三の石は、死者と生きている者とを隔てる冷たい大きな障壁としての石であります。墓場に置かれた大きな冷たい石は、私たちと死者とを隔てる冷たい死、絶望的な現実そのもののようです。ところが、イエスの復活によって、そのような冷たい、巨大な死の現実が見事に覆えってしまったのです。

ここで「目を上げて見る」とあります。女性たちは、自分たちが置かれた望みのない現実から目を上げて、神さまが、なされた大いなる現実、恵みの現実へと目を上げたのであります。ギリシア語で、「人間」のことを「アントローポス」と言います。この「アントローポス」というギリシア語は「上を見る者」という意味です。「上に顔を向けた存在」「顔を上にあげる存在」を意味します。上とは、目標、理想、希望と言えるかもしれません。信仰の立場から言うならば、人間の罪や死や悪といった絶望的な地上の現実にあって、そこから神の与えてくださる、大いなる命と希望の現実に、目を向けて歩むことなのです。詩編121篇1－2節に「私は山に向って目を上げる。わが助けは、どこから来るであろうか。わが助けは、天と地を造られた主から来る」とあるとおりです。

確かに私たちにとって愛する者との死による別れは、辛いものです。けれども、死そのものは、イエスの死からの復活により、死としての圧倒的なものではなくなってしまったということです。イエスの死人の中からの復活によって、死さえも、私たちの人生の歩みの前に立ちはだかる、乗り越えることのできない、最後の限界、壁ではなくなってしまったのです。

神さまのエンドロール

マルコによる福音書16・1－8

マルコによる福音書は、16章8節の、「女たちはおののき恐れながら、墓から出て逃げ去った。そして、人には何も言わなかった。恐ろしかったからである」という節で、終わっております。現代の多くの新約聖書学者は、マルコ福音書は元来、16章の8節で終わっていたのであると考えています。マルコ福音書全体を映画にするならば、最後は、女性たちが「空っぽの墓」に直面して恐れ慄きながら逃げ去って行く場面で映画は、終わりとなるでしょう。あの十字架につけられたイエスの墓の墓石が、転がされ、墓が空っぽであるという最後の、静かであるけれども、神によってなされた、この驚くべきどんでん返しの衝撃性、インパクトが、これによって高まるからであります。そして、もしマルコによる福音書を映画にした監督であれば、この場面でエンドロールを流すでしょう。エンドロールというのは、映画の最後の終幕に流れる映画に関わったスタッフの一覧表のことであります。マルコ福音書の、この16章8節で、エンドロールが流れるということであります。

映画というものは、エンドロールを最後まで見るのが正しい流儀であって、これを最後まで見ずに映画館の席を立つのは、本当の映画ファンではないとも言われます。それはともかく、この神のなさったイエス・キリストの出来事を描いた福音書の物語の最後に流れるエンドロールに、この福音書に関わるすべての人の名前が、挙がることでしょう。実は、イエスにおいて示された神の救いの出来事の意味は、この「空っぽの墓」というエンドロールから後ろ向きに理解されたのです。イエスの十字架の意味も、その地上の歩みの意味も、また、そのご誕生の意味も理解されるのであります。デンマークのキリスト教思想家キルケゴールの言葉に「人生とは前向きに進むしかないが、後ろ向きにしか理解できないものである」という言葉がありま す。神が、イエスの物語でお示しになったことは、最後の「空っぽの墓」の場面からすべてのことが、後ろ向きに理解されることになるのです。

私たちは、神が最後に示された、このエンドロールを知っております。人生の究極が、罪の死なのではなく、イエスの復活によって、死は、われわれの終わりではなく、永遠の命と体のよみがえりであることを知って、この神が示された、人間と世界の究極的な結末から、いわば、後ろ向きにわれわれの人生と世界と歴史を理解して、勇気をもって前向きに進んで行くことが求められるのです。「イエスはあなたがたより先にガリラヤへ行かれる。かねて、あなたがたに言われたとおり、そこでお会いできるであろう」。神が示された、この究極的なエンドロールの中に、世々のキリスト者のみならず、私たちも、このイエスの大いなる救いの出来事に招かれた者として、私たちの小さな貧しい名前も、登場人物として入っていることを信じ、イエスを信じて歩んでまいりたいと思います。主の復活を信じるすべての人が、イエスのこの大いなる復活の出来事に招かれております。神さまのエンドロールへと招かれているのです。

あの方は、あなたがたより先に

マルコによる福音書16・5―7

ここで若者が「あなたがたは十字架につけられたイエスを捜している」と、わざわざ「十字架につけられた」という言葉をつけて語っております。原文では、この「十字架につけられた」は、「スタウロウメノン」という言葉で、実は完了形が使われています。聖書の言語では、完了形は、単なる過去の事実をさすのではなく、その過去の事実の結果が、今も続いているということを示しています。ということは、イエスは十字架におかかりになり、その結果を、今も身に負っているということ、すなわち、よみがえったお方は、十字架の過去の事実の結果を、今もその身に負っておられるということです。つまり、よみがえったお方は、あの十字架についたイエスの傷、それは死の傷でありますが、それを今も身に負ったまま復活されているということです。よみがえった栄光のイエスの体には、十字架の深い傷痕、手足に釘の痕と脇腹に槍の痕をもっておられるということです。この私たちのために、代わって死んでくださった、その深い傷を身に負い、しかも、それを克服してよみがえって活きておられるのです。ですから、女たちが「十字架につけられたイエス」を捜したということには意味があります。もし、私たちが、十字架の傷を綺麗に跡形もなくしてよみがえられた人物が、自分はイエスである、メシアである、と言って現れても、その人物を私たちの救い主として認めることは、決してできないでしょう。

女たちに若者は、次にこう告げます。「イエスはあなたがたより先にガリラヤに行かれる」。「イエスはあなたがたより先に」。これは主なる神が、いつも私たちに先だって道を開き、私たちが前に進んで行くことができるように、備えてくださっているということです。神さまが、私たちの人生行路を先立って導いてくださるのです。神学用語で、「先行する恵み」(gratia praeveniens)と言われるものです。神の恵みは、私たちの前に先行しているのです。私たちは神の約束を信じ、その信仰に基づいて行動し、神が私たちの前に「遣わされる御使い」(創世24・7を参照)、先行する恵みを確認するのです。私たちがやがて迎える死も、それを前にした苦しみや悩みもすべて、イエスが私たちに先だって経験され、それを突破し、復活の光の中へと道備えをしていてくださるのです。ですから、私たちは、そのような死や苦しみに直面しても、それを初めて自分一人が体験しなければならないかのように怯え狼狽する必要はないのです。私たちより先に進んで行かれるイエスの御跡を辿って行けば、よいのです。

天に帰られた私たちの信仰の先達たちもそれぞれ、そのようにイエスに従い、また自分の悩みや苦しみをすべてイエスに委ね、このお方に従って行ったのです。人間の死は、その人の終わりではありません。死はイエスの復活によって、打破され、その向こうから復活の光が注がれています。私たちにとって最後の拠り所は、復活のイエス、それも十字架の傷を今も身に負ってくださっているお方であることを忘れてはならないのです。

その胎内の子が踊った

ルカによる福音書1・39－45

私たちの人生には、さまざまな出会いがあります。その中で信仰者と信仰者とが出会い、挨拶を交わすということは、どのような意味をもつのでしょうか。ここに、エリサベトとマリアとの出会いと、そこにおいて交わされた挨拶のことが、記されております。

マリアは受胎告知を受けた後、エリサベトを訪ねました。マリアは、人生の重大な岐路に立ったとき、訪ねて行くことのできる信仰の友をもっていたのです。私たち信仰者は、独りだけで生きていくのではありません。主のみ言葉を聞く信仰者は、互いに主にある交わりをいたします。信仰者は、教会の集会、行事に参加し、共に信仰者として、主のみ言葉を聞く者として、互いに挨拶を交わします。それは、主イエスを救い主、神の御子と告白する者同士の交わりです。マリアをエリサベトが励まし、その信仰を祝福したように、互いに励ましあい、互いの喜びや悲しみを共にし、また何よりも共に、み言葉に聴き、主を讃美する者として集まるのです。

「エリサベトがマリアのあいさつを聞いた時、その子が胎内でおどった」とあります。それは「喜び踊る」ということです。親は、胎児が、母親の胎内で聞き耳を立てていることを忘れてはならないでしょう。今日《こんにち》、胎児も母胎中で外界の音を聞いていることが知られ、「胎教」ということが言われています。胎教のため、胎児に聴かせる音楽も売られています。しかし、私たち信仰者にとって大切なことは、親が信仰の喜びのうちに生きているかです。そして子どもを、胎児の時から礼拝の空間の中で育てることだと思います。マリアは、主の御降誕の喜びをエリサベトと、分かち合おうとしました。その喜びの分ちあいの中で、救い主の誕生を喜び胎内で胎児もまた喜び踊るのです。ここにキリスト者たる親の、胎教の出発点があります。乳児だけではありません。胎児も神を讃美することができるのです。それは何よりも、母親が、神を讃美する礼拝生活をしているかにかかっています。

洗礼者ヨハネの生涯は、まさに主のみ言葉を聞いて踊ること、その主をさし示す指となるという、ただ、このことのためにのみ、献げられました。彼は、後に主イエスの活動を目の当たりにして、「花嫁を迎えるのは花婿だ。花婿の介添えはそばに立って耳を傾け、花婿の声が聞こえると大いに喜ぶ。だから、わたしは喜びで満たされている」（ヨハネ3・29）と言っております。正にエリサベトの胎にいた時の喜びと、同じ喜びです。

私たちもまた、この母なる教会の胎内において主のみ言葉に聴き、み言葉が、この「わたしの身にもなるように」とマリアと共に祈りつつ、またエリサベトの胎の中の洗礼者ヨハネのように、欣喜雀躍し、踊り上がって、主を共に讃美する者でありたいと心から願うものです。

その子をヨハネと

ルカによる福音書1・57―66

ルカ福音書は、主イエスの誕生物語を記すにあたって、ザカリヤとエリサベトという子どものいない夫婦、一組の老年の夫婦に光を当てております。

ザカリヤは、子どもが与えられるという告知を信じない態度を取ったので、子どものヨハネが生まれるまで、口がきけなくなるのです。ザカリヤは、祭司でありました。それなのに不信仰な応答をしました。それは、既成の宗教的な体制に習熟した人の反応であります。私たちの経験や知恵が、年とともに習熟していくことは確かです。この点で、年の功と申しますか、年長者は尊いのです。私たちの教会は、制度として長老制度を取るのですが、それには、年長者の円満な人格と判断力という一般経験も反映されていることは事実です。しかし、だからと言って、私たちの知恵や経験、長年の経験でもって、神の驚くべき救いのみわざを判断したり、斥けたりすることはできないのです。老齢がよいのは、その円熟した知恵が働く時です。けれども、ザカリヤは、老齢のために、神の顕現に直面し、み言葉の告知を受けたにもかかわらず、過去の経験に囚われ、神のなさろうとする新しい恵みの出来事に身を委ねることができなかったのです。

18節で、ザカリヤは祭司であるのに、素直にみ言葉に聞けず、自分の納得のいく説明を求め、その結果、神さまから口がきけなくさせられます。自分の判断や経験を優先し、聖書のみ言葉を自分の考えに合わせようとして、み言葉を聴いていないのです。つまり、み言葉を信じていないのです。私たちは、み言葉を、あれこれ自分流に議論するのではなく、み言葉を沈黙して聴くということが、求められているのです。

ザカリヤは、祈りの人でありました。ザカリヤに現れた御使いガブリエルは、13節で「恐れるな、ザカリヤよ、あなたの祈が聞きいれられたのだ。あなたの妻エリサベトは男の子を産むであろう。その子をヨハネと名づけなさい」と言っております。彼は、不信仰のゆえに口がきけなくされますが、やがて、62節以下で、それが神によって解かれたとき、聖霊に満たされ、神を讃美する者に変えられます。それは、ザカリヤが、与えられた子どもを「ヨハネ」と名づけた時でした。人々は父親に、どんな名にしたいかと、合図で尋ねた。ザカリヤは書板を持って来させて、それに、「その名はヨハネ」と書いたので、みんなの者は不思議に思った。すると、「立ちどころにザカリヤの口が開けて、舌がゆるみ、語り出して神をほめたたえた」とあります。

ヨハネとは、「神の賜物」という意味です。キリスト者は、祈りのうちに与えられた子どもを、神の賜物として、幼い時から信仰を教え、聖書に親しみ、教会の礼拝、祈りの中で育てていく者でなければならないのです。今日から、アドベント、待降節に入ります。私たちは、自分の経験や思いを先行させるのではなく、まず、神の前に沈黙し、み言葉に聴き、聖霊に満たされて、このザカリヤのように神を讃美する者でありたいと思います。

人々は皆、登録するために

ルカによる福音書2・1－7

最初のクリスマスに人々は、皇帝アウグストの命令により、自分のふるさとで登録をするため帰って行ったのでした。クリスマスは、ある意味で、われわれが故郷に帰る時であります。問題は、私たちが、どのようなふるさとに帰るかということです。私たちは、この地上に永久に登録する故郷があるのでしょうか。そのヒントは、2章7節の「宿屋には彼らの泊まる場所がなかったからである」という言葉にも示されています。「宿屋」という言葉は、「客間」とも訳すことのできる言葉です。イエスは、私たちを救うために、この世に来られましたが、地上のベツレヘムには、主をお迎えする用意も、場所も無かったのでした。

人々は、明るい、暖かい宿の客室に泊まり、楽しくこの世の団欒をし、地上を支配し、人々を命令一下、動かすほどの地上の皇帝の偉大な力について語り合っていたのでした。しかし、無かったのはイエスだけではなく、「彼らには」とありますように、イエスと共にいるキリスト者もまた、この地上には本来の居場所はないのであります。なぜならキリスト者の真のふるさとは、天のみ国にあるからです。使徒パウロもまた、フィリピの信徒への手紙3章20節で、「私たちの国籍は天にある。そこから、救主、イエス・キリストの来られるのを、私たちは待ち望んでいる」と書いているとおりです。

そのような地上に宿屋、客間をもたない私たちを、天のみ国に戸籍登録された者として招くために、イエスご自身が、用意してくださった客間があります。この客間という言葉は、ルカ福音書ではイエスの御受難のところで、もう一度出てまいります。イエスが、最後の晩餐をする場所を用意する箇所です。「『先生が、「弟子たちと一緒に過ぎ越の食事をする部屋はどこか」とあなたがたに言っています』。すると、席の整った二階の広間を見せてくれるから、そこに準備をしておきなさい。二人が行ってみると、イエスが言われたとおりだったので、過ぎ越の食事を準備した」（22・11－12）。ここで「広間」という言葉が、「客間」と同じ言葉です。イエスは、地上で宿る客間のない私たちのために、客間を用意してくださったのです。それが、最後の晩餐の宴が開かれる客間であります。これは、聖餐の祝宴がおこなわれる、主が用意してくださった客間としての教会でもあります。

福音書が、この客間という言葉を主の誕生の場面と、主の最後の晩餐の場面で使っているということに意味があります。イエスが、この世において客間には余地がなくお生まれになられたのは、ご自身の受難の死によってみ国の客間に私たち御子を信じる者をお招きになるためであったということです。

したがって、クリスマスは、主のご受難と死を思うときでもあります。イエスは天に登録されていて、地上には宿る客間をもたない私たちのために、ベツレヘムの馬小屋でお生まれになり、その受難の死を記念する聖餐において、私たちを天国の祝宴の客間へと招いてくださったのです。私たちは、神の国というふるさとに登録をするためにふるさとへと帰っていくのです。

シメオンとアンナ

ルカによる福音書2・25－38

　幼子イエスの宮詣での記事です。そこに、二人の男女の老人が、出てまいります。まず、シメオンという高齢の男性です。この人が高齢の老人であることは、29節の、「主よ、今こそ、あなたはみ言葉のとおりにこの僕を安らかに去らせてくださいます」といういわゆる「ヌンク・デミティス」（nunc dimittis）とよばれるシメオンの讃歌から窺えることであります。シメオンが聖霊に満たされた敬虔な人物であることは、聖霊という言葉が、彼に対して三回も使われていることからわかります。シメオンが、信仰者としての人生において聖霊によって示されていた確信が、記されています。それは26節の、「主のつかわす救主に会うまでは死ぬことはない」ということでした。彼は、聖霊の示しに答えて正しく、主を待ち望む生活をした人でした。

　シメオンは、主イエスの両親を祝福して言います。「この幼な子は、イスラエルの多くの人を倒れさせたり立ちあがらせたりするために、また反対を受けるしるしとして、定められています。そして、あなた自身もつるぎで胸を刺し貫かれるでしょう。それは多くの人の心にある思いが、現れるようになるためです」。

　シメオンは、この幼子は、二つの事柄の標識となっているというのです。

一つはイスラエルの多くの人を「倒れさせたり立ちあがらせたりするため」の標です。ここで「倒れる」は、死ぬこと、「立ち上がる」は、「霊的な復活」「再生」を意味すると取ることができます。つまり、主イエスの前で倒れ、また立つというのです。ある人は、この人に躓き倒れるが、ある人は、「立ち上がる」、すなわち、主イエスに救われて、新しい命によみがえることが起こるということでしょう。あるいは、ある人は、このお方の前で古い生き方に死んで、新しい人としてよみがえるということを示す標でもあるということであります。

もう一つは、「反対を受けるしるし」です。やがて、主イエスをめぐって、人々の間に対立が起こりました。その頂点が、十字架にほかなりません。こうしてシメオンは、この幼子の十字架の死を預言しているのであります。シメオンは、マリアが主の母として御子の死を目撃するという、限りなく痛ましい出来事に遭う者であることを、「あなた自身もつるぎで胸を刺し貫かれるでしょう」という言葉で予言しているのです。

次に、預言者アンナのことが出てまいります。彼女は、結婚生活七年で夫と死別し、その後、寡婦となってから八十四歳になるまでの六十年間ほどを、神殿で断食と祈りの生活をして主なる神に仕えていたというのです。「宮を離れずに」と記されています。私たちも、信仰生活を続けるためには、み言葉を聞く礼拝の場所である教会を離れてはならないのです。

シメオンとアンナという二人の年老いた人が、人生の終わりに至るまで、自己の人生の究極目的を、主イエスを待ち望み、このお方に出会い、讃美と感謝を神に献げる生き方に置いて歩んだように、私たちも、神に感謝と讃美を献げて歩む人生でありたいと思います。

主の道を備えよ

ルカによる福音書3・1―14

バプテスマのヨハネの一生は、終始、イエス・キリストの登場の道備えをし、キリストをさし示すことでした。彼の生涯は人間的に見れば、この世の成功者でも栄華を極めた訳でもありません。彼は、荒野で禁欲的な生活をし、人々に悔い改めを迫り、自分の弟子すら主イエスに譲り、最後にはヘロデ王とヘロデヤの不義を糾弾して、首をはねられて死にました。いわば非業の死です。けれども彼の一生は決して不幸ではありませんでした。なぜなら、彼の生涯は誕生から死まで、神から与えられた一貫した明確な使命と目標のうちに生きたものであったからです。それは、主をさし示す指に徹したということです。

私たちキリスト者もまた、主イエスを証しし、さし示す指になることが求められています。指そのものはまことに弱く小さなものであっても、私たちは、その指で主イエス・キリストをさし示すことができるのです。4節以下は、イザヤ書40章の1節以下の引用です。「あなたがたの神は言われる、『慰めよ、わが民を慰めよ、ねんごろにエルサレムに語り、これに呼ばわれ、その服役の期は終わり、そのとがはすでに赦され、その諸々の罪のために二倍の刑罰を主の手から受けた』」。イスラエルの民は、神に背き偶像崇拝に耽った結果、その審きとして紀元前六世紀末にバビロンに捕囚されたのでした。しかし、第二イザヤは、捕囚の地のバビロニアにいる民に、いまやその捕囚という服役の期間は終わり、捕囚から解放されてエルサレムに帰還する時が来たことを告げます。

バプテスマのヨハネは、このイザヤの預言を引いて、イスラエルの民に悔い改めを迫り、洗礼を施しました。彼は「罪のゆるしを得させる悔い改めのバプテスマ」を宣べ伝えたのでした。ヨハネが、民衆に求めた「悔い改め」は、キリスト教の中心メッセージでもあります。彼の後に現れたイエスの最初のメッセージはマルコによる福音書1章15節に記されているように「時は満ちた、神の国は近づいた。悔い改めて福音を信ぜよ」でありました。ヨハネのメッセージのいまひとつの重要な言葉は「罪のゆるし」です。罪とは「的外れ」という意味です。悔い改めは自己中心の滅びに向かう的外れの生き方を止め、神の方に向き直り、神の言葉を信じて生きることです。イザヤの預言を引きながら語るヨハネのメッセージは、来たるべきお方による審判と神の怒りを強調し、またその響きは倫理的な粛清と生活の改変を要求していて峻厳です。

「斧がすでに木の根本におかれている」。彼の、火が出るようなメッセージを聞いて群衆や取税人、兵士なども心を打たれ、彼から洗礼を受けてつぎのように問うています。「私たちは何をすればよいでしょうか」。この問いは、私たち一人ひとりが生きている間に真剣に問わなければならない問いでありましょう。人生の終わりが来ないうちに、私たちは「主の道を備え」救われるために何をすべきかを真剣に聖書に問い、神の言葉に聴かなければならないのです。

悔い改めにふさわしい実を結べ

ルカによる福音書3・7、8

私たちは、バプテスマのヨハネの誕生について学びました。ヨハネは、イエスの到来をさし示す先駆けとしてだけの一生でした。彼は、そのために悔い改めを得させるバプテスマを民衆に施しました。ヨハネの宣教の中心は、「悔い改めにふさわしい実を結べ」であります。悔い改めに相応しい実とは何でしょうか。

「悔い改め」は旧約のヘブライ語では「帰る」(シューブ)であり、新約のギリシア語では「思いを変える」「回心」(メタノイア)です。つまり、自分中心の生き方から180度方向転換して、神に向かって生き方を変えることです。キリスト教でいう罪は、的外れ、神に反する自己中心的な生き方を言います。人間は、自分の罪をどうすることもできませんから、神が、キリストをこの世に送り、人間の罪と罰と死を十字架で負い、清算してくださったのです。このことを知って、キリストを信じた者は、洗礼を受け、古い自分に死に、キリストの命と愛と義に生きる者として生まれ変わります。これまでの自己中心的な生き方から方向転換し、神に向かって歩む者とされます。それは、古い罪びとの自分が徐々に死んで清められていく過程でもあります。悔い改めの実は、試練と関わります。人生につきものの試練は、キリスト者にもあり、またキリスト者ならではの試練もあります。キリスト者がとても少ない日本で、キリスト者として生きていくことに伴う障害です。けれども、キリスト者は、いかなる試練に遭っても、信仰から、またキリストから離れることは、ありません。「艱難汝を玉とする」という言葉がありますように、試練がキリスト者を造るのです。信仰から離れていく人は多いですが、その人は、「堅忍の賜物」(donum perseverantiae) がなかったのです。悔い改めの実は、具体的な行為となって現れます。

キリスト教は、抽象的なものではなく、神の子が肉体となったことに示されるごとく具体的なものです。「言は肉となって世に来た」。み言の受肉。具体的とは体を具えているということです。時間、お金、力、知識、能力、芸術、音楽、学問など、自分に与えられたもので具体的に、神と教会と隣人のために己を献げるのです。人間の豊かさは、その人がどれだけ獲得したか、所有したかではなく、どれだけ他者に与えたかによって決まるのです。「豊かに蒔く人は刈り入れも豊かなのです。喜んで与える人を神は愛してくださる」(コリント二9・6－7) とパウロが言っているとおりです。「情けは人のためならず」と申しますが、神は豊かに与える人を、この世でもまた、神の国においても、報い愛してくださるのです。

前に新約聖書で、キリストを信じる者の結ぶ実を意味するギリシア語の「カルポス」、文法的に複数形があるのに、不思議なことに、すべて単数であると申しました。それは、一粒の麦の種であるイエスのもたらす実は、すべてイエスの実であるという偉大な真理を告げるものです。けれどもこのたび、私は洗礼者ヨハネの言っている実は、複数形になっていることを発見しました。この点でヨハネの限界と言いますか、イエスの偉大さが示されておりますし、キリスト者を謙虚にさせるものなのです。

人はパンのみにて生きるにあらず

ルカによる福音書4・3、4

ルカによる福音書4章1節以下には、「荒野の誘惑」とよばれる記事が出てまいります。誘惑は、主イエスが四十日間、断食し、その期間が満ちて空腹を覚えられた直後に始まりました。「もしあなたが神の子なら」、悪魔はこう言って、神の子であることの証明として、石をパンに変えるように、主イエスを誘惑しております。私たち人間には、石をパンに変えることはできません。しかし、後に主イエスは、給食の奇跡をおこない、五つのパンと二匹の魚で五千人の人々を養われておられますので、主が、石をパンに変化させることは、おできになったことでしょう。だからこそ、誘惑であったのです。石をパンに変えることができたら。そのもたらす諸々の可能性こそが、この誘惑の核心であります。今日、世界の人口は、爆発的に増大しています。地球上の食料生産の限界は一〇〇億と言われておりますので、やがて近い将来、人類は、深刻な食料不足と飢餓に直面すると予測されます。今でさえ、世界で八億人の人が飢えています。現代世界が緊急に直面している、この問題を考えますとき、悪魔の誘惑は、非常な現実性を帯びてくるのではないでしょうか。もし、ここで悪魔が誘惑しているように、主イエスが、神の子として奇跡をおこない、人類の飢餓の問題を一気に解決してくれたら、素晴らしいことであり、世はイエスを信じるのではないか。

しかし、主イエスは、この魅力ある誘惑に対して、申命記8章3節の「人はパンだけで生きるものではない」というみ言葉を引用して、お答えになられます。これはかつて、イスラエルの民が、約束の土地に入る境界に立ったときに、モーセがおこなった演説の中にある一節です。そこでモーセは、民に、神が私たちの生活に必要なものは、すべて備え、支えてくださるのだから、神にあくまでも信頼し続けることの大切さを語ったのでした。「ひとはパンだけで」とありますので、パンが生存に必要なことは、もちろん、前提となっています。問題は、パンに代表される物質的な生活の追求だけでは、人間は、真実には生きていくことはできないということです。

申命記8章3節の続きに、「ひとは主の口から出るすべての言葉によって生きる」とありますように、人を真に生かすものは、神の言葉なのです。なぜでしょう。人間的にも、人を生かすのは愛ある言葉ではないでしょうか。人はたった一つの愛ある言葉によって生き、立ち直ることができるものです。また逆に、人を心ない言葉一つで殺すこともできます。言葉はそれほど、重いものです。言葉は、現実に働きかけ、出来事となるのです。「言《こと》」は「事《こと》」を起こすのです。み言による「無からの創造」(creatio ex nihilo)です。それならば、神の言葉は、尚更ではないでしょうか。神のみ言葉は、イエス・キリストにおいて神の愛の出来事となりました。なぜなら、主イエスにおいて、私たちに命を与え、救う神の愛の御言が歴史において具体的な出来事として成就したからです。私たちは、この神のみ言葉によって、真に生きることができるのです。

しかし、お言葉ですから――人生再チャレンジ

ルカによる福音書5・1―11

ペトロは漁師でした。その彼が、夜通し働いても、魚一匹取れなかった朝のことです。不漁に終わった朝、明日もまた漁獲がないかもしれないなかで、網の手入れをしていたのです。

その傍で主は、多くの群集を相手に、み言葉を語り教えておられました。群衆は、主の教えを聞こうと、押し寄せて来たとあります。主は、身の危険を感じるほどであったのです。湖を背後にして、もう後はない訳です。主は、一計を案じられました。傍で漁師たちが降りて網を洗っている、二艘の小舟を御覧になり、それを湖に漕ぎ出させ、そこから坐して群集に教えようとされたのです。ペトロは、主のそんな酔狂な要求を断ることもできたでしょう。しかしペトロは、それに従い、その結果、知らずして主の傍で主のみ言葉を聞くことになったのです。

主は、話を終わると、ペトロに向かって、「沖へ漕ぎ出し、網を下ろして漁をしてみなさい」と言われます。ペトロは言います。「先生、私たちは夜通し働きましたが、何も取れませんでした」。ペトロはプロの漁師です。その彼に漁のことについては素人の主が、指図されたのです。ペトロは、そのような指図を拒否す

ることもできたでしょう。しかし、ペトロは、「しかしお言葉ですから」と言って、主の助言に従ったのです。この問答から私たちは学ぶことができます。第一に、主は、私たちに「沖へ漕ぎ出しなさい」と、積極的な人生の生き方を命じておられるということです。自分の人生は無意味であったし、もう取り返しがつかないのではないかと思うことがあるかもしれないときでも、主は、諦めずに再チャレンジすることを求めておられるのです。第二に学ぶべき点は、主の命令に対するペトロの応答です。「しかしお言葉ですから」という答えです。「しかし」とある点が重要です。信仰は「それゆえに」や「だから」ではなく「にもかかわらず」「しかし」なのです。自分は優れている、成功者である、「だからそれゆえに」ではないのです。失敗し、挫折し、意気消沈し、自分の人生に意味がなく、徒労に見えるときであっても、「にもかかわらず」、主の言葉に従って生きていくのです。

主の言われたとおりにしたところ、ペトロは大漁を経験します。網一杯に魚が入り、加勢に来た船も沈みそうになるほど、夥しい魚が獲れたのです。

これを見てペトロは言います。「主よ、わたしから離れてください。わたしは罪深い者です」。最初はイエスを、「先生」と呼んでいますが、ここでは「主」と呼んでいます。イエスを主と呼ぶのは、新約最古の信仰の告白です。そして、この主に対する信仰の告白は、「主よ、わたしから離れてください。わたしは罪深い者です」という罪の認識から始まるのです。主の圧倒的な恵みの前で、私たちは、自分の失敗や挫折や弱さ、罪深さを知らされますが、主は、そのような私たちを受け入れ、赦し、用いてくださいます。主のみ言葉に聞き、従うとき、どんな状況に置かれていても、人生をやり直し、再チャレンジすることができるのです。

神の国で最も小さい者でも

ルカによる福音書7・18－28

第二次世界大戦の強制収容所の生き残りである、精神分析医ヴィクトル・フランクルは不当な理由で監禁された自身の体験について書物に書いております。投獄は、個人を消沈させ、その意志を萎えさせてしまいます。そのような恐怖を巧く切り抜けた人たちにとって、ただ、生き残るというだけが目標ではなかったということを見出したのでした。彼らは、生き残るためには、人生の意味を探求し、その目的を見出さなければならなかったのです。

そのような状況に、洗礼者ヨハネも置かれております。彼は囚われの身であり、自分の人生の意味を理解しようと求めています。彼の使命は「来たるべきお方」のための道備えをすることでありました。来たるべきメシアの先駆けとして告知する使命を与えられた者であったのです。それは、いかなる到来となるものであったでしょうか。ヨハネの期待したメシアは、麦を殻から分け、よい実を結ばないものをことごとく切り倒しに来る、火のように激しい改革者でありました。世の権力を打ち負かす、ヨハネ自身でさえもメシアの履物の紐を解く値打ちもないような。そのヨハネが、今や、獄中でイエスの活動について報告を受け、イエスが本当に、そのお方なのだろうかという疑念を懐いたのです。報告を受けて、ヨハネは使いをイエスのもとに送って、問わせます。「来たるべきかたはあなたなのですか、それとも、ほかにだれかを待つべきでしょうか」。主イエスは、ヨハネの期待に添う者ではないように見えたのです。そのため、とうとう弟子を使いに遣って、死ぬ前に答えを見出そうとしたのであります。「あなたがそのお方なのですか」。

弟子たちは来て、ヨハネの質問を文字どおりくり返しております。「来たるべきかたはあなたなのですか、それとも、ほかにだれかを待つべきでしょうか」。「あなたが本当にそのお方なのですか」という問いは、病気や試練など、さまざまな人生の投獄状態とも言うべき状況に置かれたときに、われわれが発する問いでもあります。これは、イエスかノーかの二者択一の問いであって、主イエスは、そうであるかないかのいずれかであります。われわれも、ここで単純な答えを期待します。けれどもイエスは、ストレートにはお答えになられません。その代わりに主イエスは、ヨハネの弟子をご自分の活動の現場に連れて行き、ご自身がなしておられること、またご自身が何者であるかを目の当たりにするように、したまいました。主はご自身が、疎外された人々、踏み躙られた人、病気の人を気遣い、癒すために働いておられる、その現場に、ヨハネの弟子たちを連れて行き、口だけの答えではなく、生ける存在である救い主に、彼らが実際に人格的に出会うようにされたのです。こうしてヨハネの弟子たちは、イエスのみわざを目にし、洗礼者の許に送り返され、福音のもつ力の証言者となりました。

われわれもまた、主イエスの現臨と、力あるみわざに招かれ、そこで現実に経験したことを、今度は、主から遣わされて証しする者となるのです。

わたしに示した愛の大きさで

ルカによる福音書7・36－50

罪ある女性の赦しの話であります。イエスをめぐって、二人の人物が出てまいります。一人は、シモンという名のパリサイ人であり、もう一人は、名前は記されず、ただシモンの心の中で「罪の女」と言われる女性であります。この女性は、イエスの足を香油で塗り、涙で足を濡らし、自分の髪で、それを拭いました、他方、シモンは、この女性を罪びととして蔑み、この女性を受け入れるイエスをもまた内心、軽蔑していたのであります。「口語訳」では「この女は多く愛したから、その多くの罪は赦されているのである」とあります。イエスや、神を多く愛することによって、その人の罪が赦されるのではありません。それだと、私たちは自分の行為によって神から赦されることになるでしょう。そうではなくて、この女性の多くの罪が赦されていることは、彼女がイエスや神を多く愛するということによって示されるということです。「新共同訳」は「だから、言っておく。この人が多くの罪を赦されたことは、わたしに示した愛の大きさで分かる」と訳しています。

イエスは、シモンに、負債を免除された人の譬え話をされます。多く負債を免除された人の方が、主人に対する感謝の愛も大きいというのです。私たちも、神からイエスの贖いによって神に対する負債、自分では到底返すことのできない負債である罪を、赦していただいた者であります。譬え話とは違い、その罪の赦しに多い少ないはありません。私たちは、皆、神の前に同じく、大きな負債を負っているのです。

問題は、その人がどれだけ多くの自分の罪が赦されたかを認識し、自覚しているかということです。多く赦されたと感じている人は、神に対する感謝も深く、神を多く愛するでしょう。その感謝の愛の大きさによって、その人が多く罪を神から赦されていることがわかるということです。それが、罪赦される原因や功績となるのではありません。キリスト者は、自分の限りない負債である罪が、キリストの十字架の贖いによって免除されたことを深く自覚する、その程度に応じて、神に対する愛のわざが大きく、深くなるのです。それは、具体的なものであります。

ある人はこう言うかもしれません。私は、キリストによって自分の罪が赦されたこと知っているが、教会に行って礼拝を献げたり、お祈りをしたり、献金をしたりするようなことはしたくないと。しかし、その人に信仰があるということを具体的な感謝の愛のわざなしに、どうして人は理解することができましょうか。確かに、信仰は、目に見えない内面のものであります。信仰は見世物ではないし、人に見せたりするものではないでしょう。しかし、内面的な信仰は、外面的な証しや、わざを伴うものでありますし、それは人が、それによってその人に信仰があることを、この人が多くの罪を赦されたことを感謝していることを認識するしるしになります。何よりもここで神の子であるイエスが仰っておられるように、神もまた、そのように判断されるということであります。

あなたがたに逆らわない者は

ルカによる福音書9・49―56

ルカによる福音書は、9章50節と9章51節の間で二つの部分に分かれます。前半はイエスの、ガリラヤでの神の国宣教が記されています。後半はいよいよ、十字架のご受難に向けてのイエスのエルサレムへの旅が始まります。

前半の最後に小さな出来事が記されています。「ヨハネが答えて言った、『先生、私たちはある人があなたの名を使って悪霊を追い出しているのを見ましたが、その人は私たちの仲間でないので、やめさせました』。するとイエスは彼に『やめさせないがよい。あなたがたに反対しない者は、あなたがたの味方なのである』」と言われたというのです。これは、キリスト者が銘記すべき重要なルールです。私たちは、キリスト者にならないけれども、キリスト教に対して、あるいはキリスト者に対して好意的な人たちを増やしていかなければならないのです。そのような中から、またキリスト者になる人たちも出てくるでしょうし、味方を増やしていくということは伝道の戦略としても大事なことだからです。

9章51節の「その方へ顔を向けられ」というのは、旧約聖書以来、「顔を向ける」というのは、断固たる不屈の意志を示す表現です（ダニエル9・3）。イエスは、いよいよエルサレムでの受難に向けて、断固たる意思をもって歩んで行こうとされるのです。その最初の通過点として主は、サマリアの村を選ばれますが、「村人は、エルサレムへむかって進んで行かれるというので、イエスを歓迎しようとはしなかった」というのです。エルサレムへの道行きの最初に記されているこの出来事は、イエスの受難を予告しています。ヤコブとヨハネはこのことで憤慨し、イエスに「彼らを焼き払ってしまうように、天から火をよび求めましょうか」と提案します。イエスが彼らを見て最初に付けた綽名は、「ボアネルゲス」（雷の子という意味）でした。この兄弟が、火のような癇癪を起こしやすい性格の持ち主であったためでしょう。しかし、やがて彼らの雷のような性格は陶冶され、清められていきます。イエスは、私たちの性格をよくご存じの上で、その性格を練り清め、愛して用いてくださるのです。イエスは「振りかえって、彼らをおしかりになった」とあります。「振り返って」というのは、イエスがエルサレムに向かって「その顔を向けられ」ていることに対応しています。イエスは、自分を受け入れないサマリアの人たちのためにも、サマリア人たちを許せない弟子たちのためにも、否、すべての人のために十字架におかかりになるべく、エルサレムへと向かっておられるのです。

自分たちに反対しない者は味方であり、自分たちに敵対する者たちには応報し、復讐するのではなく、そこを静かに立ち去って他の所に行くということです。しかし、味方と敵対者に対して求められる以上のような態度は、私たちの信仰を曖昧にしたり妥協することとは違います。イエスが「その顔をエルサレムに向け」とありましたように、キリスト者はいつも十字架を見上げ、自身は不屈の意志をもって信仰生活を続けたいものです。

死人を葬ることは

ルカによる福音書9・59、60

ルカによる福音書9章57－62節には、イエスに従おうとする三人の人物が、登場します。その一人ひとりの発言に対してイエスは、弟子となる者のもつべき覚悟について教えられます。この中の二人めの人との対話から学びたいと思います。

イエスは、二番めの人と出会い、この人に「わたしに従いなさい」と言われます。この求めに対してこの人は、「まず、父を葬りに行かせてください」と答えます。イエスの時代の社会では、親に対して子が果たさなければならない義務は、他のすべての義務に優先するものでした。通常は死体に触れることを禁じられていた祭司でさえも、父母の葬りには出席することができました（レビ21・1－3）。ですから、この人の求めは全く理に適っています。しかし主は、「死んでいる者たちに、自分たちの死者を葬らせなさい。あなたは行って、神の国を言い広めなさい」と言われます。

「死人を葬ることは死人にまかせよ」は、よく知られたイエスの言葉です。死人という言葉が、二度出てきます。最初に出てくる死人は、文字どおり、肉体的に死んだ人です。二番めに出てくる死人は、誰をさすのでしょう。これについては、二つの解釈があります。一つは、肉体的に死んだ人ではなく「罪に死んだ人」、すなわち、イエスを信じて霊的に新しく生まれていない罪に死んだ人、霊的に死んでいる人と取る解釈です。この場合、後の死人は、弟子として従おうとした人の親族を、主にさすことになります。死者の葬りは、新生していない霊的に死んだ人に任せよ。日本キリスト教会信仰の告白に「罪に死にたる人、神の国に入ることを得ず」とあるように、イエスを信じていない人は、罪に死んだ状態にあります。この解釈は、二回出てくる「死人」を自然的死人と霊的死人に分けることになりますし、何よりもイエスが、この人の親族を「死人」と差別発言したことが問題です。また「神の国」を宣教することは、「罪に死んだ人」になされるのですから、この点でも矛盾しています。今一つの解釈は、後の死人を「墓掘り人」と取るものです。かつて日本でも墓掘りや死人を扱う人たちは不浄な者として差別されました。この解釈もまた、イエスが差別発言をしたことになります。

新しい解釈が、大貫隆氏により提唱されています。それは、二番めの死人も、文字どおり、死人と取る解釈です。死んだ人の葬りについては、死んだ人たちの世界に任せよということです。東日本大震災では、未だ二千名以上の人が行方不明です。死者は、死者たちの世界に任せよということです。「自分たちの」とありますす。先に死んだ者たちは、後で死んだ者を「自分たちの」者として迎えてくれるということではないでしょうか。死んだら終わりだ。人間は死で終わるというのは、あまりに希望がありません。死者には死者の世界があります。私は、死んだらまず、亡くなった父、母に会いにいきたいと思います。『讃美歌』489番に「親はわが子に、友は友に、妹背あい会う父のみもと」とあるように。

隣人とは――よきサマリア人の譬え

ルカによる福音書10・25―37

松尾芭蕉に、「秋深き隣は何をする人ぞ」という俳句があります。深まりゆく夕暮れの孤独な思いの中で、同じ人間として、灯りのついた隣の人を思い遣る気持ちが、よく出ています。また漢字で「優」は「人を憂《うれ》える」と書きます。そのような人が優れた人と考えられてきたのです。しかし、現代の日本は、隣人への関心がなくなってしまいました。

身寄りもなく、看取る人もなく孤独死する人が増えています。「無縁社会」とも言われます。主イエスは、自分の隣人は誰かと問う人に対して、あなたが困っている人の隣人になりなさいと言われました。自分の隣人について定義を求め、隣人と隣人でない者との境界を定めようとするのではなく、自分が他の人の「隣人」になるという、視点のコペルニクス的な転換です。そこで隣人愛の限界、境界線はなくなるからです。ユダヤの民衆を救い、配慮すべき、祭司やレビ人が、この瀕死の旅人を見捨てた後で、「第三の男」として登場する、このよきサマリア人は、ユダヤ人にとっては敵でした。しかし、サマリア人は、「敵」の限界を超えて、隣人愛を示したのです。

隣人になるということはどういうことでしょう。追剥ぎに襲われたユダヤ人を助けた、よきサマリア人のように差別を乗り越えることです。このサマリア人で示されているお方こそ、実は主イエスご自身であります。主イエスは、ユダヤ人から敵視され、こんな人は私たちを救うメシアではないと十字架にかけて殺されたからです。また、私たちが神に敵対し、神に背いた生き方をして、いわば死んでいたとき、瀕死の状態であったときに、主イエスは、その敵対関係を超えて、私たちを、このサマリア人のように「憐れに思い」、私たちの隣人として来てくださったからです。

私たちも、主イエスの、この譬え話を聴き、十字架におかかりになり、人類の罪を贖うために、エルサレムへと向かって進みたもうお方の弟子であるキリスト者として、自分たちの世界に対する見方を変えられ、ひっくり返され、新たに造り直されて、隣人とは誰かについてのいかなる境界や限定をも取り去ることを迫られます。あなたは、隣人にいかなる境界を設けているだろうか、あなたが関わりたくないゆえに見過ごしにしている、打ち叩かれ、道ばたに横たわっている人たちは誰ですかと、問われるのです。主イエスの譬えは、われわれにこのような問いかけをなしているお方が、エルサレムへと下って行かれる、正にイエスにほかならないことを思い起こさせます。そこでイエスは、打ち叩かれ、十字架につけられ、こうして、われわれに対する究極的な隣人愛を示されました。こうしてキリストは、人生の途上で傷つき、道ばたで死んだようになっていた、私たちを受け入れ、私たちに「あなたも行って同じようにしなさい」と求めたまいます。何よりも命を懸けてまで私たちに寄り添い、私たちの隣人となってくださった方がおられることを知り、このお方の召しに、お応えする者でありたいと思います。

マルタとマリア、あるいはマルタ的生活とマリア的生活

ルカによる福音書10・38―42

マルタとマリアの物語です。主イエスを接待することで一所懸命な姉のマルタと、イエスの足元に座って主イエスの大切なみ言葉に耳を傾ける妹のマリアの姿が、印象的にまた対照的に描かれています。もともと、マルタがイエスを迎え入れたのは、主の教えを聴きたい、み言を聴きたいということであったはずです。けれども、主イエスと弟子たちを接待することで多くの気配りをしすぎて、大事なものを見失ってしまったのでした。

40節にマルタは「もてなしのためにせわしく立ち働いていた」とある、そこで「もてなし」と訳されている言葉は、「ディアコニア」で「奉仕」という言葉です。マルタは、主のもとに来て言います。「主よ、妹がわたしだけに接待をさせているのを、なんともお思いになりませんか。わたしの手伝いをするように妹におっしゃってください」。マルタは、妹に手伝わせるように主に言ってくれるように、まるで主がそのことに無頓着なことも非難するような言い方をしています。しかし、主はそれを咎めることなく、「マルタよ、マルタよ」と二度呼びかけ、彼女に深い慈しみを示されたのでした。

ところで、マルタとマリアは、中世では「活動の生活」（vita activa）と「観想の生活」（vita contemplativa）という、キリスト者の二つの生活のあり方を代表するものとされました。マルタは活動的行動的実践的な人間生活を、マリアは観想的黙想的内面的な生活の代表者、しかも、マリアの方が、マルタより価値ある生き方とされたのです。しかし、ベルナルドゥスという人は、マリアよりもマルタに注目し、彼女こそ活動的な人生の手本だと言っています。実際、マルタが主と弟子たちを家に迎え入れなかったならば、マリアもみ言葉を聴くことはなかったし、マルタには、キリスト教が大事にしてきた「もてなし」、ホスピタリティーの精神があるからです。またアッシジのフランチェスコは、マルタとマリヤは、キリスト者の生活において、一人の個人にあって他者のためにお互い役割を果たすものと考えております。

つまり、ある時には他の信仰者がマリアのように、み言を聴けるようにマルタの役割をし、ある時は自分がマリアのように、み言葉に聴くために、他の人にマルタの役割をしてもらうということです。マルタとマリア、マルタ的生活とマリア的生活との調和が大事です。信仰が、頭の中だけのものになることなく、実際の生活で生きられるために、活動の生活は大切です。しかし、み言葉に聴くことが第一です。「必要なことはただ一つだけである。マリアは良い方を選んだ。それを取り上げてはならない」。このことは、マリアだけでなくマルタからも、私たちからも、取り去ることはできません。

実は、礼拝か奉仕かの二者択一は、本来ありません。礼拝を英語で「サービス」、奉仕、ドイツ語で「ゴッテスディーンスト」（Gottesdienst）、神奉仕と言いますように、礼拝は、神が、キリストを、私たちの罪を贖うために十字架にまで遜《へりくだ》る僕《しもべ》として、この世に遣わし、奉仕してくださったことを覚えることだからです。この神の、私たちへのご奉仕にお応えし、感謝して、今度は私たちが神と教会と隣人に奉仕するのです。

信仰の遺産を受け継いで

ルカによる福音書12・13－15

二〇二三年最後の主の日に取り上げたいと思いましたのは、いわゆる「愚かな金持ちの譬え」が語られるきっかけとなる出来事です。この記事は福音書の中でルカにしかありません。

ルカ福音書は、他の福音書に比べて、地上の富や財産、貪欲といった経済的な不正、貧しい人に対する視点などがあり（マリアの讃歌、徴税人ザアカイ、貧しい人ラザロなど）、ここもそうです。相続財産のことで揉めていたある人が、イエスに、兄弟たちに自分への財産分与をしてくれるよう言ってくださいと要求したのです。それに対してイエスは「誰が私をあなたがたの裁判官や調停人にしたのか」と言って、あらゆる貪欲に警戒するように群衆に語り、続いて「愚かな金持ち」の譬えを話されたのです。

明治以来、キリスト者は、裁判官、検察官、警察などの人を捕らえ、裁く職業よりは、むしろ、イエスの教えに従って、伝道者、教育者、医療者の道に進むように言われたものです。実際、伝道だけでなく、教育、医療の分野で先駆者として大きな働きを明治以来、キリスト者たちは、果たしてきました。教会も、もちろん、この地上において財産を所有し、また宗教法人格を取得し、権利、義務の主体としてこの世の法のもとにありますし、本来の宗教活動における収入に対しては所得税が免除されています。利得行為や収益行為をするなら当然、税金がかかります。今日、宗教法人格を隠れ蓑にして利得行為、高額な品を買わせて富を蓄積する詐欺行為などが多く見られます。日本の教会は、明治以降、清貧を旨として伝道をおこなってきたと思います。

私が仕えてきた教会のうち三つが、寡婦の方の家庭集会から始まり、その土地が遺贈されてできた教会でした。茅ヶ崎東教会もそうです。しかし、教会は、信者の方の寄進を当てにするものではありません。天涯孤独の身と言っても、必ず死後、法定相続人が現れます。そのようなことを考慮すれば、教会は財産の遺贈については慎重でなければならないし、牧師は確かに規則上は宗教法人の代表役員であることが多いですが、「誰が私をあなたがたの裁判官や調停人にしたのか」とのイエスの言葉に留意して、行動しなければならないと私は考えます。「人の命は財産にはよらないからである」。財産を多く持っていても、それで、その人の命が長らえる訳ではありません。たくさん財産を残しても、それは争いや貪欲の元になります。西郷隆盛は「児孫のために美田を買わず」と言いました。今年は、敬愛する五名の兄弟姉妹をを天に送りました。それぞれの方の葬儀のしかた、残された財産、相続の状況、また納骨や墓地に対する考え方は、遺族の考えもあり、同じではないでしょうし、故人の遺志や教会の思いとは異なるものでもあることも現実です。それはしかたのないことでしょう。

私たちは、地上の「遺産」にではなく、この兄弟姉妹たちが私たちに遺した「信仰の遺産」(depositum fidei)を受け継ぐべきであると思います。それは礼拝出席の姿勢、教会への献身、祈りの精神などです。

いったいだれのものになるのか

ルカによる福音書12・20、21

いわゆる「愚かな金持ちの譬え」とよばれる話です。

この金持ちに対する神の最初の応答は、「愚かな者よ」であります。この金持ちは、神が恵みや富を与えたもうお方でありたもうことをいつしか忘れ、「自分の力と自分の手の働きで、私はこの富を得た」と自分の心に語ったのでした。人は繁栄することによって、富を与えたお方が誰であるかを忘却してしまうということであります。彼らは神を忘れ、ただ自分だけを究極の関心事とするに至るのです。次になされます神の宣言が、この金持ちが今晩死んで、この将来の計画がすべて台無しになることを示すことによって、この金持ちの愚かさが明らかにされます。ものみなを平等にする死は、人間の計画を虚しくし、台無しにすることによって、その愚かさを示すのであります。

主イエスは「自分のために宝を積んでも、神の前に豊かにならない者は、これと同じである」という、知恵に満ちた警句で、この喩えを締め括っておられます。この金持ちは神のことを忘れて、自分の心の中であれこれ計画を立て、自分中心の生き方をしようとしました。そして自己の安心を確保し、それをしっかりと手に握ろうとしました。彼はただ、自分自身と自分の幸福にのみ関心を注いだのでした。将来の不安に直面して彼は、宝を地上に蓄えることによって、自身の安全を図ろうとしました。しかしそのような生き方は、神の目から見ると、「愚かな」生き方であるのです。この愚かな金持ちが考えたように、たくさんの倉を持つことによって、幸福を勝ち取るとることができるのではないということです。倉をたくさん造り、そこに富を蓄える生き方ではなく、倉を開いて人を潤すという生き方によって他の人を富ませ、自分も潤うという生き方もあるのではないでしょうか。

箴言19章17節にこうあります。「弱者を憐れむ人は主に貸す人。その行いは必ず報いられる」。人は地上の倉に獲得してためこんだ宝ではなく、人に与えた物だけを天の神さまの倉に積むということ、人に与えたものだけを天で神さまから返してもらうということではないでしょうか。人生の設計において、私たちはいろいろな計画を立てますが、病気、事故、災害、老化、死などあまり考えないかもしれません。けれども人生は、自分の計画が成るのではなく、また直線的でもなく紆余曲折があり、登り坂、下り坂だけでなく、まさかの坂があり誤算もあるというのが現実です。箴言19章21節に「人の心には多くの計らいがある。主の御旨のみが実現する」とありますように、私たちも、主なる神の御旨に叶った計画に沿って人生の設計をし、これを進めていくことができれば幸いであります。

さあおいでください。もう準備ができましたから

ルカによる福音書14・15―24

ここは「大宴会の譬え」とよばれる箇所です。

最初に出会う登場人物は主人であります。理由はともかく、この主人が盛大な宴会を開きます。古代の習わしに従って前もって主人は客に招待状を送り、いまや宴会の準備が整い、客に対する最後の呼びかけがなされます。ところが、これらの客は宴会に来ることをさまざまな理由を述べて断ります。それで主人はこの知らせを自分に対する侮辱として受け止めます。この拒絶に直面して主人は、怒りながらも、招待客のリストを拡大し、宴会には呼ばれることがありえない人びと――貧しい人、体の不自由な人、足の不自由な人、通りや小道にいる人びとを宴会に引っ張って来るのです。主人は宴会を用意し、もともとの客が最後の招きを断ったときに、他の人たちが主人の一方的な恵みから自由に食卓に連れて来られることになります。

この譬えから二つのことを学ぶことができます。一つは、自分は招かれた客であるという自負、自信が、宴会の席を保証していると考え己惚《うぬぼ》れることの危険であります。主イエスは食卓で己惚れと自己慢心とに対して警告する言葉を発しておられるのです。思い上がってはならないのです。そしてあなたの優先順位を主

人の招く宴会にではなく、この世の他の事柄に置いてはならないと警告しておられるのです。神の招きを断る理由はいくらでももっともなことを言うことができます。けれども、私たちは、神の宴会への招きを自分たちの行動予定の後回しに優先づけるのではなく、この世におけるあらゆる関心や予定に対して優先すべきであることが求められているのです。

二つめは神の国の驚くべき恵みです。それは宴会に出るに値しない者たちが、ただ神の一方的な恵みと憐れみによって招かれ食卓につき、神との喜びに満ちた祝宴にあずかるようにされていることです。聖餐式はみ国における来たるべき祝宴の先取りであると言われます。イエスこそが神の盛大な晩餐会のもてなしの主人であり、私たちは、主の盛大な祝宴に驚くべき恵みによって何の値もなしに招かれた客なのであります。神の招きはいつもなされています。しかし、その招きに応えるか、さまざまなもっともな理由をつけて断るかは、私たち人間の側に委ねられているのです。

やっと教会に行けるようになった時は、もうだいぶ年をとって聖書を読むにも礼拝をするにも体が弱くなってしまった、もっと早くからイエスの招きに素直にお応えして信仰に入ることをしておればよかったと、過ぎてしまった時を悔やむ人もいます。もちろん信仰に入る、神の招きを受け入れるのには定められた時がありますし、信仰に入るに遅いということはありません。しかし、「さあおいでください。もう準備ができましたから」という招きは本当に最後のチャンスとして神さまが声をかけてくださっていることを忘れないで、神ご自身の招きに今すぐ立ってお応えすることができれば幸いであります。

放蕩息子の悔い改め

ルカによる福音書15・11－19

私が中学の頃、通学路に養豚舎がありました。学校の行き帰り、そこからまだ離れていても悪臭がしたのを今でも覚えています。豚は、ユダヤ人が忌み嫌う動物でした。

この箇所は、有名な「放蕩息子の譬え」です。裕福な父の家に二人の息子がいて、弟の方が父に財産を分けてもらい、さっさと外国に行き、そこで放蕩の限りを尽くした後、飢饉になり、彼は、ある人の豚を世話することになるのです。豚の食べるイナゴ豆を食べたいと思うほど飢えたけれども、誰も彼に「食べ物」をくれる人はいなかったと「新共同訳」にあります。ところで今度出た「聖書協会共同訳」において、16節に別訳が入りました。小さいですが、重要な別訳です。

それは、「どの豚も譲ってくれなかった」という訳です。この訳は、田川建三という新約学者が主張している訳で、これを採用して別訳に入れたのですが、その後、原文をよく調べてみて、この訳でなければならないと考えるに至りました。原文を直訳するとこうです。「彼は、豚たちが今食べているイナゴ豆にあずかろうと必死に願ったが、誰もくれようとはしなかった」となります。この「誰も」は人ではなく、豚なのです。「新共同訳」は、「彼は豚の食べるいなご豆を食べてでも腹を満たしたかったが、食べ物をくれる人はだれもいなかった」と訳していますが、現実的な切迫感がない観念的、抽象的な訳になっています。「口語訳」も然りで、「彼は、豚の食べるいなご豆で腹を満たしたいと思うほどであったが、何もくれる人はなかった」と訳しています。そうではなくて、放蕩息子は、今、目の前で豚ががつがつ食べているイナゴ豆から取って、飢えを満たそうとしたが豚が彼に取らせなかったという現実に直面したのです。自分は豚を忌み嫌うユダヤ人であったのに、今は豚にも馬鹿にされ、除け者にされ、豚以下の存在になってしまったという現実に直面して、そこで彼は17節にあるように「そこで、彼は我に返って言った。『父のところでは、あんなに大勢の雇い人に、有り余るほどパンがあるのに、わたしはここで飢え死にしそうだ』」と。「ここで」というのは、豚を前にした「いまここで」(hic et nunc)であります。豚の食べるイナゴ豆を食べたいと思うまでになったが、人が「食べ物」をくれなかったなどという頭の中だけの観念的なことではないのです。放蕩息子の悔い改めに、人が自分にどうしてくれたかとか、くれなかったとかいう「他人」は関係ありません。

放蕩息子は、自分の惨めなどん底の状況において回心をしたのです。そして思います。「ここをたち、父のところに行って言おう。『お父さん、わたしは天に対しても、またお父さんに対しても罪を犯しました』と」。悔い改めのことを旧約のヘブライ語では「シューブ」と言い、これは「帰る」という意味です。新約のギリシア語では「メタノイア」でこれは「心を転回する」ということで、まさに回心を意味するのです。神は、私たちが回心し、神の家に帰ることを望んでおられるのです。

いなくなっていたのに見つかったのだ

ルカによる福音書15・31、32

いわゆる「放蕩息子の譬え」には父の家から出て行ったが、やがて、父の家に帰る弟の話が出てまいります。しかし、家にいた兄の方はどうでしょう。

兄もまた父の家にいながら、父から離れ、父の前に失われた者となっていたのではないでしょうか。ここで兄は自分が常に忠実であり、怠けたことなく、また父の指導から迷い出たこともない、自分はいつも熱心に働き、弟のように家から出て行き、放蕩に身を持ち崩すこともなく、ずっと家に留まり「正しいこと」をなして来た、それにもかかわらず、父は一度も自分のためにパーティー一つしてくれなかったと、文句を言っています。さらに、兄は、我儘な弟に対して父が与える桁外れの恵みに対して抗議しております。

兄が自分の忠実さを言うとき、父の家にいて共に享受すべき筈の喜びの生活が、いつの間にか単調でつまらない服従だけの日々に変わってしまっております。父の家を出て放蕩し、やがて、落魄《おちぶ》れて父の家に帰った弟の姿。それはかつて父なる神とその家から迷い出た果てに、ようやく父なる神の家、教会に帰って来た私たちのかつての姿に重ねることができます。けれども兄の方はどうでしょう。この兄の姿もまた、私たちの一面ではないでしょうか。喜びに満ちた父の家での生活、教会生活が、いつしか潤いのない、与えられた義務や奉仕を、ただ、やりこなすだけのくり返しになって、喜びのない不平不満をこぼす兄のような存在になっていないだろうか。放蕩に身をもちくずした弟だけでなく、真面目一徹な兄もまた、父の家で生活しながら、いつしか失われた者となっていたのです。けれども、父は、弟に対してしたのと全く同じように、怒って家に入ろうとしない兄を、自ら外に迎えに出て行きます。父は温かく、兄息子を迎え、喜ばしい宴に招き入れようと、手を差し伸べます。弟に対しても、兄に対しても全く平等であります。父は、失われた二人の息子を共に家に迎え入れ、祝宴にあずからせようとされるのです。

しかし、ここで譬えは父の招きに対して兄が取った態度を明らかにすることなく終わっています。それは、この譬えを聞く私たちが自分で、この物語に結末をつけるように促しているのではないでしょうか。「人は結局、家から出ていくか、家に帰るかのどちらかである」とジンメルという哲学者が言っていますが、そのことを、この譬えは、私たち一人ひとりに問いかけて迫っているのだと思います。神は、迷い出た放蕩息子であるわれわれを家に迎え入れ、われわれの帰宅を歓迎して、盛大な宴を開く神でありたまいます。しかしまた、神は、しばしば兄のようになるわれわれを天の祝宴へと招くお方でもありたもう。神は、われわれの帰宅を待ち、帰って来る者を、いつも喜んで迎えたもうお方であります。

ルカによる福音書16・1－9

不正な管理人の譬え

ルカによる福音書16章1節以下には、主イエスのお語りになった「不正な管理人の譬え」と言われる話が出てまいります。

8節に「この世の子らは、自分の仲間に対して、光の子らよりも賢い」と言われております。これは、この世の人たちの方が、光の子であるクリスチャンよりも世間的な智恵に長けていて、キリスト者は、この世に対しては彼らより世慣れていない、だから、もっとこの世のことに賢明になれと言っているのでないのであります。その意味なら、ある意味、当然でありましょう。この世の人たちの方が私たちよりこの世のことについてよく知っているということはあるでしょう。ここで「仲間」と訳されている言葉は「アイオーン」という言葉で、「世界」とも「時代」とも訳することのできる言葉であり、この言葉に「その」がついているのです。キリスト者が向かい合っている時や世界とは、イエスがこの世に来られたことによって、永遠が、時間の世界に突入し、始まった永遠の世界、み国、終わりの時です。キリスト者は、このアイオーンに対処しているのです。

この世の人たちが、この世の時間的な事柄、過ぎ去っていく事柄、相対的な事柄に取り組む、その取り組み方が、キリスト者が、神の事柄、永遠的な事柄、絶対的な事柄に対処して取り組んでいる、その取り組み方よりも賢明であると言って、聖書は、もっと私たちが、自分の信仰的な神の事柄に、自分の救いの問題に賢明に真剣に取り組むように求めているのです。

主人の言葉を用いれば、「あなたの会計報告を出しなさい」ということです。人は神の前に罪を犯した、いわば負債、重荷を負っている者であります。罪とは神の前に犯した不正であり、負債で重荷なのです。この負債を神に返すことはできません。神から、「あなたの会計報告を出しなさい」と言われて、それはもう繰越金もないし、到底、返すことのできない負債を負って破産するほかはないのであります。永遠のアイオーンという世界に繰り越すことは、できないのです。この世を超えて、永遠に繰り越すことができない中にあって、私たちはみ国に入るために自分の負債を帳消しにする行動をとらなければならないのです。それを自分の力でなすことはできませんし、誰かに借金を肩代わりしてもらうこともできないのです。皆同じく負債を負って、神の前に罪びとであるからです。そのような私たちの負い切れない借金を、その証書とともに破棄し、帳消しにしてくださるお方こそ主イエスにほかなりません。コロサイの信徒への手紙2章14節に、こうあるとおりです。神は「規則によって私たちを訴えて不利に陥れる証書を破棄し、これを取り除いて、十字架に釘づけにして取り除いてくださいました」。

主は言われます。「不正にまみれた富で友達を作りなさい。そうしておけば、金がなくなったとき、あなたがたは永遠の住まいに迎えて入れてもらえる」。主イエスこそ私たちの負債を肩代わりし、私たちを「永遠のすまい」へと迎え容れてくださる真実な友であります。

金持ちとラザロ――あなたはどちら

ルカによる福音書16・19―31

取りあげるルカによる福音書の16章19節以下の、「金持ちとラザロ」の話から、み言葉に聞きたいと思います。

14節を見ますと、イエスは、この譬えを、「欲の深いパリサイ人」に、お語りになったとあります。金持ちの玄関先で、病に苦しむラザロ、犬にまでも悩まされている、惨めなラザロの話をされたのです。このラザロが死に、御使いたちに連れられて、アブラハムの懐へと送られました。アブラハムの懐とは、天国のことです。死と同時に、「天使たちによって」彼の魂が運ばれます。そのみ国には、アブラハムが生きています。ラザロは生前、悪いものに苦しめられましたが、そこでは、慰めを受けています。

イエスの語られた、この譬えは、多くの信仰者たちから反対を受けてきた歴史があります。お金を持っているということと、貧しいということを、それだけを扱い、善と悪に、天国と地獄に、ここまではっきりと分けてしまうのは、おかしいのではないかということです。お金持ちでも、慈悲深い人はいます。逆に、貧しい人でも、その上、心まで貧しい人も、中にはいるのです。外面的に、お金があるかどうかではなく、大事なのは、心の問題なのではないかと。金持ちは、口先だけの信仰で、実は信仰がなかったのであり、逆にラザロはこの世で悲惨な貧しい境遇であったが、心に信仰をもっていたのだと。

しかし、そのようなことは、何も語られてはいません。ここでは、恐ろしいほど単純に、富む者に対する神の威嚇と、貧しい者に対する神の約束とが語られています。ラザロと金持ち、この二人は無関係な存在ではなく、繋がりがあります。なぜなら、金持ちの富が、ラザロを貧しくしているのであり、ラザロの貧しさが、金持ちを富ませているのです。

個々人だけではありません。世界の貧富の差も、それぞれ繋がっています。日本も、世界では最も裕福な国の一つで、それは貧しい国と無関係ではありません。私たちは、ラザロでしょうか。金持ちの方でしょうか。あなたが、ラザロであるかどうかは、神のみが知っておられます。ラザロとは、誰のことでしょうか。この譬えをお語りになるのは、イエスであります。人間世界の悲惨と罪深さを、ラザロのごとく味わわれた「神のラザロ」です。このお方は、王や金持ち、裕福な宗教家たちによって、十字架につけられたお方なのです。本物のラザロとは、十字架で私たちのために渇き、罵られ、受難されたイエスにほかなりません。このお方の前では、私たちは皆、あの金持ちなのであり、十字架の罪の赦しを受けなかったなら、すべて黄泉の火で永遠に苦しんでいたであろう者たちです。神は、金持ちの方こそが、実は貧しい者であったことを教えられるのです。

ひれ伏して感謝した

ルカによる福音書17・11―19

私たちの改革教会の流れで重んじられる「ハイデルベルク教理問答」は、三部構成であって、第一部が、「人間の悲惨について」、第二部が、「人間の救いについて」、第三部が「感謝について」となっています。これを三つのGとよんだ人がいます。今流行りの「三密」ではありません。Guilt、Grace、Gratitude、つまり、罪の悲惨と恵みによる救いと感謝です。

ちょうどここに出てまいります十人の重い皮膚病の人の話は、この三つの部分に対応しています。彼らは最初、自分たちの悲惨な状況に対して「主の憐れみ」を請い求めます。それぞれに対し主が、癒し、すなわち、救いを与えます。問題は、三番めの感謝なのです。感謝が十人のうち一人だけであったこと、あるいは、個人に当て嵌めれば十分の一であるということです。この帰ってきた一人の人に主イエスは、言われます。「立って行きなさい。あなたの信仰があなたを救ったのだ」。この人は、十把ひとからげの病気の癒しから、キリストと一対一の人格的関係に入っています。信仰は、キリストとの一対一のパーソナルな人格関係であって、教会を去っていった人がどうだとか、感謝を忘れた人がどうだとかいった、他の人がどうのこうのということとは関係のない、心の底からの深い関係です。

さて「イエスの足もとにひれ伏して感謝した」とあります。「ひれ伏して感謝した」。これが本日の説教題です。「ひれ伏す」これは真の救い主を畏敬して礼拝することです。ひれ伏す信仰です。

昔、私が読んだ本を題材に後の話をしたいと思います。「ひれ伏す」ということで思い出しますのは、石井桃子さんの『ノンちゃん雲に乗る』という、今から七十年も前の児童文学です。粗筋は「八歳の女の子、ノンちゃんは、ある春の朝、お母さんと兄ちゃんが自分に黙って出かけたので、悲しくて泣いていた。木の上からひょうたん池に映る空を覗いていているうちに、誤って池に落ちてしまう。気がつくと、そこは水の中の空の上。雲の上には白い髭を生やしたおじいさんがいて、熊手ですくって助けてくれた。ノンちゃんはおじいさんに、自分や家族の身の上を打ち明けるというものです。その中に、次のような対話が出てきます。このノンちゃんは、学業優秀で、何でもできることをおじいさんに言うと、おじいさんが次のように言うのです。『ようくきいて覚えておけ。人にはひれふす心がなければえらくはなれんのじゃよ。勉強のできることなど、ハナにかけるのは大馬鹿だ。ひれふす心のない人間は、いくら勉強ができてもえらくはなれん。おまえにはいいおとうさん、おかあさんがついてござるから、まず間違いはないと思うが、おまえのようになんでもできる子はよほど気をつけんとわるくなる。なるほど字はよく読める。話もじょうずだ。が、知らぬまに人の心が読めなくなる。そうなったら人間はもうおしまいさ。ひれふす心、ようくおぼえておけ。これさえ忘れねばまず間違いはない』。

ひれふす心をもって、私たちも、主イエスの前に、ひれ伏す者でありたいと思います。

ふたりの人の祈り

ルカによる福音書18・9－14

ルカによる福音書の特徴の一つに祈りについて、とても強調されていることが挙げられます。イエスに聖霊が降下したのは、イエスが祈っていた時であります（3・21）。また、私たちに祈ることを教えてくださいと言って、イエスが祈っているときに弟子たちが問い、主の祈り（11・1）が教えられます。サタンにふるいにかけられるペトロのためにイエスが、信仰がなくならないように祈ります（22・32）。オリーブ山でイエスが汗を血の滴るように垂らして祈る姿が語られておりまして（22・39－46）、このように、祈るイエスを強調するのはルカの特徴であります。

ルカにしかない記事です。有名な、ファリサイ派の人と徴税人の祈りについての話です。ファリサイ派の人の祈りは、祈りとは言えないものです。当時、ファリサイ派の人たちは、ユダヤ人社会にあって敬虔な生活、特に、主の律法を厳格に守る生活をしていました。しかし、それは往々にして自分の敬虔さを誇り、時に偽善に陥り、他の人を見下げることになったのです。この人は、自分が他の人、また目の前にいる徴税人のような罪びとではなく、正しい人間で、敬虔な生活をしていることを誇っています。自分の正しさをただ、主張しているのです。11節と12節に「わたしは」という言葉が、二度出てきますように、結局は自己の自慢であって、神に対する謙遜な悔いし砕かれた祈りではありません。罪のことを英語でＳＩＮと言いますが、真ん中にＩ、つまり、「わたし」があって、罪とはエゴイズムにほかならないのです。

これに対し、徴税人は、当時、ユダヤ人の社会で罪びととされ軽蔑されていました。この人は、神殿で「遠くに立ち」「目を天に上げようともせず」「胸を打ちながら」ただ短く、「神さま、罪びとの私を憐れんでください」と祈ります。祈りは、神の前に自分の正しさを主張することではなく、悔いし砕けた心をもって、罪びとである自分を神の前に表し、神の憐れみと赦しを乞い求めることです。ファリサイ派の人が、週に二度、断食し、全収入の十分の一を献げる敬虔な生活をしていること自体を、イエスは、否定した訳ではありません。それは立派なことです。また、主は、徴税人が犯した罪そのものを是認した訳でもありません。罪は罪です。また、神の御前では、ファリサイ派の人も、徴税人も一人の罪びとであることには、変わりがありません。大事なことは、神の前での心からの悔い改めと罪を赦してくださるように神の憐れみを、心から求める砕けた魂です。そのような人を、神は、罪びとのまま赦し、義としてくださいます。これを信仰義認とよびます。自分の正しさ、自分の義を神の前に主張する自己義認では、ありません。

神は、イエス・キリストの十字架による罪の贖いによって、私たちをただ、主イエスに対する信仰によって、罪びとのまま、義として受け入れてくださいます。私たちは、その神の憐れみに心から感謝し、生きていく者とされるのです。

今日、救いがこの家を

ルカによる福音書19・1―10

ザアカイは、どんな人か見てみたいと思っていたイエスという人が、エリコに来て、通りを歩いているのに、人垣に阻まれて見ることができなかったのでした。「背が低かったからである」とあります。背が低いということで、彼は、人から見下されたりしたことがあったのかもしれません。ここでも彼は、そのような自分のハンデを意識させられるように直面したのです。けれども、背が低いだけに、身軽で、はしっこく立ち回ることができたのです。彼は、イエスの一行が進んでいく方向に先回りし、無花果桑《いちじく》の木にすばやく上り、その上からイエスと、それを見ようとする沿道の群衆を見下ろしていました。それが、彼のこれまでの生き方だったのです。不利な環境にあっても、それを克服し、徴税人の頭にまで登り詰め、金持ちにもなっていたのです。社会のアウトサイダーにあって、登りつめることのできた彼なりの努力の結果であったでしょう。無花果桑の木に登り、その上から群衆を見下ろすというのは、彼のこれまでの生き方そのものでした。

ところがイエスは、その場所に来ると、上を見上げて「ザアカイ、急いで降りて来なさい。今日は、是非、あなたの家に泊まりたい」言われました。多くの人が群がる中で、主は、木の上で隠れている、ただこのザアカイだけに声をかけ、救いをもたらすために来られたのです。人を理解するということは難しいことです。これは英語で理解するという言葉はアンダスタンドであり、ドイツ語でウンターシュテーエンと申します。これは「下に立つ」という言葉です。上から見下し、あるいは周りであれこれ言っていたのでは、真に人を理解することはできません。イエスは、木の上で見下しているザアカイの木の下のまさに、その下に立って、ザアカイに呼びかけられたのです。その瞬間、ザアカイは、この方こそ、これまで歩んできた自分の人生の苦しみも悩みも劣等感も、またその裏返しとしての優越感も、自分が過去に犯した罪も過ちも、すべてアンダスタンドしていてくださるお方であることがわかったのです。主は、ザアカイが、これまでしがみついてきた生き方をもうやめて、私の元に降りて来なさい。そうすれば私は、あなたの家に泊まろうと言われるのです。「ザアカイは急いで降りて来て、喜んでイエスを迎え入れた」とあります。それまで劣等感と罪意識に苛まれつつ他の人と競争し、出し抜くような生き方を彼は捨てたのです。あれほどしがみついていた木から、すぐに下りたということに、そのことが示されています。

私たちも自分の劣等感を隠し、人より優位な立場を得ようとしてしがみついているものがありはしないでしょうか。地位、名誉、お金、財産、能力などに、しがみついていないだろうか。主イエスはそのような私たち一人ひとりの足下にまで身を低くし「何々さん。あなたが、しがみついているものから離れ、さあ、急いで降りて来なさい。今日、私はあなたの家に泊まることにしている」と仰ってくださるのであります。

二振りの剣について

ルカによる福音書22・35—38

この箇所は、ルカによる福音書にしかない記事です。ルカ福音書では、神の救いの歴史が、キリスト以前の時、キリストの時、教会の時というふうに三つに区分されます。教会の時は、ルカが書いた使徒言行録になります。キリストの時というのが、時の中心に置かれています。この時は、ルカによる福音書4章13節から22章3節までです。4章13節の荒野の誘惑でサタンは、「時が来るまでイエスを離れ」ますが、22章3節で、その離れていたサタンがユダに入ります。この間は、サタンのいない理想的な時です。

その時は弟子たちの宣教活動において財布も袋も履物を持たなくても何一つ不足のない時であったが、サタンが再び活動する時に入り、主は、今からは、財布、袋を持って行け、「剣のない者は、服を売ってそれを買え」と言われます。ルカとマタイとで、剣の扱いが微妙に異なります。ルカ福音書は、冒頭にありますように、ローマ帝国の高官であるテオフィロに献呈されております。ローマ帝国は地上の権力、剣を身に帯びていますので、そのことを認めているのです。他方、マタイ福音書では、26章51節を見ますと、イエスが逮捕される時、弟子の一人が、大祭司の手下に剣で打ちかかって、片方の耳を切り落とします。これに対しイエスは、「剣を鞘に納めなさい。剣を取る者は皆、剣で滅びる」と言われます。この弟子は、ヨハネ福音書でペトロであることが記されていますが、マタイは、人間理解に関して理想主義的です。絶対平和主義（absolute pacifism）に近いとも言えます。これに対しルカは、悪魔が働く人間世界には、剣が必要だという現実主義的な理解をしています。マックス・ヴェーバーは、『職業としての政治』という書物の中で、政治はサタンと関わらなければならないと言っております。ですから、この世の支配者は俗剣をもつことになるのです。

この二つの剣の箇所から中世のローマ・カトリック教会では、両剣論（two swords theory）という考えが生まれました。二つの剣とは、霊剣と俗剣です。霊剣とは、人間を救い、天国に入れる権能であり、俗剣とは、この世を統治し支配する権能です。この両方を教会が、主から託されていて、俗剣の方は教会が、この世の統治者に委ねるというのです。中世のローマ・カトリック教会（教皇）と神聖ローマ帝国（皇帝）とは、そのような関係にありました。

ダンテの頃には、教皇が、この世の支配権、俗剣を皇帝から奪おうとして争った時代でありました。それに対してダンテは、教会は霊剣だけをもつべきであって、俗剣は、この世の統治者が神から委ねられているという考え方を述べています。ルターは、霊剣と俗剣を区別しました。ダンテもルターも、いわゆる近代の政教分離の考え方の先駆者です。

教会は、主から「霊の剣」である神の言葉を託せられております（エフェソ6・17）。「神の言葉は生きており、力を発揮し、どんな両刃の剣よりも鋭く、精神と霊、関節と骨髄とを切り離すほどに刺し通して、心の思いや考えを見分けることができる」（ヘブライ4・12）のです。

夕ぐれのエマオへの道で

ルカによる福音書24・13－32

ルカの福音書の最後に「エマオへの途上」の物語が出てきます。

主イエスの十字架の死に直面し、失意と落胆のうちに、エマオへと歩む二人の弟子に、復活のイエスが近づき、共に歩み、聖書を解き明かされます。やがてエマオに着いたとき、さらに先に進んで行かれようとする主を、彼らは無理にひきとめ、やがて家でこの見知らぬ人と晩餐の食卓に着きます。二人は、その人がパンを裂く仕草を見て、そのお方が、よみがえりの主であることに気づきます。主が、パンの給食の奇蹟を起こした時のこと、また最後の晩餐の席でのパンを裂く様子を思い出したのです。エマオにおける主との晩餐は、初代教会における聖餐を背景にしております。

聖餐について主イエスは、コリントの信徒への手紙一11章24節で、こう言われます。「わたしの記念としてこのように行いなさい」。記念とは想起することです。「わたしの記念」とは、わたしを「思い出して」という意味にとることができます。小林秀雄という人が「歴史とは思い出すことである」と言っていますが、キリスト教は「想起」（アナムネーシス）の宗教なのです。主イエスが、この罪びとである私たちのためにしてくださった救いのみわざ、み言葉を思い起こすことなのです。しかし、私たちが主のことを思い出す、覚えている、記念するということよりも、主が私たちのことを覚え、思い出してくださるということです。「わたしの記念として」はこうして、「わたしが思い出す」、すなわち、主イエスが、私たちを忘れず、見捨てず、覚えていてくださることの感謝でもあるのです。

実際、主と共に十字架につけられた、あの強盗は、主に「イエスよ、あなたのみ国においでになるときには、わたしを思い出してください」と言ったのでした。人間は、死への途上存在（das Sein zum Tode）であると言われます。人間は、確実に死へと向かって人生を歩む存在であると言うのです。確かに、私たちの人生は、やがて夕ぐれを迎え、死で終わるように見えます。エマオへの夕ぐれの道を、とぼとぼと暗い顔をして歩んでいたこの二人の弟子もそうだったように見えます。しかし、よみがえりのイエスが、私たちと出会い、共に歩み、共に宿ってくださることによって、私たちは、死によって終わることのない、天のみ国へと向かって歩む者とされたのです。

このように、エマオへの道行きの物語は、ルカの福音書を生み出した教会の礼拝の要素を含んでいます。すなわち、福音の告知、聖書朗読と解き明かし、それに主の晩餐です。ルカは、このエマオの弟子たちのように、主イエスの昇天と再臨の間である「中間時」としての「教会の時」を歩むキリスト者たちも、礼拝においてみ言葉を聴き、聖晩餐にあずかる時、復活の主が現臨し、主に出会い、私たちの「心が燃やされる」ということを告げているのです。こうして私たち主の弟子である教会も「エマオへの途上」にあって、心が燃やされ希望をもって歩みを続けてゆくのであります。

三日間——霊的闘い

ルカによる福音書24・13－32

キリストが死なれよみがえられた「三日」という期間について考えてみたいと思います。「三日」という期間が、聖書のいかなる場面で出てくるか見てみましょう。

コリントの信徒への手紙一15章4節で、パウロは、イエスが「聖書に書いてあるとおり三日めに復活したこと」を自分が受けた信仰告白の箇条の一箇条として挙げております。ここで言う聖書とは旧約聖書のことです。これについては、この箇所での説教でふれましたが、二箇所を挙げることができます。一つは、本日の招詞に掲げたホセア6章2節の「主は二日の後に我々を生き返らせ三日目に起き上がらせてくださる」です。ここは、「聖書協会共同訳」の引照箇所になっています。またボンヘッファーは創世記1章の講解で、三日めに初めて生命の最先端である植物としての命が生まれることを、イエスの三日めにおける復活を予示するものとしております。六日間の天地創造の記事で、二日めだけに「神は……よしとされた」という言葉がありません。けれども私は、ここに主イエスの死による悲しみ、服喪を読み取りたいと思います。三日間というのは、聖書においてどのような意味があるのでしょうか。具体的に三日間が出てくる箇所を取り上げてみます。

創世記22章ではアブラハムが息子イサクをモリヤの山で神に献げる話です。4節に「三日目になって」アブラムはようやく、目を上げモリヤの山を見ます。彼は息子を献げよとの過酷な試練の中で、それまで目を上げることができないほど、苦しんだのです。

出エジプト記5章3節で、モーセはイスラエルの民を三日間、荒野に行き献げ物をさせてくれるようにファラオに求めます。王は拒否しましたが、これも三日間の荒野の試練を意味しています。またモーセを継いだヨシュアが、ヨルダン川を渡り約束の地に入っていくにあたり、「三日間」の準備期間を告げます。またエステル記では、エステルは王の命令に違反して王に会いに行くのに際し、ユダヤの民に自分と一緒に三日間の断食を求めます（エステル4・16）。さらにパウロはダマスコ門外で回心したとき、三日間、目が見えず、食物もとらず祈ったのでした（使徒9・9）。ここに掲げたルカによる福音書24章21節に、弟子たちが主を失った暗黒（17節）の試練の時が「三日間」であることが記されています。この「三日」は、十二歳の息子を見失い両親が躍起になって彼を探した三日間と対応しています。（ルカ2・46）。このように聖書において「三日間」は霊的闘い（spiritual battle）の期間を意味しております。

私は、イエスが死んでいた期間が三日というのは、短いなあとずっと感じていました。けれども、今日、地震などで下敷きになった人の救出で、人間が水無しで生存できる限界が「72時間」、三日とされています。聖書において三日というのが、人間の置かれる暗闇としての霊的格闘、探求、勝利への準備期間であること、またそれが、人間の生におけるぎりぎりの長さであることを、私たちは知るのです。まさに「墓ふさぐ岩さえ、三日目にのけられ、死を越えて命へ」（『讃美歌21』333番2節）と至る期間なのです。

新旧約聖書は神の言にして

ルカによる福音書24・26、27

「新旧約聖書は神の言にして」という箇所について教理を学びます。

第一に聖書正典の範囲です。旧約聖書の正典化と新約聖書の正典化があります。外典とは、正典から除外されたもの、さらにこの他に偽典がたくさんあります。旧約は、紀元九十年のヤムニヤにおけるユダヤ教団のヘブル語聖書決定によります。正典の基準は何でしょう。旧約は、ヘブル語聖書であり、新約の基準は使徒性です。プロテスタントは、旧約39、新約27の計66巻です。日本キリスト教会は憲法の第二条で「信仰の唯一の規範は旧・新約66巻の聖書である」と定めています。

第二に、聖書の二重性です。人の言葉であり神の言葉であるということです。人間の手で書かれた文献であり、文献批判（Textkritik）の対象となります。つまり批判的な文献学的、理性的研究の対象となり人間が主体です。他方、聖書は神の言です。神の自己啓示の書物、したがって神学的、信仰的な主体として聴くことを人間に求めるのです。この聖書の二重性はイエスの二重性と重なります。「真の神であり真の人」ということです。前者のみを認める立場では、聖書は神の言葉ではなく、ただの有益な人間の書物になります。

これに対し後者のみを認める立場は、聖書根本主義、「紙の教皇」（paper Pope）、聖書独裁主義になるのです。

第三に教義学的な観点からの神の言葉の分類です。神の言葉の三形態と言われます。㈠三位一体の第二位格としての神の言、子なる神とその受肉たるイエス（ヨハネ1・1）。㈡イエスを証言する聖書（ルカ24・27、ヨハネ5・39）。㈢聖書の解き明かしとしての説教（テサロニケ一2・13）。改革派はこれを強調します。第二スイス信仰告白に「神の言葉の説教は神の言葉である」とあります。第四に新旧約か旧新約かについて。ルター派は、旧約から新約への順番です。これはおおまかに「律法から福音へ」ということです。預言と成就、雛形と本体、つまり新約の光で旧約を読まねばならない。新約に比べて旧約は不完全という考えに傾きます。旧日本基督教会は大体この線で、旧約だけを掲げた説教はしてはならないという路線になります。欠点は旧約の軽視、旧約を新約で縛る結果、旧約独自の、み言葉の理解が進まないことです。これに対し、改革派は、救済史的な理解に立ちます。旧約と新約の同等性、永遠なる神の経綸、旧約の重視となり、これは「福音から律法」への順番です。再臨の主を待ち望むという点でまた旧約と同じ立場に重なるのです。旧約聖書だけを掲げて説教してよいという路線になります。欠点はユダヤ教との区別がなくなってしまい、キリストの福音が語られない説教になりがちになるということです。どちらにも真理契機があり、いずれを過度に強調しても弊害があります。要はバランスです。

書物としての聖書の取り扱いについて申しますと、聖書は、神ではないですが、神の言葉であり信仰の唯一の規範であるという意識をもって取り扱うことは大事であると思います。

ヨハネのクリスマス

ヨハネによる福音書1・4、5

ヨハネによる福音書には、クリスマスの定番である、マリアも、ヨセフも、星も、博士も、天使も、飼い葉桶も、羊飼いも、出てきません。その代わりに1章1－14節にかけて、「ロゴス讃歌」とよばれる讃歌が出てまいります。それによってヨハネは、主イエスがこの世に救い主として来られたことの意味を、いわば、「永遠の相のもとに」（sub specie aeternitatis）まで高めて、出来事の本質的な意味を語っているのです。

第一にキリストは、世にイエスという肉体をとった人間として降誕される前に、世の先に「ことば」（ロゴス）として神、すなわち、父なる神と共にあった神であられたということです。キリストが、世の先に存在したもうたということと、父なる神との全き同等性を語っています。イエスは、「真の人」であり、かつ「真の神」であるということです。イエスは、人となった神の言そのものでありたもうのです。言葉は、人と人との間を繋ぐ重要なものです。人は、言葉によって相手を傷つけることも、殺すこともできます。逆に、たった一つの言葉で、人を生かすこともできます。けれども、神の言葉は、これに命があったと言われるように、私たちを永遠に生かすものなのです。

次にキリストは、「光」であられます。それはどんな光でしょう。この言葉に、命があり、命は人の光であったとあり、「すべての人を照らす真の光があって世に来た」と言われています。イエスこそ、私たちの人生を導く光です。「一寸先は闇」というのが人生と世界の実情ではないでしょうか。今、世界は、年の初めには想像もしなかったような危機的状況に直面しています。そういう中で私たちは、揺れ動き、迷い、行き詰まっています。私たちには、たとえ何事が起ころうとも変わることのない人生を導く光が必要です。イエスこそ、私たちを永遠から照らすお方です。その光の中に入る時、人生一歩先は光になるのです。この光はまた、私たちの人生を明るくする光です。私たちの人生を暗く、じめじめと、惨めなものにしているのは、自分の弱さであり、人間の罪です。特に現代世界では、経済的貪欲によって世界全体がくるい、混乱に陥っています。この光はなぜ、私たちの人生を明るくするのでしょうか。確かに、自分自身や世の中には、底しれぬ罪深さや弱さ、暗さがあり、犯罪や醜さがあり、誠に自分も、この世も、深い闇と言うほかはないような状態です。けれども「真の光」と言われるキリストは、この闇の世に来られ、闇の中に輝き、どんな闇も、この世の罪も、これに勝たなかったからです。5節に「やみはこれに勝たなかった」とあるとおりです。

ここで「勝たなかった」と訳されている言葉は「理解する」とも訳すことができる言葉なので「新共同訳」はそのように訳していますが、「口語訳」の意味がよいと思います。人生は、光と闇との戦いです。私たちが、闇に打ち勝ちたもうた光の中に入れられた者として歩むならば、私たちは闇に決して負けることはありません。イエスこそ、闇に打ち勝った真の光であり、すべての人を照らす光であられます。ここにヨハネのクリスマスがあります。

来て見なさい——人生のクライマックス

ヨハネによる福音書1・43－51

ヨハネによる福音書1章43節以下には、ナタナエルという人が、フィリポを介してイエスに出会う場面が記されております。

フィリポがナタナエルに、ナザレのイエスに出会ったことを告げたとき、ナタナエルは、「ナザレから、なんのよいものが出ようか」とにべもなく言い放ちます。これに対しフィリポは、「来てみなさい」と言ってナタナエルをイエスの所に連れて行きます。イエスは、彼が自分の方に来るのを見て、「見よ、あのひとこそ本当のイスラエルである。その心には偽りがない」と言われます。この発言には、父イサクを騙して、エサウから長子特権を奪った、偽りのヤコブ、後にヤボクの渡しで神の使いと格闘してイスラエルという名前を勝ち取ったヤコブに対して、ナタナエルこそ、心に偽りがなく、真のイスラエルであるのだということが、言われているのです。イエスの言葉に対して、ナタナエルは、「どうして私をご存じなのですか」と問います。これに対してイエスは言われます。「フィリポがあなたを呼ぶ前に、私はあなたが、無花果の木の下にいるのを見た」。当時、無花果の木の下で聖書を読み、み言葉を思いめぐらし、祈るという習慣があったようです。

イエスは、ナタナエルが無花果の木の下で聖書を読み、祈っている姿を御覧になったのでしょう。それだけでなくナタナエルの偽りのない率直な心、内面の求め、神と救いを求める心、彼のこれまでの生涯を、すべてご覧になり、知られたのでありましょう。イエスの言葉で、ああこのお方は私の苦悩も人生もすべて知っておられる救い主であるということが、一瞬にしてわかり、考えが一変したのです。

こうしてナタナエルは、「先生、あなたは神の子です。あなたはイスラエルの王です」という信仰告白をするにいたります。これに対し、「あなたが、無花果の木の下にいるのを見たと、私が言ったので信じるのか。これよりも、もっと大きなことを、あなたは見るであろう」。「天が開けて、人の子の上に御使いが上り下りするのをあなたは見るであろう」と主は言われます。この箇所は、創世記28章のヤコブの夢の記事を踏まえていますが、違うところがあります。それは「人の子の上に」上り下りするとあって、はしごは、イエス・キリストご自身であることです。またヤコブの夢では天は開けていないのですが、福音書では「天が開けて」とあります。イエスこそ、天を開いて地上に降りてきたはしごに外ならないということです。はしごはイエスであり、天は今や完全にこのお方において開かれているのです。

「はしご」のことをギリシア語で「クリマクス」と言います。これから英語のクライマックスという言葉ができました。キリストという、永遠を開示するはしごが天からこの地上の私たちに降ろされていることが、罪と偽りに満ち、孤独と絶望の淵に佇んで、まさに滅びるほかはないこの私の救いのためであり、このイエスが、私を決して捨てないお方であることを知る時が、私たちの人生のクライマックスであると言えるのです。

水がめに水をいっぱい入れなさい

ヨハネによる福音書2・1―11

私たちの生活には、想定外の思わぬ出来事というものが、よく起こりますが、カナの婚礼において起こったこともそうでした。披露宴の途中で、ぶどう酒が無くなってしまったのです。それは思わぬ重大な事態でありました。

母マリアがイエスに言います。「ぶどう酒がなくなりました」。これに対して主は、「婦人よ、あなたはわたしとなんの関わりがありますか。わたしの時は、まだ来ていません」と突き放すような言い方をしています。なぜでしょうか。マリアが、イエスに何とかしてもらおうと思ったこと自体は、よいことです。問題は、マリアがイエスを自分の息子であり、自分は、その母として息子を操作しようとした点にあるのではないでしょうか。人を「あやつる」ことは「あやまり」であり、「あやめる」ことに繋がります。「わたしの時はまだ来ていない」。その時とは17章1節にありますように、主が十字架におかかりになり、栄光を受ける時でありました。その時にはマリアは、主イエスと地上の自然的な血の関係を超えた信仰者としての霊的な関係に入るでありましょう。

マリアは、イエスの言うことに自分たちが従わなければならないのだということを悟り、僕《しもべ》たちに言います。「このかたが、あなたがたに言いつけることは、なんでもしてください」。

それから主が命じられたことは、理不尽なことです。ユダヤ人がきよめのために使っていた大きな六つの水瓶に水を口までいっぱいに入れなさいというものでした。けれども僕たちは主が命じたとおりにしたのです。ついで主が「さあ汲んで世話役のところに持っていきなさい」とお命じになった時も、彼らは、その命令に従いました。そこで世話役が舐めてみると、それはぶどう酒になっていたのです。「それがどこから来たのか知らなかったので」とあります。それは世話役がこれまで味わったことのない産地のワインでした。そのワインが地上の産地を越えた、いわば天国産のものだということです。世話役は花婿に言いました。「どんな人でも、初めによいぶどう酒を出して、酔いがまわったころにわるいのを出すものだ。それなのに、あなたはよいぶどう酒を今までとっておかれました」。こうして花婿が直面した大きな危機を、主は、大いなる恵みの時に変えてくださいました。しかもその恵みを花婿の手柄として彼の人生を祝福してくださったのです。

「終わりよければすべてよし」という諺があります。始めがよくても、だんだん悪くなるというのが普通ではないでしょうか。婚礼において用意したぶどう酒が途中で無くなってしまうということで示されていることは、どんな人間的な喜びも愛も、それだけでは続かない、無くなってしまうという人生の厳しい現実を示しているのではないでしょうか。そのために私たちに求められていることは、「かめに水をいっぱい入れなさい」という主イエスのご命令に僕たちが従ったように、自分たちに与えられている条件の中でできる限りのことをすることなのです。

できない問答

ヨハネによる福音書３・１－９

ロマン・ロランの言葉に「偉人はできることをするが、凡人はできないことをしようとし、できることをしない」というものがあります。人間は、歳をとるとできないことも増えますが、他方できるようになることもあります。さて、ニコデモは、ユダヤ教の指導者、ユダヤの最高決定機関サンヒドリンとよばれる最高法院の議員で名門の出でありました。この人が、夜ひそかにイエスを訪ねて来たのです。この箇所から学びたいと思います。

彼は、夜、人目を憚って来たのでした。パリサイ人やユダヤ人を怖れたのです。夜は、彼の心の深い孤独と苦悩の深さを示しています。人は何歳になっても、どんな高い地位についても、指導者として尊敬されても悩むことがあり、孤独に陥ることがあります。そのような悩みをもってイエスを訪ねたのでしょう。４節「人は年をとってから」、原文は「老人でありながら」です。昔は人生五十年と言われました。今は人生百年と言われ、あと数十年を生きていくこと、迫ってくる死に直面して人生を今一度立て直さねばならなくなります。ここでイエスとニコデモの対話は、「できない」ということをめぐってなされています。２節ニコデモ、

3節イエス、4節ニコデモ、5節イエス、9節ニコデモ。ニコデモの「できない」は、人間としての不可能性、限界を示しています。彼は有能な人で、小さい時から「できる」子であったのでしょう。しかし、中年期になると「できない」という現実に直面したのです。「人は年を取ってから生れることが、どうしてできますか。もう一度、母の胎に入って生れることができましょうか」。年を重ねるに連れて人間の世界のまた自分のどうにもならない罪や失敗、悲惨を知った者の叫びが込められています。「できる」「できない」という人間の評価や尺度です。これに対しキリスト者はこう考えます。神の御心であれば、人間的にできないことでも、神は、必ずできる力を与えてくださるのです。

3、6節のイエスの「できない」には留保、条件がついています。「誰でも新しく生れなければ」この「新しく」という言葉は「上から」という意味と「再び」という二つの意味を重ねもちます。「上から」というのは、神によって生まれ変わるということです。人間は両親から地上の肉体的な生命をもって生れてきますが、神によって「新しく生れる」ことができるのです。

この箇所ではニコデモがイエスを信じて救いに入れられたということは出てきません。そのまま立ち去ったのでした。しかし、ヨハネによる福音書19章39、40節を見ますと、イエスの葬りのために昼に公然と行動をすることができるように生まれ変わったのです。人目を恐れて夜にしかイエスの許に来ることのできなかった彼の変化です。人生の「夜」に直面してイエスの許を尋ね、生まれ変わったのです。イエスのもたらす救いは「上から」の「生まれ変わり」「再生」です。私たちもまたイエスを信じ、生まれ変わりみ国の民として歩んでいきたいと願うものです。

だれでも新しく生まれなければ

ヨハネによる福音書3・1－15

ニコデモは、ユダヤ教の指導者、サンヒドリンとよばれるユダヤの最高法院の議員で、名門の出でした。この人が、「夜」、密かにイエスを訪ねて来たのです。夜来たのは、パリサイ人やユダヤ人を怖れ、人目を憚って来たということだけでなく、彼の心の深い孤独と苦悩の深さを示しております。

4節で、ニコデモは、「人は年をとってからどうして生まれまわることができるでしょうか」とイエスに問います。原文は、「老人でありながら」です。イエスの時代、五十歳からが老人でしたから、ニコデモは、五十歳を超えていた人であったのです。昔は「人生五十年」と言われました。「人生百年」と言われる今日、人は五十歳から、もう一山越えなくてはならないのです。五十歳から六十歳の頃は、いろいろな意味での人生の節目です。心身の衰え、子どもの巣立ち、親の介護と死別、定年、夫婦だけの生活、配偶者の介護と死別など。これから後数十年を生きていくことの健康や経済的不安、迫ってくる死に直面して、人生をもう一度、立て直さねばならなくなります。社会の変化の早さは凄まじい。河合隼雄という人が、「中年クライシス」とよんでいる状況です。

2節以下のイエスとニコデモも、会話をみると「出来ない」という言葉がくり返されることに気づきます。2節ニコデモ、3節イエス、4節ニコデモ、5節イエス。ニコデモの言う「出来ない」は、人間としての不可能性、人間の限界を語っています。「人は年をとってから生れることが、どうしてできますか。もう一度、母の胎にはいって生れることができましょうか」。年を重ねるに連れて、人間の世界の、また自分のどうにもならない罪や失敗、悲惨を知った者の叫びが込められています。

これに対し、イエスの「できない」は、「人は新たに生まれなければ」「できない」ということであり、神の御心であれば、人間的にできないことでも、必ず神が、できる力を与えてくださるということを言っておられます。神によって生まれ変わることによる、新たな神的可能性です。人は、神によって「新しく生まれる」ことができるのです。これは、「水と霊とから生まれる」こと、イエスを信じて洗礼を受けるということです。洗礼を受けるとき、人は、上から霊、聖霊を豊かに注がれ、新しく生まれ変わることができるのです。この箇所では、ニコデモがイエスを信じて救いに入れられたということは、語られません。そのまま立ち去ったのでしょう。しかし、後に、弟子たちがイエスを捨てて逃げ去った後で、イエスの葬りのため、真昼に、公然と行動をしています。

かつて、夜、人目を忍んで来たニコデモが、神の恵みによって新しく生まれ変わったことがわかります（ヨハネ19・39）。人生の「夜」に直面して、イエスの許を尋ね、生まれ変わったニコデモのように、人生の暗黒、暗闇に直面して彼のようにイエスをたずね求め、イエスと出会い、信仰を与えられた人は、数えきれません。私たちもまた、イエスを信じ、生まれ変わり、み国の民として歩んでいきたいと思うものです。

良くなりたいか

ヨハネによる福音書5・1−9

エルサレムの羊の門は、エルサレム神殿の北側にあった門です。その側にヘブライ語でベテスダとよばれる池があったとあります。「ベテスダ」という語は「憐れみの家」という意味です。この部分は「ベトザタ」とする写本もあり、「新共同訳」は、これを採用しています。それだと「オリーブの家」という意味になります。

三十八年もの間、病気に苦しみ、しかもいつも置いてきぼりを食って生きてきたこの男に、イエスは、眼を留められて「なおりたいのか」と声をかけられます。この質問は一見、非常に冷たい質問のように思われます。三十八年もの間病に苦しんできた人が治りたいと願うのは当たり前ではないか、何をいまさら、病人にそのような質問をイエスはなさるのかと思うかもしれません。しかしイエスは、私たちの意志を大事にしておられるのです。すなわち、私たちが何を願い、何を意志しているのかということです。この男は三十八年という長い病との絶望的で、いつも失望に終わる経験の中で、いつの間にか諦め、望みを失い、意志というものを萎えさせ、失っていたのではないでしょうか。さてこの男は、イエスのそのような問いかけに、「主よ、そうです。治りたいのです」と答えることはしておりません。「主よ、水が動くときに私を池の中に入れてくれる人がありません」とこの人は言いました。

水が動くというのは不定期に間欠泉のような治癒効果のある泉が湧いていたのでしょう。それが動くときに真っ先に入った者だけが、その湯治の効果を得たということでしょう。この人は「私を池の中に入れてくれる人がいません。私がはいりかけると、ほかの人が先に降りて行くのです」と言っております。誰も自分を助けてくれない。この人の方が滞在が長いし、病気も重いのだから優先して、この人を助けようという人はいなかったというのです。まさに修羅場のような悲惨な世界にあって我さきにと先駆けをし、早い者勝ちの過酷な生存競争が、ここでくり広げられていたのです。

私たちも人間関係や仕事、あるいは自分のことで直面した問題で、誰も自分を助けてくれず、我勝ちに自分を追い越し、追い越され、深い孤独感と絶望感に陥ることがあります。自分だけが取り残され、惨めにこの世界に横たわっていて、誰も垣間見、声をかけ、助けてくれる者はいない。皆、自分のことだけで精一杯なのだという深い孤独感です。しかし、この最後まで見放されていた男を、主は憐れんで御目を留めてくださり、この人に声をかけ、癒しを与えてくださったのです。大事なことは、自らの意志をもって、「良くしていただきたい」「癒していただきたい」「救いに入れていただきたい」という意志をもって、この「動いている水」に飛び込むことです。

最後に主は言われます。「起きて、あなたの床を取り上げ、そして歩みなさい」。命の水である、主のみ言葉によって生かされた私たちは、これまで縛りつけられていた旧い生活を捨て、主にあって新たな歩みをすることになるのであります。

『お伽説教』57セント

ヨハネによる福音書6・9

少年の差し出した二匹の魚と五つのパンをイエスが祝福し、五千人の人が食べて満腹し有り余るほどであったとあります。パンの供食（給食）の奇跡は四つの福音書のどれにも出てきますが、これを差し出したのが「少年」であると記しているのはヨハネだけです。「少年」とありますが、原語は「小さい子」という言葉が使われています。

ここで、アメリカではよく知られた57セントという話を紹介したいと思います。これは、一九一六（大正五）年に長谷川西窓牧師が日曜学校のために出した『お伽説教』に載っています。お伽話とは子どもに聴かせる童話のことですが、これは実話です。ちなみに『お伽説教』の中では57銭となっています。

いつぞやのこと、ペンシルバニア州はフィラデルフィアに住んでいた一人の貧しい少女が、ある教会の日曜学校に来てクラスに入って学びたいと言いました。その教会に赴任したばかりのコンウェル牧師は、残念ながら教会がとても小さく少女を入れる余地がありませんでした。牧師は、入りきれないで外に立っていた少女を中に入れて、もっとこの教会の建物を大きくしたら、あなたをきっと迎え入れましょうと言いました。

少女はとても落胆しましたが、その日から誰に言わずに、教会を大きくするために貯金を始めました。

やがて二年後、彼女は重い病気になり、神のみ許に召されました。六歳でした。葬儀のとき、彼女の母がコンウェル牧師に小さな袋に入ったお金をもって来ました。娘の枕の下から57セントのお金と小さな紙きれが出てきて、そこには、もっと多くの子どもが日曜学校に入れるよう、大きな教室のある建物が建ちますようにという願いが記されてあったのです。この話が新聞で紹介されますと、多くの人が涙をもって読み、心を動かしました。六歳の少女がためた57セントのお金でどれだけのことができましょう。ちょうど弟子たちが、少年の差し出した二匹の魚と五つのパンを見て「こんなに大勢の人では、それが何になりましょう」と言ったように。しかし、この少女の話を聞いて人々は続々と寄付を始め、57セントが六年めには25万ドルに増えたのでした。やがてコンウェル牧師の始めた日曜学校は、当時、学生数一四〇〇〇人からなるテンプル大学となり、教会も八〇〇〇人が入れる会堂が建ち、サマリタン病院（現在のテンプル大学病院）という少年少女ための病院まで付設されるに至ったのです。

現在、テンプル大学は日本校までもつ世界的な規模の大学になっています。創立者は、ラッセル・コンウェル牧師、そしてフィラデルフィアの大学の入り口には、彼女の銘板が記されております。彼女の名前は、ハッティ・メイ・ワイアット（Hattie May Wyatt）（一八七七―一八八四年）。

コンウェル牧師は一九一二年におこなった、彼女を記念し追悼する説教を、次のような言葉で結んでいます。「彼女は、短い生涯でありましたが、この地上に大きな影響を与えた点では本当に長い生涯であったと思います。その一生は天にあって幸あるものなのであります」。

主よ、わたしたちはだれのところに行きましょう

ヨハネによる福音書6・60－69

「それ以来、多くの弟子たちは去っていって、もはやイエスと行動を共にしなかった」とありますように、イエスの生きておられた時代、ヨハネ福音書が書かれた時代のみならず、今日でも多くの人が教会と主イエスの許を去っております。私たちは、確かにいろいろな悩みや試練や問題があって、主イエスを信じようとして、教会に来たかもしれません。しかしそれは外的なきっかけであって、主イエスは、父なる神が与えてくださった者でなければ、主イエスの許に来ることはできないと言われます。ですから、主イエスや教会に来て主イエスの弟子になった者に、見せかけの信仰者と本当の信仰者があって、父が与えてくださった者だけが、本当の信仰者で、そうでないものは見せかけの信仰者であって、やがて主から離れていくというのです。

私たち人間は、誰が本当のキリスト者で、誰が見せかけのキリスト者であるかを判断することはできないでしょう。それを知っておられるのは、父なる神と主イエスだけでありましょう。けれども一つのことは言えると思います。イエスの十字架の贖いによらなければ、あるいは、十字架で私たちのために裂かれた肉と流された血とにあずからなければ、私たちの罪は贖われず、したがって、永遠の命は自分の内にはないとい

うことをはっきりと自覚しなければならないということです。自分が罪びとであり、主が、そのために天から降って来た命のパンであることを知るとき、人は真のキリスト者として、主イエスから、また主の教会から離れることは決してないでありましょう。

さて、多くの弟子たちが主イエスから去って行った後に、主イエスは十二弟子に問われます。「あなたがたも去ろうとするのか」。今日の私たちキリスト者にも、イエスは問うておられます。「あなたがたも去ろうとするのか」。主は去って行った弟子たちを、ひきとめたり、追いかけたりはされません。「去る者は追わず」であります。そうではなくて、主は、私たちに、「あなたがたも去ろうとするのか」と静かに問われるのであります。ペトロが答えたように、「主よ、私たちは、だれのところに行きましょう。永遠の命の言をもっているのはあなたです」と、心から信仰告白をし、主の聖餐にあずかる者でありたいと願う者です。

人間の側には「救いの確かさ」（certitudo salutis）はありません。救いの確かさは、私たちを贖い、救ってくださった主イエスにあります。ペトロが言ったように、「永遠の命の言をもっているのはあなた」であるイエスにこそあるのです。主は、私たちの救いの目に見える確証、担保として、聖餐を制定し、私たちが主によって罪贖われ、救われたことの確かな保証として目に見える聖餐を設定してくださったのであります。また聖餐は、私たちの救いの確証であるだけでなく、それにより私たちは、霊的な命に養われる者となります。聖餐を通して私たちは、そこに親しく臨みたもう主と交わり、私たちの古い罪や性質は主のものとなり、主の命と力とが私たちに流れ込むという、驚くべき喜ばしい交換が起こるのです。

どうするイエス

ヨハネによる福音書7・1－9

現代の本は、巻末に落丁、乱丁は取り換えます、とあり、出版社に送れば、交換してくれます。聖書自体はそういうことはありません。ヨハネによる福音書の4章から7章は、少し注意して読むと、話の場面に食い違いがあります。4章の最後はガリラヤでの出来事。5章は祭りによるエルサレムでの出来事。そこで安息日に病を癒し、18節でユダヤ人から命を狙われます。6章はガリラヤに湖の対岸でのパンの給食の奇蹟。7章はガリラヤ巡回です。流れとしては、4－6－5－7となります。4－6はガリラヤの両岸。5章で過ぎ越しの祭りで、エルサレムに行き、命を狙われるようになります。6章4節で、過ぎ越し祭りが近づくとありますので、6と5章は順番が逆です。7章1節でユダヤ人による殺害を懼れて、ユダヤをめぐろうとしていなかったのです。主の愛する弟子の残した遺稿は、一つの巻き物ではなく、ばらばらの羊皮紙に頁を付さないで書かれ、残されており、それを後の編集者が間違って繋げたのです。

それはともかく、今度は、仮庵祭が近づき、イエスの兄弟たちは、イエスにユダヤ行きを勧めます。エルサレムに行って、あなたのしているわざを、こんな田舎に燻っていないで、都で大々的に見せて「自分を世にみせてやりなさい」というのです。つまり、都で華々しいくデビューしなさいと。これに対し主は、「私の時はまだ来ていない」と言います。「私の時」とは、エルサレムで十字架にかかり、救いのわざを成し遂げることです（17・1）。

ここで兄弟たちの「世に自分を現しなさい」という言葉は、主イエスの世俗的な成功、栄達を期待しているので、5節に記されているように、イエスの本当の使命を信じていなかったのです。そういう意味で、この言葉は、無意識的に彼らの無知を示していますが、また逆説的な形で無意識のうちにイエスの正体を暴露しているのです。なぜなら、イエスは、すでに世にご自身を現しているからです（1・9、14）。兄弟たちの勧めに対しイエスは、どうするのでしょう。主は、「まだ私の時は来ていない」と、この勧めを拒否します。ところが、兄弟たちが上京した後で、主は「ひそかに」上って行かれます。「祭りには上って行かない」と言われた主が、後で行かれたことは、言動が一致していません。これはイエスが嘘をついたことになり神の子にふさわしくないと考えた後の写本家が、ここを操作し、「まだ行かない」と「まだ」を入れました。これは「聖書協会共同訳」の欄外に異訳として掲げられています。

なぜ、主イエスは兄弟たちに行かないと言われた後、「ひそかに」行かれたのでしょうか。それは、言動不一致ではなく、イエスは、ご自身の使命に従って行動されるのであり、自分を大都会で華麗にデビューさせよ、などといった他者の間違った要求には従わないということです。ここでは4、10節で二回くり返される「ひそかに」と4節の「公に」とが対比されています。「公に」とは大胆率直に、公然という意味です。

主の若さと老年

ヨハネによる福音書8・9

主イエスは、地上で三十三年ないしは三十一年の生涯であったと言われます。イエスは、今でいうと青年です。イエスは老年を知らなかったのでしょうか。敬老の日を前に、イエスの年齢について考えてみたいと思います。

姦淫の女性の記事では、「罪のない者がまずこの女性に石を投げよ」とのイエスの発言によって、「年長者から始めて」一人ひとり去っていったとあります。年長者とは老人のことです。自分の罪深さという霊的な知恵において老人は高く評価されています。逆に言えば、若い者は年長者にこの点で劣るのです。この年齢における霊的な認識という主題が、8章の終わりで、アブラハムをめぐるイエスとユダヤ人との対話の中で、イエスの年齢をめぐって再び取り上げられます。すでに、年長者から順番に去っていった後、一人残った、そのような年長者に、知恵の覚醒を促す発言を発した当のイエスの年齢はどうなのか、最後に残ったのだから一番若いのではないかという関心を呼び起こします。

この若さということで、8章の終わりの、「あなたはまだ五十にもならないのに、アブラハムを見たのか」

と言います。これに対し8章58節で、イエスは、アブラハムの前からの自己の存在、先在性を主張されます。古代ギリシア・ローマ世界においては、若者、青年という年齢は、都市国家（ポリス）において戦士となれる年齢をさしました。ユダヤ人がここで提示している五十歳という年齢は、老人に入ります。つまり、ユダヤ人は、イエスが霊的な知恵に満ちた老人でない、若造にすぎないことを指摘して批判しているのです。これに対しイエスは、アブラハムより前の自己の先在性を主張いたします。ユダヤ人たちから、青年であって霊的な知恵に欠けていると非難されるイエスが、実は、彼を批判するユダヤ人よりも、アブラハムよりも、いや誰よりも年長者であり、誰よりも霊的な知恵に富んだ者であることが明らかになるのです。若造にすぎないイエスが、実は、最も年長者であるという逆転です。

「アブラハムの生まれる前から私はいるのである」。この「わたしはいる」（エゴー・エイミ）は、神としての永遠の存在者を表しています。実際、このイエスが、実は、アブラハムより年長者であるどころか、永遠に先在するロゴスであるということが示されているのです。ここに至って8章は、年長者のもつ霊的な知恵から、知恵の先在にまで、話が及びます。知恵文学で語られる老人の知恵から始まり、最後には知恵の先在と、それを背景にして展開される、ヨハネによる福音書1章1節の先在するロゴスがここにおいて神の顕現として示されているのです。イエスは、誰よりも若く、そして誰よりも年長、どころか永遠の昔から存在しておられる神のロゴス、神そのものでありたもうのです。

もし子があなたがたを自由にすれば

ヨハネによる福音書8・36

十六世紀の宗教改革者ルターが著した『キリスト者の自由』という書物の冒頭には有名な二つの命題が出てまいります。第一の命題。キリスト者はすべてのものの上に立つ自由な君主であって、何人にも従属しない。第二の命題。キリスト者はすべてのものに奉仕する僕であって、何人にも従属する。

この互いに矛盾した命題について、ルターの言うところはこうです。「自由と奉仕とについてのこれら二様の互いに矛盾する命題を理解するためには、キリスト者は何人も霊的と身体的との両性質をもっていることを記憶しなければならない」。つまり、キリスト者は、肉体においては自由でなくとも、その信仰において、霊的、精神的には絶対的に自由である。こういってルターはそのキリスト者の内面的な自由を外面的な自由に向けて展開した、宗教改革の急進派、農民戦争の指導者などと一線を画しました。

イエスの贖いによって自由とされた私たちの自由について、考えてみたいと思います。まず自由には「……からの自由」と「……への自由」があると言うことができます。前者を消極的自由、後者を積極的自由と呼ぶことができるかもしれません。今まで述べてきた人間による奴隷化からの解放ということは前者の「……

からの自由」であります。「……からの自由」について見てみましょう。第一に、「罪からの自由」を挙げることができます。イエスを信じた私たちは、神に背いたこれまでの生き方から180度方向転換して罪と闇と死から解放された歩みへと進んでいくことができるのです。第二に迷信や偶像からの解放であります。方角や、占いや運勢判断、易などに、もはや頼って生きることはなくなります。イエスを信じてみ言葉と聖霊の導きに従って、私たちは信仰生活を進めてまいりますし、主なる神さまが、私たちをすべてが益になるように導いてくださるという確信と信頼をもって地上の信仰生活をしていくことができるのです。第三に「古い自分からの解放」です。私たちは、国家や社会や家庭、学校から植えつけられたさまざまな価値判断や規則、優越感や劣等感、差別意識、トラウマによって人格や行動様式が形成されています。さまざまな競争や比較意識、固定観念に縛られて生きております。キリスト者は、イエスの新しい命にあずかることによって、そのような古い自分の固定観念から常に新たに自由とされて生きていくことができるのです。

「……からの自由」について簡単に述べてまいりました。しかし、これだけではたりません。解放された者は、つぎに「……への自由」に向かうことが求められています。イエスによって与えられた根本的な自由を今度は何に向けて用いるかという「……への自由」であります。言うまでもなく、それは、神と教会と隣人に仕える自由、イエスによって自由とされた私たちがその自由を今度は献げ、僕として仕える自由であります。自分の経済と時間、生活を神と教会、隣人のために献げて奉仕する生活へと召されていくのです。

ただ神のみわざが現れるため

ヨハネによる福音書9・1－3

イエスが道を進んでいるとき、生まれつき盲人の人を御覧になりました。すると弟子たちは、イエスに尋ねて言いました。「『先生、この人が生れつき盲人なのは、だれが罪を犯したためですか。本人ですか、それともその両親ですか』。イエスは答えられた。『本人が罪を犯したのでもなく、また、その両親が犯したのでもない。ただ神のみわざが、彼の上に現れるためである』」。

当時、病気は何らかの罪が原因で、その因果応報として起こっていると考えられていました。本人が生まれた後で病気になったときは、その本人が病気になる前の何らかの罪を犯したからであると考えることはたやすいことでした。問題は、生まれつきの病はどのような原因によるのかでありました。当時の律法学者たちは二つの考えを出して議論していたようです。一つはその両親が罪を犯したからであるという説明です。これに対し、いやあくまでも本人であると主張する立場がありました。生まれつきの盲人が、それではどこで罪を犯したのかということは不思議に思われますが、それを主張する人たちは、お母さんのお腹の中で胎児の時に罪を犯したのだと主張したのです。現代では、ここから前世や過去生における罪と、輪廻転生を説く人さえいます。ある人や、家族が、不幸や災害に見舞われた時に、あなたが過去や前世に、また、あなたの家族や先祖に大きな罪を犯した人がいる。その応報としての祟りだから、それを取り去ったり、浄化したり、祓うことをしなければならないと言って、自分の宗教を勧める人たちも出てきます。ところがイエスのお答えは驚くべきものでした。「本人が罪を犯したのでもなく、また、その両親が犯したのでもない。ただ神のみわざが、彼の上に現れるためである」。

それは、因果応報の束縛から人類を解き放ち、全く別の視野を与える、いわば、コペルニクス的な転換でした。それは過去の原因から未来の目的へ、人間の罪ではなく、神のみわざへと視線を転換させるものです。「ただ神のみわざがかれの上に現れるため」。原文には「ただ」という言葉はありませんが、翻訳は意味あいを汲んでいます。「神のみわざ」というのは原文では神のもろもろのみわざと複数形になっております。

私たちは、思いがけない不幸や災い、病気や試練などをとおして、信仰を与えられ、今までとは全く違ったしかたで、自分や世界、周囲の人を見ることができるようになったのではないでしょうか。自分が今まで、いやでいやでたまらなかった事柄や人々に意味と導きを感じ、また感謝とゆるしと忍耐と愛情をもって接することができるようになったのではないでしょうか。希望をもって生きていくことができるようになったのではないでしょうか。その一つひとつが、神がこの罪深い私の上になしてくださったみわざではないでしょうか。それはまた、これまでのことだけではありません。こうして私たちは、神は、私たちのこれから、すなわち、未来の私たちにも、みわざを現してくださるという希望と喜びをもって生きていくことができるのです。

イエスの死をめぐる人々——トマス、カイアファ、ピラト

ヨハネによる福音書11・16、49、50、19・21、22

今、教会は主のご受難を覚えるレントの期間を過ごしています。ここで、主の十字架の死をめぐって三人の人物を取り上げたいと思います。

まず、トマスです。ディディモ（双子）のトマスについては、復活の主イエスに会いそびれ、自分だけが置いてきぼりを食った口惜しさから復活された主の体の傷に触れてみなければ、決して信じないと言った人物です。このような他の人たちとはある意味、同調しない自己主張の強い性格は、ヨハネによる福音書11章16節に出てくる、彼の言葉にもよく出ています。死んだラザロのために、死の危険を冒してまでもベタニアに行こうとするイエスに、弟子たちが恐れをなし、躊躇したのに対して、トマスは「私たちも行って、一緒に死のうではないか」と言います。この言葉は他の人々に同調せず自分の考えを曲げないトマスの性格がよく出ています。この発言は、いわば、やけくそな主張です。しかし、この言葉は、彼の自暴自棄な意味あいの背後に意図せずして、真理を告げているのです。なぜならキリスト者は、主と共に死ぬなら、主と共に生きる、復活の命にあずかることができるからです（ローマ6・8）。正に、「主にありてぞ　われ死なばや

主にある死こそは　命なれば」（『讃美歌』361番2節）です。

次に11章49－50節の、カイアファの発言を見ます。彼は、大祭司として捕えられたイエスを尋問することになる人物です（ヨハネ18・24）、多くのしるしをおこない、民衆の支持を受けているイエスに、ユダヤ人の指導者たちが、危機感を募らせたとき、カイアファは、このイエス一人が、民の代わりに死ねば、スケープゴートとなって、国民全体がローマに滅ぼされることなく救われると主張します。これは、冷酷かつ打算的、功利的な意図からの発言ですが、正に、この発言をとおして意図せずして神の言葉が語られたのです。なぜなら、一人の人イエスの身代わりの死と引き換えに全人類の救いが達成されることになるからです。

三人めは、イエスを十字架につけた場面でのピラトの発言です。彼はイエスの罪状書きに「ユダヤ人の王」と書きますが、ユダヤ人たちが、罪状書きに「自称」という言葉をつけるように要求したとき、「私が書いたものは、書いたままにしておけ」と言います。自らの沽券に関わるものとして自分に立てつく他の人の意見を拒否する権力者によく見られる態度ですが、これも、意図せずに神の意図が実現することになるのです。なぜなら、イエスは、真に「ユダヤ人の王」でありたもうからです。

以上、イエスの死をめぐる三人の人物の発言をみてきました。ここで示されていることは、それぞれがイエスの死に関して自分の主観的な発言をしているのに、実は、彼らの発言の意図や言わんとしたこととは全く違った、神学的、信仰的な真理としての神の言葉が語られているということです。このことは、イエスの十字架の出来事全体にも言えることとなのです。ユダヤ人がイエスを十字架にかける意図や動機、その一連の経過と結果をとおして、人間の意図とは全く裏腹に神の言葉、神のみ旨、ご計画が現され、実現するのです。

家は香油の香りでいっぱいに

ヨハネによる福音書12・3

香水は、現在でも大変高価なものです。歴代の調香師たちの努力による傑作です。どんな香りの香水を選びつけるか、その一滴の香水でつけた人の個性が示されます。香りが広がります。その香りはつけた人を幸福にし、香りは、それを嗅いだ人の嗅覚に香水をつけた人の思い出と共にいつまでも残るのです。

さてこの箇所では、ナルドの香油を注いだマリアが、出てきます。香油は、イスラエルにおいて葬りの時にあたり、亡骸を清めるために用いられました。7節で、イエスは、この女が「わたしの葬りの日のために、それを取って置いたのだから」と言われています。実際、イエスは、この後、十字架で死にたまいますが、その死の後、香油を塗られることもなく、十字架にかけた人の手によって墓に入れられたイエスのことを悲しみ、女たちが香油を塗ろうと墓にまいりました時には、主はすでに復活されていたのでした。彼女が、ここでイエスの体に香油を注がなかったならば、イエスは、十字架にかけられましたが、礼に則って葬られたことにはならなかったのです。使徒信条において、救い主イエスについて、主は「ポンテオ・ピラトのもとで十字架につけられ、死にて葬られ、三日目によみがえり」と告白していますけれども、もし、この女が、この香油の注ぎをしなかったならば、教会は「死にて」とは、告白できても、「死にて葬られ」とは告白できなかったでありましょう。

私たち人間が、人間としてできる最高のことは、イエス・キリストを自分の救い主であり、神の国の王として告白し、また証しすることであります。そのために私たちも、イエスに対し、純粋で高価なナルドのような純粋な信仰を献げたいと思います。けれども、その上で私たちは、自分たちの純粋な信仰にも限度があることを知るのです。私たちは、この女性と同じく、自ら神の前に罪びとであるからであり、どんなに純粋な信仰を神に献げても、自分は赦された罪びとにすぎないからです。むしろ、神さまが、マリアに、また私たち一人ひとりのためにしてくださったことが大事であります。神さまは、かけがえのない独り子をも、私たちのために、十字架に惜しみなくおかけになり、いわば、ナルドの壺のように、十字架で惜しみなく砕き、犠牲として献げ、それにより私たちの罪を贖い、私たちを救い出してくださったのです。

「家は香油の香りでいっぱいになった」とあります。「家」とは世界です。私たちが、この香油を注いだマリアのように、イエスが救い主であることを告白し、また世に伝道していくためであるならば、その香りは「家いっぱいに」広がる、すなわち、全世界に福音の香りが広まっていくでしょう。私たちキリスト者は、キリストの福音の香水を付けて世界にその香りを満たすのです。また香水は、両耳の後ろにつけます。そこが最も効果的であるからです。私たちも福音のみ言葉を両耳でよく聞いて、世界に福音の香りを燦と放つ者でありたいと思います。

真理とは何か

ヨハネによる福音書18・38

ピラトは、「真理とは何か」と主イエスに問うています。ピラトは、どのような思いでこの問いを発したのでしょうか。ピラトは権力闘争を勝ち抜いて、ユダヤの総督まで上り詰めた人でありました。ピラトは、一方で地上の世界において、真理など役に立たない、地上を支配するのは力、権力であると考えていたのかもしれません。その一方で、真理を求める心、真実に生きたいという願いをもっていたのかもしれません。

「真理とは何か」は大切な問いでありますが、ここでは大きな皮肉になっています。なぜなら「真理」そのものでありたもう主イエスの前で、「真理とは何か」を問うことはおかしなことだからです。またピラトが、ローマ帝国の権力を代表して、この問いを発していることから、次のように理解することもできます。この世の権力は、「真理とは何か」を問うことはできるが、神や救いに関わる真理を提示することはできない。宗教的な真理について、これが真理だと主張することは、できないということです。主イエスが、「私の国はこの世のものではない」と言われていることからもわかります。

「私の国がこの世のものであれば、私に従っている者たちは、私をユダヤ人に渡さないように戦ったであろう」。キリスト教も国家との関係でそうなった時代もありました。十字軍やキリスト教国家の歴史です。けれども主イエスは、神の国は、この世には属さないとはっきり言われます。近代国家における政教分離の考えであります。

「真理とは何か」。真理の探求である学問の営みにおいても、真理とはそれほど自明なものではありません。確実だと思われたことも、さらに背後に真理が隠され、自明ではないことが明らかにされてまいります。そこで学問や哲学においては、「すべてを疑え」ということで懐疑が方法論として大切になります。人間の世界の事柄でも「何が真理か」「真理とは何か」ということは、立場によって意見が分かれ、事柄が錯綜して自明でなくなっていきます。真理そのものの前では、すべてのそれ以外の真理は相対化されるのではないでしょうか。真理につく者は、「私の国はこの世のものではない」ということを知って、真理を、この世で声高に説くのでも、この世の提示する真理を鵜呑みにするのでも、なくなるのです。真理そのものの前で、人は、畏敬の念に打たれ、頭を垂れ跪くのではないでしょうか。

真理であるお方の前で、「真理とは何か」を問うことは滑稽です。真理に聴く、聴き従うことが求められるのです。私たちは、真実でないと言わざるをえないような罪や、悪や、どうしようもない現実の中で生きています。他方、真実に生きたい、真理を求めたいとも、心から願ってもいるのです。そのような真実に生きることのできない私たちの罪の贖いのために、またそのような私たちが、真理につく者、真理に聴き従う者となるために、真理そのものであられるイエスが十字架についてくださったということは何という驚きであり、ありがたいことでしょう。

血と水が流れ出た――ヨハネから学ぶ教会論

ヨハネによる福音書19・23―34

ヨハネの福音書の十字架の場面から、私たちの教会のことについて、大切なことを学びたいと思います。十字架の出来事から、教会論を学ぶことができるのです。それは、23節と34節です。

23節に、「兵卒たちはイエスを十字架につけてから、その上着をとって四つに分け、おのおの、その一つを取った」とあります。上着は四つに分けられました。ここで裂くという言葉から、教会の分裂を示すシスマという言葉ができました。教会は、歴史においてギリシア正教会とローマ・カトリック教会という東西に分裂し、さらに西方教会がローマ・カトリックとプロテスタントに、プロテスタントが大きくルター派と改革派にと、大きく四つに裂かれたことを予言するかのようです。教会が、歴史の歩みの中で世の権力により引き裂かれるということは、不幸にしてあることです。これは、人間の罪、十字架につけられたイエスの前で、その服を籤で分ける人間の姿ではないでしょうか。エキュメニズムとよばれる教会合同運動が二十世紀に始まりましたが、誤解してはならないのは、教会の合同は分裂した教会を、元のように修復することではないということです。できる限り一致することは大事ですが、外の衣装が一つになる必要はないのです。

教会の本質は、実はその外的衣の下に隠されています。ユダヤの服は上着と下着の二枚でありました。「兵士たちは下着もとってみたが、これには縫い目がなく、上から下まで一枚織りであった」とあります。下の衣はいったい、誰が織ったのでしょうか。上から織られているということは、これは神が織った物であることを象徴しているのです。籤が誰に当たって、誰の、つまり、世の権力者の物になったのかは書かれておりません。それを、この世の権力者や、また誰か人間が所有することができるのでしょうか。そういうことを福音書は言っていないのです。キリストの体なる教会は、人間が人為的に造った縫い目があり、綻び裂け、世の権力の中で分裂していくものでは、本質的にはないのです。

次に34節です。そこで福音書は、教会の内的な生命、真髄について教えてくれています。兵士の一人が槍でイエスの脇腹をつくと「すぐ血と水が流れ出た」。血は聖餐を、水は洗礼を表していると、教会は、この箇所を読んできました。「血と水」と逆になっていますが、生理現象としては傷口からまず血が出、次に体液が出ます。教会という、主イエスの体なる教会は、主イエスが私たちの罪を負って十字架につかれた、その流した体の真髄から生まれたのです。アダムの妻となる女は、アダムのあばらの骨から造られました。主の花嫁である教会は、十字架におかかりになった主の脇腹から出た血と水から造られました。教会の生命的本質はここにあります。

私たちの群れも、目には見えない上から織られた主の教会に属していることをヨハネから学び、主の十字架による贖いを信じ、洗礼と聖餐をとおし、主の救いにあずかり、主の愛したもう花嫁として、主に固く結ばれていくなら幸いです。

空っぽの墓

ヨハネによる福音書20・1―10

皆さん、今日はイエスさまのよみがえりをお祝いするイースターです。イースターは毎年、お祝いされますが、最初のイースターどうだったでしょう。そのことが、この聖書の箇所に記されています。

マグダラのマリアは、イエスさまから七つの悪霊を追い出してもらった女性でありました。彼女は、十字架につけられたイエスの死も見届けた人です。イエスさまが十字架につけられたのは、金曜日でした。ユダヤ人たちは土曜日が安息日ですので、安息日には仕事をしないで休みます。それで、マグダラのマリアは、安息日が終わった「週の初めの日」、つまり日曜日の朝早く、まだ暗いうちに、居ても立っても居られず、イエスさまのご遺体を納めた墓に行ったのです。イエスさまにお会いしたいという一心で。でもそこにはそれを阻むものがありました。墓は、イエスさまのご遺体が誰かに取り去られないように、大きな石で塞がれていたからです。

ところが、その石が取りのけられて転がっていたのです。イエスさまの亡き骸はそこにはなく、頭を包んでいた覆いと体をくるんでいた亜麻布だけしかなかったのです、空っぽの墓。これが最初のイースターにマグダラのマリアが見た出来事でした。イエスさまはよみがえられて、墓にはもうおられなかったのです。それで、マグダラのマリアは、主のご遺体が誰かに取り去られたと思ったのでした。

空っぽの墓、これが世界で最初のイースターに起こったことです。この時点では、マリアも、また後から墓に駆けつけたペトロも、主の愛する弟子も、主の復活を知りませんでした。イエスさまの復活なんて信じられない、ありえないと言う人がいるかもしれません。しかし、人間のそのような思いを遥かに超えて、神さまは、空っぽの墓で、ご自身の大いなる出来事をお示しになられたのです。

亡くなった人を葬るということは大切なことです。イエスさまも、人の手によって墓に葬られました。使徒信条で「死にて葬られ」と告白されているとおりです。しかし、主は人間が最後に納められる墓を「空っぽ」にすることによって、逆説的に、そこを大いなるよみがえりを告げ知らせる場所、死が打ち破られた場所とされたのです。こうして、人間が最後に行きつく先は、暗い死の墓場ではなく、本当の行き先は天のみ国、復活の主との永遠の交わりであることをお示しになったのです。

マリアは、「墓から石が取りのけてあるのを見た」とあります。石とは、私たちが神さまと親しく交わることを妨げている罪であり、悪であり、死であり、絶望であるとも言えます。主イエスは、罪と死に打ち勝ち、よみがえられることによって、私たちが神さまと交わる通路を塞いでいた、いわば大きな石をものの見事に転がしてくださり、私たちを主との永遠の交わりの中へと招き入れてくださいました。私たちは、この大いなる復活の出来事に招かれた者として、希望と喜びをもって歩んでいきたいと思います。

マリアは園の番人だと思って

ヨハネによる福音書20・11－18

マグダラのマリアは、主イエスが十字架につけられた三日めの朝、主イエスが納められた墓の前に立ち、泣いていたのです。彼女の悲しみは、二重のものでありました。自分が従い、敬愛して止まなかった主イエスが、十字架で無惨な最期を遂げたことの悲しみがありました。ついで、彼女は、主を納めたはずの墓が空っぽになっていて、主の亡骸がどこかに誰かの手により持ち去られてしまったというさらなる喪失の出来事に直面したからです。こうしてマリアにはその二重の苦しみが襲い掛かったのでした。

悲しみは悲しみとして、マリアのように墓で泣き涙することは大切です。主の教会は、ここで思いっ切り泣いていいのだよという場所でなければならないでしょう。この彼女に、今度は御使いではなく、主イエスが背後から語りかけられます。「女よ、なぜ泣いているのか。だれを捜しているのか」。主イエスは、マリアがなぜ泣いているのかもすべて知っておられるのです。また誰を捜しているのかもご存じなのです。イエスが、ご自分を隠し、正体を言わないで、このような問いをなさっておられるのはイエスの皮肉でもありますが、イエスのマリアに対するユーモアでもあります。これに対し、マリアは、その人が園の番人だと思い、「もしあなたが、あの方を移したのでしたら、どこへ置いたのか、どうぞ、おっしゃってください。わたしがそのかたを引き取ります」と言います。マリアが真剣に、イエスの亡き骸をあなたが移したのならと言って、他ならぬ復活したイエスに、それとは知らず語りかけているところに、この物語の妙があります。ここで「マリアは園の番人だと思って」とあります。園の番人とは園丁のことです。マリアは本当に、自分に語りかけた人が、イエスだとはわからなくてそう言ったのです。

しかし、彼女が自覚せずに口にしたことが、実際はそのとおり真実をはからずも語っているのです。なぜなら、死からよみがえられた主イエスは、まことに新しい園の番人であられるからです。その園には、もはや空虚の墓があるばかりで、死の陰はないのです。私たち一人ひとり、主イエス・キリストを信じる者はこの園に招かれているのです。私たちは、このみ園に植えられた木であり、主イエスは、その園丁であられるのです。私たちも、親しい愛する者の死に直面して、その死に大きな現実の前に圧倒され、その死と死の力とに捕らわれてしまいます。けれども主イエスは、そのような私たちに背後から、死に打ち勝った命、死に脅かされない永遠の命をもったお方として声をかけてくださるのです。

復活の主イエスはこのマリアの物語が示すように、死の方向や墓の向こうにおられるのではなく、私たちが悲しみ、嘆き涙する、その背後に、すなわち180度方向を変えたところ、すぐそこにおられるのだということです。私たちの背後に大きな命と愛と赦しとをもって、私たちを罪と死と悲しみの現実から救い出してくださる方が立っておられるのです。

キリストの五つのあり方について

ヨハネによる福音書20・19

キリストの存在の五形式について教理説教をいたします。

イエスは、マリアから生まれる前は、三位一体の第二位格である神の言葉として世の先から存在しておられました（ヨハネ1・1）。これが第一の在り方です。このお方が、時至り、マリアから肉を取り、イエスとしてお生まれになりました。ここからイエス・キリストとなります。このお方は、カルケドン信条、私たちの「日本キリスト教会信仰の告白」にも告白されていますように、子なる神の位格（persona）に「真の神にして真の人」、すなわち神性と人性という二性を取る在り方になります。真の神としては遍在ですが、真の人としては、われわれと同様、時間と空間に縛られます。真の神、神性と、真の人、人性がどのような関係、交流があるのかという、「属性の交流」（communicatio idomatum）の問題です。人間と同じく、ここにいれば、同時に別の場所にいることはできない存在（アリバイが成り立つのは、このゆえです）ですが、真の神としては遍在しておられます。ですから、遠く離れていても、ラザロが病気であること、また死んだことを知ることができたのです。これが、第二の在り方です。この在り方は、イエスの死まで続きます。三つめの存在形式は、十字架の死から復活までの三日間です。この期間は、使徒信条では「陰府にくだり」と告白されています。キリストは亡くなったのですから、「真の人」としては、父のみ許、「真の神」としては陰府にくだったのではないでしょうか。次に四番めの在り方です。これは三日めの復活から昇天までの期間（使徒言行録によれば四十日間）です。この期間の在り方について、二箇所挙げました。ヨハネ福音書20章19節では、復活した主は、鍵をかけて部屋を閉め切っていた弟子たちの室内に入って来られます。これを信仰的に解釈して私たちの閉ざされた心にキリストが内住されるのだと理解することももちろん可能ですが、文字どおり物理的に理解することもできます。そうしますと、イエスは「真の人」として壁をすり抜ける存在であるということになります。またルカによる福音書24章31節ではエマオの途上で現れたイエスが弟子たちとの夕食の途中で消え失せます。このような在り方は、霊の体として物質をすり抜け、ここにもあそこにも瞬時に存在できる形式で、まるで現代物理学が見出した素粒子の在り方のようです。私はこれが、「体のよみがえり」後の私たち人間の存在形式と考えます。そして五番めは、昇天後の在り方です。「真の人」としての在り方については、理解が分かれます。キリストが昇天後、父の右に座しておられる点については一致していますが、キリストの人性がそこに局所的に在るのか、それとも普遍的に在るのかについてです。前者はカルヴァン派、改革派の考え方であり、後者はルター派の考え方です。ルター派は、キリストの人性は神の属性と交流して昇天後は遍在と考えます。これをキリスト人性遍在説（ubiquitas）と申します。改革派はイエスは聖霊においてわれわれに現臨すると考えます。いずれにせよ、キリストは地上のわれわれに親しく存在したものです。

ヨハネの「ペンテコステ」

ヨハネによる福音書20・19－23

聖霊降臨日です。教会は、教会の暦をもっております。イエスが、復活した後、四十日間地上にいて、四十日めにエルサレムのオリーブ山から昇天し、その十日後に聖霊が降り、エルサレムで弟子たちが洗礼を受け、教会が誕生し、全世界に福音宣教のために派遣されたと。つまり、復活後五十日、五旬というのがギリシア語でペンテコステです。

しかし、これはルカ福音書の伝承図式であり、他の福音書は異なります。マルコ福音書では、天使が、弟子たちにガリラヤに行け、そこで主にお目にかかれると告げます（16・7）。昇天も聖霊降臨も派遣も書かれていません。マタイ福音書では、復活者は、ガリラヤで弟子たちと出会い、山に上った弟子たちを全世界に派遣し、洗礼を命じます。聖霊降臨のことは記されていません。

ヨハネ福音書はどうでしょうか。復活した主は、復活したその日の夕方、弟子たちに現れ、直接、息、つまり聖霊を吹きかけ、派遣しています。ヨハネ福音書で、イエスは生前、自分が父のみ許にいかなければ聖霊は弟子たちに来ないし、また行けば聖霊を遣わすと言われます（16・7）。ですから、主が復活された夕方、弟子たちに聖霊を吹きかけたのは、昇天後であり、昇天は復活の当日起こったことになります（20・17、マグダラのマリヤへのイエスの言葉を参照）。説教題に、〝ヨハネの「ペンテコステ」〟とペンテコステに括弧を付けたのは、そのためです。

ペンテコステは、五十日であり、抑々《そもそも》、ルカ・使徒言行録の図式なのです。教会の暦はこれに基づいています。このように、各福音書において違いがあることに驚く方があるかもしれません。しかし、旧新約聖書六十六巻を一つのデパート、名前はいわば「イエス家」の百貨店だと考えます。六十六巻ですから、ワンフロア十一の店で六階建てと考えても、ワンフロア六店十一階建てと考えてもよいです。六十六あるどの店も個性や品ぞろえは個性があり、工夫されていますが、売られている商品はみな、キリストを示すものだと考えればよいのです。六十六店舗で全く同じ品物、商品が売られていたら、つまらないし、飽きてしまいます。「商い」は「飽きない」にあります。

大事なことは、聖霊降臨という出来事の本質を各福音書の記述から理解することです。それは、㈠主イエスの復活、昇天の出来事を通して父のみ許から聖霊が地上の弟子たちに注がれたこと。㈡聖霊の注ぎにより弟子たちはイエスから、罪の赦しの権能と洗礼を授け、全世界へと派遣され、宣教する命令を受けたこと。㈢聖霊の降臨により地上に教会が誕生したこと。㈣聖霊の働きの第一は、「イエスをキリスト」と告白せしめ（コリント一12・3）、告白した人の罪を赦し、その人を洗礼へと導き、教会の肢、メンバーとする神の霊であることなのです。

ミッション・ポッシブル――派遣ということ

ヨハネによる福音書20・21

ミッションはラテン語の mittere「送る」という意味の言葉に由来する語です。

ミッションスクールということが言われ、それは外国の伝道団体が建てたということであるから、外国のミッションによらない独立したキリスト教主義学校と言う方がよいと言われたことがありますが、私たちキリスト者がおこなうことは、それがイエスの宣教命令に基づくなら、すべて、ミッションなのです。自分はキリスト者であるけれども、キリスト教や神さまについての十分な知識もないので、宣教に派遣されるといってもそれは無理ではないかと考える人がいるかもしれません。教会の主日礼拝の最後に祝福とともに派遣の言葉が語られます。この派遣が重荷であるということを、私に漏らされる会員がおられることを知っております。これらの人たちは、自分が世に派遣されるということを真面目に受け留めるので、そのように言われるのです。

これについては、二つのことを申しあげたいと思います。第一に、確かに、自分が宣教する事柄については、よく学び、理解しなければ、相手に伝えることはできません。そのためにキリスト者は、聖書や信仰の筋道について、鋭意、努力して学ぶ必要があります。私たちも学び、時には伝道者としての専門的な学びも続ける一方で、そのような弱さをもった不十分な者をも、み言葉の権威のもとで主なるイエスが用いてくださることを信じて、共に宣教のわざに遣わされ、その豊かな恵みにあずかる者とさせていただきたいと思います。第二に、キリスト者のこの世への派遣は、自分がキリスト者であることをことさら闡明にしたり、キリスト教を言葉で宣べ伝えることを無理にしたりする必要はありません。そこにキリスト者として存在すること、プレゼンスすることが大事であると思います。

イエスも地上にある間、ご自身を敢えて表すということはしないで活動をされました。時が来れば明らかになることで、父なる神にお任せすればよいのです。キリスト者は、おとなしすぎると言われ、もっとキリスト者であることを積極的に標榜して、世と闘うべきであるという姿勢を、私は取りません。大事なことは、私たちがキリスト者として世に派遣されているということ、独りではなく、共同体の一員として派遣されているということをいつも自覚し、遣わされた、その場所に存在するということです。

私たちの宣教は、困難ですが、不可能な宣教、ミッション・インポッシブルではなく、可能な宣教、ミッション・ポッシブルであります。イエスは、ご自身の十字架の死と復活によって、天地万物に対する一切の権威を与えられたお方であるからです。このお方の権威、み言葉の権威によって、私たちは派遣されるのですから、宣教は可能なのです。

確かにそれは、私たちの力や才能によるとしたら不可能なことです。しかし、それは神の力、み言葉の力によるのですから、いわば不可能の可能性であります。ですから私たちは、どんな場所に遣わされても、ミッション・ポッシブルであることを信じて伝道し、また与えられた使命を果たすように務めたいと思います。

私の主、私の神よ

ヨハネによる福音書20・24―29

皆さんは、自分だけが置いてきぼりにされたことはありますか。他の弟子たちが、トマスに、「私たちは主にお目にかかった」と言うと、彼は、「あの方の手に釘の痕を見、この指を釘痕に入れてみなければ、また、この手をそのわき腹に入れてみなければ、私は決して信じない」と言います。トマスは、なぜ、イエスは自分だけ、いない時にご自分をお現しになったのだろう、自分を見捨てたのだろうかという、悔しさのようなものがあったのでしょう。だから、余計に意地を張ったのかもしれません。イエスの御傷を見、触れてみなければ信じないと言い張るトマスは、疑い深い人であると言われることがよくありますが、実は、大事なことを含んでいます。なぜなら、復活された方がイエスであることの証拠は、十字架の御傷にあるからです。私たちは、十字架の御傷をもたない体をもった人物を、私の罪を贖ってくださったお方として受け止めることはできないからです。

トマスの言葉は、11章16節にも出てきます。「すると、ディディモとよばれるトマスが、仲間の弟子たちに、『私たちも行って、一緒に死のうではないか』と言った」。この言葉も、やけっぱちの発言のように見えますが、深い真理を孕んでいます。イエスについて行き、主と共に死ぬことによって主にある命にあずかることができるからです。そのようなトマスを、主は、お見捨てになりませんでした。八日の後、今度はトマスがいる時に、またまるでトマス一人のために心配りをしたかのように――事実そのとおりです――、イエスが来られます。イエスは、トマスの自分だけ取り残されたという気持ちや、トマスが放った言葉をすべてご存じであったのです。そしてトマスにご自分の傷を見せ、その傷痕に手を触れるように言われます。まことに、「うたがいまどうトマスにも、み傷しめして『信ぜよ』と宣らすはたれぞ、主ならずや」（『讃美歌』243番3節）であります。トマスだけでなく、私たちは、イエスの十字架の御傷によって癒されます。イザヤ書53章5節に「彼が刺し貫かれたのは、私たちの背きのためであり、彼が打ち砕かれたのは私たちの咎のためであった。彼の受けた懲らしめによって、私たちに平和が与えられ、彼の受けた傷によって、私たちは癒された」。またペトロの手紙一2章24節に「そして、十字架にかかって、自らその身に私たちの罪を担ってくださいました。私たちが、罪に対して死んで、義によって生きるようになるためです。そのお受けになった傷によって、あなたがたは癒されました」とあるとおりです。

トマスは、自分が他の弟子たちに言い張ったように、はたして手をイエスの釘痕や脇腹に差し込んだでしょうか。そのことはもはや語られていません。トマスは感激と喜びのあまり、「わが主よ、わが神よ」と答えるだけであったのではないでしょうか。このトマスの言葉は、1章1節の「言は神であった」に呼応した、イエスを「神」とする最高の信仰告白となっています。この告白に対し、主は「私を見たから信じたのか。見ないのに信じる人は、幸いである」と言われます。私たちも、疑いや迷いを超えてイエスさまに対し、そのような信仰告白をし、復活のイエスをほめたたえて生きていきたいと願う者です。

すでに夜が明けたころ

ヨハネによる福音書21・1―14

弟子たちは、主イエスがエルサレムで十字架につけられた時、皆、主イエスの傍から逃げ出してしまいました。三年ほど、弟子として主と共に生活をした彼らは挫折し、目的を失っていました。

そんな彼らが、ヨハネ福音書21章を見ますと、ガリラヤの故郷にいます。エルサレムでの途方もない挫折の後、故郷に逃げ帰っていたのです。そのような彼らにペトロは、もう一度、漁師の仕事に戻ることを告げ、仲間もそれに従います。けれども、その夜は何の獲物も取れなかったとあります。彼らの多くは、主の弟子になる前はガリラヤの漁師でしたが、何分、数年のブランクがありますし、上手くいかない時は何事も上手くいかないものです。私たちも一生のうち、ひどい挫折と失敗をすることがあります。どうしたらよいかわからず、何をしても上手くいかないときが。

けれども聖書は、「すでに夜が明けたころ、イエスが岸に立っておられた」というのです。失望と挫折、徒労感と疲労感だけ残り、昨日と何も変わらない一日が始まるかに見えたとき、そのとき、主が岸に立っておられたというのです。主が立っておられる岸、それは歴史の彼方でもなければ、この世の向こう岸、彼岸でもありません。私たちが正に生きている、この現実の歴史、世界に立ちたもうのです。そのような弟子たちに、主イエスは、6節で言われます。「舟の右側に網を打ちなさい。そうすれば取れるはずだ」。彼らは元漁師であり、夜通し漁をしたのに、一匹も獲物がなかったし、とても疲れていたのです。彼らは、見知らぬ人から指図されて、網を降ろすことを拒否することもできたでしょう。しかし、それに従ったとき、「魚が多く取れたので、それを引き上げることができなかった」という驚くべき出来事が起こったのでした。彼らは、岸に立つ人の言葉と、その呼び起こした出来事に圧倒されて、そのお方が主であるということに気づくのです。岸に立っておられるお方が主であることを最初に示すのは、7節にありますように、主の愛しておられた弟子であります。「あれは主だ」。原文では、「彼は主であられる」という言葉です。そして、これは、原始キリスト教会の最も古い信仰告白なのです。

私たちは、この告白へと導かれる必要がありますし、主もまた、それを望んでおられます。弟子たちは、人生の目標を失っていました。私たちも、挫折し、人生の意味と目標を失ってしまうことがあります。けれども、そのような私たちの人生の此岸に復活の主は、立たれるのです。この復活の主こそ、私たちの人生の目標であり、意味そのものなのです。確かに、夜明けの前は一番暗く、また寒いのです。けれども、イエスが、死と罪と闇の力に打ち勝ち、死をも突破したもうお方であり、この私たちの歴史、世界、人生の、この岸に立っておられることを知り、このお方を私たちの歴史、世界、人生の主と告白するとき、私たちのこの暗い、試練の多い現実に夜明けの光が差し込むのであります。

どんな死に方で神の栄光を現すか

ヨハネによる福音書21・15－19

主イエスは、ペトロに、「年をとってからは、自分の手を伸ばすことになろう。そして、ほかの人があなたに帯を結びつけ、行きたくないところに連れて行」かれると言っておられます。多くの人は、若い時は、健康でもあり、体の痛みや衰えもなく、自分の欲するままに生きることができるでしょう。「自分で帯を締めて」というのは、衣服の帯を着けてということで、衣食住の衣でもって自分の身の回りのことは、自分で何でもできて、また他の人に干渉されずに自由に行動できたということでしょう。

ここで言われていることは、ペトロの殉教のことです。教会の伝えるところによれば、ペトロは、ネロ皇帝の迫害のときに、ローマで捕らえられ、最後は十字架につけられて処刑されたと言われております。「自分の手を伸ばすことになろう」というのは、十字架で手を伸ばして磔になることを預言したものです。ペトロにとって「行きたくない所」、それは、迫害の中での十字架刑による殉教の死でありました。私たちにとってもまた、「行きたくないところに連れていかれる」ということが、あるのではないでしょうか。人は、歳を取ってまいりますと、最後は自分の体が弱り、思うように動けなくなってまいります。自分の欲するままに、したいことをするということによるのではなく、「自分の欲しない、行きたくないところに連れて行かれて」、神さまの栄光を現すということが、あるのではないでしょうか。「これはペトロがどんな死に方で神の栄光をあらわすかを示すために、お話しになったのである」とあるように。

私たちがどんな死に方をするかは、わかりません。キリスト者であってもさまざまです。死に方、それ自体に信仰者らしい死に方があるのではないのです。ペトロの十字架の死自体に神の栄光が現れている訳ではありません。どのような死に方をするにせよ、私たちの生涯をとおして神に御栄えが帰せられますようにということです。「神にのみ栄光が帰せられる」(soli Deo gloria)ということです。そのためには、結局、どのように生きるかということになるのです。どのような死に方をするかということは、神さまに御任せして、今を生きていくことです。主イエスは、ペトロにどのような死に方をすることになるか、語った後、「わたしに従って来なさい」と仰いました。大事なことは、私たちが生きるにしても、死ぬにしても、主イエスに従っていくことです。このことは、使徒パウロによってはっきりと言われています。

本日、私たちが覚えております、茅ヶ崎東教会で信仰生活を送った召天者の方々も、それぞれ信仰者として、主イエスに従っていった人たちです。それぞれ境遇も、与えられた試練も、違うけれども、兄弟姉妹たちが、死に至るまで主イエスに従い、そのことをとおして、主イエスを証しし、神の栄えを表す者とされたことを信じて、私たちも、主イエスが、ここで最後に言われているように、主に従っていきたいと願うものです。

務めと使徒職を継がせるため

使徒言行録1・23—26

イエスを裏切り、死んだユダに代わる使徒として、人びとは、二人の候補を立て、籤を引き、マティアが当選します。それは「使徒の務めと使徒職を継がせるため」でありました。

『ローズンゲン』という冊子があります。これはドイツのモラビア兄弟団というキリスト教の団体が十八世紀から出している聖句の日課で、籤によって一年の日々の聖句が決められています。ローズンゲンとはドイツ語で「籤」という意味です。私たちは、籤は用いません。しかし大事なことは、人々が籤を引く前に相応しいと思われる候補を選び、「すべての人の心をご存じである主」に「この二人のうちのどちらをお選びになったかを、お示しください」と祈っていることです。候補を選び、神に祈り、神の選びを籤で知るという方法です。私たちは、信仰と生活の上で重要な事柄について決定をするとき、何が、また誰が相応しいかをよく考え、その上ですべてのことを知り、導いてくださる主なる神に祈り、決断をするのです。

説教の後、先の総会で選ばれた長老、執事、日曜学校校長の任職式、就職式をおこないます。どうか教会員の皆さまは、主の教会の務めに就く姉妹たちのために祈り、支えてください。特に、それぞれの姉妹方の健康、家庭のためにも祈ってください。また務めに就く姉妹方にお勧めいたします。それぞれが就かれる務めは主の体なる教会を建てていくために大切な働きです。教会の奉仕者の務めは、教会を治める長老の働き、愛の配慮に携わる執事の務め、また子どもたちを主イエスに導く教育、養育の務めなどであります。皆さんの中には自分はこの務めに相応しい者なのか、はたして務めを果たすことができるかについて、不安の思い、また恐れがあるかと思います。けれども主にあって教会員が祈りのうちに選んだあなたがたは、主なる神に選ばれ、主の信任を与えられた者として、忠実に、また主に委ねて与えられた務めを果たしてください。主は、そこでぶつかるさまざまな困難や試練を乗り越える力、勇気、忍耐、賜物を必ず与えてくださいます。主は、皆さんに大きな恵みと祝福を与えてくださるでしょう。

クレネ人シモンという人を思い出します。マタイによる福音書27章32節。「彼らが出て行くと、シモンという名のクレネ人に出会ったので、イエスの十字架を無理に負わせた」。彼は、北アフリカのクレネの出身で当時エルサレム郊外に住むユダヤ人でした。当時のユダヤ人とって死刑囚の十字架に触れることは大変穢れたことになると考えられていました。ところが、事もあろうに偶々出くわしたイエスの十字架を無理矢理背負わされたのです。

「強いられた恩寵」という言葉があります。神は、あらかじめ、この人という人を無理強いして十字架をかつがせ、救いの恵みのみわざを遂行させたもう、ということがあるのです。それは誰も、自分を何かひとかどの者のように誇ることなく、自分のような者を神はかたじけなくも選び、救いのみわざのために用いてくださることを感謝し、神に栄光を帰すためなのです。

生まれた故郷の言葉で

使徒言行録2・1―13、37―42

2章6節に「私たちがそれぞれ、生まれ故郷の国語を彼らから聞かされる」とあります。

私たちは、教会において自分たちの言語で何を聞くのでしょうか。それは言うまでもなく、神の言葉であります。しかもそれは、「生まれ故郷の」言語なのです。自分たちの故郷の言葉なのです。石川啄木の歌に「ふるさとの訛なつかし停車場のひとごみの中にそを聴きにいく」というよく知られた歌があります。私たちもまた教会で、ちょうど異教の地にあって生まれ故郷の言葉を聴くのです。私たちの真の故郷は、天にあるのですが、この地上にあって私たちは、帰るべきまた天のふるさとの言葉を聴くのです。教会に行けば、そこでふるさとの言葉を聴くことができるのです。

ところで、この箇所を注意して見ると、「私たちがそれぞれ」と、「めいめいが」という言葉がついております。そこで言われていることは、一人ひとりが聴くということです。聖霊は、個別化の原理を含んでいるのであって、没個性ということではないということです。そのことは、3節で、聖霊が、「炎のように分かれて現れ、ひとりひとりの上にとどまった」とあることからもわかります。教会という、一つの全体の中で、めいめいが神の言葉を聴くのです。しかし、個性化とは言っても、てんでばらばらになるのではなく、一体となって主の教会を建てていくのです。それでは、聖霊降臨節にあたって、私たちのなすべきことは何でしょうか。それは、2章37節以下に記されている、ペトロの説教を聴いた人々の反応から、学ぶことができます。

37節に、「人々はこれを聞いて、強く心を刺され、ペトロやほかの使徒たちに、『兄弟たちよ、私たちは、どうしたらよいのでしょうか』と言った」とあります。これに対するペトロの答えから、私たちは、四つのことを学ぶことができます。第一に、「悔い改めなさい」と言われています。これは、主イエス・キリストが公生涯を開始されたときのメッセージ、「時は満ちた。神の国は近づいた。悔い改めて福音を信じなさい」ということです。悔い改めるとは、心の方向転換を示しています。第二に、イエス・キリストの名による洗礼を受けて、罪の赦しを受けることです。そうすれば第三に、賜物として聖霊を受けるのです。教会は、聖霊を受けてできた群れでありますから、洗礼を受けて聖霊をいただくということは、教会に連なることにほかなりません。ここからわかることは、洗礼を受けることは、一人ひとりにとっての聖霊降臨日であるということです。逆に言いますならば、教会は、聖霊を受けて神の子どもである信者を産んでいくのです。

第四に、38節で、ペトロが、「この約束は、われらの主なる神の召しにあずかるすべての者、すなわちあなたがたと、あなたがたの子らと、遠くの者一同とに、与えられているものである」とあるとおり、以上のすべては、神の招きによるということです。教会と訳されるギリシア語の「エクレシア」とは、招き出されたものという意味であります。何へと招いてくださったのでしょうか。救いへと神の聖なる晩餐会へと、天国へと、招いてくださったのです。

その日三千人ほどが

使徒言行録2・37－42

初代の教会の洗礼には、主イエスの名による洗礼と、父と子と聖霊の名による洗礼のかたちがありました。どちらも同じ洗礼でありますす。父と子と聖霊である神をお現しになった方が、主イエスであるからでありまます。主の名による洗礼を受けることによって、私たちは、主の体である教会に加えられます。また使徒パウロが、洗礼に際して手を置いたように牧師が手を置くとき、受洗者に聖霊が与えられます。教会は、五旬祭のペンテコステに聖霊が降り、誕生しましたが、一人ひとりが主イエスを信じ、主イエスの名よって洗礼を受けるとき、その都度ペンテコステが起こるのであります。

41節に、ペトロの言葉を受け入れて「その日に三千人ほどが洗礼を受け仲間に加わった」とあります。私たちの教会では、今日、この後、Oさんが洗礼を受けられますが、聖霊降臨日には、おそらく全世界で何万もの人が洗礼を受けていることでしょう。ペンテコステは、今も続いているのです。主イエスの名による洗礼を受けた人たちは、異言を話したり、預言をしたりしたとあります。これは、何か特別で異常なことを語ったということではなく、神を証しし、み言葉を語ったということです。

洗礼を受けて教会の肢とされた者の務めについては、42節に記されています。第一に「使徒の教え」を守ることです。これは使徒信条と聖書を学ぶ、その解き明かしとしての礼拝説教を聴くということです。正しい信仰の筋道をしっかりと学び保持することによって、しっかりした信仰者となることができます。第二に「相互の交わり」とあるように、交わりの生活です。これは礼拝の最後の祝福においても語られています。「主イエス・キリストの恵みと、神の愛と、聖霊の交わりとが、あなたがた一同と共にあるように」。第三に「共にパンを裂き」とありますように、これは主の聖餐です。キリスト者は聖餐を重んじる生活をいたします。そして第四に「祈りをしていた」とありますように、キリスト者は祈りを重んじ、祈り会を重んじる生活をするのです。42節の最初の言葉も大事です。「そしてひたすら」。「新共同訳」は「熱心であった」と訳しております。「ひたすら」と訳されている言葉は、自分を神にひたすら忠実にささげるという意味の言葉であります。

植村正久という人は、明治、大正にかけての日本のキリスト教会の指導者ですが、洗礼試問の際に志願者に対して信仰箇条だけでなく、その人に応じた独特な質問をしました。ある太鼓を叩いていた人に「あなたはいつも熱心に太鼓を叩いていましたか」と問うたそうです。その人は「はい」と答えて洗礼を受けることが認められたのでした。何事も「ひたすら」「ひたぶるに」「一途に」ということが大事です。「ひたごころ」「一途なこころ」が求められます。Oさんもどうかこれまでのように「ひたすら」な態度で信仰生活、教会生活を送ってください。主はそのような人を豊かに祝福してくださるでしょう。

美しい門と現代

使徒言行録3・1－10

「美しい門」は、神殿の東側にあり、金と銅の豪華な装飾が施されていたことから、そうよばれていました。しかし、そこに生まれながら足の不自由な人が、他の人によって運ばれて置かれていました。施しを乞うためです。その人をペトロは、「ナザレ人イエスの名によって」立ち上がらせ、癒したのでした。

10節を見ますと「彼らは、それが神殿の「美しい門」のそばに座って施しを乞うていた者だと気づき、その身に起こったことに我を忘れるほど驚いた」とあります。「美しい」とある言葉は、ローマの信徒への手紙10章15節で「ああ、麗しいかな、良きおとずれを告げる者の足は」とある「麗しい」と同じ言葉です。

今は元号が「令和」です。「令和」という漢字は、万葉集から取られていますが、こんな言葉はありません。そこで政府は、諸外国にその意味は「美しい調和」（ビューティフルハーモニー）であると公式に説明しました。国家や人々が、どんなに自分たちの生きている時代を「美しい調和」とよんでも、それで「美しい調和」が訪れることはありません。元号が変わっても、人間の罪や不幸や悲惨の現実があることには変わりがありません。元号が変わって、私たちがすぐ体験したことは全世界に広がった感染病の脅威でした。自然の世界と人間の世界の調和が損なわれております。国々、民族との調和も達成されていません。さらに日本において天皇は、国民統合の象徴として国民の和合のシンボルですが、この調和もまた、今や揺らいでいます。日本は、いったい、いつから政治家も皇室もジャーナリズムも国民も公正、正義を忘れ忖度する社会になったのでしょうか。

教会は、時代の見せかけの華やかさに惑わされることなく、苦しみ悩んでいる人たちに寄り添い、告げるのです。「ナザレ人イエス・キリストの名によって立ち上がり、歩きなさい」と。16節を見ますと、「あなたがたの見て知っているこの人を、イエスの名が強くしました。それは、その名を信じる信仰によるものです。イエスによる信仰が、あなたがた一同の前でこの人を完全に癒したのです」とあります。現代は、人々が癒しを求める時代ではないでしょうか。「癒される」という言葉をよく耳にします。しかし人間の癒しはどこにあるのでしょう。「美しい門」の前に置かれていた人を「イエスによる信仰」が「完全に癒した」とあります。聖書で「完全」という言葉は、ギリシア語で「ホロス」と言います。英語で完全、まったきことを意味する「ホウル」（whole）、「癒し」を意味するヒール（heal）、聖なることを意味する「ホウリィ」（holy）というこの三つの言葉は、すべてギリシア語の「ホロス」に由来します。現に「完全にいやす」と訳されている言葉にもホロスという言葉が使われています。

私たち人間は、欠点があり罪があり、完全な存在ではありませんし、聖なる存在でもありません。私たち人間の全き癒し、聖なる者とされるということは、主イエスの完全性、全き聖性の中においてのみ、起こるのだということです。

カルト、セクト、エクレシア・カトリカ

使徒言行録5・1－11

今日《こんにち》、カルト教団の問題がクローズアップされています。キリスト教会もまたカルトではないかと誤解されたりもします。ここに取りあげるアナニヤとサッピラの夫婦の事件は、非常に考えさせられますので、そのような視点からいつもとは違う解釈をしてみます。普通、この事件は、この夫婦が自由に申告できた教会への財産の提供を、申告どおりすべてではなく、一部を取っていて、神さまをごまかしたことに対する夫婦に下された神の裁きとして理解されています。けれどもこの事件は不可解です。

原始のエルサレム教会は、4章32節にあるように信者たちが所有をすべて共有していたとあります。原始共産主義と言われるものですが、正確には原始共有制とも言うべきものです。私は、この夫婦を悪者にして裁きを受けたという聖書の理解、またこれまでの解釈を疑っています。理由はいくつかあります。まず、原始共有制というのは結局、挫折しました。財産共有というのは、カルト教団の特徴の一つです。カルト教団の特徴は、洗脳、財産の共有、収奪、脱会の禁止、反社会的行動です。現にこの制度は続きませんでした。第二に、教団内における不審死というのもまたカルトの特徴です。アナニヤとサッピラの死体は、死後、検

視作業や葬儀もおこなわれず、6節、10節にあるように死後ただちに「若者たちによって死体が運ばれ、勝手に葬られています」。私は、この原始共有制と夫婦の不審死、死後の迅速な死体の処理に疑問を覚えます。ペトロは、9節でこの夫婦の犯した罪とに対する神の裁きを告げていますが、ペトロ自体、どうだったでしょうか。ペトロは、主を三度知らないと言って否認しましたが、主によって許されています。またガラテヤ書においては、アンテオケ教会に派遣されたペトロが異邦人との食事を拒否したことに対するパウロの激しい叱責が記されています。このいわゆる「アンテオケ事件」により、ペトロは失脚し、主の兄弟ヤコブがエルサレム教会の指導者となります。ペトロはローマに行き、ローマ教会のリーダーとなり、やがてエルサレム教会は歴史から消えていきます。

この夫婦はそんなに悪者なのでしょうか。誰でもこういうことはあるのではないでしょうか。申告した献金額が本当に収入の十分の一なのかどうしてわかるでしょうか。結局、原始教団における財産共有は挫折しました。ここがエルサレム教会のカルトになるかならないかの重要な分かれめでありました。

教会はまたセクトでもありません。セクトとは分派主義、分離主義のことです。キリストの教会は、使徒信条が告白しているように「聖なる公同の教会（エクレシア・カトリカ）」を信じるものです。私たちの教会もまた「長老制度を取る公同教会の一団の群れ」として自らを告白しています。所有権については、「ウェストミンスター信仰告白」の26章3節は、つぎのように告白しています。「かれらの聖徒としての相互の交わりは、各人が自分の所有物と財産に対してもっている権利や所有権を、奪ったり、侵害するものではない」と。

その顔はさながら天使のように――ステファノの殉教

使徒言行録6・15

今日、絆や繋がりということが言われ、人々が、携帯やスマートフォンを手放さないのは、その現れであると言われます。しかし、人と人との顔と顔を合わせての交わりというのは、皮肉なことに、とても希薄になったのではないでしょうか。牧師は、会員の方の顔を見ます。幼稚園の園長をしていた時も、幼児の顔を見ることで、その子の心と体の状態がわかると、教えられました。顔色が悪い、暗い顔、沈んだ顔でだいたい、その人の心の状態が判断できます。

さて、この箇所は、ステファノの記事です。ステファノは、ギリシア語で「冠」を意味します。そして、彼は、キリスト教で最初の殉教者となった人物です。使徒言行録6章では、エルサレム教会でヘブライ語を話す信者とギリシア語を話す信者との間で、日々の配給をめぐって争いが起こり、結果、七人の執事が選ばれ、彼らは奉仕の仕事、他方、使徒たちは祈りとみ言葉に専念することになります。ステファノは、その執事の一人でした。しかし、7章を見ますとステファノの大説教が収録されていますし、8章では、同じく執事であったフィリポが、エチオピアの宦官に対しておこなった宣教が記され、執事職との齟齬が見られます。ステファノは、ユダヤ人たちの前で、神殿を批判する説教をしたため、石打ちをされて殉教したのでした。その説教をしていた彼について、そこにいた人たち皆、「彼の顔はさながら天使の顔のように」見えたと記されております。天使に顔があるのです。ギリシア語で顔のことは「プロソーポン」と言い、これは「前方を見る」という意味です。英語ではフェイスです。これはラテン語の「ファケレ」(facere)、作る、為すという言葉に由来します。人間の顔は、親から与えられた顔以上に、その人が生涯、何を前に見て、また何を為すかによって作り上げられます。反社会勢力の人や凶悪犯罪を為す人は、実にそのような凶悪な顔をしています。ココ・シャネルの名言に「二十歳の顔は自然から授かったもの。三十歳の顔は自分の生き様。だけど五十歳の顔にはあなたの価値がにじみ出る」というものがあります。英語で人格を意味する「パーソナリティー」は、ラテン語で「お面」を意味する「ペルソナ」からきています。さらにこのペルソナは、「響きあう」「こだまする」という意味の「ペルソナーレ」(personare)という動詞に由来します。人間は、誰と向かいあい、誰の方、あるいは、何に自分の顔を向けるかで、その人の顔が形成されていくのです。

キリスト者は、主イエス、また父なる神の方を、仰ぎ見ながら、生きていきます。自ずと、その顔は、「天使のような顔」になる、あるいは神に似た者になるのではないでしょうか。「似た者夫婦」と言われ、また、犬の顔は飼い主の顔に似てくるように。またコリントの信徒への手紙一13章13節では、キリスト者は、今は鏡をとおして神を朧に見ているが、終わりの時、つまり、かのときにはもはやそのような鏡はもう要らないとあります。なぜなら、そのときには、顔と顔とを合わせて見ることになるからというのです。顔と顔とを合わせてとは「フェイス トゥ フェイス」ということで、もはや、鏡という媒介は要らない、直接の永遠の交わり、「至福直観」(visio beatifica)に入るのです。

使徒たちが手を置くと

使徒言行録8・17－20

使徒言行録8章9節以下には、サマリヤの魔術師シモンという人をめぐって起きた出来事が記されています。サマリヤの人々が、イエスを信じ、洗礼を受けましたが、まだ聖霊が降っていなかったので、エルサレムの教会からペトロとヨハネが赴き、聖霊が降るように祈り、手を置くと、彼らに聖霊が降ったのです。この出来事を見て、既にフィリポから洗礼を受けて信者になっていた魔術師シモンが、金を差出し聖霊を与える権能を自分にもくれるように願ったのでした。彼が、金を差し出して、聖霊を与える権能を自分にもくれるように願ったことの誤りは、二つあります。

一つは、その手段です。彼は、その権能を金で買おうとしたのであります。ここから教会の地位や権能を金銭授受によって自分のものにしようとすることを、教会史では聖職売買、シモンの名をとって「シモニア」(simonia)と呼ぶようになりました。シモンの誤りの二つは、彼が、聖霊を授与する権能を金で買いたいと思った動機です。おそらく彼は、その権能によって魔術師シモンとしてのこれまでの自分の名声を、さらに拡大しようと思ったのです。彼は、洗礼を受けてキリスト者になる前は、「魔術を行ってサマリヤの人たちを驚かし、自分をさも偉い者のように言いふらしていた」とあり、それで「皆、彼について行き、『この人こそは「大能」とよばれる神の力である』と言っていた」とありますように、人々の前に自分を誇っていたのです。彼は、ペトロから、この権能を買うことにより、自分をさらに偉大な者としようとしたのです。これが第二の誤りです。

最後にそれでは私たちは教会の務めや賜物を得るためにどうしたらよいのかということを考えたいと思います。私たちは教会の務めや賜物を得るためにどうしたらよいのでしょうか。それは一言で言えば、祈りです。ペトロは、シモンを叱責しつつ8章22節で、「だから、この悪事を悔いて、主に祈れ。そうすればあるいはそんな思いを心に抱いたことが、許されるかもしれない」と言い、他方、シモンも、「これを聞いて言った、『仰せのようなことが、私の身に起らないように、どうぞ、私のために主に祈ってください』」と言っています。まず、悔い改め祈りが必要であります。そのことが、ここで二度言われ、強調されています。また、まだ洗礼を受けただけで聖霊を受けていなかったサマリヤの信者のために、ペトロとヨハネとは、15節にありますように、「サマリヤに下って行き、皆が聖霊を受けるようにと、彼らのために祈った」とあります。

私たちが、教会の務めに就くに際して、必要な賜物や力は私たちのうちにあるものではなく、神から与えられるものです。賜物とは、英語の「ギフト」もギリシアのそれ「ドーロン」も与えられたものという意味であって、与えたもうのは神であります。私たちは、神に何事かをなすように命じられ、お召しを受けたとき、私には力がないと言って尻込みする必要はないのです。それを成し遂げる時間も力もお金も、神が必ずや、与えてくださるということを信じて祈り、務めに就くのです。

道を進んで行くうちに水のある所に来たので

使徒言行録8・26－39

エチオピアの宦官とフィリポとの出会いの場面です。

「寂しい道」とあります。宦官の辿る寂しい道は、宦官のこれまでの人生を象徴しています。宦官は、女王の財産管理を任された高官でしたが、身体に重大な損傷を受けていました。人間として生きることの喜びと幸福を奪われた孤独な寂しい人生を歩んできた人でした。彼のような体に障がいがある人は、エルサレム神殿に入ることはできませんでした。それでも彼は、エルサレムまで礼拝しに来て、そこから帰る途中であったのです。

聖霊が、フィリポに「追いかけてあの馬車と一緒に行け」と言います。ここから伝道者の姿勢について、教えられます。第一は、伝道者は、自分の関心や相手の意向よりも、聖霊による主導と派遣を待たなければならないということです。第二は、「馬車と一緒に行く」ことです。これは、伝道者は、求道者に対して上から目線、頭ごなしに教えるという態度ではなく、それぞれ、貴く重い人生を歩んできた求道者の傍らに寄り添い、共に並んでいく姿勢が求められるということです。これは馬車に乗り込まないこと、他の人の内面生活に土足で踏み込むことは許されず、相手の内面生活を尊重するということです。

フィリポが近寄ると、宦官は、苦難の僕《しもべ》のことが記されたイザヤの書53章7節以下を朗読していました。フィリポは、聖書のこの箇所から説き起こして、宦官にイエスの福音を告げ知らせます。すなわち、十字架のイエスこそ、イザヤ書に預言された苦難の僕であると。やがて、「道を進んで行くうちに、彼らは水のある所に来た」とあります。求道者の傍らに伝道者が寄り添い、聖書を手びきし、主イエスの十字架の贖いを解き明かすとき、水のある場所、つまり洗礼の水に至るということです。

このみ言葉から四つのことを学ぶことができます。㈠洗礼へと至る道のりは自然的です。自然というのは他からの強制や不自然な動機ではなく、この道を歩んだ結果、自ずと然り「イエスさまはわたしの救い主です」という心の自由な発露として洗礼の水へと、人は導かれるのです。㈡洗礼へと至る道のりは超自然的です。なぜなら洗礼は、聖霊の導き、先導による奇跡そのものだからです。そのとき、「荒れ野に水がわきいで荒れ地に川が流れる」（イザヤ35・6）のです。㈢洗礼へと至る道のりは必然的です。人は、聖霊の先導のもと、遣わされた伝道者や神の使わした人を通して求道の道を辿っていくうちに、イエス・キリストに対する信仰告白へと導かれ、「水のあるところ」、すなわち、洗礼へと至るということは全くの必然であります。逆に言えば「水のあるところ」、つまり、洗礼へと導かれない求道というものは基本的にはありえないということです。㈣洗礼へと至る道のりは共同体的です。「彼らは」とあるように、聖霊との、み言葉の教師や信仰の導きをしてくれる人びと、何よりも教会共同体の交わりにおいて、われわれは洗礼に導かれるのであります。

タビタ、ドルカス……K・I姉追悼説教

使徒言行録9・36－40

私が初めてKさんとお話をしたのは、着任した二〇一七年の四月に辻堂海浜公園でおこなわれた日曜学校の親睦会でした。その時、Kさんはいろいろな玩具、アメリカ製かドイツ製の見たこともない興味深い玩具を披露してくださいました。皆さまの中にもお子さんに玩具のことで姉妹から教えて貰った方がおられると思います。「遊びをせんとや生まれけむ」（『梁塵秘抄』）とか「ホモ・ルーデンス」（遊ぶ人間）と言われるように、人間形成のすべては遊びにあります。姉妹は幼稚園の園長として幼児教育に生涯を献げられました。

海浜公園で姉妹がお話をされたことは、まず一九四五年三月十日の東京大空襲に遭ったことです。上野あたりの下町に多くの犠牲者が出ました。姉妹はたくさんの遺体を目撃したそうです。姉妹の葬儀が営まれた菩提寺が台東区のお寺であったことからもわかります。十四歳位の多感な少女にとっては凄惨な光景であったでしょう。次に話されたことは、若い時に肺を患い、長い闘病体験があるということでした。姉妹は、一九五四年、二十三歳の時に日本基督教団横須賀小川町教会で洗礼を受けておられますが、二つの経験が信

仰に至った大きな動機になっているのではないでしょうか。教会報にKさんの書いたものは二つばかりです。

その中の二〇一二年の「日曜学校の思い出」という文を少し紹介いたします。それによりますと二〇〇三年にK牧師から日曜学校の教師になるようにとの依頼を受けて「突然のことで頭が真っ白になってしまいました。それまでは教会に籍がありながら、たまに礼拝を守る教会員であった為、日曜学校教師は教会にとって重要な働きであり、聖書のみ言葉を教える大切な役割を委ねられていることが、未熟な信仰者にとって勤まるかどうか不安な日々でしたが、『主は人の一歩一歩を定め御旨にかなう道を備えてくださる』（詩37・23）のみ言葉に何時も支えられ励まされました」と書いておられます。幼児教育の専門家でありながら、とても謙虚です。

姉妹は体が衰え、ケアホームに入られる前には、グループホームにおられました。そこでも指導的な立場にいたようで、そのホームのことを紹介した姉妹の写真入りの記事のコピーをいただいたことを覚えております。姉妹のことよりも先にこの聖書の箇所は予告しておりました。使徒言行録9章36－40節にはドルカス（ヘブライ語でタビタ）とよばれていた婦人が亡くなり、一緒に生活していた寡婦たちが泣き悲しんでいたのを、ペトロが生き返らせるという記事です。39節は従来、やもめたちは「ドルカスが一緒にいたときに作ってくれた数々の下着や上着を見せた」と訳されてきましたが、今回の「聖書協会共同訳」では「ドルカスと一緒に作った数々の下着や上着を見せた」になりました。共同生活でドルカスの指導の下、一緒に作った、いわば寡婦のための福祉作業所の起源を示すものです。

K姉妹もドルカスとしての地上の働きを終え、今は天のみ許にあること、また再会できることを信じる者であります。

天使はペトロのわき腹をつついて

使徒言行録12・1―12

「天使はペトロの脇腹をつついて」とあります。脇腹をつつくことによって天使は、主イエスの十字架を思い起こさせたのだと。実際、主イエスが十字架におかかりになった場面で、ヨハネによる福音書19章34節に、「しかし、ひとりの兵卒がやりでそのわきを突きさすと、すぐ血と水とが流れ出た」とある「わき」は、ここの「脇腹」と同じ言葉です。こうして天使は、ペトロの「脇腹をつつく」ことによって、主の十字架とその苦しみとを思い起こさせ、と同時に、十字架による罪の贖いと、また主の復活を思い起こさせたのです。ここに天使のユーモアがあります。

実際、ペトロがこのように投獄されたのは、3節にあるように、「除酵祭の時のことで」ありました。除酵祭の第一日が過ぎ越しの祭りであり、その祭りの後に、ヘロデはペトロを処刑しようと計画していたのです。天使は過ぎ越しの祭りにあたって、ペトロに主イエスの十字架を想起させようとしたのです。そのことは、当座のペトロにはわからなかったことが記されています。私たちもペトロのように、天使に触れられて、立ち上がったことがあるのではないでしょうか。その当座はわからなかったけれども「天使が離れ去った」後で、主があの時、天使を自分に遣わして、イエスの十字架の死と復活とをしっかりと、この身に覚えつつ、これから生きていくように促してくださったのだというような出来事が、きっとあるのではないでしょうか。

8節で、「御使が『帯をしめ、くつをはきなさい』と言ったので、彼はそのとおりにした。それから『上着を着て、ついてきなさい』と言われた」とあります。帯を締めるということで思い起こすのはヨハネ福音書21章です。

復活の主は、ペトロに彼の最期について預言されます。「『よくよくあなたに言っておく。あなたが若かった時には、自分で帯をしめて、思いのままに歩きまわっていた。しかし年をとってからは、自分の手をのばすことになろう。そして、ほかの人があなたに帯を結びつけ、行きたくない所へ連れて行くであろう』。これは、ペトロがどんな死に方で、神の栄光をあらわすかを示すために、お話しになったのである。こう話してから、『わたしに従ってきなさい』と言われた」とあります。

私たちも、神のみ許に召される時が来るまでは、地上での務めがあることを覚えさせられます。ヨハネ福音書は19章34節で、「しかし、一人の兵卒が槍でその脇を突きさすと、すぐ血と水とが流れ出た」と記しています。血と水とで象徴されているのは洗礼と聖餐であって、罪のきっかけとなり死をもたらした最初の人アダムのあばら骨から、彼の妻が生まれたように、罪を贖い、命をもたらす第二のアダムとなった主イエスの脇腹から、主の花嫁である教会が生まれたのです。天使は、ペトロの脇腹をつつくことによって、主の脇腹の血と水から生まれ出た主の花嫁である教会のためにも、あなたは立ち上がって、地上の教会のために働くようにと促し、励ましたのではないでしょうか。

伝道者パウロの生涯㈢――出会いと「生の飛躍」

使徒言行録13・4―7

人は神や人との出会い、あるいは病や試練さえをとおして新たに人生を飛躍することがあります。ベルグソンという哲学者の言葉を使いますならば「生の飛躍」(エラン・ヴィタール)であります。

伝道者パウロの生涯において、そのような「生の飛躍」が多くあります。今日はそのいくつかを皆さんと共にみてみたいと思います。パウロは、ダマスコ門外での突然のイエスとの出会いにより、教会の迫害者からキリストの使徒へと劇的に転換します。ユダヤ人教会は彼を警戒しますが、温かい手を差し伸べたのは「慰めの子」とよばれたバルナバでした。バルナバはキプロスの出身(使徒4・36)の人で、パウロをキプロス伝道に同行させます。

キプロス島の州都パフォスでの総督と出会いが記されています。魔術師バルイエスを退けたパウロを見て、総督は信仰者となります。この総督は「セルギウス・パウルス」という名前(13・7)です。

それまでバルナバとパウロという順番で名前が記されていますが(13・4)、ここからパウロとバルナバと順序が逆転します(13・14)。また第一回伝道旅行の性格が転換します。つまりバルナバ主導の彼の故郷キプロス伝道から、小アジアに向けた世界伝道へと転換し、主導権はバルナバからパウロに変わるのです。パウロの名前もサウロからパウロになります（13・7、13・14）。サウロはヘブライ名ですが、パウロはローマ名です。興味深い事実に気がつきます。総督の名前も「パウロ」です。そしてこの総督は歴史資料からピシディアのアンテオケ出身なのです。つまりサウロは同じパウロという名前をもつ総督と出会い、彼の故郷であるピシディアのアンテオケに行くように紹介されたのです。この人との出会いがなければ世界伝道者パウロの誕生はなかったし、キプロス伝道で終わっていたでしょう。実際、バルナバはキプロス伝道者で終わったのです。

つぎの「生の飛躍」は第二回伝道旅行において病に罹り、予定ルートの変更を余儀なくされ、トロアスまで来、熱にうなされたパウロを治療し、病を癒したのがマケドニアからたまたまトロアスに来ていた医者のルカだったのです。パウロが夢の中でみたマケドニア人の幻として記されていますが、医者ルカがいわゆる「ヒポクラテスの誓い」により医者の守秘義務を守り、ここはぼやかして書いているのです。そこからパウロの伝道は小アジアからマケドニア、つまり、ヨーロッパへと飛躍することになるのです。パウロの病への罹患と医者ルカとの出会いにより。

ちなみにここから記述は「私たち」（16・11）となり、医者ルカが残した詳細な旅行記録、いわゆる「私たち資料」（Wirquelle）になります。ちょうど芭蕉の弟子曽良が克明な「旅日記」を残したように。そして一行はマケドニア州のフィリピに行きます。そこで伝道したときに、彼の説教を聴いて自分の家に招き、信仰者となったのはティアティラ出身で紫布を扱う商人であったリディアという女性でした。この人の家がフィリピ教会となり、リディアはパウロと結婚し、妻となるのです。

イエスの霊がそれを許さなかった

使徒言行録16・6―10

使徒言行録16章6節以下は、パウロの第二回伝道旅行の時の出来事です。

彼は、小アジアの伝道をめざして、ビテニヤ地方へ伝道する計画を立てて進んで行こうとしましたが、それはできなかったのでした。7節に、「イエスの御霊がこれを許さなかった」とあります。これは、パウロが病気になったことを示しているとされます。病気により計画が挫折したのです。けれども、この病気を通して、医者ルカとの出会いが与えられたのです。9節に、「一人のマケドニヤ人が立って、『マケドニヤに渡ってきて、私たちを助けてください』と、彼に懇願するのであった」とあります。パウロが熱にうなされて見た幻のように書かれていますが、これこそ、パウロの治療に当たった医者ルカその人であると、今日、考えられています。ルカはマケドニヤ出身であったと思われます。たまたま、トロアスに来ていたのです。これ以後、医者ルカが、パウロの主治医、また弟子となって旅に同伴し、使徒言行録のいわゆる「われら資料」（Wirquelle）とよばれる旅行記が、彼によって残されたのです。現に、16章10節から主語が「私たち」になります。神さまは、私たちの計画、神さまのために立てた計画さえも、拒否されることがあります。しかし、神は、次の道を備え、導かれます。必ず、今ひとつの道が可能性として現実として備えられるのです。

10節。「パウロがこの幻を見た時、これは彼らに福音を伝えるために、神が私たちをお招きになったのだと確信して、私たちは、直ちにマケドニヤに渡って行くことにした」。こうして福音が、ヨーロッパ世界に渡り、広まっていくことになったのです。

私たちは、さまざまな不安に囲まれ、生きています。将来への不安、自分や世界や周りのものがどうなっていくのかに伴う不安です。自分の将来の生活に対する不安、健康上の不安、経済的な不安、学業や進路、仕事の不安、老後の不安、世界情勢がどうなっていくのか、また教会の将来はどうなるのだろうかといった不安です。私たちは、そのような不安を懐き、生きています。不安を感じ、思い煩うのは、人間の本性と言えるでしょう。けれども、私たちは、神が、天地万物の造り主であり、お造りになったものを、ご自身のみ旨に従って導き、配剤しておられることを信じています。これをキリスト教では「摂理」とよんでいます。

主なる神さまは、世界の歴史だけでなく、私たち一人ひとりの人生をもまた御手をもって導いていてくださるお方です。それゆえ、神が私たちのことを配慮し、慮ってくださっていることに信頼し、すべての思い煩いを、神に御委ねして生きていくのです。私たちは、自分の人生の計画を立て、それを実現しようと努力いたします。それは大切なことですが、それを絶対化したり、自分が、人生の主人公のように行動したりはしません。むしろ、自分の人生を神さまが、真剣に配慮し導いておられることに信頼し、神の御旨に叶った計画を立て、生きることができるように祈り求めるのです。私たちもまた、神の計画を信じ、神が開いてくださる可能性を信じて歩んでいきたいと心から願う者です。

民族と国境を越えて——アレオパゴスの説教

使徒言行録17・16－34

パウロがアレオパゴスの評議所でおこなった説教の中から、特に26節に注目したいと思います。「口語訳」聖書は、「また、一人の人から、あらゆる民族を造り出して、地の全面に住まわせ、それぞれに時代を区分し、国土の境界を定めてくださったのである」とここを訳しております。一人の人とはアダムでありえます。創造主なる神は、一人の人アダムから、人間を地に広がらせ、あらゆる民族と、その時代と国境を区分してくださったというのです。あらゆる民族と、その時代と国境は、神が定めたものだという意味になります。しかしこれだと、ある時代に、ある民族が興隆し、他の民族が衰退し滅ぶということは、神が定めたことになります。さらに問題なのは、「国土の境界」を神が定めたという取り方であります。国境は神が定めたものでしょうか。国境は、人間が自分たちの都合や勢力関係で定めたものではないでしょうか。実際、現代世界には至る所で民族紛争があり、民族国家同士による激しい国境争いがあります。

この箇所は、もう一つの読み方ができます。「口語訳」の「あらゆる民族」を「全人類」と、また「それぞれの時代」を「季節」に、「国土の境界」を「人類の居住範囲」と訳すことができるのです。神は、一人の人から、全人類を広がらせ、全人類の居住可能な地域と季節を定めてくださったということです。人類が地球で居住できる範囲は、限られていないからです。宇宙も海洋も人間の居住には適していないからです。季節もそうです。地球環境において、人類が生存できる環境と範囲は限られています。

26節は、人類の環境生態学的な空間を、神が創造してくださったのだと言っているのです。人類を一体的にみるこのような考え方は、パウロがアレオパゴスで議論をしていたストア派の思想にありました。彼が伝道したギリシア・ローマ世界は、アレキサンダー大王の東方遠征とローマ帝国によって実現した「ローマの平和」(pax Romana)の時代であって、民族や国境の壁がなく、人々は帝国内を自由に往来できました。むしろ現代世界の方が、国境と民族の壁は大きいと言わざるをえません。

聖書はここで、そのような神の創造した人類の生存環境にあって人間が、国境線を引き、互いに対立しあうことの無意味さを、現代世界に向けて語っているのではないでしょうか。パウロは、人類の生態環境学的な一体性を指摘し、人類のために、そのような環境世界を創造された主なる神の中にあって、人類は共に生きており、創造主なる神を熱心に真剣に探し求め、このお方に立ち帰るようにここで勧めているのです。人類は、民族や国境を越えて、等しくこの神の創造世界に生きており、同じ神の子孫であることを強調しているのであります。神の前におのれを正当化できる民族も国境もありません。私たち人類に今日、課せられていることは、神が創造し、定めてくださった地球環境世界を人類全体で管理、保存することとともに、30節にあるように「どこにいる人でも皆悔い改め」なければならないということなのです。

この町には私の民が大勢いる

使徒言行録18・9、10

伝道者パウロは、使徒行伝17章に記されておりますように、第二回伝道旅行で、テサロニケに来ました、テサロニケは「すべての道はローマに通じる」と言われたエグナチア街道にあり、この道は、アドリア海を経てローマに繋がっていたのです。そこで暴動に遭い、ベレヤからアテネを経てコリントにまいります。

パウロがコリントに来たとき、彼は伝道者の生活において大変厳しい時期にあったのです。ローマの皇帝クラウディウスにより紀元後四十九年にローマからのユダヤ人追放令が出て、パウロはローマには行けなくなりました。そこで、南下してコリントに滞在せざるをえなくなったのですが、経済的に厳しい状態でした。パウロを経済的に助けたのはフィリピの教会だけでした。またパウロは、その前のアテネでの伝道に、いわば失敗しておりました。アテネはギリシアの町でストア派やエピクロス派の哲学者、智者とよばれる人たちも多くいて、彼らと論じ合ったのですが、パウロは、そこではあまり伝道の成果を出せなかったことが記されております。

そういう訳で、人間的、経済的、外見的には、パウロがコリントにきたときは、最悪の状態であったのです。

パウロが、3節で「わたしがあなたがたの所に行った時には、弱くかつ恐れ、ひどく不安であった」というのは正直、そのままの気持ちであったのです。けれども、人間的にピンチ、危機と見える中で、神は、豊かな恵みとチャンスを与えてくださったのでした。パウロは、皇帝クラウディウスによるローマからのユダヤ人追放令によってコリントに来ていたアクラとプリスキラというクリスチャン夫婦と出会い、同じ職業であるテント造りをして、自活しながら協力して伝道することになりました。

ある夜のこと、彼は主から幻で「恐れるな。語り続けよ。黙っているな。この町には、私の民が大勢いるからだ」という思いがけない示しを受けます。こうして神の聖霊と力が、大いに働いて、アテネでは生まれなかった教会がコリントには生まれたのでした。行き詰まりと見えるなかで神は、協力者と救われる民とを与えられます。これはパウロの信仰経験となりました。失敗から人は成長するものです。彼は、アテネでの失敗、挫折から学び、この世の知恵ではなく、十字架のキリストを伝えることに徹底したのでした。自分が弱い時に神の力が働く。神の力は人間の弱さにおいて働くということです。

私たちは今、この日本にあって伝道が困難であり、自分の弱さや無力さを知っています。けれども、そのような中においてこそ、神の恵みが、豊かに、思わぬしかたと出会いにおいて働き、伝道が前進するのだということを忘れてはならないと思います。私たちも遣わされた、この茅ヶ崎、藤沢の町に、主の「民が大勢いる」ことを信じて、み言葉を語り続ける者でありたいと思います。私たち自身も弱く、不安で怯えに襲われるものです。けれども、神の言葉と神の力、十字架につけられた主イエス・キリストにすべてを委ね、伝道を進めてまいりたいと願う者です。

百エーカーの農場を持つよりも

使徒言行録19・19

使徒言行録19章19節に興味深い出来事が、記されております。

パウロの伝道で、エフェソの人たちが悔い改めて信仰に入り、「魔術を行っていた多くの者が、魔術の本を持ち出してきては、みんなの前で焼き捨てた。その値段を総計したところ、銀五万にも上った」というのです。銀五万とは五万ドラクマで、当時の労働者の五万日分もの給料になります。現代は毎日、夥しい本が出版されています。私たちが一生で読むことのできる本の数は限られますので、無駄な本を読むのは止め、真に読まなければならない本を厳選し読んでいく必要があります。自分の人生に有益な、特に魂の養いに有益な書物を厳選して読むべきなのです。何と言っても聖書が魂の救いに最も有益なものであります。

聖書のことをバイブルと言いますが、本という意味のギリシア語の「ビブロス」という言葉からきております。バイブルとは「本の中の本」を意味するのです。数年前に吉祥寺の映画館で「リンカーン」という題の映画を見ました。アメリカ合衆国第十六代大統領として奴隷解放をめざし、南北戦争を戦ったエイブラハム・リンカーンの伝記を小学生の時に読んだ思い出があったからです。リンカーンは、一八〇九年アメリカのケンタッキー州の荒地であったハーディン郡の、とても貧しい家に生まれました。家は戸も窓も床もない丸太の仮小屋でした。両親は学校教育を受けていませんでした。父のトマスは大工で、読み書きができず、×印で名前に替えたそうです。母ナンシーは、辛うじて手紙を書くことができる程度でした。両親は、熱心なクリスチャンでしたが、家は貧しく、家にあった本は、聖書と信仰問答とスペル帳の写しだけでした。母は、幼いリンカーンに、いつも聖書を読み聞かせ、信仰を植えつけました。彼は、読み書きを聖書で学んだのです。リンカーンは、少年時代に二、三か月学校に通っただけです。

やがて彼は、家にあった一冊の聖書からはじめて、他の書物を読むようになりました。彼は大変な読書家として知られ、独学で弁護士、議員、大統領にまでなりました。大統領としての演説は、ほとんどこの幼い時に母から学んだ聖書からの引用でありました。家にあった一冊の聖書と母の教育が、彼の誠実で高邁な精神、正義の実現への強い意志、神の摂理への揺ぎない信頼をもたらしたのです。演説は、ほとんどが聖書の引用でした。母が彼に教えた、こんな言葉が受け継がれています。「汝は百エーカーの農場を持つよりも、一冊の聖書を持つ者となりなさい」。

母の言葉に示された聖書を座右の書とするという精神がリンカーンを生んだと言っても過言ではないでしょう。ナンシーはアブラハムが九歳の時に、マルバフジバカマという北アメリカの入植地に自生する毒草を食べた牛の乳を飲んで罹るミルク病で、三十四歳で亡くなりました。後年、大統領リンカーンは母について「神はわたしの母を祝福したもうた。わたしが今あり、またつねに理想としていることのすべては母のおかげであります」（God bless my mother; all that I am or ever hope to be I owe to her）と語っています。

生き返った青年

使徒言行録20・7―12

この青年は、パウロを通して語られる、み言葉に何か惹かれるものがあって教会の集会に繋がっていたのでありましょう。この青年が窓辺に腰掛け、居眠りをしてしまったことには、青年の置かれた生活背景があったのかもしれません。「若者」と訳されている言葉は、もとの言葉では「僕」「下僕」という意味ももっております。

エウティコは誰かのもとで働く下僕だったのかもしれません。もしそうだとすれば、誰がエウティコを不真面目な青年ということができるでしょうか。日曜日の礼拝に出席するために、朝早くから身を粉にして働き、家の主人から言いつけられたことをみな済ませ、疲れた体で、やっとの思いで夜の集会にやって来たのです。もう人が集まっていて、窓辺にしか場所が取れずに、遠くで語られるパウロの話に耳を傾けていたのかもしれません。また、この青年が窓際に腰掛けていたというのは、いかにも不安定な姿勢であります。青年期は自己確立の時代でありますが、その特徴は不安定なことでありましょう。み言葉が延々と語られ、眠気が差して窓の外に落下した、この青年は、現代の青年でもあると思います。

今、教会に連なっている私たちの中にも、若い時、青年の時に、教会や牧師や、またキリスト者の両親などに激しく反発をしたり、しばらく教会から遠ざかっていた人もあるかもしれません。しかし、教会の窓から、この世の地上へと落下して、いわば死んでいた私たちをまた主の教会へとひき戻してくれるような出来事や、そのような不思議な人物との出会いがあって、また私たちは、教会の礼拝へと、主の尊い聖餐の食卓へと帰って来たのではないでしょうか。

あの同じルカが記すルカによる福音書15章の放蕩息子が父のもとに悔い改めて帰って来たときに、父が僕《しもべ》たちに言った言葉を思い出しましょう。父は、彼を喜んで家に迎え入れ、僕たちに言います。「『さあ、早く、最上の着物を出してきてこの子に着せ、指輪を手にはめ、はきものを足にはかせなさい。また、肥えた子牛を引いてきてほふりなさい。食べて楽しもうではないか。このむすこが死んでいたのに生き返り、いなくなっていたのに見つかったのだから』。それから祝宴がはじまった」。

ところでこの青年の名前エウティコというのは幸運、良吉、幸吉といった意味のギリシア語であります。エウティコが窓際に座ったのは不運なことだったのでしょうか。彼が長々と続く説教で睡魔に襲われ、教会の窓からこの世へと落下し、死んでしまったのは、はたして不運なことだったのでしょうか。エウティコも人々も名前に反し、この人は運が悪い、自分はまたこの人は運のない人生だ、ついてない人生だと思ったかもしれません。しかし、悔い改めて主イエス・キリストの贖いによって救われ、キリストの新しい命に生きる者とされるならば、その人は幸いであります。

「人々は生き返った青年を連れて帰り、大いに慰められた」。たとえ、この世的、人間的には不運のように見えても、また実際そうであっても、幸いな者なのであります。

神がご自身の血によって

使徒言行録20・28

「どうか、あなたがた自身と群れ全体とに気を配ってください。聖霊は、神が御子の血によってご自分のものとなさった神の教会の世話をさせるために、あなたがたをこの群れの監督者に任命なさったのです」（28節）。

ところで「新共同訳」で、「神が御子の血によってご自分のものとなさった」と訳されている箇所は、本日の週報にも挙げておきましたように、日本語訳に違いが見られます。「口語訳」では、「神が御子の血であがない取られた」と訳されています。『新改訳２０１７』では、「神がご自分の血をもって買い取られた」と訳されています。原文では「ご自分の」であり、明らかに、父なる神をさしております。「彼の」と変えている写本もありますが、その場合でも、前後の文脈から、「彼の」という代名詞は、父なる神を受けています。これを「口語訳」「新共同訳」は、「御子の」に置き換えました。この点、新改訳系は正しく訳しております。どこから、なぜ御子の血になったのかは、詳細は調べてみないとわからないのですが、おそらく、父ご自身の血とすると、父なる神が血をご自分の血を流すことになる訳で、これを避けたのではないかと思われます。

キリスト教の教理の歴史を振り返りますと、十字架にかかって血を流したのは御子イエスではなく、父なる神であるという異端がありました。いわゆる「父神受苦説」(patripassianism)とよばれるもので、これを唱えたサベリオスという人に因んで「サベリオス主義」ともよばれます。これを警戒して、「御子の血」と訳し替えたのかもしれません。しかし、ここははっきりと、父ご自身の血と書かれており、それ以外に取ることはできません。御子の十字架の血を父なる神が、ご自分のものとして一体化している大切な箇所なのです。

パウロが、ミレトスでエフェソの長老たちを前におこなった、彼の遺言とも言うべき説教の一節であります。教会は、神が御子の血によってご自身のものとなさった羊の群れである、と言われております。教会に連なる一人ひとりの人を、御子の尊い十字架の犠牲の血潮によって贖い取られた、かけがえのない羊として大切にし、配慮し世話するよう、パウロは長老たちに命じています。ここで世話するとある言葉は、「羊を養う」という言葉であります。教会は、誰かのものでも、群れの指導者たちのものでもなく、神ご自身のものであります。聖霊が、神の所有である羊の群れを、み言葉によって正しく養うように、長老を、ご自身のために任命し、監督者として立てたということであります。監督者とは、原文では「エピスコポズ」という言葉で、教会の歴史では後に監督、司教、主教をさす言葉になりましたが、本来は、群れを支配する者ではなく、「全体を見渡して配慮する者」のことです。

羊の群れを支配するお方は、三位一体の神です。私たちの教会は、長老制を取っていますが、そのような重い務めに任命される長老もまた、み言葉に照らして、まず、自分自身を注意深く吟味することが求められるのであります。

与えることについて

使徒言行録20・35

この有名な言葉は福音書には出てきません。ですから、福音書以外に伝承されたイエスの言葉として取ることもできます。しかし、この言葉には不自然なところがあります。それは、「与える」ことが「受ける」ことよりも幸いであると、優劣の関係で言われていることです。与える人がいれば、当然、それを受ける人がいます。そこで、受ける人は、与える人より幸いでなくなるからです。

世の中には、四種類の人がいます。喜んで人に与え、また自分も喜んで人から受ける人。喜んで人に与えるが、人から受けるのは好まない人。人から受けるのは好きだが、自分は決して与えない人。与えることも、受けることもしない人です。私は、あるとき長くお付きあいをしていた人に、会合で出された茶菓子を、自分は食べないのでどうぞと差し出しましたところ、「自分は乞食ではない」と言われたことがあります。それでその方とは終わりになりました。

この聖句は、今日《こんにち》ではルカ福音書、使徒言行録を書いた著者が書き込んだものとされております。紀元前四〇〇年頃の古代アテネの歴史家、トゥキュディデスの『歴史』に、「贈答品の授受については、一般のトラーキア人の間におけると同様オドリューサイ人の間でも、ペルシアの慣習とは逆に、与うるよりも受けるを徳とする風習があった」とあるのが踏まえられていると考えられています。つまり、ギリシア世界の風習であった「与えるよりも受けるを徳とする」という価値観を反対にして述べているのです。ルカ文書は、ローマの高官テオフィロにキリスト教がギリシア・ローマの教養ある人たちに受け入れられるに相応しいものであることを弁証、主張する目的もあり、そのギリシア語の文体も他の福音書に比べて高雅で、またギリシア・ローマ世界の文学が引用されています。この言葉は「受けるよりも」と比較している点が問題です。

キリスト教の中心は、その比較にあるのではなく「与える」ことです。それは何よりも「神はひとり子をお与えになったほど世を愛された」（ヨハネ3・16）という神の惜しみなく与える愛、犠牲の愛のわざにあります。「惜しみなく愛は与ふ」です。人間の愛は、有島武郎が言ったように「惜しみなく愛は奪ふ」です。人間の愛はエロースであり、相手から奪い、相手を貧しくする、自分を追求し、相手を否定していく利己的なものです。これに対し、イエスにおいて示された神の愛、アガペーは自分を他者に与え、犠牲として相手を豊かにするものです。そして与えた自分も却って豊かになるのです。

「自分は与えるものをもっていない」と言う人があるかもしれません。キリスト教の歴史でこのことが問題になったことがあります（ドナティスト論争）。「与える物をもっていない人がどうして与えることができるのか」。キリスト教の愛は、自分が持っているものを与えるのではありません。神から与えられたものを喜んで与えるのです。神の愛、神の言葉、神の恵みを、私たちは一方的に受けて、それを与えるのです。

伝道者パウロの生涯㈠——生まれながらのローマ市民

使徒言行録22・25―28

使徒パウロの生涯を学びたいと思います。パウロ文書は新約聖書27巻中14を数えますし、彼から多くのことを学ぶことができるからです。

パウロはローマ帝国のインフラだけでなく、自分が生まれながらの市民権の保持者であることをここぞというところで利用しました（使徒21・39、22・25―29、23・27）。パウロは彼を連行した大隊長に対して自分がローマの市民であることを開示して、ローマ皇帝に上訴することにより、念願のローマ行きを果たすことになるのです。当時のローマ帝国の全人口は約五千万人であり、そのうちの10分の1の五百万人がローマ市民権をもっていたと言われます。ローマ市民権（civitas）は本来、都市国家ローマの市民がもっていたのですが、ローマが地中海世界に拡大するにつれて属州の人にも拡大されていったのでした。はじめ、属州民が市民権を得る唯一の方法は、ローマの軍役に就くことでした。市民権をもつ者によって構成された正規軍とは別に属州民によって構成された非正規軍の軍役に二十五年就くことによって当該本人と子孫に市民権が与えられたのです。けれどもユダヤ人は、この方法で市民権を得ることができませんでした。なぜならユダヤ人は安息日と食物規定のゆえにローマの兵役に就くことを拒否し、またローマ帝国からも紀元前四十三年には兵役免除と安息日遵守の特権を与えられていたからです。新約時代になるとローマ帝国は財政上の理由からローマ市民権を高値で売ったのでした。パウロを連行した大隊長がその例です（使徒22・28）。

しかしパウロは一代限りの市民権を金で買ったのではなく、生まれながらの市民権の持ち主でした。では、パウロの先祖はユダヤ人でありながらいかにして市民権を獲得したのでしょうか。おそらく事情はこうでありましょう。パウロの先祖はタルソで天幕張りの仕事をしていたが、パウロの数世代前に、ローマ軍の遠征の際、先祖が捕虜として奴隷となりローマに連れて行かれたのです。豊臣秀吉が朝鮮侵略の際に多くの優秀な技術者を日本に連行したように、歴史上多くみられる事例です。パウロの先祖も天幕という有用な技術のゆえにローマに連行されましたが、その後、ローマに対するその技術的な貢献が認められて奴隷から解放されたのです。

そのときパトロンであった市民の家族名を与えられたのでしょう。当時のローマ市民は三つの名前をもっていました。個人名、氏族名、家族名（コグノーメン）です。その家族名がパウルスであったのです。その後、パウロの祖先は故郷のタルソに戻り、家業を継続したのです。パウロが、自分のもっている生まれながらのローマの市民権を、神さまのために用いたように、私たちも自分たちが持っているものをもってこれを有効に用いて宣教のために献げたいと思います。

船を軽くした

使徒言行録27・33－38

当時の船は、アレキサンドリアから陸上の地形を見ながらローマへと進みました。「パンとサーカス」という格言がありますように、当時ローマ市民は米蔵であるエジプトの小麦が絶対に必要でした。当時の船は客船ではなく貨物船で、乗客は、船賃だけでなく食糧、寝具などすべて自費で持ち込みました。また地中海は十月から冬までは海が荒れてエウラキオン（27・13）が吹き、航海はできません。パウロの忠告にも拘らず、船は出航し嵐に見舞われたのです。しかし、パウロは神からローマに到達する示しを受けていてそれで、人々を励ましました。二週間何も食べなかったとあります。現代の私たちには想像できませんが、これはリアルな証言です。

英国スコットランドの宗教改革者となったジョン・ノックスを思い起こします。フランス軍により一年七か月、ガレー船に服役させられた、その時の食事は二週間に一度であったそうです。

また私は、『神曲』天国篇の第27歌を思い出します。ペトロの霊がダンテの前に近づき、ペトロの後継者である地上の法王たち、とくにボニファキウス八世の腐敗堕落とさまざまな悪行を非難します。第八天にあってもダンテの眼は自分を追放した法王の堕落に向けられています。つぎに二人は、第九の天である原動天に昇ります。原動天は第一から八までの天を取り巻き、第十の天である至高天が愛を原動力として第八天以下を動かしています。しかし、地上では信仰が失われ、この原動天からの愛にふれる者がいなくなった。しかし、まもなく人類はこの原動天から影響を受け、「待望の順風が吹き、艫を舳のあった所へ回」し、「船隊は正しい路を走り出し、花の後から真の果が熟するに違い」ないとベアトリーチェはダンテに語ります。

ダンテは地上の教会や信仰の堕落を痛烈に批判しますが、人類の神への180度の回心を信じて疑いません。人類が、方向転換する一つの「船隊」に譬えられているのです。この点、ダンテは楽観的です。

二十一世紀の人類は、核兵器やロケットの高性能化、小型化、ロボット兵器、ドローン兵器、レーザー兵器、宇宙をもスペースに含む軍拡競争、また地球温暖化による地球環境の破壊、それによる自然災害の勃発等が進行しており、今や破滅の瀬戸際に置かれております。核弾頭の数は人類を何十回も滅ぼす数があります。ウクライナ・ロシア戦争による第三次世界大戦、核戦争の危機が現実化しているのです。ダンテのような楽観は決して許されないように思います。「船を軽くした」。これは、個人と国家の両方に適用することができます。国家なら核軍縮、エネルギー消費の増大、CO2の削減など。

個人では、やがて来たる人生の旅立ちに備えて身辺整理、必要な物だけを残して「立つ鳥跡を濁さず」です。これは牧師でもしていない人が多いです。私たちの最終目標は天国にあり、信仰以外何も携えていくことはできないのです。「死を覚えよ」（memento mori）という中世の修道士たちのモットーがないのです。

全く自由に何の妨げもなく

使徒言行録28・30、31

使徒言行録の最後の箇所です。使徒パウロは皇帝に上訴し、囚人と共にローマに送られたのですが、ローマでの生活は軟禁状態とも言うべきものであったようです。そして訪問客を迎えることは許されたようです。「訪問する者はだれかれとなく歓迎し」とあります。「歓迎し」という言葉は、文字どおり「喜んで迎え」ということです。教会は、すべての人に開かれたものであります。教会の礼拝に出席する人を、私たちは分け隔てしてはならないでしょう。「全く自由に妨げなく」とあります。ここで「全く自由に」の「自由に」と訳されている言葉は「パレーシア」という言葉です。この言葉は、新約聖書において重要な言葉です。これは何らやましいことなく、率直で公明正大に確信をもって法廷に出る時の態度に使われ、そこから、神の前で大胆であけすけで率直であり堂々としていることを意味する言葉として聖書で用いられます。

次に、「何の妨げもなく」とあります。これは、宣教や伝道、信仰生活、教会生活に対する妨害がなくということです。使徒言行録が書かれたのは、紀元後九十年頃、書かれた場所はローマであると考えられます。パウロは、紀元六十年代にローマ皇帝ネロにより斬首され、殉教いたしました。著者もそれを読んだローマ教会の人たちもパウロの殉教のことは知っていたはずであります。それなのに使徒言行録はなぜ、このことを記さないのでしょうか。一つにはパウロの殉教ということはあまりにも痛ましく、人々の記憶にはっきりと残っているので、著者は、敢えて、そのことにふれなかったとも考えられます。皇帝による大きな妨げがあったのに、「何の妨げもなく」と聖書は記しております。これは著者の国家に対する教会の姿勢を鮮明にしているのです。

教会は国家による妨げがない限り、国家に対して忠誠を誓うが、妨げが生じた場合には忠誠を誓わないという批判的忠誠という態度です。国家は、キリスト教会に弾圧や干渉を加えたりすべきではない。教会はそのような権力によって「妨げ」があってはならないということです。教会は、世々の歴史においてさまざまな妨げを経験してきました。闘争や抵抗もおこなわれてきました。それは必要なことです。しかし、結局、そのような過酷な妨げを取り去ったのは歴史の導き手でありたもう神です。そのような妨げる権力や暴君はやがて滅んでいったからです。ネロ皇帝やドミティアヌスが滅んだように、ナチスもソビエト共産党政権も滅んでいったのです。使徒言行録の最後がパウロによる福音宣教の日常で終わっている、もう一つの大切な理由があると思います。それはパウロの殉教を超えて、福音宣教は今も続けられている、聖霊降臨によって開始された教会の宣教は、世の終わりまで続けられているということであります。

二十一世紀のこの日本における宣教も、この延長線上にあります。私たちも、使徒パウロのように遣わされた場所で、「全く自由に何の妨げもなく」神の国と主イエスを来たる年も宣べ伝えてまいりたいと願うものです。

イエス・キリストの真実によって

ローマの信徒への手紙1・17

宗教改革記念日です。宗教改革の最大の出来事は、「神の義」の再発見でした。近年の新約学では、パウロ神学における神の義の生じる実在根拠として解される「の」の属格を、従来のように対格的（対格的属格）にとり「イエス・キリストへの（に対する）信仰」として理解するのではなく、主格的（主格的属格）に取り、「イエス・キリストが貫いた真実」と理解することが通説となってきました。その新しい知見を取り入れた訳になっています。ちなみに従来の理解は、別訳として欄外に入れられています。

「信仰」と訳される言葉は、ギリシア語で「ピスティス」ですが、これは「信仰」「真実」「誠実」「忠実」「信実」とも訳されます。さすがに、「イエス・キリストの信仰」とまでは訳せませんので、「真実」と訳されています。「信実」という訳も捨てがたいですし、辞書にもある言葉ですが「真実」と同音異義語で紛らわしいので、採用されませんでした。このような新機軸は、宗教改革の「信仰義認」の立場と矛盾するものではありません。この箇所は、解釈史において一貫して信仰義認として理解されてきましたが、この箇所の正しい理解かということとは、また別の事柄です。

ローマの信徒への手紙3章22節を見ますと、「信じる者」にこの神の義が及ぶとありますので、「信仰義認」が否定される訳ではありません。人間のイエス・キリストに対する信仰は、義の受容するいわば器官ですので、これは変わりません。このような主格的属格に立った訳は、22節の「イエス・キリストの真実」に打ち出され、欄外に「イエス・キリストへの信仰」という別訳が置かれています。また25節では、本文に「真実による」、別訳が「信仰による」、26節では本文が、「イエスの真実」、別訳が「イエスを信じる者」となっています。これは、どこまでが、「イエス・キリストの真実」であり、どこまでが「イエス・キリストへの信仰」なのか、まだ学者の間で意見が分かれており、またパウロ自体も曖昧かつ流動的です。実際、30節以降は、明らかに人間の側の「信仰」となります。

ローマの信徒への手紙1章17節は、今回の訳では、「神の義が、福音の内に、真実により信仰へと啓示されているからです」となりました。これまでの「口語訳」は、「神の義は、その福音の中に啓示され、信仰に始まり信仰に至らせる」。「新共同訳」は、「福音には、神の義が啓示されていますが、それは、初めから終わりまで信仰を通して実現されるのです」でした。従来の訳は、「ピスティスからピスティスへと」のピスティスを両方とも「信仰」と訳し、人間学的水平的に訳していますが、それでは「神の義」が人間に啓示される垂直関係が明らかになりません。今回の訳は、前のピスティスをイエスの「真実」、後者を人間の「信仰」と正しく理解することによって、前者は「神の義」が存在する根拠としてのイエスの真実、後者はそれにより実現する「神の義」の受容器官としての人間の信仰となり、神学的垂直的な啓示経路となるのです。

福音の再再発見——宗教改革記念日に寄せて

ローマの信徒への手紙1・17

ルターは、宗教改革者として自身が、後に再発見した福音の真理、すなわちローマの信徒への手紙1章17節の「神の義がイエス・キリストの福音において啓示されています」という信仰義認という、宗教改革の内容的な原理をわかりやすい歌詞とメロディーに作詞作曲しました。いわば、今日でいうシンガーソングライターであったのです。ルターの再発見した宗教改革の思想は、彼が翻訳した聖書やドイツ語で著した書物によって、全ヨーロッパ世界に広がっていっただけでなく、また彼の作詞作曲した民衆のための讃美歌によっても広がっていったのです。

さて、今回の「聖書協会共同訳」には、いわば、二十世紀における「福音の再再発見」とも言うべき、この箇所における新約聖書学の知見が、本文に採用されました。近年の新約学では、「イエス・キリストのピスティス」という原文の「の」という属格を、従来のようにすべて、「イエス・キリストに対する（への）信仰」として対格的属格（objective genetive）に取るのではなく、「イエス・キリストの（が貫いた）真実」として主格的属格（subjective genetive）として理解すべき箇所と、従来のように「イエス・キリストに対する（への）

信仰」として対格的属格に理解すべき箇所とを厳密に区別することになりました。こうして、前者は「神の義」の存在根拠（実在根拠）としての「イエスの真実」、後者は、それにより実現する「神の義」の受容器官としての「人間の信仰」となり、神学的垂直的な啓示経路が明確となったのです。このような理解を踏まえて、ローマの信徒への手紙の1章17節は、「神の義が、福音の内に、（イエス・キリストが貫いた）真実により（イエス・キリストに対する人間の）信仰へと啓示されているからです」と訳されました。従来の日本語訳を幾つか列挙してみます。「神の義は、その福音の中に啓示され、信仰に始まり信仰に至らせる」（口語訳）。「なぜなら、福音のうちには神の義が啓示されていて、その義は、信仰に始まり信仰に進ませるからです」（新改訳）。「福音には、神の義が啓示されていますが、それは、初めから終わりまで信仰をとおして実現されるのです」（新共同訳）とすべて対格的属格として訳されて理解した訳となっています。つまり、従来の訳は、「ピスティスからピスティスへと」のピスティスを、両方とも「信仰」と訳し、人間学的水平に訳していますが、それでは「神の義」が人間に啓示される垂直関係が明らかにならないのです。

今回の「聖書協会共同訳」は、その新しい知見を取り入れた訳になっています。ちなみに従来の理解は、別訳として欄外に入れられています。「信仰」と訳される言葉は、ギリシア語でピスティスですが、これは「信仰」「真実」「誠実」「忠実」とも訳されます。さすがに、「イエス・キリストの（貫いた）信仰」とまでは訳せませんので、「真実」と訳されました。このような新機軸は、宗教改革の「信仰義認」の立場と矛盾するものではありません。神の義は、「信仰へ」と及ぶとあるので、「信仰義認」が否定される訳ではないからです。イエス・キリストに対する私たち人間の信仰は、神の義の受容器官ですので、この段階で、そのことを認めることができるのです。

豊かな出会いを求めて——少年ルターに学ぶ

ローマの信徒への手紙1・17

人生には、さまざまな人や物との出会いがあります。良き出会いによって、人生は大きく影響を受けます。ルターの場合にも、いくつかの良き決定的な出会いがあって、それが、やがて宗教改革者ルターを生むのです。一四八三年十一月十日生まれとされるルターですが、自身は生まれた年を知りませんでした。中世の人にとって、自分の誕生日は大事なことではなかったのです。彼らにとって大事なことは、死の時であったのです。修道士たちが、「メメント・モリ」（memento mori）、「死を覚えよ」と挨拶を交わしたように、中世の人にとっては、神に召されて最後の審判を受ける日のことが大事でした。

幼いルターが、最初に人の死に出会ったのは、マンスフェルトの領主が亡くなったという出来事でした。ルターは幼心に、人はやがて神のみ許に召される日のために、備えて生きねばならないということを感じたのです。やがてルターは、修道士となり、ヴィッテンベルクの塔の中で、神の義は人間を審く義ではなく、キリストの十字架において人間の罪を赦し、信仰によって受け入れてくださる神の憐れみの義であるということを発見することになるのです。

「福音の再発見」とよばれるものの大本は、中世の「死の教育」と幼児期の体験に遡ると言えます。少年ルターは、三つの学校で教育を受けました。七歳でマンスフェルトの小学校に入学しました。当時の学校は、ドイツ語ではなくラテン語を徹底的に教え込まれるというものでした。七年後、十五歳になった彼は、マクデブルクにあった「共同生活の兄弟」の学校に進みます。この学校で少年は、初めてヘブライ語の聖書の原典に出合います。この出合いがあって彼は、後に宗教改革者として聖書のドイツ語訳を完成し、この聖書は、近代ドイツ語の基礎となるのです。

一四九七年に彼は、アイゼナハの聖ゲオルグ学校に入学します。ここでまた大きな出会いをします。一つは、ヨドクス・トレボニウスという立派な校長の人格に出会ったことです。校長は、生徒たちを尊敬し、授業中は帽子を取って授業する人格者でした。ルターは、この学校と校長との出会いや、最初の小学校のひどいありさまをとおして、やがてドイツの学校制度の改革にも取り組むことになります。それは、教育を何よりもキリスト教の精神に基づいて自国語でおこなうということです。もう一つは、音楽家ブラウンとの出会いです。幼い時から音楽に親しみ、リュートの奏者でもあったルターは、彼をとおして音楽の作詞、作曲を学びます。ルターは、自身が、後に再発見した信仰義認という福音の真理を民衆にわかりやすく作詞作曲しました。ルターの音楽活動はバッハにひき継がれていきます。

神の恵みは、聖書をとおして、また良き師や良き友人との出会いをとおして、一人ひとりに独特なしかたでまた個性的に、それでいて人々に貢献するしかたで与えられることを私たちは忘れてはならないと思います。何よりも、聖書をとおして私たちの救い主である主イエス・キリストとの出会いがありますように心から祈る者です。

万事を益としてくださる

ローマの信徒への手紙8・26－28

なぜこの世界に、悪が存在するのか。それについて、昔から多くの人が解こうと努力してきました。ある人やある宗教では、この世界は悪と善とが永遠に抗争をくり広げると考えます。またある宗教や考えでは、この世界は悪そのものであるから、人が救われるためには、この悪しき世から脱却して、善なる別の世界や次元にいかなければならない、それが救いであると主張します。あるいは「人生万事塞翁が馬」とか、「禍福はあざなえる縄のごとし」という諺が示すように、禍福は変転すると考える立場もあります。

これに対しキリスト者は、全能で愛と正義、善に満ちた神が、この世界をお造りになられたという信仰を与えられております。しかし、この世界には悪や不正義がたくさんあります。神が義なるお方であるのに、なぜこの世界に悪が存在するのか、またなぜ正義と愛に満ちた神が、この世界に存在する悪をそのままにしておられるのかという問いは、深刻な問いであります。ライプニッツという人は、悪は神が創った絵画の中の暗部である、あるいは、一つの音楽の中の不協和音のようなものであって、それ自体をそこだけ取って見れば、確かに欠点であり、暗く不調和のように見えるが、全体として見れば調和していると考えました。予定調和です。しかし、これは悪をあまりに楽観的に考えていると思います。

私たちは、そうではなく、第一に人が悪を企らんでも、神はご自身の召した者と共にいて、祝福してくださるという信仰を与えられております。第二に神は、人の悪、不遇、逆境ですら「万事を益とされる」お方であるという信仰です。「万事が益となるように働く」予定調和ではなく、あくまでも「聖書協会共同訳」の別訳に記されていますように、神あるいは聖霊が、万事を益としてくださるのです。

私たちは、このことを知っておりますので、人が自分に対して悪を企んでも、その悪に対して悪をもって、仕返しや復讐をすることはいたしません。ローマの信徒への手紙12章17節に記されているように、悪に対する復讐は人間ではなく、神ご自身がなされるからです。パウロも「悪」と言って、悪というものの存在を冷静に認識しています。また悪が善になるのでもありません。悪はあくまでも悪なのです。さらに、その悪に対して悪をもって応ずることはしません。なぜなら、キリスト者は、「復讐するお方は神であり」、しかも神は「悪」をご自分の摂理の御手に絡め取り、召された者と共に働いて「万事を良きに変わらせる」お方であるからです。悪が善に変質するのではなく、そのような悪を通して、神は、キリスト者にとって善になるような結果へと導いてくださるのです。

ローマ人の信徒への手紙8章28節に、こうあります。「神（あるいは聖霊）は、神を愛する者たち、ご計画に従って召された者たちのために、万事を益となるように共に働かせるくださることを、私たちは知っている」。「神は万事を益としてくださる」ということです。神は神を愛する者たちキリスト者と共にいてくださり、共に働いてくださるのです。

喜ぶ者と共に喜び、泣く者と共に泣きなさい。

ローマの信徒への手紙12・15

対面での主日礼拝を再開することができ、喜びです。「喜ぶ者と共に喜び、泣く者と共に泣きなさい」という大変美しい聖句です。けれども、私たちの心の中には闇があります。喜んでいる人、幸せな人、自分より優れている人などを見て、心の中に妬み、嫉妬が起こってきます。妬みというのは人間において最も暗いものです。イエスが訴えられ十字架につけられたのも、人々の妬みからでした（マタイ27・18）。また他の人の不幸や悲しみをひそかに喜ぶという暗い心を人間はもっています。よい言葉ではありませんが、「他人の不幸は蜜の味」という言葉もあります。ドイツ語に「シャーデンフロイデ」（Schadenfreude）という言葉があります。フロイデは「喜び」シャーデンは「人の不幸、傷」のことです。

つまり、生まれたままの人間は、パウロの言う「喜ぶ者と共に喜び、泣く者と共に泣きなさい」とは全く反対に「喜ぶ者を妬み、泣く者を喜ぶ」という暗黒、罪が存在するのです。けれども、パウロは、主イエスによって救われ、神の愛を知ったキリスト者は、そうではなくて「喜ぶ者と共に喜び、泣く者と共に泣きなさい」と勧めます。私たちは、キリスト者になっても、「義人にして罪びと」（simul justus et peccator）ですので、今、申し上げたような暗い感情から全くは解放されていない者ではありません。しかし、そのような時、私たちは、神の愛と赦しの空間の中に自分を置くようにしなければなりません。主の愛と聖霊の注ぎの中にあってこそ、このことは可能となります。イエスもまた「聖霊によって喜びにあふれて」弟子たちにお語りになりました（ルカ10・21）。

ところで「喜ぶ」というギリシア語（カイレイン）は、聖書に出て来る神の「恵み」を意味する「カリス」と同じ語根の言葉です。喜ぶことは、他者に与えられた神の恵みを喜ぶことであり、それもまた神の恵みにほかなりません。人の欠点ではなく、良い所を見つけて、それを喜ぶのです。他方、「泣く」こともまた神の恵みです。人間は泣いて生まれてきます。「泣く子は育つ」のです。イエスは、ラザロのために「涙を流されました」。キリスト教に「涙の賜物」という言葉があって、涙もまた神の賜物です。アッシジのフランチェスコのような聖人とよばれる人々の伝記を読みますと、回心において、また人々のためにとめどもなく「泣く」涙の賜物を与えられていることがわかります。自分の罪のために泣く、他者の痛みや罪、不幸のために泣く、共に泣くこともまた神の賜物であり、神の恵みにほかなりません。

イエスは十字架で受難される前、都エルサレムのために泣かれました（ルカ19・41）。また「今泣いている人々は幸いである」と言われています（同6・21）。

教会は、灰の水曜日からキリストのご受難、十字架への道行きに思いを寄せて共に歩むレントの期間に入りました。私たちもまた、イエスと共に聖霊に満たされて、共に喜び、共に泣く者でありたいと心から思います。

キリストの十字架の虚しくならざらんため

コリントの信徒への手紙一1・10―17

　パウロがコリントを離れて伝道している間に、コリント教会の人たちの間に紛争が起こりました。それをパウロは、クロエの家の人たちから聞いたというのです。「わたしはパウロにつく」「わたしはアポロに」「わたしはケパに」『わたしはキリストに』と言い合っているということをです。これは人間的な勢力争いであり、人間的な魅力に対する抗争であります。パウロは、ペトロのように主イエスの生前を知った直弟子ではありませんでした。それどころか、教会の迫害者であり、ユダヤの教会の人たちからは警戒され、恐れられていたのです。またアポロのような雄弁な人でもありませんでした。また風采もぱっとしなかったようです。パウロについては彼自身がこう書いています。

　コリント人への第二の手紙10章10節。「人は言う、『彼の手紙は重味があって力強いが、会って見ると外見は弱々しく、話はつまらない』」。11章6節。「たとい弁舌はつたなくても、知識はそうでない」。パウロは、ダマスコ門外で聞いたイエスの声しか知らない人でした。そこでパウロは、コリント人への第二の手紙5章16節で、「それだから、わたしたちは今後、だれをも肉によって知ることはすまい。かつてはキリストを肉によって知っていたとしても、今はもうそのような知り方をすまい」と語るのです。

第一の手紙の2章2節で、「わたしはイエス・キリスト、しかも十字架につけられたキリスト以外のことは、あなたがたの間では何も知るまいと、決心したからである」と語っています。パウロは十字架のキリストを伝えることに専念し、それ以外のことをキリストにおいても、またコリント教会に人たちにおいても知るまいと決心をしたのです。それは、「キリストの十字架の虚しくならざらんため」でありました。

東京神学大学在学中、学長室に熊野義孝先生の揮毫したこのみ言葉が額に入れられて掲げられていた印象的な記憶があります。イエスの人間的、肉的な魅力に向かうことは、ここでコリント教会にあるグループが言っているように「わたしはキリストに」ということになるのです。ナザレのイエスの人間的な魅力ということを考えるとき、イザヤ書53章2－5節の苦難の僕を想い起こします。「彼は主の前に若木のように、かわいた土から出る根のように育った。彼には我々の見るべき姿がなく、威厳もなく、我々の慕うべき美しさもない。彼は侮られて人に捨てられ、悲しみの人で、病を知っていた。また顔をおおって忌み嫌われる者のように、彼は侮られた。われわれも彼を尊ばなかった。まことに彼はわれわれの病を負い、われわれの悲しみをになった。けれども我々は思った、彼は打たれ、神にたたかれ、苦しめられたのだと。しかし彼は我々のとがのために傷つけられ、我々の不義のために砕かれたのだ。彼はみずから懲らしめをうけて、我々に平安を与え、その打たれた傷によって、我々はいやされたのだ」。これが、十字架で受難された主イエス・キリストの姿にほかなりません。

イエス・キリストが、この私のために十字架について死んでくださり、この私を贖い救ってくださった。これに勝る喜びや大事なことは、他にはないのであります。

「宣教の愚かさによって」とは

コリントの信徒への手紙一1・21

「聖書協会共同訳」コリントの信徒への手紙1章21節の「宣教という愚かな手段によって」という翻訳を取り上げて、この訳がはたして正しいかどうかを考えてみたいと思います。直訳は「宣教の愚かさによって」です。これを今回の訳は、「新共同訳」を踏襲し、「宣教という愚かな手段によって」と訳しています。これだと宣教イコール愚かな手段となります。「宣教」と訳されている言葉は、原語では「ケリュグマ」です。これだと、「宣教」を宣教行為と理解していることになります。しかし、パウロはローマの信徒への手紙10章14節で「宣べ伝える（つまり宣教する）人がなくては、どうして聞くことができるでしょう」と言い、宣教行為を積極的に肯定しています。実際、宣教をしない救済宗教はありえません。

まず、ここで「宣教」と訳されています、原語の「ケリュグマ」という言葉の形を見てみますと、これは「宣教する」という動詞「ケーリュッソー」の名詞形です。ギリシア語では、語尾が「マ」をもつ名詞は、行為の結果（内容）を意味します。これに対し、「シィス」を語尾にもつ名詞は行為の過程（プロセス）を意味するのです。たとえば、新約聖書に出てくる「裁く」（クリノー）という動詞からは、「クリシス」と「クリマ」

があります。日本語では、どちらも「裁判」「裁き」となりますが、ギリシア語では、「クリシス」は「裁判過程」「クリマ」は裁判の結果としての「判決」「裁判の結果としての裁き」を意味します。したがって、「マ」で終わる「ケリュグマ」は、語形から見て、宣教行為ではなく、宣教内容を意味するのです。

次に文脈から考察してみますと、ギリシア人は、知恵を探し、ユダヤ人は、しるしを求めるが、パウロたちは、この世の知者が「愚かなもの」とした「神の愚かさ」（実は神の知恵、人間より賢い知恵であるという二重の逆説）である「十字架につけられたキリスト」を宣教するということが言われています。ここで宣教の内容としての「キリストの十字架」は、二重の意味で愚かさを含んでいます。ここで言われている「宣教」は、「聖書協会共同訳」の本文の訳として採用されたような行為手段としての「宣教」ではなく、宣教の内容をさすものと理解すべきであります。日本語の「宣教」という言葉は、宣教内容としての宣教、宣教行為としての宣教のいずれにも取れる曖昧さがあります。これは「裁判」という言葉が、日本語では裁判過程、行為をさすのか、裁判の結果、内容をさすのか曖昧なのと同じであります。またこの訳でいくと、先に述べましたように、「十字架につけられたキリスト」という宣教内容のもつ「愚かさの二重性」と「二重の逆説」という点が見落とされることになります。そういう訳で、この度の「聖書協会共同訳」の当該箇所の訳は、単語の形から見ても、分脈から見ても誤りであります。私見では、「使信」「メッセージ」という言葉を使えば、そのような曖昧さを避けることができると思います。

すべてはあなたがたのものです

コリントの信徒への手紙一3・18―23

「起きて半畳、寝て一畳」という諺がありますが、人間は、それだけの広さでは十分に生きていくことはできないかもしれません。しかし、自己の所有と占有面積を拡大していく生き方ではなく、たとえ所有はしていなくても、すべては私たちのもの、私たちはキリストのもの、キリストは神のものという信仰をもって、そういう存在の在り方をして生きていくことは大切なことではないでしょうか。

パウロは、ここでまず、人を出し、次に世界という空間を出し、さらに私たちにとって避けて通ることのできない人生と死を挙げ、それから、現在、将来という時間を挙げています。考えてみますと、世界のものも、現在の時間も、また将来、未来のことも、歴史も死も生も何一つ自分たちが所有し、コントロールできるものはありません。すべては、不確定で不確実で、予測不能で、危険と不安、不透明に満ちています。しかし、すべてのものがキリストによって支配され、悪でさえも神の御手に絡めとられ、私たちがイエス・キリストのものとされているなら、すべては私たちものであり、私たちは安心して主イエス・キリストに一切を委ねて生きていくことができるのです。

パウロはここで、世界を挙げています。私たちがこの地上で出会う人も物も生き物も動植物も本も友人や敵も、すべて神の御手のうちに、神の目的のために最終的に善に絡め取られるものとして自分たち信仰者に与えられているとするならば、本当にすべては私たちのもの、私たちを神へと向かわせ、神を讃美し、神に栄光をほめたたえさせるものとなるのではないでしょうか。

パウロはまた生と死を挙げています。自分の生と死、自分たちが、この世で出会う人たち、愛する人たち、面倒をかけ厄介で困った人たちの生と死も、やはり私たちにとってかけがえのないものなのです。すでに亡くなった関わりのある人たちもそうです。すべて私たちの内面の信仰世界において私たちのものなのです。これは所有とか占有、獲得ということではなく、何か万有といった感じでしょうか。万有引力の万有です。キリストがもっておられる万有の力と愛と赦しの中にあってキリスト者もまた抱く万有ということです。アウグスティヌスの言う「私の重さは私の愛」（pondus meum amor meus）ということです。もし私たちがキリストの万有の赦しの愛のうちに完全に生きるならば、すべては私たちにとっても万有となり、私たちは、もはや何かもっていない人のように人間を誇ることなく、ただキリストのみ誇ることになるのです。

天使にも人にも見せ物となった

コリントの信徒への手紙一4・9

パウロは、神が私たち使徒を、まるで死刑囚のように最後に引き出される者とし、世界中に、天使にも人にも見せ物とされたと言います。ここで「見せ物」とある言葉は、劇場テアトロという言葉です。ギリシア語の「観る」という動詞に由来します。シアターという言葉で日本語にも入っております。聖書で「見せ物」というのは、古代ギリシアやローマ世界の劇場で演じられた悲劇や喜劇などの高度な芸術作品ではなく、まさに「見せ物」であります。役者が演じる作り物ではなく、まさにリアルな見せ物なのです。そしてその「見せ物」という言葉には、些か卑しさが込められていると思われます。

パウロはここで、私たち使徒を、そのような見せ物にしたのは、神であると言っています。神が見せ物になさったという言葉の中には、パウロの嘆きがあるのかもしれません。そのような、神に召された預言者となって、負わされた屈辱、卑しめの厳しさのゆえの嘆きを赤裸々に神に訴えているのは預言者エレミヤであります。旧約のエレミヤ20章7節以下に、こう記されております。「主よ、あなたがわたしを惑わし、わたしは惑わされてあなたに捕らえられました。あなたの勝ちです。わたしは一日中、笑い者にされ人が皆、わたしを嘲ります。わたしが語ろうとすれば、それは嘆きとなり『不法だ、暴力だ』と叫ばずにはいられません。主の言葉のゆえに、わたしは一日中恥とそしりを受けねばなりません」。

「まるで死刑囚のように」。これはパウロの死を運命的に予感させるものです。伝道者としてのパウロの実感でもあったのだと思います。主イエスも死刑囚として引き回され、過ぎ越しの祭の日の見せ物になりました。死刑囚としての十字架の死によって罪の赦しの福音が告げ知らされることになったのです。それはまた、世の終わりの告知でもあります。これによって終わりが告知されているのです。パウロが「まるで死刑囚のように最後に引き出される者」という言葉には、そのような十字架の主を宣べ伝えることによって世の終わりを告げる者としての意識があります。

十字架の主イエスが、卑しい者とされ、世に死刑囚として見せ物となったように、伝道者、使徒であるパウロもまた、神によって最後に引き出される見せ物となったというのであります。この世界という舞台の最後に、死刑囚として祭の日の見せ物とされ、十字架につけられたお方によって救いがもたらされました。私たちキリスト者も、イエスの十字架の死と復活によって終わりが来ていることを宣べ伝える者として、最後に死刑囚のように卑しめられ、侮辱され、裸にされた者として、全世界において現実に見せ物となっているということだと思います。

キリスト者は自分の名誉ではなく、十字架の死まで低く謙られたイエスにおいて現された神の栄光を求める者でありたいと思います。そこに伝道者の恥辱と栄誉、悲惨と栄光、貧しさと豊かさがあるのです。

わたしに倣う者となりなさい

コリントの信徒への手紙一4・16

パウロは、ここで、「私に倣う者となりなさい」と言っています。コリントの教会の信徒の人たちの養育係が一万人いたとしてもあなたがたに最初に福音を伝え、信仰をもつようにして、キリスト者として誕生させたのは、自分であって、自分が父親であると言うのであります。そして、パウロは、自分の子としてパウロに学び、忠実に主と教会に仕えているテモテをあなたがたの所に遣わしたのであると言います。学ぶ、まねぶということは、自分よりも相手の人を優れた者とし、自分を謙虚にしなければできないことです。コリントの教会の信徒の中には、自分を偉い者と考え、他の教会員を見下げ、またパウロさえも取るにたりないとして、高ぶっている人たちがいたようです。

ある社会学者が、人間の行動の基本は模倣であると言っております。何かをお手本にして私たちは生まれた時から、この世界で生きていくための行動のしかたを学ぶのです。日本語の「まなぶ」という言葉は、「まねぶ」、まねをするという言葉からきています。悪い人を真似すれば、その人に似たものになるでしょう。私たちは、よいものを模範にし、学ばなければなりません。

もちろん、私たちにとって唯一の教師であり、最高の模範はイエスです。中世のトマス・ア・ケンピスの書いた『キリストに倣いて』（イミタチオ・クリスチ）があります。福音主義の教会では、キリストは、信仰の対象であって、模倣の対象ではないと言う人がいますが、それは正しくはないでしょう。キリストに倣うということは、十字架の死に至るまでの謙遜でありましょう。パウロは「私に倣う者となりなさい」と言うことができた人でしたが、私たちは自分に倣う者となりなさいとは、とても言えないと思う人がいるかもしれません。私も、そういうことなど言えない、欠点の多い人間です。牧師ですから信徒の模範にならなければならないのですが、パウロのようには到底、言えない自分です。自分よりも優れた方は、会員の中にもたくさんおられます。キリストに倣うということと、兄弟姉妹に倣うということは結びついています。もちろん、自分も、また他の人々も、必ず欠点や短所、受け入れがたい面があるでしょう。人間は不完全ですし、罪びとだからです。しかし、私たちは、身近な兄弟姉妹、またどんな人でもよいところを見つけて、それをまね、学ぶことができます。どんな人からも自分よりも優れたよいところを見つけて、それを一つ学べば、自分もまた豊かになるし、その人に対する敬意も懐くことができます。

教会には、教会に連なる信仰者たちが、長年の間受け継いできた、よい習慣や態度、教会生活のしかたに対するノウハウなどがあります。書物をとおして学ぶだけでなく、互いに、信仰生活をしている兄弟姉妹から、いくらでも学び、まねて自分のものとしていくことができるのです。

純粋で真実のパンで過越祭を祝おう

コリントの信徒への手紙一5・1－8

イスラエルの人々は、ニサンの月の十四日に、傷のない一歳の小羊を屠り、その血を家の柱と鴨居に塗るとともに、種、酵母を入れないパンを用意して食べました。酵母を入れてパンを焼くだけの時間が無かったからです。その夜、主は過ぎ越し、イスラエルの人たちは、エジプトにおける奴隷状態から解放され、約束の地へと向かって出発したのでした。ニサンとはヘブライ語で「出発」を意味し、イスラエルの正月となりました。過越祭は、これを永久に記念するものであり、併わせてイスラエルでは、過越祭の一日めにこのことを記念して除酵祭、酵母を除く祭をおこないました。

この過越祭が、初代のキリスト教会において、主の聖餐にひき継がれました。西方の教会の伝統では、今でも、聖餐式において用いられるパンはパン種を入れない薄いせんべい、ウエハースのような、そっけないものです。これは共観福音書において主イエスが、最後の晩餐をなさったのが、過越祭の一日めで除酵祭のおこなわれる日であったからです。西方の教会の伝統では、種入れぬパンをもって出エジプトからの緊急脱出の日に過ぎ越しの食事をしたことを、そのまま記念として形の上で守っています。私たちの教会は、この西方の教会の伝統の流れに属していますが、敢えて、そのような種入れぬパンではなく、酵母で膨らんだ美味しいパンを用いますが、精神は同じです。種入れぬパンを用いるということは、過ぎ越しの犠牲であるイエスのゆえに、私たちから古い自分をいつも取り除き、古い自分に死んで罪赦された者、主の新しい命に入れられた者として生きていくという自覚を与えられるということであり、とてもよい象徴であると言えるでしょう。

私たちはキリスト者となっても、やはり、古いパン種、罪の人間が残っています。それゆえ、いつも自分をみ言葉の前に吟味して、悔い改め、過ぎ越しの犠牲である主イエスの十字架により、罪を贖われた者として、古い自分を十字架にかけ、主の新しい命に生かされる者に相応しい者となるようにしていかなければなりません。ここには矛盾があります。古いパン種を綺麗に取り除くことが、命令されています。ところが、あなたがたは、パン種の入っていない者であると言われています。しかし、これは、矛盾ではないのです。私たちは、主の犠牲によってパン種のない者とされたのだから、そういう者になるように努めなさいということです。恵みの福音があって感謝の応答としての律法が出てくるのです。福音から律法であります。「純粋で真実のパン」、これは、何よりもイエスの犠牲にほかなりません。

私たちは、主の日の礼拝において聖餐にあずかります。主イエスこそ、私たちを罪の奴隷状態から解放するために、十字架で犠牲となった主の過ぎ越しの小羊であると同時に、私たちのために十字架で裂かれた体であるパン、また流された血であるのです。私たちも「純粋で真実のパン」で過越祭を祝う者でありたいと心から願います。

キリスト者は世を出ていかなければならないか

コリントの信徒への手紙一5・9、10

キリスト者のこの世との関係について、考えてみたいと思います。

パウロが、「前の手紙」（コリント二6・14―7・1）で書いたように、「光と闇」「信仰者と不信仰者」「キリストとベリアル」とは、本来何の関係もないという面も、確かにあるでしょう。私たちは、そのようなのと「釣り合わない軛」を共にすることはないのです。しかし、だからと言って、やはり、パウロが訂正しているとおり、私たちが、この世から出て行かなければならないということにはならないでしょう。

正統の教会は、「世から出て行く」ことについて、異端のように、世への敵対や世の制度の否定や破壊に進むことをしませんでした。そうではなく、「世から出て行く」ということを、思うに二つの方向で、その真理契機を生かしたのです。一つは、内面的退却です。キリスト者は、外面的な世界に必要以上に拘ることなく、内面的な世界へ退却いたしました。二つは、修道院制度です。ひたすら祈りと黙想に集中する修道院もまた、この世界にあって大切な働きをしてまいりました。新約聖書において「世」「世界」という言葉は、プラスの意味にもマイナスの意味にも両方の意味に使われております。ヨハネ福音書の3章16節では、「神は、その独り子をお与えになったほどに、世を愛された」とあり、「世」は、神が独り子をお与えになったほど愛された対象になっております。他方、「世と世にあるものを、愛してはなりません」（ヨハネ一2・15）と言われます。キリスト者は、世に対する、このような二面性を、よく理解した上で、この世に対処していくことが求められているのではないでしょうか。

この世が神に背くとき、闇が支配します。そのような暗黒の領域にあって、私たちキリスト者は、救いにあずかり、神の光の領域に入れられた者として、暗黒に関わることはしないでしょう。闇の支配との戦いを権力によってすることは、一つの誘惑であります。権力には、政治的な権力と宗教的な権力の誘惑があると思います。政治的権力の誘惑とは、キリスト者も政治権力を握って、実際に権力機構に入らなければ、何の力も効果も発揮できないではないかという誘惑です。これはまた、イエスが荒野で受けた誘惑でもあります（マタイ4・8－10）。

私たちは、政治的な権力や宗教的な権力によるのではなく、ただみ言葉によってのみ、この世の闇と戦うのです。十字架と復活によって世に勝利し、闇に打ち勝ち、「天と地の一切の権能を与えられた」主イエスの派遣をみ言葉と共に受けて、この世へと派遣され、世に福音を宣べ伝え、世の闇と戦い、世に勝利するのです。私たちが委ねられているのは、ただみ言葉であり、み言葉が権力をもち、権威をもつのです。神がキリストを賜ったほどに、この世を愛し、この世を見捨てず、この世に対して任務を全うされたように、私たちも、神がお造りになり、支え、導いていてくださる世界の中にあって、自分たちに与えられた務め、キリスト者としての使命を果たすために世に派遣され、世に仕えたいと思います。

あなたがたは代価を払って買い取られた

コリントの信徒への手紙一6・20

「あなたがたは、代価を払って買い取られたのです」とあります。

代価とは何でしょうか。それは、キリストの贖いの犠牲、十字架の贖いのことです。贖いの犠牲ということであれば、これはユダヤ教や他の宗教に見られる動物犠牲、供犠を背景にして考えられます。しかし、現代の日本人には、そのような動物犠牲という考えでは、なかなかわかりにくいことでありましょう。

ここで使われている言葉は単純に「買う」という言葉です。「買い取られた」というのは、「贖う」「購入」の「購」の字であります。神さまが、私たち一人ひとりを買い取ってくださったということです。「お買い上げ」という言葉がありますが、買い物は、買う人が、これは是非、自分の物にしたい、自分の愛用として手元に置きたいと思うから、買い上げるのでしょう。ところで、このギリシア語の「買う」という言葉は、市場、マーケットを意味する「アゴラ」という言葉からきております。神さまが、いわばマーケットで私たちを見つけて、是非、購入したいと思われ、そのために大枚どころか、ご自身の大切な御子イエスを代価として払ってお買い上げになられたということです。これは驚くべきことではないでしょうか。世の中の市場では、商品というものは、品物であれ、人物であれ、サービスであれ、あらゆるものが、価値あるものから売れていきます。価値や魅力のないものは売れません。教会のおこなうバザーなどにおいてもそういうことが見られます。このようなことは市場原理では当然のことですが、キリストの教会は、そのような原理では立っていないのです。なぜなら、神は人の眼には貧しく、弱く、取るにたりないもの、義人ではなく罪びとを、この世の価値ある者や知恵ある者、力ある者、権勢ある者ではなく、無きに等しい者を、まことにご自身の眼に価値あるもの、手元に置き自分のものとするために選んでお買い上げになったからです。

誰がそんなことをするでしょうか。この手紙の1・27－28節で、パウロが語っているとおりです。「ところが、神は知恵ある者に恥をかかせるため、世の無学な者を選び、力ある者に恥をかかせるため、世の無力な者を選ばれました。また、神は地位のある者を無力な者とするため、世の無に等しい者、身分の卑しい者や見下げられている者を選ばれたのです」。こうして私たちは、何ら買い上げていただく値打ちもないのに、イエスを代価にしてまで、神さまが私たちを選び、ご自身のものとしていつまでも愛用してくださったのだということに、かたじけなさや感謝を覚えるからこそ、今度は自分の体を用いて何とか神さまにご恩返しをして、神さまの栄光を表したいと心から願うようになるし、現にそう願ってやまないのであります。

それぞれの生き方で神の栄光を

コリントの信徒への手紙一7・7

7章からパウロは、コリントの教会員が信仰生活の上で質問してきたいくつか問いに答えています。コリント教会の人たちが質問してきた最初の問いは、キリスト者は結婚について、どういう態度を取るべきかということでした。これに対し、パウロは1節で、「男は女に触れない方がよい」と答えております。パウロは一般に独身であったと思われています。しかし、それは、7章の7節で「私としては、皆が私のように独りでいてほしい」と書いていることから、そう考えられているのです。しかし、パウロが独身であったのか、結婚していたのかは、学者の間で意見が分かれております。私は、パウロは結婚していたのではないかという立場です。

パウロが結婚していたとすると、7節の、「私としては、皆が私のように独りでいてほしい」という言葉は、5節で言われている合意の上で祈りに専心するために別れて一人の生活をしていたということになります。パウロが、性的結合をしない方がよく、皆が私のようであって欲しいと望んだことの背景には、彼が、この手紙を書いた時には、イエスの再臨が、自分たちが生きている時代に、間近にあるという、切迫した再臨信仰があったことが挙げられます。終末が近いのですから、地上の制度である結婚は、もう敢えて求められなくなるのです。しかし、この考え方は、ある危険を孕んでいます。キリスト教の歴史において、終末、この世の終わりが近い、主の再臨が近いと叫んだグループは、殆どの場合、結婚制度、結婚関係の解消を唱えたからです。また、近代に至るまで、結婚は、許婚制であって、本人の意志とは無関係に決められておりました。そのような中で、キリスト者となった女性は、キリスト者でない夫との性的関係を拒否したり、結婚関係そのものを解消しようとしたのです。

この聖書の箇所から教えられる重要なことは、一つは、前の箇所で言われたことです。6章16節から17節で、「娼婦と交わる者はその女と一つの体となる、ということを知らないのですか。『二人は一体となる』と言われています。しかし、主に結びつく者は主と一つの霊となるのです」とありますように、キリスト者は、結婚していても、いなくても、イエスの花嫁として永遠に主と一体に結ばれているということです。

次に重要なことは、7節の後半で言っていることです。「しかし、人はそれぞれ神から賜物をいただいているのですから、人によって生き方が違います」。それぞれの人が、神からの賜物に従って、それぞれの個性的な、神から与えられている個性と人格に従った生き方で、神の栄光を表すことが大事であるということです。そこには、上下関係も優劣関係もありません。お互いが他者の人格と相違を認め、違いや個性を尊重し、そして互いに敬意をもち、助け合って教会生活、信仰生活を続けていくのです。『ウェストミンスター小教理問答』に、「人間の第一の目的は、何ですか」。「人間の第一の目的は、神に栄光を帰し、永遠に神を喜びとすることです」とあるとおりです。

賞を得るように走りなさい

コリントの信徒への手紙一9・24－27

パウロはここで、私たちキリスト者の信仰生活の長い歩みを競技に譬えています。

彼の生きた古代ギリシア・ローマ世界においてはオリンピアの競技が、よく知られておりますように、運動競技が盛んでした。今でも遺跡として残っておりますように古代ギリシア・ローマの都市には競技場が造られ、そこで盛んに運動競技がなされたのであります。ここで使われている競技場という言葉はスタディアムという言葉です。パウロはここで徒競走と拳闘、つまりボクシングの比喩を使っていますが、どちらも古代オリンピックの競技種目であり、当時の人々には馴染みのある競技でした。古代オリンピックで、賞を得るものは一人だけでした。しかし、キリスト者は信仰の闘いを全うするなら皆、この永遠に朽ちない賞をいただくことができるのです。競走、競技といっても他者との比較ではありません。私たちの生きている社会においては、競争があり、比較がなされ、優劣が決まります。しかし、私たちキリスト者の信仰の闘いは、そのような他者との比較競争ではありません。自分との闘いです。現にパウロが、ここで比喩として用いております徒競走やマラソン、ボクシングといった種目も集団競技ではなく、本来、孤独なものであり、自分との闘いが求められる競技なのです。

パウロは25節で、「競技をする人は皆、すべてに節制します」と言います。ボクサーや陸上競技の選手は、競技に備えて節制をします。体重や体調、睡眠や栄養、食事を管理して、不摂生を避け、競技時にベスト・コンディションになるように、自己管理をするのです。そうしないと、競技で勝利することはできないことを知っているからです。そのように、私たちキリスト者も、「すべてに節制し」「自分の体を打ちたたいて服従させ」、信仰の訓練を怠らないようにしなければならないというのです。

キリスト者が日毎になす訓練とは何でしょう。主の日の礼拝を守り、み言葉に聞き、祈り、讃美すること、聖書の学び、奉仕を怠らないということです。さらに試練というものも忘れてはなりません。ルターは「み言葉と祈りと試練が神学者を造る」（oratio, meditatio,tentatio faciunt theologum）と申しました。ここで試練が加えられていることがとても重要です。試練とか訓練、修業、修徳というものは、キリスト者を鍛え上げるために欠かせないものだからです。しかもこれは、何か特殊なことをすることではありません。私たちの日々の平凡な生活においてなすことであると思います。

古代オリンピックでは、月桂樹の枝を編んで作った冠が、勝者の栄誉を称えるため授けられました。しかしそれは、パウロが言うように所詮、朽ち果てるものです。これに対し、私たちキリスト者が、長い信仰生活の競技の闘いの末に勝ち取る栄冠、賞とはどういうものでしょうか。永遠に朽ちることのない勝利の冠であって、主イエス・キリストにおける神との永遠の交わり、尽きざる命なのであります。この賞、冠を得るように私たちも走り続けたいと願うものです。

礼拝での被り物について

コリントの信徒への手紙一11・2－16

この聖書の箇所は、女性が、礼拝において頭に被り物をすることが、神の教会の習わしであることが語られております。「だから、女は天使たちのために、頭に力の印をかぶるべきです」。「力の印」と訳されていますが、原文は「力を持つべきである」となっており、「印」という言葉がありません。「力」という言葉は、「権能」「権威」「威厳」とも訳せます。この箇所については、旧約聖書の三箇所を手掛かりに三つの解釈ができます。

第一は、創世記6章4節からの解釈です。「当時もその後も、地上にはネフィリムがいた。これは、神の子らが人の娘たちのところに入って産ませた者であり、大昔の名高い英雄たちであった」。女性が美しいので、天使がネフィリムを生ませたというのです。そこから、天使を誘惑しないために、女性は顔や、その長い髪をベールで被わなければならないということです。当時、人々は、天使も礼拝に参加し、キリスト者たちを見ていると考えていたようです。この場合「力の印」とは、天使たちから自分を守る力の印ということになります。

第二は、創世記24章62－65節に基づくものです。リベカがイサクと出会ったときのことが描かれております。イサクは、「夕方暗くなるころ、野原を散策していた。目を上げて眺めると、駱駝がやって来るのが見えた。リベカも目を上げて眺め、イサクを見た。リベカは駱駝から下り、『野原を歩いて、私たちを迎えに来るあの人は誰ですか』と僕《しもべ》に尋ねた。『あの方が私の主人です』と僕が答えると、リベカはベールを取り出して被った」。女性は礼拝において、この男性が頭なる主、またキリストが頭なる主であることを、頭にベールを被ることで天使に示すのです。この場合「力の印」、女性がベールでつける「力」とは、男性が自分の主であることを示す威厳になるでしょう。

第三は、イザヤ書6章1－3節です。「私は、高く天にある御座に主が座しておられるのを見た。衣の裾は神殿いっぱいに広がっていた。上の方にはセラフィムがいて、それぞれ六つの翼を持ち、二つをもって顔を覆い、二つをもって足を覆い、二つをもって飛び交っていた。彼らは互いに呼び交わし、唱えた。『聖なる、聖なる、聖なる万軍の主。主の栄光は、地をすべて覆う』」。イザヤが召命を受けたときに見た幻です。天使たちは、天の御座の前で神を礼拝しており、そのとき、顔を自分の二枚の翼で覆っているのです。そこから女性もまた天使たちのように礼拝のときにベールで頭を覆うという習わしが生じたというのです。これだと、「天使たちのために」は「天使たちが、そうしているゆえに」ということになります。この場合、女性が頭につける「力」は、天使たちのもっているような「威厳」ということになります。

礼拝は、私たちが力と威厳を身に帯びるものであります。それは慎ましさと遜りをもった威厳と力です。イエスを主とすることによって、私たちが身に帯びる力と威厳であり、天使的、天上的なものなのです。

「ゆーかりすてぃあ」について

コリントの信徒への手紙一11・23、24

コリントの信徒への手紙一11章23節以下は、主イエスが制定した主の晩餐の記事です。いわゆる聖餐という用語につき、私が考えていることを皆さまにお話ししたいと思います。

日本キリスト教会の式文では「聖餐」という表現が、使われていますが、聖書の言葉とすれは、「主の晩餐」（コリント一11・20）です。英語で言えば、Lord's Supperで、私たちの教会の中には、「聖晩餐」という言葉を使っている教会もあります。「聖餐」という言葉は、同音異義語が多いのです。生産、凄惨、清算、青酸、精算、正餐、成算など。世界共通の言葉としては、ユーカリスティア（ギリシア語）、ユーカリスト（英語）です。この言葉は、24節にある「感謝」というギリシア語に由来します。ユーカリスティアを私は敢えて平仮名で表記しました。「聖餐《せいさん》」より、音の響きがとても美しいです。言葉の響きは重要です。明治生まれの先達の牧師は、今日、皆が普通に使う「バイト」という言葉の響きが汚いので、「アルバイト」を使うべきだと言っていたのを思い出します。

次に「ゆーかりすてぃあ」という言葉を分解して、その語義を見ますと、まず「ゆー」は、「ユアンゲリオン」（福音、よい知らせ）、「ユーオーディア」（よい香り）、「ユーカリ」（よく葉が繋ったという意味から）のように、ギリシア語では「よい」という意味の接頭語です。真ん中の「カリス」は、カリスマという言葉もそうですが「恵み」という意味です。つまり「ゆーかりすてぃあ」は、神さまからいただく「よい恵み」という意味なのです。そこから「感謝」という意味になります。ですから、「聖餐」は「神さまからいただくよい恵みに対する感謝」がその本質的内容です。その中心は、主イエスが私たちにために十字架につき、裂かれた肉と流された血にあずかり、その救いの恵みを覚えて感謝することです。しかし、感謝は、それだけに留まらないのです。なぜ、私たちは聖餐卓にパンと葡萄の実から造った杯を置くのでしょうか。パンも葡萄液も大地の恵みであり、また人間の収穫と生産活動、経済活動の賜物です。そのすべてを神の恵みとして感謝することにほかなりません。また、救われて洗礼を受けたキリスト者の生活は「感謝」の生活にほかならないのです。

これについては、二つのことを申し上げたいと思います。一つは『ハイデルベルク教理問答』の構成が、「人間の悲惨について」「人間の救いについて」「感謝について」と三部構成になっていて、救われたキリスト者の生き方が「感謝」として総括されていること。また、これに対応して「三つのG」が言われることです。つまり、guilt（人間の罪）、grace（神の恩恵）、gratitude（人間の感謝）です。

長崎県生月島の隠れキリシタンは、いわゆる聖餐のことを「八日《ようか》の七夜《しちゃ》」とよんでユーカリストを守っていました。一週間という制度がなかった時にキリシタンたちは、そのように日を数えて「ゆーかりすてぃあ」を守っていたのです。

私の記念としてこのようにおこないなさい

コリントの信徒への手紙一11・23－26

コリントの信徒への手紙一11章23節から26節では、聖餐式の制定語が記されております。

小林秀雄という評論家がいました。この人は、妹がキリスト者の高見澤潤子さんですが、彼の有名な言葉に「歴史とは思い出すことである」というのがあります。キリスト教は、ある意味で「想起」の宗教であると言うことができます。想起のことをギリシア語で「アナムネーシス」と申します。

24節にありますように、「わたしの記念として、このように行いなさい」とイエスは言われたのです。ここで記念と言われているのが、アナムネーシスであります。原文では「私の想起として」「わが記念として」とあります。聖餐のことを「ユーカリスト」と言います。それは、この24節の「感謝して」という言葉に由来します。聖餐は感謝なのです。神が、私たちのためにイエスを十字架の犠牲として献げてくださり、私の罪を贖い、救ってくださったことに対する感謝の式典にほかなりません。聖餐の短い制定語を記した言葉の中に、パンと杯について同じく「私の記念としてこのように行いなさい」という言葉が二回くり返されています。

「わたしの記念として」というのは、どういう意味でしょうか。最初に考えられますのは、「わたしを記念して」ということでしょう。イエスが、キリスト者のためにしてくださったことを覚え、記念してということです。それでは何を記念するのでしょう。私たちが何かの記念会をするときには、それは、過去の事柄や事跡や人物のことを追憶し、記念しておこなうのです。これでいくなら「わたしを記念して」というのは、イエスが、私たちの罪の贖いとして十字架について死んでくださった、その犠牲を記念してということになるでしょう。しかし聖書で「記念して」「覚えて」という場合には、単に過去の出来事や行為を覚えるだけではないのです。聖餐において私たちは、イエスを想起するのですが、これは単に過去を思い出すというばかりではなく、想起は現在と未来、終わりの時にまで及ぶのです。イエスが、私たちのために世に来られ、この地上を歩まれたこと、十字架にかかり死なれ、三日めに甦えられたこと、天に昇られ、今は父なる神の右に座して私の罪のために執り成していてくださること、やがて再び来られて審判をされ、私たちをよみがえらせ、天のエルサレムへと導いてくださること、そういった過去、現在、将来のすべてを想起するのです。

さらに、「わたしを記念して」ということよりももっと大切な「わたしの想起」の意味とは、キリスト者がイエスを想起するだけではありません。イエスが私たちを恵みのうちに憶えていてくださることの想起でもあります。私が、イエスを忘れないように、主がなしてくださったことを常に想起することも、とても大事なことですが、それよりももっと大事なことはイエスが私たちを想起してくださること、永遠に覚え記憶していてくださるということであります。

主イエス・キリストを顕示し……なり

コリントの信徒への手紙一12・3

「日本キリスト教会信仰の告白」の「主イエス・キリストを顕示し信仰と生活との誤り無き審判者なり」という箇所を学びます。

まず、「主イエス・キリストを顕示し」という部分です。聖霊の働きの第一は、コリントの信徒への手紙一12章3節にあるように、「イエスは主である」という告白へと導くということです。顕示するとは、啓示するという意味です。御子は御父を啓示し、聖霊は御子を啓示します。こうして御子が御父の鏡、聖霊が御子の鏡となるという、二重の鏡像関係になっています。霊には、人間の霊、天使の霊、悪霊、動物霊などがありますが、ある霊が聖霊であるかどうかの識別基準は、その霊が「イエスを主と告白するものであるか、さらに言えば、イエスが受肉した真の神であり、真の人であることを告白するかどうかにあります。

次に「信仰と生活との誤りなき審判者なり」という告白です。「誤り無き」という告白は、二正面に対立説を念頭に置いて告白されています。

一つは第一バチカン教会会議（一八六九―一八七〇年）においてローマ・カトリック教会が決定した「教皇無謬説」です。教皇は「信者たちの最高裁判官」「教皇は、信仰、倫理、教会統治のあらゆる問題において教会の不可謬の権威」であり、ローマ教皇の決定は、教会の同意によらず、それ自体で変更不能であるという主張に対する反論です。

二つは、それに対する根本主義（fundamentalism）の立場からの「聖書無謬説」に対してです。この二つの立場に対して、我々の教会は、信仰と生活との無謬の審判者は、聖書のうちに語りたもう聖霊であると告白するのです。信仰によらない生活領域はないとするならば、旧日本基督教会の「宗教上のことについての誤りなき審判者」とする告白は、この点で狭い印象を受けます。信仰は教義、生活は倫理と置き換えて、教義（対神関係、垂直関係）と倫理（対人関係、水平関係）の審判者ということです。

「審判者なり」。父（ヨハネ16・7）、御子（コリント二5・10）は、「審き主」ですが、聖霊は、その意味では審判者ではありません。いわゆる審き主としての聖霊というよりは、信仰と生活を誤りなく深め、形成し、展開していく上での判断の拠り所となる存在、導き手と考える方がよいと思います。聖書では、聖霊は御父と並んで執り成すお方、弁護者、助け主（パラクレートス）とよばれます（ローマ8・26、ヨハネ15・26）。聖霊の導きとしての審判者ということは、信仰と倫理における具体的な教導者、「ご計画に従って召された者とともに働いて、万事を益となるように」（ローマ8・28）導いてくださる神であります。教導には個人的教導と共同体的教導（個人が霊的に導かれることと、教会が霊的に導かれること）があります。そして、それは、互いに対立せず、調和し、相互浸透、相互的に高揚するものです。私たちは聖霊にある生活をすることが求められています。神さまは、私たちに「アバ、父よ」と呼ぶ御子の霊を与えてくださり、父と子の永遠の交わりである聖霊の愛の「紐」「神の紐帯」（vinculum dei）の中に、私たちを招いてくださるのです。

キリストの体なる教会の二形態——総会に臨んで

コリントの信徒への手紙一12・27
コロサイの信徒への手紙2・19

教会は「キリストの体」と聖書では言われています。キリストの体自体は、復活、昇天の後は、天の父なる神の右にあります。他方で、キリストは聖霊の現臨によって、まず洗礼において私たちを新たに生まれさせ、見える神の言葉としての聖餐と見えざる神の言葉としての説教を通して地上におけるキリストの体の肢として私たちを養い育ててくださいます。ところでキリストの体なる教会という新約聖書に出てまいります概念には二つの形態があります。そのことを今日挙げました二箇所を中心に申し上げたいと思います。

まずコリントの信徒への手紙一12章12節以下で、教会はキリストの体であると言われます。ここでは、「恰好のよい部分」もそうでないと思われる部分も、体の多くの部分が互いに配慮しあい、協力することによって主の体なる教会が建てられていくことが示され、それに応じた種々の教会の務めをおこなう人が挙げられています。

最初に述べた真正なパウロ書簡に出てまいります「キリストの体なる教会」の概念は、働きに重点を置いた機能的（ファンクショナル）、協力的、横向きの水平的（ホリゾンタル）であり、21節に「頭が足に向かって『お前たちは要らない』とは言えない」とあって、キリストの体なる教会には、頭も含まれていることがわかります。このことは同じく真正なパウロ書簡であるローマの信徒への手紙12章5節もそうです。「私たちも数は多いが、キリストにあって一つの体であり、一人ひとりが互いに部分なのです」とあります。これに対し、いわゆる第二パウロとよばれる後期のパウロ書簡になりますと、コロサイの信徒への手紙2章19節に「頭であるキリストにしっかりと付くことをしません。この頭が基になり、体全体は節と節、筋と筋によって支えられ、結び合わされ、神に育てられて成長していくのです」とありますように、頭は「キリスト」であり、「キリストの体なる教会」は、頭から下の部分になります。この形態、概念は、前者と比較しますと、存在論的（オントロジカル）、宇宙的（コスミック）、上に向かった垂直的（ヴァーティカル）なものに変わっています。同じく第二パウロ書簡であるエフェソの信徒への手紙1章22－23節もそうです。つまりキリストの体なる教会が天にいます頭なる教会の首から下の部分として、いわば上に立っているのです。私たち日本キリスト教会がよく教会を意識して祈るときに用いる「教会の頭なるイエス・キリストの父なる神さま」という呼びかけは、この後者の概念に則っています。以上、二つの形態がありますが、どちらも大事です。

礼拝後に定期教会総会が開かれます。会員皆、キリストの体なる教会の肢として体なる教会を建ててゆくために大切な働き、なくてはならない存在です。長老、執事、日曜学校校長の選出があります。教会の奉仕者の務めは、教会を治める長老の働き、愛の配慮に携わる執事の務め、また子どもたちをイエスに導く教育、養育の務めなどありますが、どうかキリストの体なる教会が、この地に建てられていきますように心から願うものです。

愛の作法

コリントの信徒への手紙一13・4―7

パウロが、4節から5節にかけ「愛はねたまない。愛は自慢せず、高ぶらない。礼を失せず、自分の利益を求めず、いらだたず、恨みを抱かない」と「愛は……しない」というかたちで消極的な規定から入ることは、決して消極的なことではありません。私たちは、愛と聞いて「さあ私たちは愛し合おう」「愛の生活に励もう」「愛の奉仕に生きよう」と勇み立つかもしれません。しかし、そのような積極的な規定でどんなに頑張ってもやがて自分が愛しきれないのに愛する努力をし続けて、疲れてしまったり、自分や他者の中にある偽善を察知してしまったりするのです。そういうなかで私たちは、愛が偽善にならないようにまず「愛は……しない」ということから入っていることを心に留めたいと思います。愛を積極的にするならば、それこそ愛さえも「騒がしいどら、喧しいシンバル」になってしまう危険があるということを、私たちは知っておきたいと思います。何よりも愛は「妬まない。愛は自慢せず、高ぶらない。礼を失せず、自分の利益を求めず、いらだたず、恨みを抱かない」という消極的規定なのです。愛の謙虚とでも申しましょうか。

ここで「愛は礼を失せず」という言葉、これは口語訳では「愛は不作法をしない」という言葉に、私は個人的に思い出があります。私がまだ神学生だったころ、竹森満佐一先生と面談があって、やむをえないことがあって面会時間に遅れてしまいました。そのとき竹森牧師が牧師は時間に関して礼拝、諸集会に関して厳格、パンクチュアルでなければならないと言って「君、コリントの第一の手紙13章でパウロが『愛は不作法をしない』と書いてあるだろう」と戒めていただきました。竹森先生は礼拝の時間に厳しい人でしたが、私はそのことを先生から厳しく教えられたことを、感謝をもって思い出すのです。考えてみますと、自分が十分遅れて三十人を待たせるとすれば、そのことによって三〇〇分、つまり、五時間の時間を他者から奪ったことになるのではないでしょうか。これは極端かもしれませんが、「時間を守る」という一つのことについても私たちは、そこに「神の愛」アガペーということを考えて「礼を失しない」ようにデリケートに行動することが求められていると思います。しかし、また自分がこれまで、またこれからもどんなに「礼を失してきたか」また「失するか」ということを考えますと、自分の愛のたりなさを想わずにはいられません。

けれども大事なことは神は、そのような私たちを見捨てず、最後まで愛してくださり、イエスの十字架において示された愛の空間、その広大な愛の領域にいつも私たちを招き入れ、愛のみ手に抱き、その愛の空間の中で私たちが互いに赦され、その中から離れずに信仰生活、教会生活をすることが恵みとして与えられているので、安心して生きていくことだと思います。

この三つは、いつまでも残る

コリントの信徒への手紙一13・13

コリントの町は、鏡の産地でありました。当時の鏡は青銅の鏡でした。青銅の鏡は、現在の鏡のようにはっきりとではなく、朧げにしか映らなかったようです。それでも青銅の鏡は、とても高価で、皆が持てるものではありませんでした。パウロはコリントの教会の人たちが、よく知っている特産品を喩に用いて語っているのです。「鏡」で言われているのは、私たちの信仰であると言えます。私たちは、信仰という手鏡を通して神さまのお姿を映して生きているのです。

ヘブライ人への手紙11章1節に、こうあります。「信仰とは、望んでいる事柄を確信し、見えない事実を確認することです」。信仰という鏡に、私たちは、「望んでいる事柄」「見えない事実」を映して確かに認めるのです。信仰という鏡に反映して映し出されるものは、朧で一部であります。はっきりとまた全部ではありません。しかし、朧で一部であっても、それは私たちを救い、神のみ許である天国に導くには確実かつ十分なものです。

目隠しゲームというのがあります。目隠しをしてあるものの一部を触らせ、それが何かを言わせ、それから目隠しを取ると全く予想と違ったものである。そこが面白いというゲームですが、信仰の鏡で映されたものは朧で一部であっても、確実なものなのです。信仰という鏡を正しく神の方に向けて歩めば、神からの光を正しく受け、また反射し、神と親しく交わりながらみ許へと歩んでいくことができるのです。ちなみに、日本語の鏡の語源は「かがやく」「かがよう」「かがり火」という「輝き」を意味する語形素「かが」と「見る」という言葉とからきていて、「輝きを見る」あるいは「輝くものを見る」ということです。この語源でイメージするなら、私たちは、信仰という鏡に神の永遠の輝きを映して見ている、あるいは神の栄光の輝きを反射しているということになるでしょう。

また信仰という鏡に反射されるのは、神のお姿だけでなく、神の愛でもあります。神は愛だからです。私たちは、信仰の鏡に神からの愛を反射させて、神と愛の交流をすることができるのです。私たちの地上の歩みにおいては、こうして信仰という手鏡をいつも持っていることが大切です。信仰は希望していることを確信させ、また神のお姿と神の愛を映し、反射させるからです。しかし、かのときにはもはやそのような鏡はもう要らないのです。なぜなら「そのときには、顔と顔とを合わせて見ることになる」からです。

「顔と顔とを合わせて」とはフェイストゥフェイスということで、もはや鏡という媒介は要らなくなって、神との直接の永遠の交わりに入るのです。これを「至福直観」(visio beatifica)と申します。私たちも、やがて天において実現する、神との永遠の交わりを思い、このすべてが過ぎゆく世を超えて、いつまでも留まり続ける「信仰と、希望と、愛、この三つ」を共に心に懐きつつ、地上の信仰生活を続けるものでありたいと心から願うものです。

信仰告白とは

コリントの信徒への手紙一15・3

信仰告白は、信条とも言われます。信條とも書きます。信條は「幹から細長く分かれ出た枝」を意味する、筋道、線のことですが、幹から別れ出た線という点が大事です。英語で信条を意味するクリードは、ラテン語のクレドーに由来し、これは「われ信ず」という意味です。またラテン語で信條を意味するシムボルム（シンボル）は、「結集する」という意味からきています。

紀元後二世紀前半のローマ教会の洗礼信条である使徒信条は、十二使徒が一か条ずつ信仰の要点を持ち寄り結集したという言い伝えがあります。シムボルムにはまた旗盟、旗印の意味があり、教会は信仰告白の旗のもとに結集するのです。英語にはまたコンフェッションという言葉があり、これは公的に同じことを告白するという意味があります。信仰告白には「われ」と「われら」という信仰の単独者性と共同性があるのです。信仰は誰に告白するのでしょうか。第一に神に、第二に世界に対してであります。

旧約最古の信仰告白は、申命記26章5－9節にありますが、初代キリスト教会の最初の信仰告白は、「イエスは主である」です。聖書と信仰告白の関係については、日本キリスト教会憲法2条1、2にあるように、聖書は唯一の「規範付ける規範」(norma normans)、信仰告白は信仰を聖書へと導く従属的規範です。聖書は「規範づける規範」(norma normans)、信仰告白は「規範づけられた規範」(norma normata)とも言われますが、歴史的には聖書と信仰告白は同根であり、聖書の中に信仰告白があり、聖書に基づいて代々の教会は信仰告白を生み出してきました。時代時代の異端や信仰上の重大な問題に対する防御、攻撃、建設、立場の闡明化の必要があったのです。また信仰告白には客体的側面(fides quae creditur)と主体的側面(fides qua creditur)があります。主体的信仰だけだと独善、主観主義になりますし、客体的信仰だけだと冷たい教条主義になりますので、バランスが大切です。

告白教会と信条教会という区別について。前者は、時代時代に応じて信仰を告白するタイプです。ナチス・ヒトラーに抵抗し「バルメン神学宣言」を出したドイツ告白教会が代表です。他方、信條教会は、一冊の大部の信条書をもち、これを固定するタイプです。どちらが優れているかではなく、大事なことは、教会は「永遠の相のもとに」(sub specie aeternitatis)古来よりの教会の告白を守るとともに、「いまここで」(hic et nunc)という教会が時代と場所で迫られる信仰の課題に責任的に告白することが求められているのです。

長文信条と簡単信条という区分について。「日本キリスト教会信仰の告白」は、使徒信条に前文をつけた簡単信条の範疇に入ります。これには聖徳太子の十七条の憲法、和歌、俳句等の短詩形文学を好む日本人の嗜好を汲むものとも言われます。

最後に信仰告白と歴史の関係について。パウロは、コリントの信徒への手紙一15章3節で教会に最も重要なこととして伝えた信仰箇条を「私も受けたものである」と言っています。信仰を先達から歴史において受け取り、「いまここで」告白しつつ、将来の世代に伝えていく責任が信仰告白者にはあるのです。

三日めに復活したこと

コリントの信徒への手紙一15・4

コリントの信徒への手紙一15章は、「復活についての大いなる章」と言われます。

パウロは、最初に自分が教会の伝承として受け取った大事な信仰告白を記しています。この手紙は、紀元後五十年代の前半に書かれたものですので、これは最古の信仰告白です。この中で、イエスが「聖書に書いてあるとおり三日めに復活したこと」とあります。ここで聖書とあるのは、新約聖書ではなく旧約聖書のことです。旧約聖書において人間は死後、「シェオール」という暗い陰府に行くとされ、復活という考えは見出すことはなかなかできません。イエスの三日めの復活について、旧約聖書で明確に語られている箇所はありません。キリスト教会が旧約聖書に見出した箇所は、招詞で読みましたホセア書6章2節です。「聖書協会共同訳」も、ここを引照箇所にしております。ボンヘッファーが『創造と堕落』という本で指摘しているのは、創世記1章です。そこでは、神は、一日めに光、二日めに水、三日めに草木、つまり植物、命を創造された。三日めに命が誕生したことは、イエス・キリストの三日めの復活を予示していると言っています。植物もまた主イエスの復活の命を示しているのです。また復活については、創世記5章のアダムの系図の中で十人の人物が出てき、九人まで「誰それは、何年生きて、そして死んだ」と死の連鎖が続く中で、七番めのエノクだけが、三六五年という太陽暦の数に合わせ、「神と共に歩み、神が取られたのでいなくなった」とあり、ここに死の連鎖を打ち破る「神、共にいます」という「インマヌエル」のお方であり、「義の太陽」（マラキ3・20）であるイエスが示されていると言われます。

さて、「復活したこと」という言葉は、「聖書協会共同訳」の註にあるとおり、原文では「起こされた」と受け身になっています。これは、父なる神によって起こされたということで、起こした、復活させたのは父なる神です。

新約聖書では、復活について、(一)イエスは「よみがえらされた」（マルコ16・9）、(二)イエスが「よみがえる」（ヨハネ20・10）、(三)父なる神がイエスを「よみがえらせた」（ルカ2・32）と、三種類の言い方がなされています。つまり、死んだイエスを、父なる神がよみがえらせたという面と、イエスが自らよみがえったという、二つのことが言われているのです。これはどういうことでしょうか。これについて私は、「啐啄同時《そったくどうじ》」という言葉を思い出しました。禅宗の言葉ですが、「啐」は、鳥の雛《ひな》が孵化する時に、殻の中から鳴くこと。「啄」は、母鳥が外から殻をつつく音、つまり、鳥の雛が卵から出ようと鳴く声と母鳥が外から殻をつつくのが同時であるという意から、禅宗で師匠と弟子の呼吸が一致するときに悟りが得られる、ということを意味します。父なる神が、御子イエスをよみがえらせることと、イエスがよみがえろうとすることとが同時だということです。

イースターに卵（イースターエッグ）を配るというのは、卵を割って新しい命が世に誕生するという意味ですが、まさに主の復活を象徴的に示していると言えるのです。

こんなに小さな者さえも

コリントの信徒への手紙一15・9

最近、私は『なまえのないねこ』という絵本を読みました。教会図書に寄贈しますので、本が登録されたら手に取って見てください。誰にも名前をつけて貰えなかった野良猫が、相応しい名前をつけられて飼い主さんに可愛がれている猫を見ながら、町をさ迷っていると、少女から「君、綺麗なメロン色の目をしているね」と声をかけて貰い、「そうだ、わかった。ほしかったのは、名前」ではなく、名前を呼んでくれる人だということに気づき、「メロン」と呼んでくれた少女の猫となるという話です。大切なのは、親しく「名前を呼んでくれる」存在です。

さて、9節は、伝道者パウロの自己認識が吐露されている興味深い箇所です。パウロは、ここに記されているとおり、神の教会の迫害者でありました。熱心なファリサイ派のユダヤ教徒であった彼は、新しく現れたキリスト教徒を徹底的に滅ぼしてしまおうと躍起でしたが、そのパウロを神は、ダマスコの門外で突如、光で照らしてご自身の使徒としてお召しになったのです。そのことは、「ダマスコ体験」とよばれ、実は、使徒言行録に三度出てきます（9・3－9、22・6－11、26・12－18）。比較してみますと、少しずつ記述が違っています。その中で一番後の記述と思われる最後の記事を掲げました。

ここでは興味深いイエスの言葉が、出てきます。「突き棒を蹴ると痛い目に遭う」という言葉です。これは、紀元前五世紀のエウリピデスの『バッコスの信女』からの引用です。そしてこの引用は、ここの文脈に合っているのです。テーバイの都にバッコス教の信女たちが増えてきたことで立腹し彼女たちを弾圧しようとした王ペンテウスに、バッコス教の主神であるディオニュソスが現れ、この言葉を投げかけるのです。ここにルカの古典の教養が、主の言葉として示されています。それはともかく、いずれの回心記事にも共通していますのは、主が、教会の迫害者であったパウロに「サウル、サウル」と、二度親しく呼びかけて彼を召しておられることです。神は、このようなしかたで、神の敵、教会の迫害者であった者を最後の使徒として選ばれました。これは不思議なことですが、神はこのようにして、選ばれた者が何か自分に取り柄や価値があったから選ばれたかのような錯覚や己惚れに陥ることのないようにされたのだと思います。そのことは、パウロ自身も身に染みて自覚していたことがわかります。「私は神の教会を迫害したのですから、使徒たちの中でも一番小さな者である」と。

神は一番小さなものを、値打ちのない者を敢えて選びご自身の器として用いたもうのです。神は福音の尊い宝をみすぼらしい土の器に盛られることを好まれます（コリント二4・7）。パウロという名前はラテン語（paulus）で「小さい」とか、「取るにたらない」という意味があり、この名前を彼は好んで使ったのです。神さまは、「こんなに小さな私たちさえもみわざのために用い」（『讃美歌』21番5節）てくださるのです。

神の恵みによって今日のわたしがある

コリントの信徒への手紙一15・9－11

9節は、伝道者パウロの自己認識が吐露されている興味深い箇所です。

パウロはここに記されているとおり、神の教会の迫害者でありました。熱心なファリサイ派のユダヤ教徒であった彼は、新しく現れたキリスト教徒を徹底的に絶やそうと躍起でしたが、そのパウロを神は、ダマスコの門外で突如、光で照らしてご自身の使徒としてお召しになったのです。神はこのようなしかたで、神の敵、教会の迫害者であった者を最後の使徒として選ばれました。これは不思議なことですが、神はこのようなしかたで、選ばれた者が何か自分に取り柄、価値があったからであるかのような錯覚や己惚れに陥ることのないようにされたのだと思います。そのことは、パウロ自身も身に染みて自覚していたことがわかります。「私は神の教会を迫害したのですから、使徒たちの中でも一番小さな者であり、使徒とよばれる値打ちのない者です」。神は一番小さなものを、値打ちのない者を敢えて選び、ご自身の器として用いたもうのです。神は福音の尊い宝をみすぼらしい土の器に盛られることを好まれます。パウロという名前はラテン語(paulus)で小さいとか、取るにたらないという意味があり、この名前を彼は好んで使ったのです。

パウロはそのような神の教会の迫害者、使徒とよばれる値打ちのない者と自分だけでなく、他のキリスト教徒からも思われていただけに、いっそう、働かなければならなかったということはあるでしょう。実際、10節にあるとおり、パウロは、使徒たちの中で最も多く働いたと自分で語っています。しかし、それが、汚名の返上とか、見返してみせるといった人間的な動機ではなかったことが、10節以下で語られています。それは、神の恵みであったのです。神の恵みという言葉が三回くり返されています。「神の恵みによって今日の私があるのです。そして、私に与えられた神の恵みは無駄にならず、私は他のすべての使徒よりずっと多く働きました。しかし、働いたのは、実は私ではなく、私と共にある神の恵みなのです」。

これは、神に招かれ、キリスト者となった私たち一人ひとり、皆そうなのではないでしょうか。神の恵みがなければ、神の恵みが働かなければ、神の恵みのうちに守られていなければ、いったい、私たちは今どうなっていたでしょう。今も暗闇と死と不安と苦悩の中で生きあぐねていたかもしれないし、ひょっとしたら死んでいたかもしれない。パウロが最も大事なこととして自身も受け、またコリント教会にも伝えたあのこと、すなわち、「キリストがこの私の罪のために死んだこと、葬られたこと、また、三日めに復活したこと」を知らず、信じることもなく、傲慢に高ぶって今も生きていたかもしれないのではないでしょうか。

キリストが私たちの罪のために死に、葬られ、三日めに復活し、お現れになったという驚くべき恵みに招き入れられ、その信仰を告白し、その恵みの中で生かされていることによって今日の私たちがあるのです。

このような人を重んじてください

コリントの信徒への手紙一16・18

パウロがコリントで伝道して最初にキリストを信じたのは、ステファナとその家族でありました。パウロは、彼らのことを「初穂」とよんでいます。パウロにとってこの地で初穂になったステファナとその家族は、その後、その地のキリスト者、聖徒たちのために「労をおしまず世話をした」というのです。

パウロは、16節でコリントの教会の人たちに奨めます。「どうか、あなたがたもこの人たちや、彼らと一緒に働き、労苦してきたすべての人々に従ってください」。ステファナとその家族の人たちの献身的な奉仕によって、彼らと「一緒に働き、労苦する人たち」が生まれたことがわかります。名前が挙げられています。「ステファナ、フォルトナト、アカイコが来てくれたので、大変うれしく思っています」「来てくれた」と訳される言葉は、「そこにいる」とも訳せます。パウロは自分のところに来てくれたという個人的なことを喜んでいるのでなく、彼らが、コリントの教会に「いる」ことを喜んでいるのだと思います。つぎに「この人たちは、あなたがたのいないときに、代わりを務めてくれました」とありますが、「口語訳」は「彼らはあなたがたの足りない所を満たし」と訳しています。原文は「あなたがたの欠けを補う」です。「新共同訳」は、この「あなたがたの欠け」の欠けを「不在」「いないこと」の意味に取って、訳していますが、ここは「口語訳」を取りたいと思います。つまり、この三人は、コリント教会にあって、信徒の欠けたところを補い、満たしてきたということです。

教会に連なっている一人ひとり、完全な人はいません。互いに欠点や不足があるでしょう。それを指摘し、批判を加えるのではなく、それを互いに補い、欠けを自分から満たしていく姿勢が大切であると思います。パウロは、さらに18節でこの三人がどのような存在であるかを語っています。「わたしとあなたがたとを元気づけてくれたのです」。この文は原文では、「わたしとあなたがたの霊を安らかにしてくれた」「安らぎを与えてくれた」という意味です。ただ「心を元気にした」というのではありません。「霊に平安を与えてくれた」というのです。教会は、主のみ言葉によって私たちの霊の深いところで安らぎと平和が与えられるものでなければならないでしょう。そしてパウロは言います。「このような人を重んじてください」。ここで「重んじてください」とある言葉は、英語でいうとアプリーシエイトという言葉に当たる言葉です。アプリーシエイトは、訳しにくい言葉ですが、ものの値打ちや人のしてくれたことをありがたく思って感謝するということです。

伝道者とともに教会に仕え、一緒に働くことのできる人、献身的に奉仕し、労苦を厭わない人、人のたりないところを補うように働く人、そして教会にあって伝道者や群れの人たちの霊を安らかにする人、元気づけることのできる人、そのような人を私たちは「重んじ」「アプリーシエイト」しなければならないのです。

イエスの命がこの身に現れるため――しぬ、しなだれる、しのぶ、しなう、しなやか

コリントの信徒への手紙二4・10、11

今日の説教題は、長い副題をつけました。M兄に、看板に見事な字で書いていただきました。私は毎朝、ミルトスの植木を教会の前庭に出すのですが、朝散歩している婦人が、いつもこの看板の見事な書、言葉を見せていただいて散歩していますと会話をしたことがあります。看板は、次主日の説教題を載せるのですが、私は若い時、説教題に随分、苦心しましたが、ある時からできるだけ説教箇所のみ言葉を、そのまま使うようにしております。何と言っても、聖書のみ言葉が人の心を打つからであります。

日本語の忍耐を意味する「しのぶ」は、「死ぬ」や、「しなう」とか、「しなだれる」とか、「しなやか」と同じ「シン」（shin）という同じ語根をもった言葉で、あるものに圧迫され傾いている状態を意味しております。圧迫され傾いている状態が「しなう」状態で、それに耐えている状態が「しのぶ」ことで、倒れてしまうことが「しぬ」になるのです。またある人を偲ぶというのも、死んだ人を思い、ある意味では共にしなだれ死ぬのです。これでいくと、キリスト者は、さまざまな試練に圧迫されていますが、死ぬことはなく、忍び、しなだれることなく、しなやかに生きていくのだと思います。イエスと共に死に、偲び、共に、どんな

試練に遭っても死ぬことなく、倒されることなく、しなやかに私たちは生きていくのだということです。

パウロは、キリスト者は「四方から艱難を受けても窮しない。途方に暮れても行き詰まらない。迫害に会っても見捨てられない。倒されても滅びない」と言っていますが、そのような強い粘り強さというものが、私たち信仰者の生き方だと思います。10節に、「いつもイエスの死をこの身に負うている。それはまたイエスの命がこの身に現れるためである」とあります。キリスト者は、イエスの十字架の死を、いつもその身においで運ぶ者です。クリストファーという名前がありますが、それはキリストを運ぶ者というギリシア語の「クリストフォロス」からきています。「イエスの命がこの身に現れるため」というみ言葉を、私は、来年の教会の年間聖句として総会に提案しようと思っています。

今年は、四人の敬愛する姉妹を、天の父のみ許に送りました。私が、この聖句を与えられたのは、四人の姉妹方も、キリストをご自分の身によって人々に運びました。また、その最後の病気との闘いにおいても、十字架で苦しまれたキリストの死をご自分の肉体で運んだのだと信じます。また今も会員や関係の人に重い病と闘っている人たちがいることを念頭においてのことであります。これらの姉妹方、また既に世を去った信仰の先達方は、今や地上の信仰の戦いを終えて、主イエスを死より、よみがえらせた復活の命が、これらの方々にも現れたということを信じ、私たちも、この地上にあってキリストを運ぶ者とさせていただき、いかなる困難、死にも「しなやかに」「しのび」つつ、「いつもイエスの死をこの身に負う者」として、地上の生を全うしたいと願うものです。

弱さについて——誤訳を超えて

コリントの信徒への手紙二11・21

本日の説教題は、副題に「誤訳を超えて」といたしました。二〇一八年に新しく翻訳された「聖書協会共同訳」は、「新共同訳」が出てから三十年間の間に進んだ新約聖書学の最新の成果が取り入れられています。しかし、意味不明として、また誤訳のまま残った箇所も残念ながらあります。今日は、コリントの信徒への手紙二11章21節を取り上げます。

「口語訳」、「言うのも恥ずかしいことだが、私たちは弱すぎたのだ。もしある人があえて誇るなら、私は愚か者になって言うが、私もあえて誇ろう」。「新改訳」、「言うのも恥ずかしいことですが、言わなければなりません。私たちは弱かったのです。しかし、人があえて誇ろうとすることなら、——私は愚かになって言いますが、——私もあえて誇りましょう」。「新共同訳」、「言うのも恥ずかしいことですが、私たちの態度は弱すぎたのです。だれかが何かのことであえて誇ろうとするなら、愚か者になったつもりで言いますが、私もあえて誇ろう」。今回の「聖書協共同訳」、「恥を忍んで言いますが、私たちが弱かったのです。誰かがあえて誇ろうとするなら、愚か者になって言いますが、私たちが弱かったのです」。ここは、新約聖書の中の「解釈者の難所」（crux interpretum）の一つであり、意味が取れないままに、今回も従来の訳のままに、苦し紛れのごまかし訳（誤訳）になって残りました。しかも、今回の「聖書協会共同訳」は、21ａとｂ節の間で改行をおこないました。これは校訂版の改行に無批判に従っただけです。しかし、これが誤訳であり、意味が取れていないことは明らかです。なぜなら、「自分の弱さを誇ろう」とすぐ後で述べるパウロが、「自分たちが弱かったこと」を「言うも恥ずかしいこと」と書くはずはないからです。「私たちが弱かった」という言葉は、明らかに10章９節のコリント教会の人々が、パウロは「弱々しい」と言っていた発言を踏まえている点で、パウロがコリント教会の人たちから受けた「汚名」「侮辱」の内容は、コリント教会の人々の言っていたことなのです。以上述べたことをまとめます。

11章21節は21ａと21ｂ節で段落が区分されるのではなく、11章21節から新しい段落が始まります。11章21ａ節の「私たち」は、コリント教会の信徒である「あなたがた」に対する、パウロとテモテの「私たち」です。発言内容は、これまでの日本語訳聖書が取ってきた「私たちが弱かった（今も弱い）ということ」ではなく、以下の22節から12章10節に語ることをさしています。「言うも恥ずかしいこと」、つまり自分にとって恥ずかしいということではなく、パウロとテモテに対する（弱いという）コリント教会の人々から受けた「侮辱（汚名）について」という意味です。

したがって11章21節の訳は、本日の週報に載せましたように、こうなります。「汚名」「侮辱」について「（答えて）言わせてもらおう。すなわち、私たちが弱かった（し今も弱い）と（言われている）ことについて（答えて）。ある人があえて誇っているなら、愚か者になって言わせてもらおう、私もあえて誇ることにしよう」。

伝道者パウロの生涯㈡——パウロの病跡学

コリントの信徒への手紙二12・7―9

病跡学（pathography）という学問があります。その人が、人生において、どのような病気に罹患したかを、その人が残した作品や著作から推定する学問です。たとえば、睡蓮を描いたモネの絵は晩年になるにつれて、絵がくすんでいきますが、それは、モネが白内障に罹ったからと言われています。

パウロには、これさえなければ、もっと神のために働くことができるのにと思う、深刻な持病があったようです。それを彼は、「肉中の棘」とよんでいます（コリント二12・7）。この病が何であったのかは、わかりません。ある人は、ダマスカス門外で光に打たれ、倒れたパウロの回心記事（使徒9・4）から癲癇ではないかと推察しますし、またある人は、パウロが、口述筆記の最後に自らサインする際に「御覧のとおり、私はこんなに大きな字で、自分の手であなたがたに書いています」（ガラテヤ6・11）から、眼病ではなかったかと推察します。またパウロは、第二回伝道旅行の際にトロアスまで来たとき、病に伏し、その病を癒した医者のルカが、その後、彼の主治医また弟子としてパウロに同伴することになるのですが（使徒16・6以下）、その病をマラリアと考える人もいます。

縷々《るる》、述べてきましたが、大事なことは、ある人の一生と、その人が罹患した病気とは、切り離すことはできないし、そのような病から人は成長し、創造的なものを成し遂げることができるということです。このような病を、エレンベルガーという人は「創造的病」(creative illness) とよんでいます。ある人の罹患した病もまた、その人の経歴(curriculum vitae)と切り離すことはできません。「病」は確かに仏教の言うように苦です。しかし、それだけに留まりません。人は、病からも成長できますし、また、神の栄光を現す、大切なものにもなります。この「肉中の棘」を取り去ってくださいと、神に三度も祈ったパウロに、神は、「私の恵はあなたに十分である。力は弱さの中で完全に現れる」と言われたのです。アッシジのフランシスコは、十字軍に伴い東方に伝道に赴いたとき、眼病に罹り、失明をしましたが、そのような病の中であの「太陽の賛歌」を残しました。そこでは「私の主よ、あなたは称えられますように。あなたへの愛のゆえに赦し、病いと苦難を堪え忍ぶ人々のために……私の主よ、あなたは称えられますように。私たちの姉妹である肉体の死のために。生きている者はだれも、死から逃れることができません」(石井健吾訳) と歌われております。

イザヤ書53章には、「苦難の僕《しもべ》」の記事が出てきますが、3節以下に、「彼は軽蔑され、人々に見捨てられ痛みの人で、病を知っていた」とあります。苦難の僕で予言されている受難のイエスは、人間の病の苦しみをご存じでした、ですから主は、人々の病を癒されました(マルコ6・5)。信仰、祈りもまた、病を「癒す」と思います(マルコ6・13、ヤコブ5・14)。なぜなら、癒し(heal)は、全きもの(whole)の聖性(holy)に、触れられ、包まれ、覆われてこそ、起こるからです。

キリストの力がわたしの内に宿るように

コリントの信徒への手紙二12・7―10

パウロは言います。「だから、キリストの力がわたしの内に宿るように、むしろ、大いに喜んで自分の弱さを誇りましょう」「大いに喜んで」という言葉は原文では「最高に喜んで」という言葉です。パウロはここでやせ我慢をして言っているのではありません。まったく溢れるばかりの喜びに満たされて「自分の弱さ」を誇るというのです。しかも「諸々の弱さ」と複数形になっています。私たちはただ一つの弱さしかもたないのではありません。いろいろな弱さをもっております。ここで「弱さ」と訳されている原文の言葉は「力のないこと」を意味しています。そこから無力、また病という意味になりました。私たちは、精神や肉体や置かれた境遇などの面でさまざまに無力感を覚え、持病や不意に与えられた病気などを身に負い、それと闘いながら生きております。また時として不幸や災いに見舞われたり、襲われたりすることもあります。パウロにとって、それは肉体の棘でした。パウロが三度も主に祈ったように私たちも、なぜ自分だけがこんな不運に遭わなければならないのか、この棘さえなければ自分の人生はもっとよくなるのに、もっと仕事ができるのに、もっと主にお仕えできるのにと思うかもしれません。

イザヤ書53章に「苦難の僕の歌」が記されています。この預言はキリスト教の信仰から読むならば、十字架で苦難を受けられる主イエスを預言したものと言えます。そこでは「彼にはわれわれの見るべき姿がなく、威厳もなく、われわれの慕うべき美しさもない。彼は侮られて人に捨てられ、悲しみの人で、病を知っていた。また顔を覆って忌み嫌われる者のように、彼は侮られた。われわれも彼を尊ばなかった。真に彼はわれわれの病を負い、われわれの悲しみをになった」とあります。

主は私たちの弱さ、病を知ってご自身に担うお方であったであったということです。神の救いの偉大なみ力は主イエスの十字架の弱さのうちに働き、主のご復活という出来事において完全なしかたで現されました。しかも復活されたお方が、あの十字架につけられた主イエスご自身でありたもう証拠こそ、その身体の中に遺された御傷であること、しかもその肉体の傷がもはや弱さではなく、まさにそこに死を滅ぼし、人間に弱さ、罪を克服した神の力が働かれたのです。そのことを知るとき、私たちはもはや自分の強さを虚しく誇ることも、また逆に己の弱さに絶望してしまうこともなくなります。むしろ私たちは自分の弱さを認め、そのうちにキリストの恵みが、力が完全に働き現されることを信じて、生きていくことができるようになるのです。さらに自分の弱さの中に完全に現れた神の救いの力を他の人に証しし、弱さのままで隣人に仕えることも許されるのです。

私たちには多くの弱さがあり病があります。しかし、いつも主に依り頼み、私たちの病を知ってその身に負われ、十字架の死と復活により勝利してくださった偉大な力により、強くされて生きるのです。

父と子と共に崇められ礼拝される聖霊

コリントの信徒への手紙二13・13

四回にわたり、「日本キリスト教会信仰の告白」から教理説教を行うことにしました。今日はその一回めとして「父と子とともに崇められ礼拝せらるる聖霊」という箇所について聖霊論を取り上げます。

聖霊の神性が確立いたしましたのは、ニカイア・コンスタンティノポリス信条（三八一年）においてです。キリストの完全な神性を否定する異端に対し、三二五年のニカイア公会議では、父と子の「同質」（ホモウーシオス）を確認し、アリウス派を排斥しました。その後、聖霊についての論争が始まり、聖霊は、父と子より劣る神と主張する聖霊同質否定論者が出てきたのを三八一年の会議では排斥したのです。これにより、父、子、聖霊は本質において同等な神であることが決定されました。

新約聖書において父と子と聖霊が出てくる順番、オーダーがそれぞれの文脈において違い、これを調べると興味深いことがわかります。マタイによる福音書28章19節では父、子、聖霊の順番で、これは救済史的順番、洗礼の秩序でもあります。またコリントの信徒への手紙二13章13節は、祝禱で用いられる箇所で、子、父、聖霊の順番で、私たちの教会の信仰の告白は、この祝福の順番です。この順番は、子が恵みの実質、父は派遣者、聖霊は想起させるお方の順番になっています。さらに、コリントの信徒への手紙一12章4－6節では、聖霊、子、父という認識の順番になっています。

次に教会史上で問題になりましたのは、聖霊の発出の問題でした。聖霊発出論争です。父は、御子を生むお方、御子は造られずして生まれるお方で一致しましたが、聖霊は、造られずして生まれたのではなく、父から発出すると主張する東方教会と、父からだけではなく「子からもまた」(filioque)(ラテン語でフィリオクェ)発出するとする西方教会の立場が対立し、一〇五四年にこの問題で相互に分かれました。私たちの教会は西方教会の流れです。聖霊は、父と子から相互に発出する愛の紐帯原理（vinculum）と理解するからです。

最後に、「とともに」という言葉に含まれる意味を私なりに考えたいと思います。一つは、三位を一体で、また一体で三位を礼拝するということです。アタナシオス信条で「公同の信仰は、唯一の神を三位格において、三位格を一体において礼拝する」とあります。二つは、「と同等に」ということで前に述べた聖霊の同質性を意味しています。「父と子とともに（等しき神性として）」礼拝するということです。第三に「父と子からもまた」というフィリオクェの意味です。「父と子とともに（出でて、発出して）」ということです。第四に、聖霊の独立独行を主張する、聖霊主義者、霊的熱狂主義の危険を排除しているということです。「父と子とともに（切り離すべからざるものとして）」という意味です。聖霊は確かに自由な存在です（ヨハネ3・8）が、あくまでも父、子という位格とともに礼拝されるお方です。そういう意味ではあくまでも超越する神的絶対者、しかし、聖霊はペンテコステにおいて個々人の受洗時に降臨し、私たちに内在するお方でもあるのです。

聖徒の交わり

コリントの信徒への手紙二13・13

「聖徒の交わり」について学びたいと思います。「日本キリスト教会の信仰の告白」において、この言葉は二回出てきます。

まず使徒信条の全文の中で教会について、教会は「神に召されたる世々の聖徒の交わりにして」とあります。つぎに使徒信条の中で「聖徒の交わり」が出てまいります。使徒信条の中で「聖徒の交わり」と訳されている原文の言葉はラテン語で「コミュニオー・サンクトールム」（communio sanctorum）と申します。コミュニオーとは「交わり」です。サンクトールムは、「聖なるものたちの」という意味です。ここで「もの」というのは人格としての「者」とも中性的な「物」ともとれる言葉です。「聖徒」としますとこれは、人となるわけですが、この言葉はもっと多層的な深い次元をもっています。

そもそも聖なるものたちとは何でしょう。聖書において聖なる存在とは神だけであります。旧約聖書において「聖」はコーデーシュとよばれ、本来は区別するという意味です。神だけが聖なるお方であり、他のものと区別されねばならないのです。出エジプト記3章5節で神はモーセに「ここに近づいてはならない。足から履物を脱ぎなさい。あなたの立っている場所は聖なる土地だから」と言われます。この聖なる神が、実は父、御子、聖霊という三つの人格的な存在として永遠の愛の交わりにあって唯一の神として存在していま す。聖なるものたちの交わりの根源にあるのは三位一体の神です。この三位一体の神が、その愛の交わりのなかに私たちをあずからせようと招いてくださるのです。これが第一のレベルです。しかし、私たちには神に背く罪があり、そのままではこの聖なる神の交わりに入ることはできません。それで御子なる神は人となって私たち人類のために十字架にかかり、贖いを成し遂げ、私たちを信仰によってこの愛の交わりに入れてくださるのです。したがって「聖なる者との交わり」の第二のレベルは、この神との私たち信仰者との交わりです、それは礼拝にほかなりません。しかし、主なる神は、この交わりを確かなものとしてくださるために聖餐を設定してくださいました。この聖餐が「聖なるものたちとの交わり」の第三のレベルです。この場合、「もの」は「物」となります。聖餐におけるパンと杯という二つの物を媒介にした神との交わりです。この聖餐の交わりをとおして、第四のレベルの「聖なる者たちとの交わり」、すなわち、信仰者同士の愛の交わりとしての共同体、すなわち教会が成立するのです。

ところでローマ・カトリック教会もまた「聖徒の交わり」を使徒信条で告白していますが、その理解はわれわれとは異なります。ローマ・カトリックでは、これを聖人との交わり（諸聖人の通功）と理解します。天国に行った聖人の功績を地上と煉獄にある人が融通してもらうのです。私たちプロテスタント教会は「聖徒の交わり」についてこの第四のレベルの理解を中心としています。

私たちは、この三位一体の聖なる者と交わることによって聖なる者とされ、聖なる者にふさわしい生活をするのです。

主は私を恵みの衣で包んでくださる

ガラテヤの信徒への手紙3・23－29

「何々してはなりませぬ」「何々はだめ」という言葉が口癖の人がいます。牧師や教師の中にも、そういう方がいます。私は、個人的にそのような言葉を聞く度に、自分がだめな人間であることは、もう充分わかっている。このような、だめな人間が、どのように生きたらよいのかを語って欲しい、教えて欲しいと、いつも思います。これは律法の世界です。

律法というのは「なんじ……なすべし」「なんじ……なすべからざる」ということで、その結果が問題であります。守ることはプラスになり、守られなければ罰せられるからです。23節に、「律法の下で監視されていたとありますが、律法の世界は、囚人としての監視です。こうでなければならない、かくあるべしという絶えざる要求は、やがて、そのような律法の監視状況の中で人を窒息させてしまいます。なぜなら、律法の要求は、完全主義をめざし、人はどんなに努力しても、上には上があり、完全になることはできないからです。われわれは、「こうでなければならない」という世界に生まれ、その世界で監視され、人を監視してきたと言えるでしょう。この世界は、抑圧と、固定と、監視と、裁きと、欠陥を指摘し糾弾する世界です。

これに対し、信仰の世界は「これでいいのだ」という世界です。23節、25節に、「信仰が現れる」とありますが、原文の言葉は、「信仰が来る」です。信仰は旧約の時代にもあったのですから、ここで言われておりますのは、イエス・キリストに対する信仰でありましょう。信仰はこちらからの脱出ではなくて、向こうから来るもの、それも恵みであります。信仰と訳されている「ピスティス」という言葉を、われわれの「信仰」ではなく、イエス・キリストの「真実」と言い換えてもよいでありましょう。さらに言えば「イエス・キリスト」と言うこともできるでしょう。主は、律法の囚人となっているわれわれを救い出すために、恵みそのものとして来られたからです。幸福の扉は外に向かって開くのではなく、外から内に向かって開くのです。外に向かって、一所懸命鍵を開けようと努力しても、決して律法の世界から逃れることはできません。イエスが来てくださり、私たちを、そのような生き方から助け出してくだった。ありのままの自分を受け入れてくださったのです。信仰者は、「こうでなければならぬ」という律法の檻から解放されますが、それは、したい放題のことをするという無律法主義に陥るのではありません。

27節で「キリストを着る」と言われております。キリスト者は、イエスを主と告白し、洗礼を受けるとき、キリストという義の「晴れ着」を着せられます。晴れ着を着せられた人は、この晴れ着を与えてくださったお方の者とされた者として、この恩義を忘れることなく、この光栄を、またこの晴れ着を汚さないような生活態度を取るでしょう。それはもはやかつての檻の中で律法に縛られ監視される生活ではなく、主のもの、主に所有されるもの、主に帰属する者、主の体なる教会に連なるものとしての自由な神の子としての生活であります。『讃美歌』41番3節に、「つみととがとに汚れしころもみなぬぎすて、主よりたまわる晴着をまといみまえにぞはべらん」と歌われているとおりです。

神は、その御子を女から

ガラテヤの信徒への手紙4・4

4章4節はクリスマスの出来事を表しています。時が満ちる。ミレニアムの前、神の定めた時が満ちて御子主イエス・キリストはおとめマリアより生まれました。ここのギリシア語は、もっと神学的に正確であります。神はその子を外に遣わし、女からしかも律法のもとに生じさせたとあります。「外に遣わし」というのは神の内部にいた独り子が永遠の外に派遣されたこと、永遠から時間の世界に派遣されたことを意味しています。しかも時間の世界に来ただけではなく、さらに二つの条件のもとで御子は生まれたことがわかります。

女から生まれるということと、律法のもとに生まれるということです。これは人間の条件であります。まず「女から生まれる」ということはどういうことでしょうか。人は女から生まれます。ヨブ記25章4節に「どうして、人が神の前に正しくありえよう。どうして、女から生まれた者が清くありえよう」とあります。女性が穢れているというのではありません。パウロの言う「義人なし。一人だに無し」ということです。こうして主イエスは「女から」人間として、私たちと同じ罪びとの姿を取ってお生まれになったのです。もちろんこのお方は救い主ですから罪はなく、罪を犯さないという点でだけ私たちと異なっています。もう一つの人間の条件は、人が「律法のもとに」あるということです。ここで律法と言われているのは、ユダヤの律法だけではありません。3節と11節に「諸霊」とあるのがそれにあたります。諸霊と訳されている元の言葉は諸要素とか諸原理を意味しています。

生来の人間を支配している、あるいは、縛りつけている要素や原理としては四つの物が考えられます。一つは物質的な物、二つは知識的な物、三つは天体的な物、四つは霊的な物です。これらはみな人間生活に影響を及ぼしているものです。ガラテヤ教会の人たちもパウロの福音を聞いて信じる前には、10節にあるように天体の運行による日、月、時節、年などが律法的に遵守しなければならないものであったのです。現代人もさまざまな知識、天体、霊、物質の奴隷として生きています。人間は生まれながらさまざまな霊や諸原理に知らず知らずのうちに囚われて生きています。このような広い意味での律法の拘束、それは人間を自由にするものではなく、世と時間と死の中に拘束するものです。そこから人間を救い出すために、御子は「律法のもとに」生まれたのです。

そのことは5節に纏められています。「それは、律法の支配下にある者を贖い出して、私たちを神の子となさるためでした」。贖い出すという言葉の文字どおりの意味は「市場から外に買い受ける」ということです。その贖いはどのようにしてなされたのでしょうか。それはイエスの十字架の受難と死とによってなされたのであります。イエスは「女から律法のもとに生まれた」人間の受けるべき罪びととしての罪の責めと裁きと死とを十字架で負って、私たちを身受けする贖い代として身代わりの死を死んでくださったのです。

愛によって働く信仰

「新共同訳」では6節は「愛の実践を伴う信仰」と訳されています。「口語訳」と今回の「聖書協会共同訳」では「愛によって働く信仰」となっており、こちらの方が原文に忠実であります。ここで「働く」というのは「現実化する」という意味です。原文では働き（エネルギー）という言葉が使われています。エネルギーとはギリシア語由来で「活動化」「行為に入る」という意味です。すなわち、愛により「現実化する信仰」です。「新共同訳」はローマ・カトリックとの共同訳であります。ローマ・カトリック教会の教えによると、人は信仰によってのみ救われるのではなく、信仰とおこない、つまり実践によって救われるとしています。したがって、愛の実践を伴わない信仰では救われない、信仰には愛の実践が伴わなければならないということになり、「新共同訳」はカトリック的な立場を保証するものになります。またこの訳はわれわれの通常の感覚にも合致しているように見えます。つまり、信じていても愛の実践のない人が救われるのかという疑問です。しかし、「新共同訳」よりも「口語訳」のほうが原文に近いので、われわれ福音主義信仰に立つ者は、そこからこのことをもう一度しっかりと考えてみる必要があります。

パウロはここで人は救われるのに律法全体をおこなう必要はなく、したがって、その義務を生じさせる割礼も必要ではないと言っているのですから、もし信仰に愛の実践が伴わなければならないというのであれば、福音信仰はまた律法主義に逆戻りする危険があります。宗教改革者ルターやカルヴァンもまたこの点を非常に警戒しています。

それではどのように考えたらよいのかということが問題となります。一つの解決策はここで言われている愛を人間のものではなく神の愛とする方法です。つまり神の赦しの愛、贖罪愛によってわれわれの信仰は現実化するのでありますから「愛によって働く信仰」を「神の愛によって現実化する信仰」と取ることができるのであります。これははなはだ良い解決ですし、信仰的にも正しいのでありますが、多少無理があるかもしれません。なぜなら13、14節で「愛しなさい」とパウロが言うときはやはり、愛するのは神ではなく、人間のことが考えられているからです。神の愛を手段としてとは読めないのです。それゆえ、ここは私たちの神に対する愛として理解することができます。そして愛により現実化する愛とは隣人愛と読むことができるでしょう。

パウロは信仰義認の教えを展開しましたが、それは神との関係で義とされることにおいては行為、わざによらないと言ったのであって、パウロの信仰概念から決しておこないが脱落していたのではないことがわかりますし、信仰は活動態（エネルギー）としては隣人愛として現実化するということです。考えてみますと、私たちが主イエスに対して示した愛の大きさなど、いったいいかばかりのものでしょう。なによりも主の十字架に示された神の愛こそ無限大であります。その恵みの愛に生きたいと思います。

世界は私に対して、また私は世界に対して――パウロ、アタナシウス、ルター

ガラテヤの信徒への手紙6・14

皆さんは、絵本を手にすることがあるでしょうか。絵本の中には、頁を開くと絵が立体的に立ち上がってくるものがあります。そのように私たちが何気に聖書のみ言葉を読むときに、ある時、あるみ言葉が立ち上がってくることがあります。本日は、私に立ち上がってきたガラテヤの信徒への手紙6章14節を中心に、三人の人物を紹介したいと考えました。パウロは、ここで自分と世界の関係、対峙のしかたについて驚くべき表現をしているからです。「聖書協会共同訳」は、「この方を通して……十字架につけられた」とあり、欄外に、別訳として「この十字架によって」を挙げていますが、「口語訳」「新共同訳」は、「この方」と訳される部分を「十字架」と取っており、意味に違いはありません。いずれにせよ、パウロは、キリストの十字架、十字架につけられたキリストにおいて、自分と世界を対峙させていることに、私は今さらながら驚いたのです。一人の信仰者として、ドン・キホーテの前の巨大な風車のような世界に、いかに対峙、対決すべきか。キリスト者は、この世の武器や資源によって世界と対決するのではなく、十字架のみ言葉に拠るということです。正に「十字架の神学」(theologia crucis)、これ以外に拠り所、対峙する場所はないということです。世界と対

峙した人物として二番めに取り上げますのは、アタナシオスです。かれは四世紀の教父です。当時、キリスト論をめぐってローマ帝国を揺るがすような大論争が起きました。それはアリウスという人物が、子なる神キリストは父から生まれたならば、生まれる前には存在しなかった筈、だから子は父とは異なる、劣位の存在であると主張しました。この問題をめぐって三二五年にニカイア公会議が開かれ、主流派は、アリウスの主張に対し、子は父に「似た本質」（ホモイウーシオス）だとする妥協案を提出しました。これに対し一人アタナシオスだけが、父と子とは「完全に同質」（ホモウーシオス）だと主張したのでした。正に奇蹟的にこの主張がとおり、その結果、ニカイア信条が生まれたのでした。ある教会史家が、「独りアタナシオスだけが世界と戦う」（unus Athanasius contra orbem）と言っております。アタナシオスの主張が通らなければキリスト教は世界から消えていたでしょう。宗教改革の狼煙を切ったルターは、人は信仰によって義とされるという福音の再発見をした人物です。彼は、一五二一年、神聖ローマ帝国皇帝カールにより招集されたヴォルムス帝国議会に喚問され、その主張を取り消すように求められたとき、「私はここに立っています。私はほかのことをすることができません。神よ、私をお助けください。アーメン」（フリーデンタール著『マルティン・ルターの生涯』（新潮社、291頁）と言ってこれを拒絶したのでした。これは、ルターがみ言葉のみに立ち、独り、世界と対峙し、世界の要求を退けた世界史的にみて最も重要な瞬間だったのです。彼が、ここで自らの説を撤回したならば宗教改革は起こらなかったでしょう。

以上、三人の人物を取り上げました。いずれも、世界と聖書のみ言葉の真理のみに自らの信仰的良心によって世界と対峙（Auseinandersetzung）した人です。私たちは小さな取るにたらない人物でありますが、神の言葉と信仰的良心に基づいて「われここに立つ」と告白する者でありたいと思います。

真実の協力者

フィリピの信徒への手紙4・2、3

　フィリピ教会は、使徒言行録16章に記されていますように、使徒パウロが第二回伝道旅行でフィリピに行ったとき、そこでパウロの説教を聞いたリディアという女性が信じて、家族と共に洗礼を受け、パウロたちを強いて自分の家に泊めたことに源を発します。彼女は、小アジアのテアテラ市の紫布の商人であって、フィリピにも家をもっていたようです。フィリピ教会は、このリディヤの家の集会から発展、成立した教会であって、女性が主たるイニシアティヴをとる教会でありました。フィリピ教会はそのような事情を背景に経済力もあって、伝道者パウロが伝道を始めた頃、具体的な贈り物をしてかれを援助したのは、この教会だけであったとパウロは4章15節以下で記しています。ところが、その後、フィリピ教会に深刻な問題が生じたのです。それは、エボディアとシンティケというフィリピ教会をになう中心的な二人の女性の対立でありました。パウロはその対立のことを耳にし、この手紙を書いたのであります。

「わたしはエボディアに勧め、またシンティケに勧める」とあります。使徒パウロは、二人の女性の各々に向かって、「勧める」という言葉をくり返しています。ベンゲルという新約学者が、まるで「使徒はここで一人ひとり別々に顔と顔を合わせて勧めているようだ」と言っています。パウロは、一人ひとりの女性に対して丁寧にまた愛情を込めて勧告しているのです。そのように、丁寧な勧めのしかたをした上で、両者に具体的な勧めの内容が告げられます。「主にあって同じ思いを抱きなさい」。同じ思いとは何でしょう。それは、福音を宣べ伝えること、教会を造り上げていくこと、神の栄光が現されること、教会の一致を保つこと、等々であります。いつも同じめあてに向かって思いを向けなさいということです。パウロは続いて3節で「真実の協力者よ。あなたにもお願いします。この二人の婦人を支えてあげてください」と言います。

エボディアは「よい香り」、シンティケは「神の幸運、摂理にあずかる者」という意味の名前で、クリスチャンネームであったかもしれません。かつては名実ともにエボディアは、福音のよい香りを放った女性であり、シンティケは神の幸いな摂理にあずかり、それを他の人と分かちあう女性であったのです。協力者と訳されている言葉は、シュジュゴスという言葉です。普通名詞なのか人名なのか定かではありません。クリスチャンネームかもしれません。共に軛を負う者という意味です。協力者、助力者は「共に軛を負う者」であるということを忘れないようにしたいものです。

では軛とは何でしょう。主イエスが私たちに課してくださる軛、福音宣教と教会形成という軛ではないでしょうか。私たちは、主から共に軛を負わされているのではないでしょうか。この人が誰であるか謎であるということは、ある意味でそれは、私たち一人ひとりが、共に軛を負う者であることを求められているのだと思います。

伝道者パウロの生涯㈣——パウロは結婚していたか、その結婚観

フィリピの信徒への手紙4・3

トロアスで病に伏したパウロを癒して以後、パウロの主治医、また弟子として伝道旅行に同行したルカの故郷であるマケドニアに第二回伝道旅行のルートが変わり、これにより福音がヨーロッパに入ることになります。パウロ一行がマケドニア州の第二の都市フィリピで伝道したとき、それを聴いていたリディアという女性が福音を信じ、自分の家にパウロたちを招き一家全員が入信します。

彼女は、小アジア、ティアティラの出身ですが、紫布の商人としてフィリピに染色工場をもっていたのです。当時は紫の染色は、貝紫という軟体動物の吐く液体を使用しており、地中海世界、ローマ世界の経済を支えるほどの事業であり、その拠点がフィリピでした。またフィリピはローマの退役軍人の暮らす植民都市であり、紫の外套トーガもまたその貝で染められていたのです。このフィリピの彼女の家が「家の教会」（ecclesia domus）としてフィリピ教会となります。そして彼女がパウロの妻となったのです。

フィリピ書を見ますと、この彼女の教会でエボディアとシンティケという二人の婦人たちの揉め事に際して4章3節で「真の協力者よ、あなたにもお願いします、彼女たちを助けてあげてください」とあります。

ここで「協力者」とある言葉は、配偶者も意味する言葉です。つまり、パウロの配偶者であるリディアをさすと私は理解します。実際、パウロの伝道旅行を資金的、経済的にバックアップしたのはフィリピの教会だけでした。しかもパウロと「会計を共にした」（4・15）のです。これは、リディアが実業家として資産家であっただけでなく、彼女がパウロの妻（配偶者）となったからです。

パウロの結婚観については、コリントの信徒への手紙一7章に詳しく述べられています。かいつまんで申しますと、終末が間近なので「男は女に触れないほうがよい」（コリント一7・1）が「淫らな不品行」に落ちないように結婚をすべきである。しかし、できれば「皆が私のようになって欲しい」（7・7）という消極的、譲歩的立場でした。そこからパウロは、独身であったと考えるのが多数説です。

しかし、私は、パウロは結婚していたと考えます。コリントの信徒への手紙一9章5節でパウロは「私たちには、他の使徒や主の兄弟たちやケファのように、信者である妻を連れて歩く権利がないのですか」と反論しています。この否定疑問文は肯定を予期する問いです。ここで彼は「妻を持つ権利」ではなく「妻を連れて歩く権利」と言っており、妻をもっているが一緒に連れて伝道をしているのではないということを言っているのです。理由は「時が縮まっているので、妻を持つものは持たないもののように」（7・29）。つまり、パウロは自らこれを実践したのです。彼のこのような主張は、非常に切迫した終末観に立っていますが、終末は遅延します。伝統的にパウロ文書とされる十四の書物の最後であるヘブライ人への手紙は、13章4節で「結婚はすべての人に尊ばれるべきである」と、より積極的な結婚観を述べています。

会計を共にしてくれた教会

フィリピの信徒への手紙4・15－17

フィリピの教会は、使徒言行録16章に記されておりますように、パウロが第二回伝道旅行でフィリピに行ったとき、そこでパウロの説教を聞いたリディアという女性が信じて、家族と共に洗礼を受け、パウロたちを強いて自分の家に泊めたことに源を発します。彼女は、小アジアのテアテラ市の紫布の商人であって、フィリピにも家をもっていたようです。フィリピ教会は、彼女の「家の集会」（ecclesia domus）から発展、成立した教会であり、そのような事情を背景に経済力もあったようです。パウロがマケドニアを出て宣教を始めたころ、彼を援助したのは、この教会だけであったとパウロは4章15節以下で記しています。

「聖書協会共同訳」は、これまでの訳と大きく変わりました。「私が福音の宣教の初めにマケドニアから出かけて行ったとき、会計を共にしてくれた教会は、あなたがたの他には一つもありませんでした」。「口語訳」は、「あなたがたも知っているとおり、わたしが福音を宣伝し始めたころ、マケドニヤから出かけて行った時、物のやりとりをしてわたしの働きに参加した教会は、あなたがたのほかには全く無かった」。「新共同訳」は、「フィリピの人たち、あなたがたも知っているとおり、私が福音の宣教の初めにマケドニア州を出たとき、もののやり取りでわたしの働きに参加した教会はあなたがたの他に一つもありませんでした」。

これまでの訳は、パウロとフィリピ教会との交わりを「物のやり取り」として訳しております。原文の「エイスロゴンドセオースカイレームプセオース」をそのように訳していました。ここに出てくる「ロゴス」は、「勘定」「口座」であり、次の「ドセオースカイレームプセオース」は「物のやり取り」ではなく、「収支」ということです。つまりパウロの宣教の会計について、フィリピ教会が会計、金銭出納帳、帳簿を共にしたということなのです。そこから、17節の「あなたがたの帳簿（ロゴン）を黒字にする実りを求めているのです」という会計簿的な表現が出てくるのです。

パウロは、独立自給の伝道者でしたが、経済的に困窮するとき、逼迫したときがありました。特に、テサロニケからエグナチア街道（Via Egnatia）でローマに向かう計画が、クラウディウス皇帝によるローマからのユダヤ人追放令（後四十九年）の布告により頓挫し、やむなく南下してコリントに向かい、二年そこで過ごしたときは、かなり経済的に困窮したようです。このパウロを金銭出納帳簿を共にして支えたのは、フィリピ教会だけだったのです。パウロは12節で申しているように、どのような経済的境遇にも処することのできた人でした。しかし、フィリピ教会の経済的援助に感謝しています。

そして、経済的には支出になり赤字になる筈ですが、17節で、このことが却って、「あなたがたの帳簿を黒字にする」とさえ言うのです。ここに、この世の会計経済とは違う神の会計経済があると思います。

キリストの苦しみのなおたりないところを

コロサイの信徒への手紙1・24

「破れ鍋に綴蓋」という、些か性的な感じもする諺があります。どんな男女にも相応しい配偶者がいるものだという意味ですが、これは、お互いに欠点を補いあう連れあいがいるものだという意味であると思います。

コロサイの信徒への手紙1章24節は、私は神学校を出て伝道者になって、今年で四十年になるのですが、ここの説教や奨励をするのは実は初めてなのです。この箇所はずっと気になっていた、また印象的な聖句でもありました。でも説教することは、ずっと避けてきたのです、また今後、私がここから説教することはおそらくないでしょう。なぜここを避けてきたかと言うと、なかなか理解できなかったからです。

理解には頭で理解することと、体で理解すること、体得することがありますが、この箇所は両方です。なぜかと申しますと、私の理解では、イエスが十字架で受けられた苦しみは、人類またすべての被造物の苦しみ、呻きのすべてであって、そのキリストの苦しみにまだ、なお不足、欠け、つまり、たりないところがあって、それを自分の身をもって満たす、補うということなどありえないし、おこがましいと私は思ってきたし、今も思うからです。「キリストの苦しみの不足、欠けを自分の体で満たす」とは。キリストの苦しみは、不足どころか、それが満ち溢れてきて、その苦しみに私があずかるというふうには理解し、体得してきました。自分が苦難、試練に遭ったとき、そのように受け止めました。ちょうど、コップに水を一杯入れますと、表面張力で張りますが、さらに一滴で、水は一滴以上外に溢れます。そのようにキリストの苦しみの満ち溢れに私もあずからせていただいていて、むしろ、その光栄を感謝せねばと思ってきました。

パウロもまたフィリピの信徒への手紙1章29節で、「あなたがたには、キリストを信じることだけでなく、キリストのために苦しむことも、恵みとして与えられている」と申しております。前にも説教しましたが、使徒信条にある「ポンテオ・ピラトの下で苦しみを受け」の「苦しみを受け」(passus)は最初の告白にはなかったのですが後で付加されました。それは、キリスト者が、自ら受けた苦しみによって十字架のイエスの苦しみを共感的に体得したからと考えられます。キリストの苦しみと信仰者が受ける苦しみは、相互に共感関係にあるのです。英語で共感を意味するsympathy、compassion、は「共に苦しむ」という意味です。ですから、パウロのこの言葉は、理屈を言えば、今申し上げたように筋が通らないのですが、言いたいことは、よくわかります。信仰の論理は、極まったところで破裂するのだと思います。

私たちは、キリストの体なる教会を建てていくために、その体の肢として互いに協力していこうではありませんか。パウロのように、「キリストの苦しみのなおたりないところを」、この身をもって満たすとの熱い思いをもって。

造り主のかたちに従って

コロサイの信徒への手紙3・10－14

物にはいろいろな形があります。そして形の数も一個から無限のものまであります。たとえば、円や球は、大きさは異なれ、形は一つです。英語の不定冠詞は、二つです。しかし、雪の結晶や人間の指紋は無限と言えます。それでは、人間の形はどうでしょう。何かを習うときには、手本となる先生の「形」を学ばなければなりません。「まなぶ」とは「まねぶ」こと、つまり、お手本の「形」をまねることです。人間は、創世記1章27節によれば「神は人を自分の形に創造された」とあります。初めの人間のもっていた「神の形」は人間の堕落によって失われてしまいました。そこで神の子が人となって「神のかたち」を回復してくださったのです。人間の形は、イエスという「神のかたち」（コロサイ1・15）を学び、真似ることによって、ますます新たにされてゆくのです。コリントの信徒への手紙一15章44節では、「霊の体」とあります。

私が悩んだのは、ルカによる福音書24章39節で復活したイエスが「霊には肉も骨もないが……私にはあるのだ」と言われる箇所との関係です。つまり、「霊の体」とは「肉も骨もある」体であるということです。これは、キリスト者は、復活において「肉も骨もある」「霊のからだ」を与えられる、いわば新しい着物としての肉体を与えられるということです。

　心も含め身体、肉体は霊の着物です。人間は霊と心と体とからなっています（テサロニケ一5・23）。このうち、心と体は相関関係にあります。体は、霊の着ている衣のようなものです。私たちは死ぬと、心と体は朽ちてゆきますが、霊はみ許に迎えられます。そしてこれに新しい着物としての「霊の体」が与えられるのだと思います。まさに具体的な復活です。コロサイの信徒への手紙3章14節に「これらいっさいのものの上に、愛を加えなさい、愛は、すべてを完全に結ぶ帯である」とあります。

　七月に、H姉妹がみ許に召されました。がんの手術の後は、神から与えられたおまけの人生として、教会の礼拝、集会、奉仕に積極的に参加されました。姉妹は、若い時に、大阪姫松教会の礼拝に出られ、同教会の黒沢久男牧師の司式のもと結婚式を挙げられました。その際、結婚祝いとしてもらった色紙に書かれた「愛はすべてを完全に結ぶ帯である」とのみ言葉が、ご夫婦に深く刻まれた言葉となったのです。姉妹の一生は、キリスト教、教会との出合い、豊かな温かい人々の出会い、また何よりも家族の絆、愛情によって祝福された人生であったということができると思います。まさにキリストの愛によって結ばれた愛の絆の中で豊かな人生を、そして最後には藤沢のご自宅で愛する家族の見守るなか、ご主人が手を握る中で完結した地上の人生を歩まれたのであります。

　今や、姉妹の魂は主のみもとにあって安らかに憩い主イエスの顔を仰ぎ、地上に残されたわたくしたちと同じように、終わりの日における体のよみがえり、復活への希望のうちに安らいでいると確信するものです。

私はこのために牢につながれているのです

コロサイの信徒への手紙4・3、4

「わたしは、このために牢につながれているのです」と、パウロは書いています。パウロは、おそらくエフェソで投獄されていたのでしょう。この手紙が「獄中書簡」とよばれるゆえんです。

使徒パウロは、福音宣教のゆえに度々捕らえられ、牢に入れられました。フィリピで（使徒16・23）、カイサリアで（使徒24・23）、ローマで（使徒28・20）。獄中書簡とよばれるものは、フィリピ書、フィレモン書、エフェソ書、コロサイ書です。このうち、パウロの真筆だと意見が一致しているのは、フィリピ書、フィレモン書です。フィレモン書は、コロサイにいるフィレモンに宛てた手紙で、エフェソから書かれたと思われますので、そうだとすると、パウロはエフェソでも投獄されたことがあったということになります（フィレモン9、10を参照）。

「牢につながれている」とあります。今、私たちの教会では、第一水曜日の聖書の学び・祈り会で、鈴木崇巨著『牧師の仕事』という本を、テキストとして学んでいます。近年、「牧師とは何か」という問題意識が、教会で広く問われるようになりました。牧師とは何か、これは牧師を職業としている本人だけでなく、教会員、また世の中の人にも、必ずしも自明ではないからです。牧師は銭湯の番頭のようなものであって、お風呂の熱い温いを調節する役目だと言った有名な牧師もいます。また牧師は「置き屋の芸者」だと言った牧師もいます。牧師は牧師館に繋ぎ置かれ、集会によばれて、その都度、説教や講話をする存在だというのです。たしかに牧師は、牧師館に置かれているような存在です。しかし、それは召命(神の召し)による拘束であります。

「このために」とは、「キリストの秘義」を語ったために、投獄されたというのです。牢獄は、言うまでもなく、固く門がかかり、門は閉ざされています。パウロは、この牢獄の「門」が開かれることが、自分の命のためではなく、「神のみ言葉」を語るためであると言うのです。しかし、ここで言われる「門」とは、固く閉ざされた牢獄の門という外的な門だけではないと思います。それは「み言葉の門」という内的な門でもあります。むしろこちらの方が大事です。

私たちが、聖書を読み、また説き明かすためには、自分の力や知識ではなく、聖霊なる神さまの導き、照らしを必要とします。牧師は、み言葉の門が開かれるように、いつも祈りつつ苦闘しています。詩編119・130節に「あなたの言葉が開かれると無知な者にも悟りを与えます」とあります。ここで詩人が言っている「無知な者」とは自分のことでしょう。私も、そのようにいつも祈ります。第一にみ言葉の門を開くのは、パウロが書いているとおり「神さま」です。しかしまた、そのためにパウロは、コロサイの信徒に「この秘義を明らかにすることができるように祈ってください」と言っています。

「み言葉の門」が開かれて、尽きることのない神の宝、イエス・キリストの福音の秘義が、明らかに示されるように私たちは、自分のために、また他者のために、また牧師のために祈るのです。

いつも神に感謝し

テサロニケの信徒への手紙一1・1―3

パウロとシルワノとテモテは、テサロニケへ伝道し、テサロニケの教会の設立に最初から関わった伝道者でありました。その人たちが、自分たちが伝道し、設立した教会に手紙を書いているのであります。しかし、その教会はもはや彼らのものではなく、父なる神と主イエス・キリストとにある教会なのであります。ここで「父なる神と主イエス・キリストとにある」と言われる「とにある」という言葉は、「結ばれている」とか「つながっている」という意味であります。伝道者は遣わされた土地で伝道をし、イエス・キリストの福音を宣べ伝え、やがて、そこに聖霊なる神の働きのもと、信仰者が起こされ、教会が生まれます。伝道者は、そこをたとえ去っても、その教会が、父なる神と主イエス・キリストに信仰によって、しっかりと結ばれ、繋がっていることを大切なこととして覚えているということであります。

次に、「私たちは祈りの時にあなたがたを覚え、あなたがた一同のことを、いつも神に感謝し」とあります。原文は、「感謝します」（ユーカリストー）という言葉から始まっております。この手紙全体の内容をひと言で言えばこの感謝ということに尽きると言ってもよいでしょう。現にこの手紙の終わりの5章16、17節では「いつも喜んでいなさい。絶えず祈りなさい。すべてのことについて、感謝しなさい。これが、キリスト・イエスにあって、神があなたがたに求めておられることである」と勧められております。それは、使徒言行録に記されておりますように、パウロたち伝道者が大変な迫害に遭うなかで、信仰をもったテサロニケの人たちが、その後の苦難のなかにあっても父なる神と主イエス・キリストとに対する信仰を堅く保ち、神に繋がっていることにほかなりません。1―3節のところに「覚える」「思いおこす」という言葉が二度出てまいります。

祈りとは、主にある共に教会生活をしている兄弟姉妹のことを絶えず思い起こし、覚え、兄弟・姉妹たちに与えられた神の恵みを感謝することなのであります。そして祈りは想起、思い出すこと、覚えることと結びついています。英語の考える Think から感謝するという Thank という言葉ができた、またドイツ語の考える Denken から感謝する Danken という言葉ができたということを聞いたことがありますが、私たちが祈りにおいて自分や兄弟姉妹また教会に与えられた神の恵みを覚え、思い出し、考えるとき、それはいつも感謝になるのであります。祈ることと想起することと考えることと感謝することとはいつも繋がっているのであります。

聖餐のことをギリシア語でユーカリスティア（感謝）と言います。なぜでしょうか。聖餐は、主イエス・キリストが私たちを贖い、救い、永遠の命を与え、み国の民としてくださるために何をしてくださったか、その十字架の尊い犠牲に示された神の恵みを祈りのうちに覚え、考え、感謝することにほかならないからであります。

聖霊による喜びをもって

テサロニケの信徒への手紙一1・4―8

カルヴァンが牧師であったジュネーブの教会の礼拝堂にある説教壇は、とても高く作られています。それは、改革派の教会は、神の主権、み言葉の支配ということを強調したことの礼拝学的な帰結です。現代の教会の説教壇は、会衆とほぼフラットな位置までだんだん低くなってきました。確かに、頭ごなしにではなく、同じ立場に立ってみ言葉を語るということでなければ、み言葉は伝わらないのではないでしょうか。しかし、そのことが、相手に福音が伝わる原因ではないことは言うまでもないことであります。そのことは、5―6節でみ言葉が、単なる言葉だけでなく、「力と聖霊と強い確信によった」とあるとおりであります。

み言葉を語る者は、力と聖霊と強い確信をもって、どんな時にもみ言葉を語る者でなければならないのであります。それは、人間的な確信や人間的な力やオーラといったものではなく、キリストに遣わされた者として、イエス・キリストの権威をもって語るということでありましょう。言い換えれば、み言葉の権威をもって語るということであります。み言葉自体のもつ権威と力と霊と確かさによって語るのであります。そのとき、そのみ言葉を聞いた人の中から信仰者が起こされるのであります。それもまた人間的な確信や感激ではなく、聖霊の働きであります。

そしてそのことが、手紙で「あなたがたが神に選ばれていることを知っている。なぜなら、わたしたちの福音があなたがたに伝えられたとき、それは言葉だけによらず、力と聖霊と強い確信とによったからである」と言われておりますように、私たちが神に選ばれていることが、確かなことの証拠となるのであります。私たちが神に選ばれていることは、私たちの人間的な感激や力や確信によるのではなく、ただ神のみ言葉だけが、私たちに与える「力と聖霊と強い確信」によるのであり、それはまた、聖霊による喜びによってもたらされる確かさにほかならないのであります。

人がみ言葉を受け入れて、信仰者になる時に伴うものは、「聖霊による喜び」であります。それは、いかなる困難や試練にあっても消えることのない、神から与えられる喜びであります。このことはまた、この手紙の最後の5章16節の「いつも喜んでいなさい」という箇所でも、勧められていることであります。人生は苦しいもので、喜んでいることなんか到底できないという人がいるかもしれません。しかし、そういう人は、人間的な苦界を超えた聖霊による喜び、神のみ言葉が、私たちのために肉となり、私たちのために十字架に至るまで僕となってくださったお方が私たちの真の救い主であるという、この出来事の中にいないからであります。「エンジョイ」とは喜びの中にあるということであります。

聖霊による喜びの中にキリスト者は置かれているのでありますから、テサロニケの信徒のように多くの艱難のなかにあっても、聖霊による喜びをもって、いつも喜んで信仰生活をしていくことができるのであります。

偶像から離れて神に立ち帰り

テサロニケの信徒への手紙一 1・9、10

9節に「偶像」という言葉が出てまいります。この手紙においてはここしか出てまいりません。原文の言葉は、エイドーロンと申します。この言葉は「見ること」に由来し、第一に「像」「肖像」を意味するこの言葉は、古典ギリシア語においては、否定的な色彩を帯びています。この言葉は、存在の喪失と結びついております。偶像とは、命のない実体のない空虚なものを意味しております。そして手紙が、「あなたがたが、どんなにして偶像を捨てて神に立ち帰り、生ける真《まこと》の神に仕えるようになり」という場合も、そのような偶像の観念が考えられているのであります。そのことは、偶像を捨てて立ち帰った神のことが「生けるまことの神」と言われていることからも確かなことであります。偶像が、命のない虚構であるのに対し、神は、生きている真の神であるのであります。また、「立ち帰り」という言葉にも示されておりますように、それは、洗礼を受けたときの洗礼指導のことが思い起こされているのであります。つまり、私たちが、主イエスを信じて、洗礼を受けるということは、空しく命のない偶像を拝む生活を止めて、生ける真の神に仕え、礼拝する者とされたということであります。

木石を拝むということは、もはや、ないかもしれません。しかし、私たちを誘惑して止まないものがあります。それは、地位、財産、名誉、栄誉、金、マモン、権力などではないでしょうか。私たちは、そのように何処に行っても偶像の陰がちらつく中で、いつも始めの洗礼指導、洗礼志願者であった時の初心を思い起こし、偶像を捨て、生ける真の神に立ち帰らなければならないのだと思います。

さてパウロは続いて、私たちの立ち帰るべき生ける真の神がいかなるお方であるかを語ります。「神が死者の中から復活させた」神の御子をあなたがたが待つようになったとあります。生ける真の神の具体的内容がここに示されているのであります。神は、み子イエスを死人の中からよみがえらせることによって、ご自身が生きており、また、ご自身の命を人に与えたもう真実な神であることを、私たちにお顕しになられたのであります。こうして私たちは、神が死人の中から復活させたイエスを救い主として信じ、このお方をよみがえらせたもうた父なる神にお仕えし、礼拝するようになったのであります。そしてパウロは、テサロニケの信徒が、主イエスが天から来られるのを待つようになったということを申します。この手紙は、4章以下で語られますように、主イエスの来臨への期待が前面に出ております。神が、死人の中からよみがえらされた主イエスが、今、天におられ、やがてまた来臨され、生きている信仰者にとっても、またすでに主にあって死んだ者にとっても、主と共に永遠に生きる者になるのだという、死を超えた希望が語られます。

主の再臨に伴う復活の命に希望をもってキリスト者は、地上の苦難や試練の中でも絶望することなく忍耐をし、希望をもって生きていくことができるのであります。

わたしたちの宣教

テサロニケの信徒への手紙一2・1―5

3節でパウロは、「私たちの宣教」と申します。まず、ここで宣教と訳されている言葉は、「パラクレーシス」という言葉であります。もともとの意味は「傍らに立って助けを呼ぶ」という意味であります。ここから出た「パラクレートス」は、聖書において聖霊をさし、「弁護者」とか「慰め主」「助け手」と訳されております。宣教とは、悩んでいる人や苦しんでいる人、救いを求めている人や病んでいる人の傍らに立って、同じ地平から神を呼び、慰め、励まし、助けることなのであります。

パウロはまず、自分たちの宣教は、「迷いや不純な動機」や「ごまかし」によるものではないと語ります。ここに三つの言葉が出てきますが、そこで言われていることは、福音は、嘘偽りや不純な動機からなされるものではないということであります。福音を宣教するのに、そのような嘘偽りや不純な動機があるはずはないと考える人があるかもしれません。しかし、私たち人間を吟味するならば、私たちの宣教の動機や背後に、そのようなものが入ってこないとは限らないでしょう。

5節に「口実をかすめ取る」ということを、パウロは言っていますが、福音宣教という名のもとに、自己の利益追求、名誉欲や出世志向などが隠されていないか、私たちは吟味しなければならないでありましょう。

2節に「神の福音」とありますように、福音は人間ではなく神に属するものです。それならば、どうして人間が神の福音を語ることができるのであろうかという問題が、直ちに起こってきます。そのことについてパウロは、「私たちは神に認められ、福音を委ねられた」のであると語ります。福音は、神から人間への信託であるということであります。いわば大切な神の宝の信託を受けたのであります。この世においても信託を受けた人は、信託をした人の信頼に応えようとするでしょう。もしその信託に応えず、この委託物を損なったり、横領したりしたら、大変なことになるのであります。まして私たちは、神の信託を受けて、神の福音を託されておりますので、私たちは、その福音を「人に喜ばれるためではなく、私たちの心を吟味される神に喜んでいただくために」福音を語るのであるとパウロは語るのであります。人に喜ばれるようにというのは、5節に「へつらう」とありますように、人間や現代人の思想や思考に迎合することを言うのでしょう。このことは、私たち、福音宣教を委ねられている者が、福音を宣べ伝える相手の置かれている状況や現代の時代精神や思想、思考、文化などの背景をよく理解するということとは、別のことであります。宣教が、パラクレーシスとして相手の傍らに立って呼び求めるものであるとすれば、私たちは、相手をよく理解しなければならないことは言うまでもありません。神が、私たちを吟味するというのです。神による私たちの吟味の結果、福音が委ねられたと語っているのであります。私たちの宣教を吟味し、試験するのは自分でも他者でもなく、ひとえに神がなさることなのです。

自分の命さえも

テサロニケの信徒への手紙一2・6―12

6節から7節で、パウロは自分たちのことを「キリストの使徒」と呼んでおります。伝道者は何よりもキリストに召され、キリストによって遣わされた者です。使徒とは「遣わされた者」という意味であります。その意味で伝道者は、使徒としてその権威は彼を遣わしたお方の権威を帯びております。伝道者が主によって遣わされた者である限り、キリストの権威を身に帯びたものとしていつも「重んじられなければならない」のであります。しかし伝道者の帯びている権威は、人間的な権威や、人間からの栄誉や名声とは無縁のものです。誉れを受けるとすれば、伝道者を遣わした主からのお褒め以外にはないでしょう。

次に「しかし、あなたがたの間で幼な子のようになりました」とあります。イエスの権威を身に帯びている者は、「幼な子」にならなければならないのです。主は言われました。「幼な子らをわたしの所に来るままにしておきなさい。止めてはならない。神の国はこのような者の国である。よく聞いておくがよい。だれでも幼な子のように神の国を受けいれる者でなければ、そこにはいることは決してできない」(マルコ10・14―15)。そしてパウロは「母親がその子ども慈しみ育てるように、あなたがたをいとおしむ思いから、私たちは、神の福音だけでなく、自分の命さえも喜んで与えたいと願ったほどです」と語ります。主イエス・キリストは私たちを愛し、ご自分の命を捨ててくださいました。伝道者は、主イエスがご自分の命を与えてくださることによって示された愛をもって、遣わされた教会の一人ひとりを愛するものでなければなりません。また逆に伝道者はそのような関わりをとおして、ご自分の命を十字架でささげたほどに私たちを愛してくださった主を証しし、宣べ伝えるのです。母の愛が語られています。大事なわが子のためなら命を捨ててもよいという母の愛です。ちなみに、旧約の「慈しみ」「憐れみ」という言葉「レヘム」は「母の胎」という言葉からきています。

そしてパウロは11、12節で「そして、あなたがたが知っているとおり、私たちは、父親が子どもに対するように、あなたがたの一人ひとりに、神にふさわしく歩むように励まし、慰め、強く勧めました」と語ります。キリストの使徒としての権威を帯びている者が、遣わされた群れにおいて取る関係性が、「幼子」「母」「父」という家族の比喩で語られます。伝道者は主のみ国を伝えるものとして幼子のように小さくならなければならないし、自分の命を与えてもよいほど我が子を慈しむ母のようでなければならない、そしてまた家族を励まし、勇気づける父親でもあるのです。

そのようなあり方は遣わしたお方、すなわち私たちのために、幼子のように小さくなり、母の慈しみをもってご自分の命を十字架で与え、父のように愛する子を諭したもうお方に由来するのです。

母がその子を慈しみ育てるように

テサロニケの信徒への手紙一2・7、8

「母の日」ですので、母の出て来る讃美歌を選びました。特に今、歌いました『讃美歌』510番を歌うと、いつも、私はアウグスティヌスの母モニカのことを思い出します。「母は涙乾く間なく祈ると知らずや」。

モニカは、北アフリカ、タガステの人で、敬虔なキリスト者として息子の回心と生涯に、大きな影響を及ぼした人です。彼女のことは、彼の信仰的自伝『告白』に記されています。彼女は三三一年に生まれ、二十三歳の時に彼を産み、三八七年に五十五歳で死去しました。『告白』の中には、彼女が慎ましいが、キリスト教信仰の篤い家庭で育ったこと、子どもの頃に家で樽から酒を酌む仕事をさせられているうちに、飲酒癖がついてしまったが、下女に罵られて、その悪徳を絶ったことなどが記されています。彼女はパトリキウスという人と結婚し、中流の家庭を営んだのでした。夫は世俗的で、頭のずば抜けて良い息子の栄達のために財を惜しまぬほど、教育熱心で、気立ての良い人である一方、癇癪もちでもありました。幼い息子が重病で死にかけたとき、彼女は息子の救いのために幼児洗礼を手配したが、その後、回復したので、息子が自覚的な信仰に入るときまで、それを延期することにしたのでした。彼女が三十九歳の時、夫は受洗し、間もなく亡くなります。やがて早熟なアウグスティヌスは、情欲に苛まれる怒濤の年齢に突入します。彼は、ある女性と同棲し、一子を儲け、母から離れ、聖書の言葉にも躓いて九年間マニ教の熱心な信者となります。そのような息子に彼女は心を痛め、嘆き、祈るのでした。ある日、彼女は夢を見ます。それは彼女が乗っている「木の定規」（正統信仰）に息子もまた乗っているという夢でした。この夢は、後の彼のキリスト教への回心、母の信仰への復帰を予告するものでした。その生涯は、『告白』中の、次の言葉に尽きるでしょう。「彼女は、私が肉については時間的光のうちに、心については永遠の光のうちに生まれるために、私を身ごもったのです」（9・8・17）。

さて、この聖書の箇所には、伝道者パウロが、テサロニケの信徒たちに対して抱いた母親の愛が語られています。母親が大事なわが子のためなら命を捨ててもよいというのは、母なる愛でありましょう。普通、ユダヤ・キリスト教における愛は、砂漠の峻厳な父なる神の愛であり、父性愛であるかのように思われています。遠藤周作は、日本人にキリスト教が受け入れられるためには母なる愛、母なる神のイメージでなければならないということを言った人でした。キリストにおいて示された父なる神の愛にもまた、母の子に対するような愛があるということを私たちは、ここで認識しなければならないでありましょう。

ここで思い出すことがあります。旧約のヘブライ語で「いつくしみ」「憐れみ」という言葉は、子宮、母の胎という言葉からきています。この点から考えましても、ユダヤ・キリスト教の愛にも、母親の愛が含まれていることを忘れてはならないと思います。

人の言葉としてではなく神の言葉として

テサロニケの信徒への手紙一2・13－16

説教は、伝道者による聖書の解き明かしであり、聖書の内容の中心であるイエス・キリストを宣べ伝えるものであります。それは、人間の言葉であります。

けれども、そのようなパウロの語った福音をテサロニケの人々は、それを神の言葉として受け入れたというのであります。パウロは、そのことを神に感謝しているのであります。どういうことでしょう。人間の貧しい説教が、いわば奇跡的にうまく成功してテサロニケの人たちが神の言葉として受け入れてくれたというのでしょうか。人間の言葉を神の言葉として受け止めてくれたということなのでしょうか。そうではありません。

パウロはここで「事実そのとおりであるが」と書いており、説教は神の言葉として、事実そのとおり聞かれるという出来事として起こるのであります。アウグスティヌスは、外的言葉と内的言葉という区別を立てております。外的な言葉は、すべて耳のある人には伝わり、聞かれるのですが、それが神の言葉として聴かれるのは、聖霊なる神の働きによるのであります。聖霊が私たちのうちに働くとき、人間の語る外的な言葉が、神の語る内的な言葉として聴かれるという出来事として起こるのです。普通、人間の言葉を聞くということは、言葉に先行いたします。まず聞く耳があって、言葉を耳で受け止めるわけであります。けれども、神の言葉を聴くという事態においては、聞く耳は神のことばが創造するのです。み言葉が、そのみ言葉を聴く耳を創造するのです。神の言葉について神学的に整理し、私たちに示してくれたのは、カール・バルトです。彼は、神の言葉を三つの段階で考えました。

まず、三位一体の第二位格としての神の言葉であります。ヨハネによる福音書1章1節以下に「初めに言があった。言は神と共にあった。言は神であった。この言は初めに神と共にあった」とよばれるお方であり、このお方が肉体となって世に来られたのが、イエス・キリストであります。

次に、この神の言葉であるイエス・キリストを証言する書物である聖書が神の言葉であります。書かれた神の言葉と言ってもよいでありましょう。

そして第三に、この書かれた神の言葉を解き明かす説教が神の言葉であります。第二スイス信仰告白1章4節が、次のように語っております。「神の言葉の説教は神の言葉である」。したがって説教は、語られた神の言葉であるのであります。

しかし、神の言葉には、もう一つあります。パウロが13節の最後に「そして、この神の言は、信じるあなたがたのうちに働いているのである」ということです。これは、神の言葉を内的に聴いた人において働く神の言葉であります。言うならば聴かれた神の言葉ということであります。説教をとおして語られた神の言葉が、それを受け入れた信仰者の中に、永続的に働くということであります。神の言葉は私たちのうちに永続的に働くのであります。神の言葉が、おこないのうちに現実化するということであります。

あなたがたこそわたしたちの誉れ、喜び

テサロニケの信徒への手紙一2・17―20

パウロたちは、テサロニケで迫害に遭い、ベレヤ、アテネを経てコリントに行き、そこで一年半滞在し、伝道活動を続けます。手紙はここで書かれました。パウロにとってテサロニケに残してきた信仰者たちのことは、頭を離れることはありませんでした。彼は、その時のことを、「兄弟たちよ。私たちは、しばらくの間、あなたがたから引き離されていたので――心においてではなく、からだだけではあるが」と、手紙に書いております。たとえ離れていても心において結びつけていたもの、それは互いにおける主イエス・キリストに対する信仰であり、共に同じ主の体なる教会に連なっているという意識であり、両者を共に結びつける聖霊なる神の働きでありましょう。続いて、「なおさら、あなたがたの顔を見たいと切にこいねがった」とパウロは語ります。テサロニケの教会の人たちは、ユダヤ人からの激しい迫害に晒されていましたから、パウロは、何とかテサロニケを再び訪れて、兄弟姉妹たちの顔を見、直接励ましを与えたいと心から願ったし、実際、一度ならず行こうとしたけれども「私たちはサタンに妨げられた」とあります。サタンによる妨害が具体的に何であったかは、記されておりません。福音を伝えようとする者に対しては、サタンが妨害すると

いうことがあるのです。しかし、サタンの妨害に私たちはたじろぐことも、恐れることもありません。そのような働きを遥かに超えて、また、そのようなサタンの働きを摂理の御手に絡め取って、神の救いのご計画は、実現していくからであります。

人間の交わりにおいて、「顔を見る」ということは、大事ではないでしょうか。「顔を合わせる」「顔を見る」ということは、神との関係においても、人間の関係においても、とても大事なことであると思います。「実際、私たちの主イエスの来臨にあたって、私たちの望みと喜びと誇の冠となるべき者は、あなたがたを外にして、だれがあるだろうか」。パウロは、主イエスの再臨が近いことを認識しておりました。主イエスが来られるときに、自分が神の御前に差し出すことのできるものは、いったい、何でありましょう。私たちは、地上の財産も、名誉も、功績も、何も、神の前に持っていくことも、差し出すこともできないでありましょう。パウロにとって主の来臨にあたって、本当に希望と喜びと誇りの冠となるものは、テサロニケの信仰者であったのであります。そして、何よりも、そこにおいて私たちが、誇りとし栄光を帰するのは、これらの兄弟姉妹を救い、信仰を全うさせてくださった父なる神でありましょう。最終的には、「神にのみ栄光あれ」(**soli Deo gloria**)であります。神に栄光の冠を帰するのです。

「あなたがたこそ、実に私たちのほまれであり、喜びである」とパウロは語ります。迫害や試練にあって、信仰を堅く守って教会生活を続けているテサロニケの群れの人たちを、パウロは、本当に自分の誉れであり、喜びとしているのであります。伝道者の喜び、誉れは、実に、そこにあります。

テモテの派遣

テサロニケの信徒への手紙一3・1－5

使徒パウロは、テサロニケの教会が迫害に遭っていることを知り、いてもたってもいられなくなって、アテネからテモテを派遣します。テモテは、小アジアのリストラという町の出身であります。テモテのことは、使徒言行録16章1－2節に出てまいります。「それから、彼はデルベに行き、次にリストラに行った。そこにテモテという名の弟子がいた。信者のユダヤ婦人を母とし、ギリシャ人を父としており、リストラとイコニオンの兄弟たちの間で、評判のよい人物であった」。パウロがそこに行ったとき、すでに弟子であったというのです。テモテが信仰に入ったのは、以前の第一回伝道旅行がきっかけになったと思われます。テモテへの手紙二1章5節にはこうあります。「また、あなたがいだいている偽りのない信仰を思い起している。この信仰は、まずあなたの祖母ロイスとあなたの母エウニケとに宿ったものであったが、今あなたにも宿っていると、わたしは確信している」。3節でパウロはこう申します。「私たちは患難に会うように定められているのである」。これは、パウロの確信でありました。これが、今日の聖書の箇所の中心であります。1節と5節に「耐えられなくなってテモテを派遣した」という、同じ言葉が使われて、これが外枠となっており、その中心にあるものが、「私たちは患難に会うように定められているのである」という文であるからであります。そのことを、パウロは、以前、テサロニケにいた時に教会の人たちに「言っておいたように」と書いております。これは、「くり返し語っていた」という言葉が使われております。パウロは何度も言い聞かせていたということであります。信仰者に艱難は付き物であるということであります。

3節、4節に、「苦難」という言葉が出てまいります。これは、今、引用いたしました、「私たちが神の国にはいるのには、多くの苦難を経なければならない」とある苦難と同じ言葉であります。この言葉は、元々、「圧迫する」という意味の動詞から派生しています。イメージとしては両側から神さまが、ぎゅっと押して圧迫してくださるという意味で、キリスト者は愛に圧迫されるのです。たとえそれが艱難のように見えても、そうなのです。別の言い方をいたしますと両側から、神さまに板ばさみにされて、われわれは、救いへと前に押し出されるのです。コリントの信徒への手紙二5章14節に、次のような言葉があります。「キリストの愛が私たちに迫っている」と訳されていました。ちょうど両側から、神さまの両手で、ぎゅっとガードされているのです。

私たちは、信仰者として、これからも決断をしていかなければならないことが多くあろうと思います。しかし、その時に私たちが、どっちを選んでも、自分は、キリストの愛の圧迫の中に生きる、いや命の道を歩まされていることを確信して、歩んでいきたい願う者です。進む道を決めてくださるのは神なのです。両方から神の愛にぎゅっと細く、押し出されて、道が前に開かれるのです。マヨネーズを絞るように。

テモテの帰還

テサロニケの信徒への手紙一3・6－10

私たちが聞く知らせには、良い知らせと悪い知らせがあります。パウロはテサロニケの教会が迫害に遭っていることを知り、いてもたってもいられなくなってアテネからテモテを派遣します。はたしてよい知らせが帰ってくるか、それとも悪い知らせが帰ってくるか、パウロはその間、気が気でなかったことでしょう。

6節。「ところが今テモテが、あなたがたの所から私たちのもとに帰ってきて、あなたがたの信仰と愛とについて知らせ、あなたがたがいつも私たちのことを覚え、私たちがあなたがたに会いたく思っていると同じように、私たちにしきりに会いたがっているというよい知らせをもたらした」。「よい知らせ」とは、「福音」という言葉であって、三つのことが言われております。

一つは、テサロニケの教会の人たちが、信仰と愛を今も生き生きと保っているというよい知らせでありま す。「信仰」、これはまさにイエス・キリストに対する信仰であります。「愛」、これは、テサロニケの教会の人たちのお互い兄弟、姉妹に対する愛のことをさすと思われます。二つは、テサロニケの教会の人たちが、パウロたちのことをいつも憶えていてくれているというよい知らせであります。「憶える」ということは大事なことです。物理的、空間的に、また生と死において隔てられていても、主にある兄弟姉妹のことをいつも覚えるということは大切なことです。なぜなら、神が私たちを覚えていてくださるからです。三つめは、パウロたちがテサロニケの人たちに会いたいと切望しているように、彼らもパウロと会いたがっているというよい知らせであります。そのようなよい知らせ、それも考えうる最もよい知らせを受けたパウロの、湧きあがるような喜びが以下の三節で表現され、伝わってまいります。

7節でパウロはこう語ります。「兄弟たちよ。それによって、私たちはあらゆる苦難と患難とのなかにありながら、あなたがたの信仰によって慰められた」。もともとパウロは、迫害と困難の中にあるテサロニケの教会の信徒たちを励ますためにテモテを派遣したのでした。励ます者、慰める者が、逆に励まされ、慰められるのであります。何によってでありましょうか。ここに記されておりますように、それは信仰によってであります。キリスト者がお互いに慰めあい、励ましあうのは信仰によってであります。8節でパウロは、「なぜなら、あなたがたが主にあって堅く立ってくれるなら、私たちはいま生きることになるからである」という大胆な表現でこの安堵の喜びを述べております。ここでは自分が今、生きることが、他者との関係によって表現されております。

私たちの生物的な命も、社会的な生活もまた他者の命との関わりを抜きにしてはありえません。まして私たちの霊的な生命もまた神との関わりなくしてはありえないのであります。私たちが生きる者となるために、イエスは死んでよみがえってくださったのであります。

神はまっすぐな道を備えていてくださる

テサロニケの信徒への手紙一 3・11

ここでパウロは、もう一度、テサロニケの教会を訪れる道を開いてくださるようにと、神に祈っております。パウロは、テサロニケの教会の人たちの信仰のたりないところを補い、より整ったものにしたいという願いをもっていたのであります。それは、み言葉を語ることによっておこなわれるものでありました。ですからこれは、彼らにみ言葉を語る道を開いてくださるようにという祈りであります。「道を開いてくださるように」とある言葉は、原文では「道をまっすぐにしてくださるように」という言葉が使われております。このことは、パウロ自身の経験に基づく、信仰的な確信であったのであります。

使徒言行録9章1－22節に、パウロの回心の出来事が記されております。いわゆる、パウロのダマスコ門外での回心体験とよばれるものであります。シリアの首都が、ダマスカスで、聖書で言うところのダマスコであります。パウロが回心したのが、このダマスコでありました。パウロは、キリスト者を迫害する使命を帯びて、ダマスコ門外まで来たとき、突如、神の光に照らされ、三日間、目が見えなくなり、暗闇の中で、道が全く閉ざされてしまったのでした。その彼を導き、洗礼を授けたのがダマスコのアナニヤという人でした。アナニヤに主なる神は幻で次のように告げます。「そこで主が彼に言われた、『立って、「まっすぐ」という名の路地に行き、ユダの家でサウロというタルソ人を尋ねなさい。彼はいま祈っている』」（9・11）。パウロが、前進の道を閉ざされたときに、主なる神さまは、彼のために「まっすぐ」な道を備えておられたのであります。この「まっすぐ」とテサロニケの信徒への手紙一3章11節の「まっすぐにする」という言葉は、同じ言葉からできております。

ちなみに今、シリアは不幸にも内戦下にありますが、先日私はある会合でシリアのダマスカスで仕事をして帰国した女性と話す機会がありました。その人によれば、「まっすぐ」という名の通りは、現在もあり、そこに聖パウロ教会が立っているそうです。「彼は、今、祈っている」と、聖書は記しています。パウロは、「まっすぐ」という名の通りで、「祈っていた」というのであります。彼が、神の光に照らされ、これまでの生き方が覆され、目が見えなくなった、全くの暗闇の中で、祈っていたとき、誠に驚くべきことに、すでにパウロがこれから使徒として歩むべき「まっすぐ」な道が、神によって備えられていたのであります。

このように、人間的には道が閉ざされ、壁が立ちはだかり、前途が闇に閉ざされたように見えるときでも、神は、キリスト者のために、「まっすぐ」な道を用意していてくださることを、私たちは忘れてはならないでしょう。わたしたちは、そのことを信じて、どんな時にも、神に祈ることを、ここから教えられます。キリスト者が、どんなに困難で険しい状況や、八方塞がりの事態に直面しても、神は、必ずや、私たちの祈りに応え、いやそれどころか、私たちの祈りの先にすでに「まっすぐ」な道を備えていてくださるのであります。

神に喜ばれる生活

テサロニケの信徒への手紙一4・1－8

キリスト者の生活はひと言で言えば、神に喜ばれる聖化の生活であります。ここでパウロは、それを3節と7節で「清くなること」とよんでおります。「清くなること」とは、聖化のことであります。私たちが、聖なる者として、清められていくことであります。

そうは言っても、私たちが自分の力でできることではありません。私たちは罪深く、汚れに満ちております。それはひとえに私たちを召してくださった神さまによってできることであります。4節の「各自、気をつけて自分の体を清く尊く保ち」という箇所は、解釈の難しい箇所として知られております。「口語訳」で「体」と訳されている言葉は、「器」という言葉であります。この言葉は新約聖書においては、他にたとえばコリントの信徒への手紙二の4章7節の有名な「しかし私たちは、この宝を土の器の中に持っている。その測りしれない力は神のものであって、私たちから出たものでないことが、現れるためである」という文の中で「器」と訳されて出てまいります。土の器とは体のことでありますから、「口語訳」がこの箇所を「体」と訳しているのも頷けることです。当時のユダヤ教の用法ではこれは「妻」を意味する言葉でありました。その意味に取ると、「各自、自分の妻を清さと尊敬のうちにもち」という意味になるのであります。「新共同訳」は、その意味に取って、「おのおの汚れのない心と尊敬の念をもって妻と生活するように学ばねばならず」と訳しております。自分の体なのか、自分の妻なのか、このように解釈が分かれるところであります。聖書ではエフェソの信徒への手紙5章28節で、「夫も自分の妻を、自分の体のように愛さねばならない。自分の妻を愛する者は、自分自身を愛するのである」とありますので、結果として同じことになります。

キリスト者は、神さまを信じて洗礼を受けたときに聖霊を与えられます。その聖霊によって私たちは、神さまに喜ばれる生活、生き方をしようという思いが与えられます。ですから、そのような生き方から離れ、古い生き方に逆戻りしたり、道を踏み外したりすることは、人を拒むのではなく、私たちに注がれている聖霊を拒むことになるのであるとパウロは8節で厳しく警告しています。聖霊を拒む罪については、イエス自身が言っておられます。マタイによる福音書12章31、32節。「だから、あなたがたに言っておく。人には、その犯すすべての罪も神を汚す言葉も、ゆるされる。しかし、聖霊を汚す言葉は、ゆるされることはない。また人の子に対して言い逆らう者は、ゆるされるであろう。しかし、聖霊に対して言い逆らう者は、この世でも、きたるべき世でも、ゆるされることはない」。

人の悔い改めは、死の時までわかりませんので、私たちにそのような人を裁く権限はありません。裁くお方は神であり、そのよう罪は赦されないと言われていることを知った上で、私たちは、自分に与えられ、また注がれている聖霊のお導きのもとみ言葉に従い、聖化の道を進んでまいりたいと願うものです。

落ち着いた生活をし、自分の仕事に励み

テサロニケの信徒への手紙一4・11、12

当時、テサロニケ教会やコリント教会などの教会員の中には、労働をしないでただ無益に動き回っている人たちがいたようです。その理由は二つあったと考えられます。

一つは9節でパウロが兄弟愛について語っていることからもわかりますように、兄弟愛のはき違えということであります。当時のギリシア・ローマの世界は、寄食者（パラサイト）の文化であったのであります。寄食とは居候であり、他人の家に立ち寄り、衣食住にありつくという風習がありました。古代ローマ・ギリシアでは貴人たちは饗宴、すなわち宴会を開きましたが、そこに招かれた人も招かれていない人も、立ち寄って食事にありつくことができたのです。今日、パラサイト人間とか、パラサイトシングルなどという言葉がありますが、パラサイトという言葉は古代ギリシア語のパラシトスという言葉からきており、寄食者のことです。

コリントの信徒への手紙一11章20節以下で、パウロは「そこで、あなたがたが一緒に集まるとき、主の晩餐を守ることができないでいる。というのは、食事の際、各自が自分の晩餐をかってに先に食べるので、飢

えている人があるかと思えば、酔っている人がある始末である」と語っているのも、そのようなパラサイト文化が背景にあります。そのような文化を背景に、また兄弟愛というものをはき違え、他の兄弟姉妹の食卓にパラサイトして、兄弟姉妹の好意につけこんで生きている人たちがいたのです。

二つは、終末が近いという切迫感からきていたと思われます。当時、主の再臨が近い、終末、すなわち終わりの日が近いということで日常の仕事や生活に手がつかず、いたずらに不安になり、焦燥感に苛まれてただ動き回っているだけのキリスト者がいたのです。

パウロは、そのような寄食者たち、不安で何も手がつかなくなった人たちに対し、三つの動詞を用いて丁寧に教えております。まず「落ち着いた生活をする」ということです。どんな時にも心を落着かせた「生活をする」ということであります。そのためにパウロは次に「自分の仕事に励み」なさいと語ります。落ち着いた生活をするためには、各自が自分の務め、今自分がなすべき事柄をおこなうことが大事です。そして第三に「自分の手で働きなさい」と勧めます。当時、ユダヤ人は、イエスは大工、パウロは天幕造りというように手仕事を身につけておりました。キリスト者は「自分の手で働く」ことが求められております。パウロが以上のような「落ち着いた生活をする」「自分の仕事に励む」「手ずから働く」よう「努めなさい」と言っております。「努める」という言葉は「栄誉として求める」という言葉で、キリスト者の栄誉、オナーとして語られています。

マルティン・ルターの言葉に「たとえ明日、世界が終わりになろうとも、私は今日、リンゴの木を植える」という言葉がありますように、私たちは主なる神さまに信頼し、すべてを委ねて普段どおりの与えられた自分の務めをするのであります。

いつまでも主と共にいることになる

テサロニケの信徒への手紙一4・13—18

初代教会においては、イエスの再臨は、まだ信仰者が生きている期間にあると信じられておりました。そして、主の再臨を待ち望むように教えたのであります。ところが、その間にテサロニケの教会員のなかに亡くなった人たちが複数出て、その人たちのことはどうなるのだろうという動揺が、生じたのであります。そして、そのことを使徒パウロに質問したのだと思われます。そこでパウロは、13節から、その質問に対して答えます。

「兄弟たちよ。眠っている人々については、無知でいてもらいたくない。望みを持たない外の人々のように、あなたがたが悲しむことのないためである」。14節で、「私たちが信じているように、イエスが死んで復活されたからには、同様に神はイエスにあって眠っている人々をも、イエスと一緒に導き出してくださるであろう」と言われます。ここでパウロは、「よみがえらせてくださる」という言葉ではなく、「導き出してくださるであろう」という言葉を使っております。パウロは、以下の節では、この言葉を「よみがえらせてくださる」という言葉に置き換えております。「私たちは主の言葉によって言うが、生きながらえて主の来臨の時まで残る私たちが、眠った人々より先になることは、決してないであろう」。パウロはここで、主ご自身の言葉によって言うと書いております。またパウロは、ここで、「私たち」と言い、テサロニケの、今、生きている教会員と一緒に、自分たちが、主の来臨の時まで生き残ると考えていたことがわかります。

「すなわち、主ご自身が天使のかしらの声と神のラッパの鳴り響くうちに、合図の声で、天から下って来られる。その時、キリストにあって死んだ人々が、最初によみがえり」とあります。「それから生き残っている私たちが、彼らと共に雲に包まれて引き上げられ、空中で主に会い、こうして、いつも主と共にいるであろう」。「彼らとともに雲に包まれて引き上げられ、空中で主に会」うということが言われております。これはイメージですから、「雲」とか「空中」というのが何であるのかを詮索することは、あまり意味があることではありません。大事なことは、主が来臨されるとき、私たちは、よみがえり、主と相まみえ、いつまでも主と共にいることになるということであります。「こうしていつも主と共にいるであろう」と言われます。「いつも」というのは、永遠にということであります。

確かに私たちは、今、地上で生きている間も、神さまは、どんな時にも私たちと共にいてくださいます。イエスは「神われらと共にいます」「インマヌエル」の神であられます。けれども、地上で生きている間は、その近しさ、親しさは、やはりある限りがあります。私たちは、地上においては主のみ言葉と聖餐を通し、信仰によって主が共におられることを確認いたします。けれども、終わりの時には、この上ない幸福のうちに、主を仰ぎ見、主との完全な交わりへと入り、私たちもまた主と共にいつまでも、永遠に神を享受しつついることになるのです。

光の子として

テサロニケの信徒への手紙一5・11

5節で私たちキリスト者が、「光の子であり、昼の子である」ということが言われます。私たちは、主イエスを知って救われる前は、罪と死と悪の闇の中を希望もなく、歩んでいた者でありますが、真の光として、また世を照らす光として来られた主イエス・キリストによって救われた者として、神の光の中を歩む者とされたことを意味しています。自分自身の中に光や昼の源、光源のようなものがあるのではありません。光の源は、主イエスそのお方であります。

6節から8節では、「他の人々」、つまりキリスト者でない人たちが、夜、酒を飲んで酔っ払い、眠ってしまう人に喩えられています。当時のギリシア・ローマの世界は、宴会の世界でありました。宴会、酒宴が毎日くり広げられていたのです。そのような世にあってキリスト者は、光の子、昼の子として主の来臨がいつあってもよいように「目を覚まして慎んでいよう」というのであります。ここで二度出てまいります「慎む」という言葉は、素面《しらふ》、つまり酒に酔っていないという言葉が使われております。

8節でパウロは、「信仰と愛との胸当」「救の望みの兜」という風に、当時の人たちが見慣れていた兵士たちの武具を比喩として使うことによって、私たちの信仰生活は、世の闇にあって戦いであることを示しているのではないでしょうか。地上の教会は、「戦闘の教会」（ecclesia militans）です。胸当ては、心臓を守るものであり、兜は、頭を守るものであります。どちらも要の部位でありますので、信仰、愛、希望というものが、私たちを守る武具であるのです。8節に信仰、愛、希望というキリスト者にとっての神に対する徳目、対神徳とよばれる「三つ組み」（trias）が出てまいります。この信仰、愛、希望という順番での三つ組みは、この手紙の本論が始まる冒頭の一章三節に出てきました。「あなたがたの信仰の働きと、愛の労苦と、私たちのイエスに対する望みの忍耐とを、私たちの父なる神のみまえに、絶えず思い起している」。

ですから、この手紙の主題は信仰、愛、希望であるということができるのです。その三つ組みの中で三番めに強調点があります。したがって、この手紙では、希望に重点が置かれていることがわかります。その希望とは、主イエス・キリストの死人の中からのよみがえり、復活に、確かに根ざす主イエスの来臨とそのときの私たちのからだのよみがえりに対する希望です。死を超えて私たちが主にあって与えられている、大きな希望であります。私たちは、明日への希望があるから、今、生きることができるのではないでしょうか。逆に、望みがない、絶望になってしまえば、人は、生きていくことができません。主の日は、そのように突如としてやってくるということを聞いて、恐ろしくなる人がいるかもしれません。

そこでパウロは、9節以下で、確かに主の来臨の日は、神を知らない闇の子、夜の子にとっては恐ろしいものとなるであろうが、その日は、キリスト者にとって希望であり、慰めをもたらすものであることを最後に記すのであります。

いつも喜んでいなさい

テサロニケの信徒への手紙一5・16－18

「いつも喜んでいなさい」。

はたして私たち人間は、いつも喜ぶことができるでしょうか。喜怒哀楽があるのが人生ですし、悲しいことや、嫌なことや、泣きたいこと、試練や、災害や、別れ、病や、死などに直面いたします。そういうときに私たちは、怒り、絶望し、悩み、悲しみ、涙を流します。それはそのとおりであります。かく言うパウロも、テサロニケの教会が激しい迫害を受け、困難に遭っており、またそういうなかで亡くなった兄弟姉妹がいて、彼らが、悲嘆に暮れていたことを、よく知っているのであります。聖書は、そのような人間の、人間としての喜怒哀楽を無視して、このような勧めを書いているのではありません。そうではなくて、キリスト者は、この世の人生につきものの悲しみや不幸、災いを超えて、いや、その只中に大きな喜びの空間というか、領域が突入していることを語っているのであります。それは、イエスがこの世に来られ、私たちのために十字架で死なれ、復活されたという大きな恵み、喜びがあり、そこに私たち一人ひとりが招かれ、召され、入れられているということであります。

英語で喜びのことを「エンジョイ」（enjoy）と言いますが、これは文字どおり「喜びの中に」ということです。イエスがお生まれになったとき、天の御使が、羊飼いたちに告げた言葉を思い出しましょう。「恐れるな。見よ、すべての民に与えられる大きな喜びを、あなたがたに伝える」（ルカ2・10）。この喜びは、天的な喜びであり、神的な喜びであり、永遠的な喜びであります。キリスト者は、どんな時にも、この喜びの中にいることができるのです。泣いているときも、試練のときも、病のときも、死のときも、困難なときも、私たちは、神が主イエスにあって招き入れてくださった、この大きな喜びの中にあって、喜ぶことができるのです。

「絶えず祈りなさい」。

キリスト者にとって祈りは、霊的な呼吸であると言われます。私たちが、絶えず、また意識することなく呼吸をしているように、私たちには祈りが、霊の呼吸のように神に献げられることが求められていると思います。

「すべての事について、感謝しなさい」。

この手紙の本文は1章2節でこの「感謝します」という言葉から始まったのでした。この三つのことを神が、私たちキリスト者に望んでおられることであると要約しております。ここで聖書が、「キリスト・イエスにあって」と言っていることを見落としてはならないでしょう。私たちキリスト者は、神がイエスにあって私たちになしてくださったことにおいて、また、このことのゆえにそうするのであります。

イシュ・ギュネー・ウーマン・妻

テモテへの手紙一2・11―15

聖書における女性の創造と立ち位置について少し考えてみたいと思います。

今日《こんにち》、ホットな話題になっているLGBTQ+や同性婚の問題は取り上げません。創世記には創造物語が二つあり、一つはJ資料とよばれる前八世紀頃の古い資料。それからP資料とよばれる前五世紀頃の新しい資料です。

前者の古いJ資料では、創世記2章21節にあるように女性はアダムのあばら骨から造られます。男（イシュ）から造られたので女はイシャとアダムは名づけます。名づけたのは創造主ではなく男性です。しかも男から出たのです。英語で女性を意味するwomanの語源はof manで、これもまた男性のもの、あるいは所有を意味します。生物学的には男性が女性から派生しています。人という漢字の左が男性、ちょうどあばらから右に出ているのが女性、それで両者は互いに支えあう存在であるという話も聞いたことがあります。これに反対し女性を解放するwoman-liveに対し反対する立場からは、J資料に基づきwoman-rib（あばら）ともじった言葉もあります。

他方P資料では創世記1章27節にあるように「神は人を自分の形に創造し男と女に創造された」とあり「男と女」の創造は同時であり対向存在として平等、等しく神の似姿をもつパートナーであるとされます。イエスは、P資料の「男と女に創造された」を引用しておられます（マルコ10・6、マタイ19・4）。このように創世記には、女性の創造について二つの物語があります。このテモテへの手紙一は新約後期の書簡です。2章14－17節では、女性は教師になること、また男の上に立つことを禁止しています。その理由としてアダムが女より先に創造されたことと、アダムは罪を犯さなかったが女はすっかり騙され道を踏み外したという二つのことが言われています。これは創世記のJ資料に基づきます。

女性が罪を犯したという思想は差別的であり、この箇所は時代的制約をもつものです。ギリシア語の「ギュネー」は女性と妻の両方の意味があります。ちなみに日本語の妻（つま）は、先っぽにある添え物、躓かせるもの、詰まったものを差します。「爪」「爪先」「詰まる」「つまみ食い」「詰まらない」存在、「さしみのつま」「爪楊枝」「つまむ」「積」「鼻つまみ者」「詰め将棋」など。ここから罪（つみ）という言葉が由来し、つみとは「つまったもの」「つみかさなったもの」で、「つま」は「つみ」と同じ語源です。新約時代の後期になりますと家父長的、男性優位、女性排除の方向に向かっています。女性の中に主イエスを花婿とし、当時は自分の意志ではなく配偶者が決められ、また信仰者でない人と結婚させられるので、結婚を忌避ないし解消する女性が出てきたのでした。テモテへの手紙1章15節の「女は子を産むことによって救われる」という、とんでもないことが言われるのもそのような背景があります。この箇所から、女性教職を認めない教派もありますが、日本キリスト教会は早くから女性の牧師を輩出してきました。

「主にあっては男も女もない」（ガラテヤ3・28）からであり「男と女」は対等であります。

ポンテオ・ピラトのもとに苦しみを受け

テモテへの手紙一6・13

使徒信条に出てくる「ポンテオ・ピラトのもとに苦しみを受け」という語句は何を告白しているのでしょうか。ちなみにラテン語でこの箇所は passus sub Pontio Pilato とPの頭韻を踏んでいます。「ポンテオ・ピラトのもとに」について四つのことが挙げられます。

第一には、「ポンテオ・ピラトが総督の時に」主の受難、十字架の出来事が世界史の中で起こった具体的な歴史的出来事であることを強調しています。主のご受難、その十字架による救いのみわざは、何か絵空事ではなく、また歴史を超えた無時間的なことではなく、私たちが生きているこの世界の歴史の只中で起こった出来事であるということです。

第二には、「ポンテオ・ピラトの統治下に」と理解できます。ポンテオ・ピラトに代表される地上的な権力、ローマ皇帝権力の下での苦難であることを意味しています。主はその誕生において、皇帝アウグストの統治下に生まれ、その受難の死に際しても皇帝の権力の下で死なれたのです。二世紀の古代ローマの洗礼信条に起源する使徒信条は、この語句によって、主が地上の権力によって苦しみを受けたことを想起することにより、キリスト者もまた地上的な支配、権力による弾圧を受ける可能性があることを覚悟し、キリスト者が地上の国家を超えた国と、その主なるお方に属する者であることを確認したのです。

第三には、「ポンテオ・ピラトの法廷で」と理解できます。法廷とは裁きの場所です。私たちはこの告白をするときに、ここでいったい誰が誰を裁いているのかを考えてみるように促されるのです。すなわち、ここで人類が神を裁いているのか、ドストエフスキーの大審問官のようにピラトが主を裁いているのか、それともここでは逆説的に本当は神が人類を主において裁いておられるのではないかという問題に直面するわけです。このことは次の第四のことにもつながってまいります。

第四には、使徒信条が「ポンテオ・ピラトよって苦しみを受け」とは告白していないことに気づきます。ピラトが主を十字架につけた行為主体。張本人ではないということです。主を十字架につけたのは誰か。イスカリオテのユダか、ユダヤ人か、全人類か、また父なる神なのでしょうか。ピラトは神の救いの出来事が、世界史的な出来事となる接点でその役割を果たした人物であり、私たちがこの告白をするのは、ピラトが張本人だというのではないのです。

最後に、「苦しみを受け」の方ですが、初め使徒信条には「ポンテオ・ピラトのもとに十字架につけられ」で「苦しみを受け」はありませんでした。その後、この語句が挿入されたのは、苦しみについてキリスト者の信仰生活に伴う苦難や、迫害における殉教の経験が共感したのです。受難のことを英語でパッション、他方、共感のことをコンパッションと申します。まさに主の苦難にキリスト者たちが自分たちの苦難でもってコンパッションしたのです。主は、神に背いた私たち人間が負うべき死の苦しみ、永遠の裁きを私たちにかわって負ってくださったのです。

そのうちに語り給ふ聖霊は

テモテへの手紙二3・15、16

「日本キリスト教会信仰の告白」の「そのうちに語り給ふ聖霊は」という箇所を取り上げます。主題は聖書の霊感です。まず、「聖書の霊感」に関する聖書的典拠となったのは、テモテへの手紙二3章15―16節とペトロの手紙二1章2節です。旧日本基督教会の信仰告白は、「新旧両約の聖書のうちに語りたまふ聖霊は」となっていました。われわれの教会は、これを受け継いでいます。聖書が霊感を受けた書物であることは正統教会で一致しています。意見が分かれるのは聖書と霊感の関係です。

一、まず聖書霊感論です。これについては二つの立場があります。㈠いわゆる逐語霊感説です。二つの典拠のうちテモテへの手紙二3章15、16節に重きを置き、聖書は神が聖書記者を、いわば機械的道具として逐語的に神感されているという立場です。正統主義時代のキリスト教、ファンダメンタリズム（聖書根本主義）の立場で、「新旧約聖書は神の言にして」の説教で申し上げました、聖書の二重性を認めない、聖書批評を認めない。聖書が語るという主張で、これは聖書無謬説になります。聖書が「紙の教皇」（paper pope）になるのです。㈡人格感動説でペトロの手紙二1章21節に重きを置きます。聖霊に感動して歴史的、性格的、個性的に異なる人が語ったという立場です。われわれは聖書の二重性に照らして、この立場を取ります。

二、次に問題となるのは、聖書の権威の問題です。聖書の権威の根拠は、どこにあるのかということです。これについても二つの立場があります。㈠外的証明説は、教会の権威がこれを決定した、万人が読んでいる、またその影響が証明している、というのです。確かに教会が聖書を生み、また正典を決定しました。しかし、他方、その聖書によって教会が建ちました。また聖書正典を結集するにあたって働いたのは聖霊です。またその聖書正典は聖霊によって霊感されたものです。とすると聖書と教会は共に聖霊の所産であるということです。㈡内的証示説は、これは聖霊が「神の言葉」であることを証明するという主張です。これを「聖霊の内的証示」と言います。聖霊が聖書のうちに神のみ言葉であることを証明するという立場で、カルヴァンの主張です。神の言葉を語るのは「聖書」そのものではなく、そのうちに語るのは聖霊であるということです。聖霊の自由です。私たちの信仰告白はカルヴァン的です。

三、第三の問題は、聖霊は聖書から離れて活動することはあるのか、否かという問題です。これについてもあるとないとに意見が分かれますが、私は「ある」という立場です。ヨハネによる福音書3章6節、創世記1章2節を見ますと聖霊なる神は霊であり、人格的自由から考えて「ある」。人が導かれて教会に来、聖書や説教にふれる信仰告白以前の神の導き、それは聖霊の導きによります。聖霊は人をイエスへと導く神なのです。

しかし、神は人間を救う秩序、「救いの秩序」（ordo salutis）として正典において聖霊が語ることを欲したもうたのです。それは神が御子イエスにおいて神の言を肉体化したのと同じように、今度は聖書の中において、またそこから語ることを欲したもうたということです。

日本人になぜキリスト教は広まらないのか

テモテへの手紙二4・2

「なぜ日本人にキリスト教が広まらないのか」について、少しく考えてみたいと思います。

キリスト教は、一五四九年にザビエルが布教し、ローマ・カトリックが伝わりました。それ以降、キリスト教は拡大しましたが、やがて豊臣秀吉がバテレンを追放し、禁教政策が取られます。その理由はポルトガル、スペインの宣教が、当時世界を二分した両国の領土拡大、侵略政策と繋がっていたからです。まず宣教師を送り込み、それから侵略、支配するという方法を取ったからです。禁教政策を受け継いだ徳川幕府は、キリシタンを取り締まるための本山末寺制度と檀家制度を取り入れました。それにより日本人が皆、仏教の檀家となりました。寺に墓があり、先祖代々の供養がなされるからです。それから、日本人の民度の高さ、清潔さがあります。十六世紀に日本に来た宣教師たちの報告には、日本人が自分たちヨーロッパよりも綺麗好きで民度が高く、宣教する必要に疑問を呈しているものが見られます。日本の神社、仏閣の清浄さは言うまでもありません。西欧キリスト教世界は、戦争と侵略をくり返してきました。今でもロシア、ウクライナは両国ともキリスト教の国です。キリスト教国家のキリスト教徒たちは、キリスト教こそが真《しん》かつ最高の宗教であり、それ以外の宗教は邪教、偶像崇拝であり、それらを信じている民は野蛮で、人間として認めないという態度さえ取ったのです。アフリカの黒人奴隷貿易、黒人虐殺等は、彼らを人間として認めなかったからです。また明治六年の開教後は、主に佐幕派の士族にキリスト教が入り、国家神道、藩閥政府と対抗するマイノリティーとなったことも理由に挙げられます。アメリカにメイフラワー号で渡った清教徒たちは最初の冬の寒さと食料不足に苦しみましたが、それを助けてくれたインディアン（ネイティブアメリカン）から食料などを受けました。それが収穫感謝祭の起源ですが、やがて彼らに土地所有の概念がないことを知り、彼らに天然痘の菌が付いた毛布を与え、彼らを殺戮し、土地を奪っていきました。私は、学生時代、福音派のアメリカ人宣教師の婦人から英語を習ったことがあり、自宅にもよばれてもてなしを受けました。大変、親切で敬虔な方でしたが、話がアメリカのインディアンに及ぶと、彼らがいかに無知蒙昧で偶像崇拝、迷信に囚われているかと嫌悪して語ったのを思い出します。マッカーサーが、日本人は十二歳の道徳観念しかもっていないと言いましたが、これもキリスト教から見た日本人に対する偏見です。

「時がよくても悪くても」とあります。ここの「時」は「カイロス」という、神が出来事として起こす満ちて来る時、「神の時」を意味する言葉で、「クロノス」という言葉で語られる計測可能な「人間の時」ではありません。

日本は、信教の自由が認められていますが、世界で最もクリスチャンの割合が低い国です。けれども伝道者また教会は、いかなる時代や状況下にあっても、み言葉を告げ知らせるように命じられています。伝道集会が予定されています。私たちの教会も地域にみ言葉を宣べ伝えていくものでありたいと思います。

フィレモンへの手紙12

彼は私の心そのものです

短いフィレモンへの手紙からみ言葉に聴きたいと思います。

「私は、祈りの度に、あなたのことを思い起こして、いつも私の神に感謝しています」(4節)。パウロは手紙の名宛人であるフィレモンのことを思い起こして感謝して祈ります。祈りとは、主にある共に教会生活をしている兄弟姉妹のことを絶えず思い起こし、覚え、兄弟・姉妹たちに与えられた神の恵みを感謝することなのであります。祈りは想起、思い出すこと、覚えることと結びついています。英語の「考える」(think)から「感謝する」(thank)という言葉ができた、またドイツ語の「考える」(denken)から「感謝する」(danken)という言葉ができたということを聞いたことがありますが、私たちが祈りにおいて自分や兄弟姉妹また教会に与えられた神の恵みを覚え、思い出し、考えるとき、それはいつも感謝になるのです。「私の心であるオネシモを、あなたのもとに送り帰します」(12節)。

ところで今回の「聖書協会共同訳」では13節の訳が正しくなりました。従来の訳はすべて「あなたに代わって私に」と、フィレモンに代わってオネシモが、獄中のパウロに仕える意味に訳しています。しかし、オネシモは逃亡するまでフィレモンに仕えていたので、獄中にいる間は、フィレモンのためにではなく、自分に仕えてほしいと思ったということです。従来の訳は別訳として欄外に残しています。

12節に戻ります。パウロは、ローマの信徒の手紙のように、とても論理的な手紙を書く人ですが、その底には主にある教会のキリストへの、主の教会の兄弟姉妹たちへの熱い心をもった人でした。パウロは、主人であったフィレモンのもとから逃げてきた奴隷であるオネシモを主人の許に送り返すにあたってオネシモのことを「私の心である」とまで言っています。

昔、神学校の教授から人を動かすのは、知性や論理ではなく心であるということを聞いたことがあります。心と心のつながり、ふれあいが大切だということでしょう。パウロは、自分の書く手紙の主題や相手との関わりの中でそれぞれキーワードを用いています。この手紙ではそれは「心」です。この短い手紙に心という言葉が、12節を含め三回出てきます。「聖なる者たちの心があなたのお陰で元気づけられた」（7節）。「キリストによって、私の心を元気づけてください」（20節）。

ここで「心」と訳されている言葉は「腸」という言葉です。聖書においてまた広く古代人、また日本人もそうですが、心は「はらわた」「腸」に宿ると考えておりました。「むらぎも」とは肝、腸のことで「心」の枕詞です。この言葉から「憐れむ」という言葉が出てまいります。

私たち主にある兄弟・姉妹が同じ心、キリストからいただく憐れみの心をもって共に生きていくことができるなら幸いであります。

一回性とセカンドチャンス

ヘブライ人への手紙6・4－6

ヘブライ人への手紙から学びたいと思います。この手紙は、伝統的にパウロ書簡とされてきましたが、今ではパウロよりも後の匿名の人の著作とされています。

一期一会という言葉があります。これは茶道、茶の湯で使われる言葉で、人との出会いは、これが人生で一回切りという気持ちで真剣に相手を大事に接するということです。そういう意味で一回性ということは大事です。さて、この書物にはいくつかの特徴がありますが、その中で「ただ一度」（ギリシア語でエファパックス、ハパックス）論があります。この言葉は新約聖書においてヘブライ書にたくさん出てきます（7・27、9・12、10・10などです）。すべて大祭司キリストの贖罪の犠牲の唯一回性についての言及の中で使用されます。これは、パウロのローマの信徒への手紙6章10節の「キリストが死なれたのは、ただ一度罪に対して死なれたのであり」の思想を受け継ぐものです。「その後に堕落した者の場合には、再び悔い改めに立ち帰らせることはできません。神の子を自分の手で改めて十字架につけ、侮辱する者だからです」（6・6、10・26）。これは、キリストの贖罪の唯一回性という思想の神学的な帰結です。ヘブライ人への手紙は、東方教会では比較的早く正典に入りましたが、洗礼後に犯した大罪について悔い改めを認める西方教会では、この手紙が二度めの悔い改めを拒絶する思想のゆえに、正典になかなか入りませんでした。キリスト教では、人生は一回だけと考えます。それゆえ、神から与えられた一度限りの自分の人生も他者の人生も大切にして生きていこうという考えになります。

でもこの一回性ということについてはセカンドチャンスの問題も出てくるのです。キリスト教にふれることない時代の人、生まれてすぐに亡くなった子ども、戦争や災害、不運で亡くなった人たちについてどうなるのか。キリスト教では、それも神から与えられたものである、運命であり神に委ねましょうとなります。ダンテも『神曲』の天国篇第19歌の中でこの問題を取り上げています。これに対し東洋思想は、輪廻（reincarnation）という考えです。さまざまなタイプがありますが、人は生まれ変わりチャンスと試練が与えられるというのです。不幸で亡くなった人は、次は幸福な人生に生まれ変わる。セカンドチャンスがあるのです。他方、人や蟻を踏みつけた人は、次は踏みつけられる生へと生まれ変わる。そういう意味で倫理もありますし、カルマ（業）からの脱却を仏教は説きます。キリスト教はそういう考えを取りませんが、セカンドチャンスも一回性と共に大切と思います。

アメリカは、麻薬中毒やアルコール依存症などを克服した人たちをリスペクトするエトスがあります。つまり、セカンドチャンスを認める文化です。これに対して日本は一度大きな罪を犯した人や堕落した人に対して比較的冷たいように思います。私たちは一期一会、ヘブライ書のいう一回性ということを大事にするとともに、セカンドチャンスを与えるということも大事だと思います。

しかし、神はそれにまさる恵みを

ヤコブの手紙4・5、6

5節は、ヤコブの手紙においても、また新約聖書においても、最も難解な箇所です。その理由はいくつかあります。一つは、5節の始めに、あなたがたは「聖書に書いてあるのは、むなしい言葉だと思うのか」とあり、その後に、その聖書の箇所の引用があると考えられております。しかし、その後に続く引用がどこまでなのかという問題があるのです。「口語訳」は、その後に続く文を引用ととり、「神は私たちの内に住まわせた霊をねたむほどに愛しておられる」と訳しております。「新共同訳」は、引用を次の6節の前半の文にまで広げ、「神はわたしたちの内に住まわせた霊を、ねたむほどに深く愛しておられ、もっと豊かな恵みをくださる」としています。しかしいずれにしても、聖書の引用箇所が見つからないのです。この箇所は、「私たちの内に宿った霊が妬みに向かって切望するのです。しかし、神はいや増しの恵みを与えてくださいます」と訳すべきだと考えます。

著者は1節で、「戦いや争いがいったいどこから来るのか」という問題を取り上げ、それが人間の中の欲情から来るのだ。人間は、そのような欲情に駆られて、神を求めず、神でないものを求めるから、求めても与えられないのだと言っているのです。そのことはすでに、1章の13節以下で出てきたことです。そこでは、人間を誘惑する試練は、神から来るのでも、外の悪魔から来るのでもなく、14節にあるように、「人が誘惑に陥るのは、それぞれ、欲に引かれ、誘われるからである。欲がはらんで罪を生み、罪が熟して死を生み出す」と。聖書においては、誘惑や罪への誘いは悪魔から来ると考えられている箇所があります。これは、人間の罪の悪魔的な次元を捉えてはいますが、それだと、人間ではなくて、悪魔が悪いということになり、人間の倫理的な責任主体は軽くなってしまいます。ヤコブの教会の中には、「誘惑が神から来るのだ」と考える人たちもいたようです。

これに対し著者は、人間が誘惑に惹かれて罪を犯し、その罪が熟して死を生み出すのだと考えております。これはあくまでも、神でもなければ、悪魔が人間を誘惑するのでもなく、人間のなかの心が、誘惑に負けて罪を犯すのだという立場で、非常に現代的だとも言えます。それゆえ、この4章の5節は「私たちに宿った霊」、これは神が宿らせた人間の霊でも、またペンテコステや洗礼を受けたときに与えられる聖霊でもなく、生まれながらの人間の霊であって、これが妬みへと向かって切望するということです。

けれども6節前半、神は、それに優《まさ》る恵みをたもうのだと。そこで次の、「であるから『神は高ぶる者をしりぞけ、遜《へりくだ》る者に恵みを賜う』」という聖書の引用が出てくるのです。箴言の3章の34節のみ言葉です。神の前に遜るか、高ぶるかは、私たちの心の向け方、ありようにかかっているということです。私たちの心、霊は、生まれながらには妬みや嫉みに向かっていくけれども、私たちが神に向かうなら、神は、私たちに妬みに打ち勝つ、より大いなる恵みを与えてくださるということで、ローマの信徒への手紙5章20節でパウロが言っていることと同じなのです。

まことに彼はわれわれの病を負い㈠

ヤコブの手紙5・13

キリスト教は病についてどのように考えているのでしょうか。また、キリスト者は自分たちや他の兄弟、姉妹や隣人が罹る病についてどのように考えているのでしょうか。イエスは多くの病気の人を憐れまれ、またお癒しになられました。しかし、そこで問題になったことは病気そのものの癒しであるよりは、その人の全人格の癒し、罪の赦しでした。

ヤコブの手紙の最後の部分でヤコブが取り組んでいる問題は、私たちの病のことです。病にある人と、その人と共にいる教会の人たちに対する勧めであります。13節でまず原則を語っています。「あなたがたの中で」とありますように、教会員に向けられています。教会員の中で「苦しんでいる人」と「喜んでいる人」がいることが言われています。会員に二種類あるというのではなく、このような状態は私たち皆がどちらも経験することです。

「苦しんでいる人」というのは苦しみを受けている人、辛い試練に遭っている人ということです。苦しみを受けた時、私たちはいろいろなことを考えます。なぜ自分だけがこんな目に遭うのかと思い、落ち込んだり、他人に当たったり、苦しんでない人たちを見て妬ましく思ったり、神が信じられなくなったりします。また自分の罪があると感じられる場合には自責の念に駆られたりします。そのような人に対してヤコブは単純に「祈りなさい」と命じています。苦しみにあるとき、祈り続けることは難しいことかもしれません。祈ることは、神さまとの人格的な関係を続けるということです。長い祈りをする必要はありません。「私を助けてください」「主よ、癒してください」という短い祈りでいいのです。神は、私たちを救うために独り子を世に送り、イエスは私たちの罪のために十字架で苦しみ、死んでくださったお方です。このことを覚えるとき、私たちの苦しみはイエスの苦しみにあずかる苦しみになっていくのではないでしょうか。このお方は私たちのあらゆる病を知っておられ、その病を負ってくださったお方なのです。

次に「喜んでいる人は賛美の歌をうたいなさい」とあります。「喜んでいる人」というのは「ハッピーな人」ということです。そのような人が神に感謝して讃美を献げることは、苦しんでいる人が神に祈り続けるよりも簡単なことのように一見、思われます。しかし、そうでしょうか。人は幸福なとき、順風満帆の時、かえって神を忘れ、高ぶるのではないでしょうか。ヤコブの教会には商売や事業で成功して高ぶっていた人がいたようです。いつのまにか他の人を見下げ、富や成功に有頂天となり、神から心が離れてしまった人たちがいたのです。「賛美の歌をうたいなさい」。讃美の歌をうたうとはいつも神に栄光と誉れとを帰することです。

私たちの人生には苦しみがあり、喜びがあります。いまここに集まっている私たちも、苦しみの中にある人もあれば、喜びの中にある人もあるでしょう。私たちは、共に礼拝に出席して神に祈り、神をほめたたえ讃美して生きていくのです。

まことに彼はわれわれの病を負い㈡

ヤコブの手紙5・14

この箇所で、ヤコブが取り組んでいる問題は、私たちの病のことです。病にある人と、その人と共にある教会の人たちに対する勧めであります。14節で、ヤコブは、病気で教会の礼拝に集えなくなった人に対して薦めをしております。病気で苦しんでいる人に対して、さらに自分個人の祈りにとどまらず、他者の祈り、執り成しの祈りが薦められています。礼拝において私たちは、礼拝に出席できなくなった人のことを覚えて祈ります。また、病床を訪問することもおこなうのです。この病床訪問の目的は何でしょうか。そのことについては、ここから三つのことを受け止めることができます。

まず、ヤコブの教会においては、「病気の人が教会の長老を呼ぶ」ように薦めております。病気の人の意向を無視して、教会の長老や牧師が、無断で訪問することは、望ましいことではないでしょう。現代において病院や自宅において病気の人は、さまざまな身体的な状況に置かれております。病気の人の意思や、心や、環境の準備ということを当然考えて訪問をなすのです。病気の人、たとえ死に臨んでいる人でも、言うまでもなく、人間の尊厳があるのです。

第二の点は、まず、「教会の長老を招け」とあることから。訪問は、教会の公的な牧会としておこなわれるということです。病床訪問をすることは、主の教会のなす、「魂に対する配慮」（Seelsorge）として公的になされるということです。もちろん、訪問が秘密になされるということはあるかもしれません。訪問をしたことを全教会員に知らせる必要は、ないでしょう。しかし、訪問を要請する病者も、訪問する方も共に、教会の営み、教会の交わりの中で、これがなされるのだということを覚える必要があります。なぜ、同じ人間でありながら病の苦しみを深く経験する人があるのでしょうか。ボンヘッファーは次のように書いております。「われわれの上にはすべて同じ呪いがある。しかしある人たちはその呪いを他のすべての人たちよりも深く、またより大きな痛みをもって経験する。そこでその人たちはわれわれを助けて、世界の真の状態を知ることができるようにするのである」。

第三のことは、病床訪問の目的は何かということです。15節以下で展開されておりますが、14節だけで言うと、「それは主の名によってオリーブ油を塗り、祈る」ということです。これは、油注ぎということですから、聖霊の注ぎによる聖別を意味するものでしょう。私たちの教会では、オリーブ油を注ぐことはしませんが、聖霊の注ぎを祈ることには、変わりありません。聖霊が豊かに注がれて、この病床にある人の信仰が強められ、励まされ、慰められるということでしょう。そして、それは、主の名によってなされるのです。

主が、どんな時にも共にいてくださること、この主が、すべての病を知り、またご自身に病を負われて十字架についてくださり、すべての罪を赦し、私たちを贖い、地上の命や肉体的な命を超えて、復活の大いなる命へと、私たちを招いてくださっていることが、私たちキリスト者の唯一の慰めなのです。

まことに彼はわれわれの病を負い㈢

ヤコブの手紙5・15

ヤコブの手紙が5章の終わりにあたって書くことは、この箇所からもわかりますように、ある意味では意外にも、祈り、それも信仰による祈りのことであります。

ここでヤコブは、信仰による祈りは、病んでいる人を救うというのです。「救う」という大胆な言葉が使われております。しかも、地上に生きられた主イエスがなさった病人の癒しという問題を、ここでヤコブは、正面から見据えて問題としております。病気の人は何を求めるのでしょうか。それは癒しであります。この死すべき体の贖われることを求めているのです。それは言い換えれば、この死すべき体に代わる新しい体を求めているのです。今日《こんにち》、臓器移植や再生医療などが進んでいますが、これも結局は死に終わる体を何とかして、もう一つの新しい体に置き換えようという人類の努力ではないでしょうか。石川啄木の歌に「新しきからだを欲しと思ひけり手術の傷の痕をなでつつ」というのがあります。

罪を赦し、私たちを贖い救い、復活の希望を与えてくださるお方として主イエスは、私たちの世界に来られ、私たちの罪と病と死とを、ご自分の身にひき受け十字架で死んでくださったのです。私たちは心や体が弱くなり病むときには、自分が過去に犯したいろいろな罪のことが思い出され、自分が取り返しのつかないことをしてきたことに苦しみ、また場合によっては、自分が今、このような状態にあることが、その結果や因果応報や罰のように思われたりします。綺麗な体、綺麗な心で、また罪を洗われ、清められて死んでいきたい、そして新しい体と心になって生まれ変わりたいと思うのではないでしょうか。

そう願い、病床洗礼を受ける人もいます。したがって、キリストによる罪の赦しを祈るということであります。信仰者の祈りそのものが、病んでいる人を救うということではないでしょう。病を癒し、病んでいる人を救うお方は、ただ一人、主なる神さまであられるからです。それゆえ、私たち信仰者は、病床にある人のために祈りますが、それは、主イエスがもたらしてくださった罪の赦しを祈るのです。私たちが病床ですべきこと、それは、信仰によって祈ることであります。

ヤコブは、そのような意味で、「信仰による祈は、病んでいる人を救い」と書いたのです。そして続けて言います。「主はその人を立ちあがらせて下さる」と。「立ち上がらせて下さる」というのは未来形で、「立ち上がらせてくださるであろう」ということですが、これは信仰者が祈れば、病気が癒されて、病床から、その人は起き上がるでしょうということを言っているのではありません。もちろん、病気の癒しという、いわば、奇跡が起こることも全くないということは言えないでしょう。しかし、ここで言われていることは、罪の赦しを語り、主イエスによる贖いを祈ることによって、その人が、主の救いにあずかる者となり、やがて、地上の生命の後に、新しい体をもって、よみがえる者とされるであろうということを言っているのです。

ペトロの手紙一1・1、2

挨拶

ペトロの第一の手紙は、公同書簡の一つです。1−2節は、手紙の挨拶の部分です。差し出し人は「イエス・キリストの使徒ペトロ」とあります。著者は、使徒ペトロの名において、この手紙を書いております。手紙は1世紀末にローマから、皇帝ドミティアヌスによる迫害下にあった小アジアの諸教会に宛てて書かれました。「離散して仮住まいをしている人たちへ」とあります。離散と訳されている言葉は、「ディアスポラ」という言葉です。私たちもまた、この地上にあって「離散して仮住まいをしている」者たちです。キリスト者の真の家、故郷は天のみ国にあるからです。2節はそのような地上の寄留者であり、天に国籍をもつキリスト者について本質的なことが言われております。ここに、父、御子、聖霊という三位一体（三つ組み）が出てきます。これは洗礼に関係しています。実際、著者は、復活祭における洗礼を念頭に、この手紙を書いています。順番が、父なる神、聖霊、キリストとなっております。そして父には予知という言葉がついております。私たちが洗礼を受けてキリスト者になるのは、まず父なる神が予知されたことなのです。私たちがキリスト者になるのは、永遠の先に父が予知してくださった神の選びであるということです。

原文では「選ばれた者たちへ」というのが、宛名の最初に出てきます。この選びは、父なる神の永遠の昔からの定めによるというのです。次の「霊によって聖なる者とされ」というのは、聖霊による聖別です。聖霊なる神が、ご自身の全き聖性の中に私たちを恵みによって取り分けてくださるということです。

「イエス・キリストに従い、またその血を注ぎかけていただくために」とあります。出エジプト記24章3節以下は、モーセが主と結んだ契約を民に読み聞かせ、民が誓約した後、モーセは血を取り、民に振りかけ、「見よ、これは主がこれらの言葉に基づいてあなたたちと結ばれた契約の血である」と言ったとあります。これによれば、父の予知に従い、聖霊によって聖別された者は、キリストに従う者となり、キリストが十字架の血で結んでくださった新しい契約の民になることを誓う者とされたということです。私たちが契約の血を注ぎかけられていることは、主の血による新しい契約の民とされたことの保証として聖餐にあずかる者とされたということです。また聖別されたキリスト者が、どこに向かっていくかということをさしているとも思われます。主に従うことは、イエスの血の注ぎを受けることに向かっていくというのです。キリスト者は、主が私たちを救うために流した血の注ぎを受けるような試練や苦しみにあずかるのです。

挨拶は「恵みと平安とが、あなたがたに豊かに加わるように」という祝福で終わります。三位一体の神の名において洗礼を受け、キリスト者には、神から来る恵みと平安が信仰生活の中で増し加わっていきます。そのことを確信し、互いにそれを祝福として、また挨拶として祈るのです。

主が守ってくださる

ペトロの手紙一　1・3－5

ペトロの手紙一の本文は「ほめたたえられますように」という言葉で始まっております。本文の最後もまた「力が世々限りなく神にありますように、アーメン」という神讃美で終わっております。私たちキリスト者の信仰生活もまた神讃美に始まり、神讃美に終わるものでありたいと思いますし、また実際にそうなのです。その神讃美が出てくる内容ないしは根拠が以下の3節で語られております。

「神は豊かな憐れみにより、私たちを新たに生まれさせ」とあります。これはキリスト者の洗礼のことです。人は主イエス・キリストを救い主と信じ、洗礼を受けることによって、もう一度生まれ変わることができる、新生、再生することができるのです。新生の動因と手段がここに示されております。それは父なる神の「豊かな憐れみにより」ということです。憐れみとは天地万物に先だつ神の愛にほかなりません。私たちが神にそむき、神を忘れ、自分中心の生き方をしていたときよりも、もっと前から神は私たちを憐れみ愛しんでくださったのです。

次に語られていることは新生のための具体的な手段です。「死者の中からのイエス・キリストの復活によって」ということです。神はこのキリストを死人の中からよみがえらせるという出来事を手段として私たちを新生させたというのです。洗礼はそのイエスの死と復活にあずかることです。その結果、私たちに「生き生きとした希望」が与えられたと聖書は語ります。地上で懐く希望は儚く、また失望に終わったりします。根拠のないものであるかもしれません。何よりも地上の死によって希望は終わります。けれども、神が私たちに与えてくださった希望は失望に終わることはなく、イエス・キリストの復活によって確かな根拠を与えられております。それは地上の死を超えた天的な永遠の命につながっています。そこで著者は4節で、その希望を言い換えて「あなたがたのために天に蓄えられている、朽ちず、汚れず、しぼまない財産を受け継ぐ者としてくださいました」と言うのです。

4節まで読んだ読者の中には思うかもしれません。なるほど私たちキリスト者は天の光栄ある資産を受け継ぐ者となった。しかし、私たちは地上に生きている。天に財産を相続するまでの間、私たちは地上で迫害を受け、試練や病気や世の圧迫に晒され生きていかなければならないとしたら、それでは私たちはやはり見捨てられた者ではないか。こういう問いや疑念を予想して手紙の著者は、私たち地上の信仰者の歩みについてもまた神の磐石の守り、ご加護があることを5節で「あなたがたは、終わりの時に現されるように準備されている救いを受けるために、神の力により、信仰によって守られて」いると言って保障し、安心させるのです」。

私たち、天の資産を受け継ぐ者とされた信仰者は、地上の生涯が終わり、天に召されるときまでは、しっかりと全能の神のみ力のうちに守られているということです。

信仰は試練によって――大いなる逆説

ペトロの手紙一 1・6–9

宗教改革者ルターの言葉に「祈りと黙想と試練が神学者を造る」(oratio, meditatio, tentatio faciunt theologum)という言葉があります。神に祈ること、み言葉を思いめぐらすことは確かに神学者を造るでしょう。しかし試練がなぜ神学者を造るのでしょうか。ペトロの第一の手紙の著者は6節から信仰者がこの世で受ける試練の問題を取り上げております。試練は信仰者にとってどのような意味があるのでしょうか。それはできればなしで済ませることが望ましいマイナス、あるいは避けられない必要悪のようなものなのでしょうか。

7節では信仰が金と比較されております。金は火によって不純物を取り除かれ何度も精錬されて純度の高いものになります。そのように信仰者も試練という火によって不純物が取り除かれ純化されるのです。このことは手紙の著者が権威として名乗っているペトロ自身の経験でもあったでしょう。ペトロは主を三度否むという大きな試練を経験しました。しかし信仰は金よりもはるかに尊いのです。金が結局は地上的なものであり、朽ちゆくものであるのに対し、信仰は地上を超えて永続する価値をもつからです。またその価値は本人にとっても永続するからです。そのことを著者は、信仰は試練によって純化され「イエス・キリストが現れるときには、称賛と光栄と誉れ」とに変わるというのです。これは主イエス・キリストを私たちが見るとき、地上の信仰が何か異質なもの、違うものに変化するということではありません。信仰者は、すでに地上にあって主イエス・キリストに「讃美と栄光と誉れ」とを帰しています。信仰が純化されてその讃美がまさに讃美そのもの、大いなる讃美になるということです。このような終わりの時に約束された信仰者の輝かしい状態を述べて、著者は信仰者の現在にまた目を戻します。

ここに一つの「にもかかわらず」という逆説があります。信仰者は地上で現在さまざまな試練にあって悩むけれども、他方、大いに喜んでいるという逆接であります。試練は一時的であり、信仰は永続的なものです。悲しみは一時的なものであり、喜びは永続的なものです。さらに学ぶことは、試練は一時的なものですが、それは必然的なものだということです。「悩まねばならないかもしれない」とあります。試練は物理的必然でもなければとんだ災難やさいころのようにたまたま不幸に見舞われるということではないのです。それは必然であるのです。けれども必然といっても物理的必然、宿命、運命ということではなく、神の意思による必然、意志的必然です。

「もし神がそうでなければならぬものとして意思したもうものであれば」あるいは「もしそれが神のみこころとしてそうでなければならないとすれば」ということで、ラテン語で「コンティンゲンティア」(contingentia)と申します。信仰は「それゆえに」ではなく「にもかかわらず」であるといわれます。地上では試練があり、悩み悲しみがあります。にもかかわらず、私たちは喜んでいることができるのです。

天から遣わされた聖霊に導かれて

ペトロの手紙一1・10－12

聖書は私たちに神が歴史のなかで現してくださった救いについて語っています。旧約聖書は神の救いの出来事の歴史にとってどんな意味をもつのでしょうか。手紙の著者はこの問題についてこの箇所の10、11節で、旧約聖書の預言者たちのしたことについて三つの点で答えています。

第一に、旧約の預言者は彼らに宿ったキリストの霊が証したことを丹念に調べ語ったということです。彼らに働いたのは彼らに宿った聖霊であり、キリストの霊であるというのです。キリストの霊というのはキリストのうちにある聖霊です。キリストは神の子、子なる神としてはナザレのイエスという人となる前から存在していたのです。聖霊なる神は子なるキリストの霊として旧約聖書の時代は預言者に宿り、彼らに神さまがおこなわれる人間の救いの出来事についてあらかじめ証ししたというのです。

第二に、その救いの出来事の内容とは何かというと、「キリストの苦難とその後の栄光」であります。これが旧約聖書の内容だというのです。順番が大事です。キリストの十字架の苦難と死を抜きに、キリストの栄光を語ることは許されません。12節に「天から遣わされた聖霊」という言葉が出てまいります。この言葉はペンテコステの出来事をさしております。聖霊降臨において天から降った聖霊は、「突如」(subito)として天から降ってきたものではないということが前の二節との関連で示されています。聖霊降臨で天から降った聖霊は10、11節でみましたように旧約聖書の預言者においてはキリストの霊として彼らのうちにキリストの受難とそれに続く栄光を証ししたものであり、11節においてその預言はイエス・キリストの十字架と復活により成就いたします。地上のイエスにおいてはキリストの霊としてナザレのイエスに宿ったのであります。ここで「降った」ではなく「遣わされた」とある「遣わす」という言葉は「使徒」という言葉「遣わされた者」と同じ言葉です。使徒行伝は別名「聖霊行伝」とも言われますが、天から遣わされた聖霊に感じて全世界に遣わされていった使徒たちの活動記録ということができるのです。

最後にこの箇所は私たちには一見奇異にも思える記述で終わっております。それは「天使たちも見て確かめたいと願っている」という文です。元の言葉は「興味津々窓から覗き見る」といった意味の言葉です。神はなぜ、天使に人間への福音宣教を委ねなかったのでしょうか。天使の方が経験もあり有能であるのに。人は弱く、愚かで、躓きやすい者であるのに。答えはパウロの次の言葉にあります。「神は、宣教の愚かさによって、信じる者を救うこととされたのである」。ここで「宣教の愚かさによって」というのは宣教という「手段」の愚かさではなく、宣教の「内容」つまり「十字架の愚かさ」であります。神は「十字架の愚かさ」によって信じる者を救うことを神の決断として人間に委ねることを決断されたということです。私たちはこの神の決断としての委託に心から応え、「神の愚かさ」である十字架につけられたイエス・キリストをあくまでも宣べ伝える者でありたいと思います。

あなたがたは聖なる者となれ

ペトロの手紙一1・13–16

聖、それは、聖書の概念では、聖なる者、聖なるお方は神おひとりであって、したがって神を聖なるお方として区別するということです。それはつまるところ礼拝にほかなりません。そのことについては、今日、取り上げた出エジプト記の3章のモーセの召命の記事がよく示しております。

私たち人間は好奇心をもっております。何かに好奇心を懐くことは科学の始めです。「道をそれて、この不思議な光景を見届けよう。どうしてあの柴は燃え尽きないのだろう」とありますように、モーセもまた、あっというまに燃え尽きるはずの柴がいつまでも燃え尽きることなく燃えているのを見て好奇心を懐いたのです。そのような好奇心から他の森羅万象すべてに接近するような知的態度で神に接近しようとしたモーセに、神は「モーセよ、モーセよ」と懇ろに呼びかけ、「ここに近づいてはいけない。足から靴を脱ぎなさい。あなたが立っているその場所は聖なる地だからである」と言われました。私たちが神の言葉を聴き、神と出会う場所、そこは礼拝の場所であり、足から靴を脱いで礼拝する聖なる場所です。私たち人間は、聖なる神さまとの出会いの中で自分の卑小さ、罪深さ、弱さを知らされます。そのような私たちの罪が赦され、へりくだらされる、謙虚にされるということです。聖なる地といわれる場合のヘブライ語の「聖」（コーデシュ）という言葉は「区別する」という意味の言葉からきております。積極的には、神だけを神として区別する、消極的には、神以外のものを神としないで区別することであります。神を聖とするということは、まさに礼拝にほかなりません。そして礼拝は神に対する信仰によりますから、信仰によって神を礼拝するということです。

ペトロは15節で神さまのことを「あなたがたを召してくださった聖なるかた」とよんでおります。モーセだけではありません。私たちもまた神が召してくださったのです。それは私たちが神に救われ洗礼を受けてキリスト者となったということを示しております。こうして私たちは聖なる神の前に、罪赦されて近づくことができ、聖なる者とされたがゆえに、聖なる者となることが命じられているのです。しかし、ここで神が聖なる者であるから、あなたがたも聖なる者となりなさいと言われていても、私たちが神と同じ聖性、聖化のレベルに到達することはできないでしょう。

宗教改革者カルヴァンはつぎのように言っております。「聖なる者となるように最も完璧なおこないをなすものでさえ、その目的からはかなり隔たっているのであるから、われわれは毎日励まなくてはならない」。また聖化されるのは、私たちの努力や能力によってではありません。聖でない私たちを招き、私たちの罪を赦し、私たちを聖化してくださるお方はひとえにただ百パーセント聖なる神であられます。私たちは、私たちを召してくださった、このお方に信頼し、このお方と礼拝においてみ言葉に聴き、従っていくことにより聖化されていくのです。

キリストの尊い血によるのです

ペトロの手紙一 1・17－21

私たちを救うもの、それはキリストの尊い血であるというのです。この「キリストの尊い血によって」にペトロは「きずもしみもないこひつじのような」という言葉を加えております。これは出エジプト記12章5節の過ぎ越しの「小羊は傷のないもので、一歳の雄でなければならない」を踏まえています。これはキリストは「罪のない」お方であったということです。罪のないキリストが私たちの罪を負って十字架におかかりになり、血を流し死なれたことによって私たちは罪の奴隷状態から解放されるのです。18節の「贖う」という別の言葉で説明することもできるでしょう。贖うとは解放するということです。何者かに捕らわれた人質を解放することを考えますと、そのために身代金が必要でしょう。また救援隊を突入させて解放するためには犠牲が必要でしょう。ちょうどそのように罪の奴隷となっている私たちを罪から解放するために罪のない方が身代わりになって死んでくださったということです。

20節では、「キリストは、天地創造の前からあらかじめ知られていた」ということが言われます。ここで「あらかじめ知られていた」と訳されている言葉は、1章2節で「父なる神の予知されたところに従って」とある「予知」という言葉の動詞形です。キリストは天地創造の前に、傷も、しみもない小羊、十字架の血により私たちを救うお方として父なる神が予定しておられたということです。プロ野球で九回の終わりに救援投手が、出て来てセーブポイントをあげるのですが、監督は試合をあらかじめ読んで救援投手を予定しておく訳です。

父なる神も天地万物が造られる前に、したがって人間が造られ、この人間が堕落する前に、そのことを予知してあらかじめキリストを終わりのときに屠られる小羊として予定したもうたということです。父なる神は、ご自身がお創りになった人間が自分に背き堕落したのをご覧になって急遽、その対処を、その場で考えたというのではないのです（堕落後予定説）。病気になってから治療薬を考えて処方したというのではなく、病気になる前から予め病気を見越して治療薬を手元に用意されたということです（堕落前予定説）。

それならなぜ神は人間が堕落しないようにお創りになられなかったのかと問う人がいるかもしれません。それについては神は私たちを自由な自発的な意思から、ご自身を愛し従うように自由な者として愛のうちにお創りになったということが言えます。愛は、相手の自由な応答を求めるものであって強制はできないからです。

父なる神が天地の創造の前に十字架にかかりになるお方として御子イエス・キリストをあらかじめお定めになったということは、私たちの救いがどんなに確かなものであるかということ、「救いの確かさ」（certitudo salutis）を保証するものです。私たちの救いの確かさは、天地創造の前からの私たちを主イエスの十字架の血によって救おうと決意し、世の終わりにキリストを遣わし、十字架にかけ、死人の中から復活させ、栄光をお与えになった父なる神にあるのです。

生まれたばかりの乳飲み子のように

ペトロの手紙一 1・22－2・3

ここでは人間の乳飲み子との比喩が用いられております。生まれたばかりの乳飲み子は母親の乳房にすがって一心に乳を飲みます。そのようにあなたがたも「生まれたばかりの乳飲み子のように、混じりけのない霊の乳を慕い求めなさい」と言われるのです。「混じりけのない霊の乳」とは何でしょうか。これはひと言で言えばみ言葉であります。「混じりけのない霊の」という言葉がついております。「霊の」というのは人間の赤ちゃんが飲む母乳が「肉体」を養うものと対比されているのでしょう。「混じりけのない」というのは、「偽りのない」という言葉です。「真実な」と言い換えてよいでしょう。私たちキリスト者が礼拝においていただくみ言葉は霊を生かすものであり、真実なものだということでしょう。

ドイツ語で「静寂」とか「沈黙」という意味のシュティレ（Stille）という言葉は「赤ん坊に授乳させる」という意味のシュティレン（stillen）という言葉からきています。母親の乳を飲むときには泣く子も黙るからです。礼拝において私たちが神のみ言葉を聴くとき、静寂、沈黙があることは当然のことなのです。み言葉を聴く者、み言葉を霊の乳として新生児のように慕い求める者は、静けさが伴い、以前のような生き方、

2章1節で言われる「悪意、偽り、偽善、ねたみ、悪口」に生きる生き方はしなくなります。それは、22節の「偽りのない兄弟愛」であり、「清い心で深く愛しあう」ということなのです。要するに愛です。ここで用いられている比喩は、人間の赤ん坊とはつながらない点もあります。それは、人間の赤ちゃんはいずれ乳離れするわけですが、私たちキリスト者はいつまでもこの霊の乳であるみ言葉によって養われるという点です。私たちはみ言葉によって成長します。信仰の理解や実践や忍耐など、さまざまな面で成長するのです。成長のきっかけとなることはいろいろあるでしょうが、み言葉以外に私たちの信仰の成長をもたらす栄養となるものはありません。ここで「救いに入るようになるためである」とあるのは、私たちは主イエス・キリストを信じて洗礼を受けた時点ですでに救われたわけでありますから、ここで言われる「救いに入る」というは最終的に神の国に入る、あるいは救いの完成に至るということであります。

最後の2章3節で「あなたがたは、主が恵み深い方だということを味わいました」とあります。ここでは味覚の譬えが使われております。これは霊の乳の味を覚えたということを言っているのでしょう。ペトロは、詩篇34篇の「主の恵みふかきことを味わい知れ、主に寄り頼む人はさいわいである」を踏まえています。この箇所は教会の歴史において主の晩餐において用いられてきました。聖餐において洗礼を受け、新たに生まれたキリスト者は主の裂かれた体と流された血を表すパンと杯によって養われます。私たちは聖餐においても、生まれたばかりの乳飲み子のように混じりけのない霊に乳であるみ言葉をいただき主の恵み深さを知るのです。

あなたがた自身も生きた石として用いられ

ペトロの手紙一2・4―10

この聖書の箇所では、主イエスは「石」で表現されております。「人には捨てられたが、神にとっては選ばれた尊い生ける石」とあります。「生ける石」という一風かわった表現が主イエスに対して言われるのです。主イエスは神の家を建てるべき神の民であったユダヤ人がこれを十字架にかけて殺してしまったが、三日の後に復活して教会の土台となり完成者となったがゆえに、「生ける石」なのです。主イエスを捨てた神の民にとっては、この石は「つまずきの石」「妨げの岩」になったのですが、主イエスを信じた者にとっては、これは復活の命をもたらす「生きた石」なのです。そこからペトロはあなたがたも「生ける石となれ」と勧めるのです。

「神の家のためわれらも選ばれ、生きた石として主に用いられる」(『讃美歌21』400番3節)。私たちキリスト者は、主イエスが土台であり、また完成者である、コーナーストーンでもありキーストーンでもある主イエスの教会に神の憐れみによって招き入れられた者として一人ひとり「生ける石」となることが求められております。主イエスの十字架によって罪赦され、復活の命に生かされた者として教会を建設していく光栄ある務めをいただいているのです。

文字どおりこの名のついた十九世紀の伝道者を思い起こします。あの南アフリカの伝道者リビングストンです。彼は、キリストの福音を伝える医療伝道者として当時「暗黒大陸」と言われていたアフリカに渡った人です。偉大な探検家、地理学者であり、博物学者であり、また何よりも医療伝道者でした。

またこの箇所ではキリスト者が祭司であるということが強調されています。5節では「聖なる祭司」とあり、9節では「祭司の国」とあります。この箇所は宗教改革に大きな影響を与えました。

ルターに始まる宗教改革は「万人祭司」という原理を掲げました。これはイエス・キリストの教会は、祭司と一般信徒という身分的な階級区分があるのではなく、信仰者は、みな等しく祭司であるということです。福音主義の教会にも牧師、長老、執事という務めはありますが、職務であって身分ではありません。キリスト者は、みな神の教会において祭司の務めを与えられているのです。祭司は何をするのでしょうか。礼拝です。その礼拝は5節にあるように「イエス・キリストを通して神に喜ばれる霊のいけにえをささげる」のです。

私たちが父なる神の御前に出ることができるのは、キリストが私たちに代わって神の御前に義となり、十字架の死によって私たちの罪を赦してくださったからであります。私たちは主イエスの義の衣を晴れ着としてまとって罪びとでありながら義とされた者として神の御前に出て神を礼拝するのです。私たちが祭司として大祭司キリストを通して神にささげるいけにえとは何でしょうか。それは旧約の詩人が51編17節で「神の受けられるいけにえは砕けた魂です。神よ、あなたは砕けた悔いた心をかろしめられません」と歌っているとおり、私たちの悔い改めであり、感謝であり、祈りであり、讃美であります。

神の僕として行動しなさい

ペトロの手紙一2・11―17

ペトロの手紙一2章11節以下で、キリスト者のこの世での生活の在り方について、勧めがなされます。

著者は、洗礼を受けてキリスト者になった人たちに、「愛する者たちよ」と語りかけます。主にあってなされる指導者の勧告は、愛に基づいてなされるのです。最初の勧めとして、「あなたがたは、この世の旅人であり寄留者であるから、魂に戦いを挑む肉の欲を避けなさい」です。キリスト者は「この世の旅人であり、寄留者である」ということが言われます。キリスト者がめざしているのは、天の都であります。天のみ国に国籍はあり、そこをめざして、地上を旅しているのです。そのような旅人なのだから、手紙は「魂に戦いを挑む肉の欲を避けなさい」と言うのです。

地上の旅においてはさまざまな危険や誘惑が、魂に戦いを挑んできます。著者は、「それに真っ向から戦いなさい」と言うのではなく、「それを避けなさい」というのです。一見、消極的に見えますが、キリスト者は、この世が挑んでくる戦い、挑発に乗ることは避けるのです。それではこの罪に支配される世にあって、ただ、逃避的にのみ生きることになるのでしょうか。これに対し、手紙の著者は、12節で、「異邦人の中にあって、りっぱな行いをしなさい」と勧めます。なぜ地上を旅する中で、よき生活をしなければならないのでしょうか。

一つは、キリスト者は信仰によって救いに入れられた者の感謝の応答として、よきわざをするのです。それで救われる訳ではありませんが、よきわざを神に対する感謝としておこなうのです。二つが、「そのよきわざを見て、訪れの日に異邦人が神をあがめるようになる」ためです。「訪れの日」というのは、異邦人に救いが訪れる、地上のいつかの日のことです。キリスト者を悪しざまに言い、迫害していた人が、キリスト者の振る舞いを見て、やがて回心してキリスト者になったという例は、たくさんあります。この考え方の源にあるものは、イエスの地上での生き方にほかなりません。2章の22、23節にあるとおりです。

次に手紙は、13節で、「人の立てたすべての制度に、主のゆえに従いなさい」と薦めます。キリスト者は地上の国家や権威に服従するのが原則であるということです。手紙の言うように、それによって悪を罰し、善を促進するのは、神の御心に叶うからです。これには留保があります。13節の「主のゆえに」であり、また14節の「主の御心」に従う限りにおいてです。神の創造目的から逸脱し、国家が悪魔化するとき、キリスト者は、これに従う義務はありません。抵抗権とよばれるものです。

17節は、自由の問題が出てきます。ここに出てくる「自由人」とは、イエスによって罪の奴隷状態から開放され、自由とされたキリスト者の自由をさしています。その自由を悪用、乱用するのではなく、「神の僕《しもべ》にふさわしく行動しなさい」と言われるのです。キリスト者は、主イエスを主としますので、イエス以外のあらゆるものから自由ですが、イエスの僕としては神の僕です。自由人であり神の僕であるのです。

そのみ跡に続くようにと

ペトロの手紙一 2・18－25

ペトロの手紙一は、この箇所から、キリスト者の家庭でのあり方、家族倫理の問題に入ってまいります。最初に取り上げられるのは、召し使いの主人に対する関係です。古代社会は奴隷制度の上に成り立っていました。

原始キリスト教の大きな出来事は、イエスに対する信仰において地上の人間の諸関係の差や区別をなくしたことです。19節で「神がそうお望みだとわきまえて」という訳の原文は「神を意識して」ということです。これは「人間を意識することなく」ということでしょう。キリスト者は、地上の人間的な事柄や社会関係に拘束され屈従する者ではありません。「神を意識して」というのは、逆に言えば、自分が神の僕であることを意識してということです。その場合の「僕《しもべ》」というのは奴隷だけでなく、すべてキリスト者は「神の僕」であり、神に仕える僕として神を意識して、その限りで自由に仕えるのです。ここでペトロは、僕であるということにキリスト教信仰の大いなる意味を見出しているのです。僕ということの深い神学的な、あるいは信仰的な意味を古代社会において捉えたものは他にはないでしょう。

ペトロは、そこから21節以下で、主イエス・キリストを想起させるのです。それは、原始キリスト教会の信仰告白であり、讃美歌であったと今日研究者たちによって明らかになっております。すなわち、キリスト者の奴隷は、イエスを模範とし、その「足跡に続く」ことによってイエスの僕であることを最もよく現すことができるというのです。

イエスは主であるだけでなく、模範とすべき師でもあられます。これはヨハネによる福音書13章14節の「主であり師である」（dominus et magister）というイエスの言葉を踏まえています。ルターによる宗教改革の口火となった九十五箇条の提題の第一は「私たちの主であり、また教師であるイエス・キリスト」という言葉で始まっています。ここでペトロはイザヤ書53章の苦難の僕を踏まえております。地上で奴隷であるキリスト者が受ける苦しみを、苦難の僕で預言されるイエスの苦難と結びつけて理解しているということです。それが19節で言われた「神を意識して」ということだと思います。キリスト者は、地上で苦難、苦しみがありますが、その苦しみを神の僕として主イエスの苦難を仰ぎ、意識して受けとめるということであると思います。

最後に、僕たちに対して25節で「あなたがたは羊のようにさ迷っていましたが、今は、魂の牧者であり、監督者であるかたのところへ戻って来たのです」と言われます。これも、キリスト者すべてに当てはまることです。イエスは、ご自身、ヨハネによる福音書10章11節で「わたしはよい羊飼である。よい羊飼は、羊のために命を捨てる」と言われました。また主が「魂の牧者」と書かれていることは、詩編23編を思い起こさせます。「主は羊飼い、わたしには何も欠けることがない」。私たちは今や、私たちの魂の牧者であり監督である主イエスの羊、また僕として生きることができるようになったのです。そこには、奴隷、主人、男性、女性、いかなる人であれ何の妨げも差別もないのです。

木の上に、その身をもって

ペトロの手紙一2・24

水曜日からレント（受難節）が始まります。それに先立って、ペトロの手紙一2章24節からみ言葉に聴きたいと思います。この箇所の前半部分は、イエスの十字架の出来事につき、伝統的に「そして、自ら、私たちの罪を十字架の上で、その身に負ってくださいました」と訳されてきました。けれども、ここで「負う」と訳されている言葉は、マタイによる福音書16章24節に「自分の十字架を負って」とありますが、この場合に使われる「負う」という言葉とは違うギリシア語が使われています。それは、「上へと運ぶ」「運び上げる」という言葉です。「負う」と言うと、消極的、受け身のような感じがしますが、イエスは「私たちの罪」を積極的、能動的に自ら、運び上げてくださったのです。そのことを今回の「聖書協会共同訳」では、欄外に「その身をもって運び上げてくださいました」と直訳を入れました。

また「私たちの罪を十字架の上で」とありますが、原文は「十字架」ではなく、単に「木」です。「木」というのは、ガラテヤの信徒への手紙3章12節にあるように、「キリストは、私たちのために呪いとなって、私たちを律法の呪いから贖い出してくださいました。『木に掛けられた者は、皆、呪われている』と書いてあるからです」とあります。これは申命記21章23節の引用です。

さて次に、ペトロの手紙一2章24節の後半部分を見ます。「私たちが罪に死に、義に生きるためです」とあります。ここもまた原文は「罪から離れる」「罪に関わらない」というのが原意で、これも「聖書協会共同訳」では、欄外に直訳として記されています。「離れる」ということから派生して「死ぬ」という意味が出てまいりますが、「罪に死に」という訳文は、「罪に対して死に」という意味ですが、少々誤解を孕んでいます。というのは、「罪のゆえに死に」とも、この「に」という格助詞は「原因・理由」も意味するからです。

実際、「日本キリスト教会信仰の告白」においては、「罪に死にたる人、神の国に入ることを得ず」と、格助詞「に」が原因、理由の意味に使われております。最後の「この方のうち傷によって、あなたがたは癒されたのです」という言葉は、イザヤ書53章5節を踏まえています。

カミュの作品に『シジフォスの神話』というのがあります。ギリシア神話に出てくるシジフォスは、大きな岩を山頂まで運ぶ労働を神から強いられます。必死の思いをして山頂まで運んで「ああやっと」と思ったのも束の間、神の力によって大岩は頂から転げ落ちてしまいます。この労働を拒否することはできません。彼は下りて、再び岩を運び始めます。山頂まで運ぶと再び岩は転がり落ちます。この無意味な労働は永遠に続くのです。私たちは、罪びとですが、主イエスが一度、十字架の木の上に、私たちの罪、また全世界の罪を運び上げてくださったのです。そしてそれは、シジフォスに課せられた永遠の苦役のように、せっかく運び上げた罪が、また下に転がり落ちることはないのです。

命の恵みを共に受け継ぐ者として

ペトロの手紙一3・1―7

現代のキリスト教倫理における夫婦のあり方は、キリスト教の根本精神から、キリストが私たちのためになしてくださったことの根本精神に立ち返って、そこから、現代に適用し、考えてみなければならないと思われます。それをそれぞれの時代に適用していくのです。私たちの生きている社会は、もはや聖書の時代のような家父長制社会でも奴隷制社会でもありません。現代においては、ある人が、それが主人であれ、夫であれ、他者を支配するということは、認められない社会です。夫婦関係において、夫婦は対等のパートナーです。そこから出てくる倫理は「妻が夫に服従し、夫が妻を支配する」ということではありません。その関係は、支配―服従の関係ではなく、互いに仕えあう関係です。

聖書で「仕える」という言葉は、「ディアコニア」を意味します。これはイエスが私たちのために僕《しもべ》となって私たちの足を洗い、奉仕して、十字架で救いのみわざを成し遂げてくださったように、私たちも互いに愛しあい、互いをゆるし、互いに仕えあうということです。その意味においてこそ、妻にも夫にも等しく、「互いに仕え合いなさい」と勧めることができるのです。キリスト者夫婦の「幸せ」は、「仕合せ」、互いに仕えあうということにあるということができるでしょう。

そのことを踏まえたうえで7節の夫に対する勧めから私たちは学ぶことができます。大切なことは「知識に従って妻と共に住む」ということです。「知識に従って」という場合の「知識」は、箴言1章7節に「主を畏れることは知識のはじめである」とありますように、神を畏れ敬う信仰と、そこから得られる救いの知識と取ることができます。知識の基である、主を畏れる信仰をもってキリスト者夫婦が生活を共にするということです。次に言われていることは、「命の恵みを共どもに受け継ぐ者として尊敬しなさい」ということです。

先の、妻に対する勧めの場合には、未信仰者の夫が想定されていましたが、ここでは妻が信仰者であることが考えられております。当時は、一家の長である夫が信仰に入れば、家族みな洗礼を受けて入信したからです。けれども妻の場合にはそうではなかったのでしょう。ここではイエス・キリストを信じ、共に神の国を受け継ぐキリスト者として妻を尊びなさいというのです。ここで「生活を共にし」と「共どもに受け継ぐ」とありますように「共に」という言葉のついた動詞が二つ出てくることに、キリスト者夫婦のパートナーとしての共同性がよく表されています。

最後に「それは、あなたがたの祈りが妨げられないためである」とあります。これは些か、意外に聞こえるかもしれません。しかし、キリスト者夫婦が共に主を知る知識に従って生活し、また共に主イエス・キリストにある永遠の命を受け継ぐキリスト者として互いに尊敬しあうことの目的は、キリスト者の信仰と祈りの生活、教会生活が邪魔されることなく、全うされることにあるのです。

祝福を受け継ぐために

ペトロの手紙一3・8、9

　この箇所は、「終わりに」と言って、キリスト者の倫理について総括をし、8節では五つのことが勧められます。まず、「皆心を一つにしなさい」ということです。次に、「同情し合いなさい」。第三に、「兄弟を愛しなさい」ということです。第四に、「憐れみ深くありなさい」。第五に、「謙虚になりなさい」と言われます。ある聖書註解者が、この箇所の順番は、行為の展開としては、逆に読むべきであると言っています。「謙虚である」ことが、他者に「憐れみ深い者」となることができ、その憐れみ深さの素直な表現として「兄弟愛」になり、さらに「同情」を懐き、次いで「心を一つにする」ことができるというのです。

　そこで「謙虚になりなさい」ということから考えたいと思います。アウグスティヌスは、キリスト教信仰に最も大事なことは、「一に謙遜、二に謙遜、三に謙遜」ということであると言っています。謙虚になるということは、自分の努力や性格の改善ではありません。私たちは、生まれながら神の前に傲慢な者でありす。謙遜ということは、われわれの魂が神によって打ち砕かれることです。主の前に「謙虚」とされた人の取る態度が、9節でさらに言われます。キリスト者は、「悪をもって悪に、侮辱をもって侮辱に報いず、かえって祝福を祈りなさい」。悪に報いることは、真の裁き主であり、赦し手であられる神を知らない、傲慢な態度にほかならないからです。そのようなキリスト者の倫理の目的が、語られます。「祝福を受け継ぐためにあなたがたは召されたのです」。謙虚な人は、祝福を受け継ぐ者として、神から召されたということです。イエスの山上の説教であるマタイによる福音書5章5節を想起させます。「柔和な人たちは、さいわいである、彼らは地を受けつぐであろう」。

そこで3章8節に帰りますと、イエスが私たちのためにへりくだり、僕となって十字架についてまで、私たちを愛し、罪を赦し、祝福を受け継ぐ者としてくださったことを知るとき、私たちは、他の人たちに「憐れみ深くなる」ことができるのです。原文の言葉は、「よいはらわた」ということです。古代人は、心が「はらわた」に宿ると考えました。「むらぎもの」は「心」の枕詞です。それでいけば、「謙遜」にされた者は、「よいあわれみの心」を腹にもつことになるということです。それは「兄弟愛」に繋がるでしょう。文字どおり、「フィラデルフィア」という言葉が使われています。それから「同情しあう」ということです。これは二番めの、「あわれみ深くある」ということと似ていますが、こちらは「苦しみを共にする」「シンパシイ」という言葉です。苦難や艱難を共にしあうということです。最後に、「心を一つにする」ということです。それは正確には、「思いの方向を同じにする」ということです。志と言った方が、よいかもしれません。

共に救われた者として、同じ祝福を受け継ぐ者とされた者として、同じ主を礼拝し、同じ教会に属する者として、いつも建設的に同じ方向、同じ志をもって歩んでいく者となるのです。

水の中を通って救われました

ペトロの手紙一3・18―22

聖書は「その箱舟に乗り込み、水を経て救われたのは、わずかに八名だけであった」と記しています。救われた人数が八名と記されています。これはノア物語においては、ノアとその妻とノアの子ども、セム、ハム、ヤペテと、その妻たちということで八人ということなのですが、ここで私たちが教えられることは、救われる者の数が決まっているということです。ノアの箱舟には八人が入りましたが、教会という箱舟に入って救われる者の数も決まっているということです。余談ですが「船」という漢字に八と人数を示す口という文字が入っていることは興味深いことです。これは定員が決まっているということで神学的には予定と言います。洗礼を受けて教会に入って救われる者の数は決まっているのです。さらにこのことは、その数が満ちるまでは終わり、すなわち終末は来ないし、逆に言えば数が満ちれば、終わりが来るということを意味します。人間には、誰が救いに予定され、誰が予定されていないかを判断することはできませんし、そのような資格はありません。ただその数はきちんと決まっているのです。「神が数えたもう」（ヨブ38・37）のです。私たちは教会において人数を数えます。数は大事です。神が数えたもうからです。そしてその人数は「わずか」であったといわれています。世々の時代を通じて主イエスを信じ、洗礼を受け、主の箱舟である教会に入れられた人はたくさんいると思われますが、それでも全体としては「わずか」であるということが言われていることを心に留めておく必要があると思います。

ところでノアの時代に箱舟に入ろうとせず洪水で死んでしまった人たちについてペトロはここで、大変難しい記述をしており、昔から多くの神学者がこの箇所を解き明かそうと取り組んできました。それは、18節から19節に「キリストは、肉では死に渡されましたが、霊では生きる者とされたのです。そして、霊においてキリストは、捕らわれていた霊たちのところへ行って宣教されました」というみ言葉です。

ここは使徒信条で「陰府にくだり」と告白されている部分に対応しています。主は、十字架につけられて肉において死なれたが、復活されるまでの三日間、霊においては生かされており、陰府にくだって「獄にある霊たちのところにも行かれて宣教された」というのです。ここから、地上で生きていたとき、主を信じて洗礼を受けて教会という箱舟に入るという形で救われなかった人たちに対する主の宣教と、それによる救いの可能性ということを考える人もいます。このことは私たちには主を信じることのなかった、あるいはできなかった人たちの救いについての慰めと希望を与えるものですが、最終的には神のみ旨に委ねなければならないことです。

私たちは、救われる者が限定されて予定されているという面と、それ以外にも救いの可能性がみ手に委ねられているという面を視野に収めつつ、いずれの極端にもならないように、しかし主が備えた救いの王道をまっすぐに歩むように求められているのです。

残りの生涯を

ペトロの手紙一４・１―６

4章の1節に「肉に苦しみを受けた者、罪とのかかわりを絶ったのである」とあります。これは原文では、「あなたがたも同じ心構えで武装しなさい」ということの理由となっています。「肉に苦しみを受けた」という言葉が、過去の一回的な出来事をさすので、これは、キリスト者が受ける迫害や苦難のことではなく、キリスト者が洗礼を受けることによってキリストの苦難と死に合わせられた、その洗礼の奥義のことをさしております。洗礼によってキリストの肉体の死と復活に合わせられたキリスト者は、その秘儀によって罪から解放され、今も解放された状態にあるということを意味すると解釈いたします。

ペトロの第一の手紙は、イースターにおける洗礼式のメッセージが基礎になっていると考えられますので、ここでペトロは、洗礼を受けた者は、肉においてキリストの苦しみにあずかったので罪から解放されたのだ。だから、あなたがたもまた、地上で義のために苦しむ同じ覚悟でもって、心の武装をしなさいと言っているのです。キリスト者は、キリストを信じ、洗礼を受け、キリストの十字架の死と復活にあずかる者とされた訳ですから、イエスの贖いによって罪から解放された者であることを証し示す者として、この地上の生を生きるのです。そのことを手紙の著者は、2節以下で語ります。

洗礼を受けた人は、「肉における残りの生涯を、もはや人間の欲情によらず、神の御旨によって過ごすためである」というのです。キリスト者は、回心前と回心後で生涯が二分されます。回心前の生き方を手紙の著者は、「人間の欲情による」生活と言っております。欲望のままに生きる生活です。これに対し、手紙の著者は、洗礼を受けてキリスト者となってからの生涯を、「肉における残りの生涯」とよんでいます。私たちの地上の生活は、刻一刻と過ぎていきます。やがて私たちの地上の生涯は終わります。だんだん残りが少なくなってまいります。私たちは、どこかで人生の目的をはっきりとさせて生きていかなければならないのです。手紙の著者は、その目的を「神の御心に従って生きるため」と言っております。大事なことは、6節の終わりでも言われているように「神に従って生きる」ということです。

そのために私たちは、どこかで神から It's enough という声を聞くことでしょう。手紙の著者は、4章3節で、異邦人世界の欲望のままの生き方を列挙し、「もうそれで十分であろう」と言っています。原文は、「もう十分です」という言葉で始まっております。英語で言うなら It's enough ということです。「もう十分でしょう」。子どもが十分遊んだら、親は、もう十分遊んだでしょう、もう帰りましょう、と言うでしょう。神さまもまた、聖書をとおして私たち一人ひとりに「もう十分でしょう、生き方を変えて私のもとに帰って来なさい。私に従って、あなたの残りの生涯を行きなさい。あなたの残りの生涯を私に献げ、私に向かって歩んできなさい」と呼んでくださっているのです。

すべてのことにおいて、神が栄光を受けるため

ペトロの手紙一4・7―11

ペトロの第一の手紙の著者は、イースター説教の締め括りを7節の、「万物の終わりが迫っています」という言葉で始めます。イエスが十字架にかかり、死人の中からよみがえった以上、歴史は終局に到達しているという、非常に切迫した終末の時が来ているという認識を広く原始キリスト教会の人たちは懐いていました。キリスト者は、「終わり」というものを、自分にみるのではなく、万物の終わりである、私たちのために十字架にかかり、三日後によみがえられたイエス・キリストにみて、人生を歩んでいくのです。

8節で、「何よりもまず、互の愛を熱く保ちなさい。愛は多くの罪を覆うものである」と言われます。キリスト者の生活は、まず何よりも、互いに愛しあうということ、終わりに臨んで、しかも、その愛を熱く保つということです。これは、人間的な愛ではありません。そうではなくて、ペトロは、互いの愛を熱く保つということの理由を語ります。それは、「愛は多くの罪を覆うから」であるというのです。

箴言10章12節の引用です。ペトロがここで言う愛は、罪を赦す愛です。イエスが、ご自身の十字架で血を流して私たちの罪を赦してくださった愛を受けた者は、互いに、その赦しの愛を熱く保って、兄弟姉妹たち

の罪を忍耐し、赦すことによって罪を覆うということです。

9節では、「不平を言わずに、互にもてなし合いなさい」とあります。初代教会では、キリスト者となったゆえに、異教社会から疎外されて、生活に困窮した人があったのです。そのような兄弟姉妹をもてなすということは、キリスト者の愛のわざであったのです。これは、「ホスピタリティー」という、キリスト者が、大事にしてきたわざです。

10節は、互いの賜物の生かし方について記されています。その要点は、それを「神の恵みのよき管理者として互いに役立てる」ということです。私たちには、いろいろな賜物が与えられております。それを互いのために役立てることが、求められているのです。賜物は、自分のものでなくて、神から与えられ、他者のために奉仕するためのものとして、管理しなさいということです。続いて語られることは、み言葉と奉仕です。教会生活は、この二つのことに尽きるからです。み言葉を語る者は、教会で、それを神の言葉として語りなさいということが短く言われます。神の言葉として、聖書を解き明かしなさいということです。神の言葉が、神の言葉として権威あるものであることを明らかにしなさい、神の言葉を率直に大胆に権威あるものとして語りなさいということです。奉仕する者については、神が与えてくださる力によって奉仕しなさい、ということが言われます。

「豊かに与える」という言葉が、使われています。神が豊かに、それを成し遂げる力を与えてくださるということです。「すべてのことにおいてイエス・キリストを通して、神が栄光をお受けになるため。栄光が、世々限りなく神にありますように」。私たちの人生の最高にして最終の目的は、これに尽きるのであります。

二種類の苦しみについて

ペトロの手紙一4・13―16

誰も苦しみは避けたいですし、苦しみに遭いたくないのが本当の気持ちではないでしょうか。キリスト者がキリスト者として受ける苦しみについてこの箇所から学びたいと思います。

13節で「キリストの苦しみにあずかればあずかるほど、喜びなさい」とあります。さらに14節では「キリストの名のために非難される」と言い換えられています。また16節では「キリスト者として苦しみを受ける」こととされています。ここで「あずかる」と訳されている言葉は「交わり」を意味するコイノニアという言葉の動詞形であります。キリスト者はイエスの苦しみと交わる者だということでしょう。

聖餐は、主が十字架で裂かれた肉と流された血とにあずかることにほかなりません。イエスにのみ、苦しみを負わせてキリスト者が苦しむこともなく、楽しい生活をするというのはありえないことではないでしょうか。キリストの苦しみにあずかる者とされることは大きな喜びをもたらし、栄光と神の霊が「あなたがたに宿る」と言われています。手紙の著者は15節でイエスの苦しみにあずかることと、主の苦しみにあずかるのではない苦しみとを区別して例を挙げます。「人殺し、盗人、悪を行う者」としての苦しみです。これはわかりやすいです。あのゴルゴタの丘で十字架につけられた二人の姿を思い起こします。イエスを真中にして右と左の強盗がつけられました。十字架にかけられた犯罪人の一人が、「あなたはキリストではないか。それなら、自分を救い、我々も救ってみよ」と、イエスに悪口を言い続けた。もう一人は、たしなめて言った、「お前は同じ刑を受けていながら、神を恐れないのか。お互いは自分したことの報いを受けているのだから、こうなったのは当然だ。しかし、この方は何も悪いことをしたのではない」。そして言った、「イエスよ、あなたがみ国の権威をもっておいでになる時には、私を思い出してください」。主は言われた、「よく言っておくが、あなたは今日、私と一緒にパラダイスにいる」。ところで「他人に干渉する者」としての苦しみということが言われています。この言葉は元の言葉では「他人を監督する者」という意味であって、ここから他人にお節介を焼く者という意味が出てまいります。「見ざる、聞かざる、言わざる」という言葉がありますが、これは「他人の権利に干渉し侵害しない」という意味です。19節の「真実であられる創造者に、自分の魂を委ねるがよい」という態度は、十字架の苦しみを受けたイエスの最後の言葉を思い出させます。ルカによる福音書23章46節。「時はもう昼の十二時頃であったが、太陽は光を失い、全地は暗くなって、三時に及んだ。そして聖所の幕が真中から裂けた。その時、イエスは声高く叫んで言われた、『父よ、私の霊をみ手に委ねます』。こう言って遂に息を引きとられた」。同じ「委ねる」という言葉が使われています。

　私たちも試練にあって苦しむ時には、「真実であられる創造者」に信頼し、自分の魂をみ手に委ねるのです。

大牧者がお見えになるとき

ペトロの手紙一５・１―４

手紙の著者は長老たちに「あなたがたに委ねられている神の羊の群れを牧しなさい」と勧めます。あのペトロのことを思い出します。

ヨハネによる福音書21章15節以下でペトロは復活したイエスから「わたしの羊を養いなさい」と三度言われております。手紙の著者はペトロがそのようにイエスから群れを牧することの委託を受けたことを厳粛に思い起こしながら、長老たちにもそう命じているのです。ここで注意すべきことは、羊が誰のものであるかということです。福音書ではイエスが「わたしの羊」と言っておられます。また手紙では「神の」という言葉がついていますので、長老たちが牧するのは、彼らの私物としての羊ではなく、キリスト、また神ご自身が所有したもう羊であるということです。そのことは「あなたがたに委ねられている」という言葉からもわかります。

「群れを牧する」ということはどういうことでしょうか。教会の群れを牧する人のことを牧師と言い、またそのような務めを牧会と言います。これは羊を牧場で牧するイスラエルの羊飼いの務めから出てきた表現です。使徒行伝20章28節では牧会は「群れに気を配ることである」といわれております。ドイツ語でゼールゾルゲと言いますがこれは「魂への配慮」のことであります。牧師、長老は委ねられた神の羊、一人ひとりに気を配り、その魂を気遣い、配慮する務めを負っているのです。

この「牧する」者がいかなる者であるのかについて、この手紙の著者はまた別の観点からとても重要なことを語っています。それは1節の、「キリストの苦難についての証人であり、またやがて現れようとする栄光にあずかる者」であるということです。ひと言で言えば、牧会とは、また牧師とは、キリストの苦難と栄光にあずかる者とされるということにほかならないのです。さて手紙の著者は群れを牧する長老たちに勧めをしたうえで、最後に決定的なことを語ります。それは、群れを牧する者の上に唯一います「大牧者」のことです。牧師、長老は委ねられた神の羊を牧する務めを負っているのですが、大牧者はイエス・キリストにほかなりません。その「大牧者が現れる時には、しぼむことのない栄光の冠を受けるであろう」とその務めを忠実に果たす者に対する祝福が約束されています。

教会は待降節の歩みに入っております。クリスマスの出来事は羊飼いの少年であったダビデの町ベツレヘムの羊飼いたちに告げられました。ルカによる福音書2章8節以下を見ますと「さて、この地方で羊飼たちが夜、野宿しながら羊の群れの番をしていた。すると主の御使が現れ、主の栄光が彼らをめぐり照したので、彼らは非常に恐れた。御使は言った、『恐れるな。見よ、すべての民に与えられる大きな喜びを、あなたがたに伝える。きょうダビデの町に、あなたがたのために救主がお生れになった。この方こそ主なるキリストである』」。クリスマスは、この「大牧者」なるお方が私たちにお現れになる時であります。

バビロンにある教会

ペトロの手紙一5・12－14

初代のキリスト者たちは、当時のヘレニズム世界の中心であったローマ帝国の都ローマをバビロンとよんでいました。その理由は、思うに三つあると考えられます。

第一は、かつてユダ王国を滅ぼし、イスラエルの民を捕囚したバビロニアの都を思い起こしているのです。イスラエルの民が、バビロンに捕囚されて、詩篇137篇で「われらはバビロンの川のほとりにすわり、シオンを思い出して涙を流した。われらはその中のやなぎにわれらの琴をかけた。われらをとりこにした者が、われらに歌を求めたからである。われらを苦しめる者が楽しみにしようと、『われらにシオンの歌を一つうたえ』と言った。われらは外国にあって、どうして主の歌をうたえようか」と歌ったように、自分たちもまた、異教世界に囲まれ、地上では苦難を受け捕囚されているという思いです。

第二には、ヨハネの黙示録14章8節に、「また、ほかの第二の御使が、続いてきて言った、『倒れた、大いなるバビロンは倒れた。その不品行に対する激しい怒りのぶどう酒を、あらゆる国民に飲ませた者』」とありますように、ローマ帝国の都の退廃し、悪徳に満ちた有様をバビロンとよんでいるのです。第三には、キリスト者にとって永遠の都は、この地上の繁栄しているローマではなく、天の都であるという思いであります。ヘブライ人への手紙11章13節以下に「これらの人はみな、信仰をいだいて死んだ。まだ約束のものは受けていなかったが、はるかにそれを望み見て喜び、そして、地上では旅人であり寄留者であることを、自ら言い表した。そう言い表すことによって、彼らがふるさとを求めていることを示している」とあります。

日本にある教会も、いわば、バビロンにある教会です。日本においてキリスト者はほんの少数で、日本は圧倒的に異教の世界です。そのようななかにあって教会は、小さく無きに等しいもののように見えます。しかしキリスト者は、このような、いわば、バビロンの都にあって、天上の都を望みながら歩んでいくのです。このことは、今も昔も変わらないことです。そしてこのバビロンにあって弛《たゆ》むことなく、主イエスを宣べ伝えるのです。

ところで手紙は、ただ、「バビロンにある教会」とだけ言っているのではありません。「あなたがたとともに選ばれてバビロンにある教会」と言っております。「あなたがた」というのは、この手紙が宛てられた小アジアの教会であります。教会は、初代の教会の時代から、孤立して存在しているのではなく、全世界に広がる共同体としての公同性の意識をもっていたのです。その根源にあるものはここで言われているように「共に選ばれた」者たちであるということであります。誰に選ばれたのでしょうか。言うまでもなく、神によって召され選ばれたのです。

私たちの教会もまた、主に選ばれキリスト者として召された者たちの集まりであります。私たちも、このような公同性の意識をもち、この教会において、召してくださったお方に忠実に仕えてまいりたいと思います。

主の憐れみを待ち望みなさい

ユダの手紙21

待降節に入りました。ユダの手紙21節を待降節のみ言葉として月間聖句にしました。ユダの手紙は、新約聖書の中でもあまり読まれることのない書物ですが、昨年（二〇二二年）の一月の『家庭礼拝暦』に私がユダ書から執筆する機会がありましたし、昨年の会員による聖書研究でも読みました。ヤコブの手紙から始まる七つの公同書簡の最後に置かれています。手紙を書いた人は自らを「ヤコブの兄弟ユダ」と名乗っています。ヤコブとは、イエスの兄弟ヤコブのことであると今日では考えられています。ヤコブの手紙は、主の兄弟ヤコブの名で書かれた手紙です。公同書簡は主の兄弟ヤコブの名による手紙をはじめに置き、最後に主の兄弟ユダの名による手紙を置いています。ユダの手紙は、一四〇年代に書かれた新約聖書最後の書物であるペトロの手紙二と内容的に似ていますので、ユダの手紙はペトロの手紙の執筆に近い時期に書かれた手紙であると思われます。

3節で手紙執筆の動機が語られます。手紙を書くのは、「聖なる者たちにひとたび伝えられた信仰のために戦うことを、勧めなければならないと思ったから」というのです。ユダの手紙が書かれた時期である二世紀前半には、イエスを否定し、不信心なおこないに耽る異端の偽教師たちが教会に忍び込み、彼らの脅威に晒されるという事態が起こってきたのでした。教会の指導者であった手紙の著者は、この手紙を書いて偽教師たちに警戒し、信仰を守り抜くために戦うよう勧め励ましています。

信仰のために戦うことは、二世紀の教会にだけ求められるのではありません。どの時代、場所にあっても教会はイエスを否定する勢力に対して警戒し、信仰のために戦うことが求められています。天の聖徒たちの教会が「勝利の教会」とよばれるのに対し、地上の教会は、「闘う教会」（ecclesia militans）とよばれます。「しかし、愛する人たち、あなたがたは最も聖なる信仰を拠り所として生活しなさい。聖霊の導きのもとに祈りなさい。神の愛によって自分を守り、永遠の命へ導いてくださる、私たちのイエスの憐れみを待ち望みなさい」（20、21節）。私たち人間は、何を拠り所として自分の人生や人格や教養を築き上げていけばよいのでしょうか。価値観が多様化した現代は、そのことがかえってわからなくなったと言えるのではないでしょうか。

教養という言葉は、ドイツ語で「ビルドゥング」（Bildung）と言います。「形成する」「形造る」という意味です。20節に「よりどころとして生活しなさい」と訳されている言葉は原文では一語で「上に形成する」「上に築き上げる」という言葉です。キリスト者の人格を形成し、教養を築き上げるものは、「最も聖なる信仰」にほかなりません。20節後半から21節に三位一体の三つ組（triad）が出てきます。聖霊、（父なる）神、御子の順番になっています。キリスト者の人格形成は、聖霊にあって祈り、父なる神の愛のなかに自分を保ち、御子イエスの憐れみを待ち望むことに尽きるのです。

存在と創造

ヨハネの黙示録4・11

ここは天における二十四長老が玉座に座しておられる主イエスを讃美する箇所で讃美歌です。11節にその讃美の詩が引用されています。今日注目したいのは、この讃美の言葉です。「あなたは万物を造られ、万物はあなたの御心によって存在し、また造られたからです」。三つの部分に分けられます。一行めは、神が万物を創造した。そして三行め今度は、万物は創造されたと受け身で。真ん中の二行めに「万物は存在していた」。

「日本キリスト教会信仰の告白」は、キリスト告白から始まります。この告白は万物の創造についての告白が欠けています。使徒信条により、「天地の造り主、全能の父なる神を信ず」と告白されるだけです。普通、キリスト教神学では、父なる神による創造については、「無からの創造」ということが言われ、創造と摂理による保持とが語られます。創造しただけでほったらかしにするのではなく、保持も含まれます。しかし、この箇所を、神が万物を創造し、そして万物は存在したと一、二行を取りますと、万物は創造されて存在したということになります。これはそのとおりです。しかし、一行めを主題と考え、二、三行めに注目すると、万物は御心によって存在し、そして造られたと読むこともできます。こう読むと存在が創造に先立つことになります。創造されて存在する。存在して創造された。天地万物は創造の先に神の御心によって存在していたとも言えます。神の御心の中に万物は、プラトンのイデアのように存在していて、これが外的に創造されたということです。芸術家は頭の中に作品がすでに存在していて、ただ外に造形するだけとも言えるのです。

今日、量子力学の所見によりますと、万物は素粒子、究極は紐の波動になり、それはシュレーディンガーの波動方程式で表されます。この方程式には虚数も入っています。虚数はｉ（イマジナリーナンバーのｉ）ですが、虚数空間も神のイデアの中には存在して現実にあると思います。存在は波動であり、これが観測によって収束、収縮します。すべてのものは波動であり、これが意識や観測によって粒に収束します。私たちが見ている世界は、観測と意識によって収束した世界であって、我々の脳が五感をとおして観測したものがヴァーチャルリアリティーとして映像化されています。

カントが言ったように「物それ自体」（Ding an sich）を捉えることはできません。「物自体界」は神の御心のうちに存在しており、これが外的に創造され現象しているのだと思います。私たちも含め、万物は神の御心の中にイデア、物自体界として存在しているのです。

私たちは生成消滅、流転し、罪と頽落によって本来の姿を反映していないこの現象の世界だけに目を向けるのではなく、創造の先にある本来の存在（ヘブライ11・1の実質、原語でヒュポスタシス、基体）に目を向ける必要があると思います。

ラッパはすでに鳴っている

ヨハネの黙示録8・1―13

ヨハネの黙示録8章は第七の封印が開かれ、七人の天使が七つのラッパを与えられ、その最初の四つのラッパが吹き鳴らされて順次起こる災厄のことが記されています。

第一、第二の災いは紀元七十九年に起こったベスビオ火山の大爆発の記憶が背景にあると考えられます。この爆発はポンペイを一瞬にして廃墟とした何百年に一度の未曾有の大災厄でありました。

第三の災厄に出てくる「ニガヨモギ」はギリシア語でアブシントスとあり本来、星の固有名詞です。アブサンというニガヨモギを入れる強いフランスのお酒はこの言葉からきています。エレミヤ書9章15節に「見よ、わたしはこの民にニガヨモギを食べさせ、毒の水を飲ませる」とあります。二十世紀のわれわれにこの箇所を思い知らさせるような出来事が旧ソ連末期の一九八六年にウクライナで起こりました。チェルノブイリの意味はウクライナの言葉で「にがよもぎ」です。第四の災厄は太陽、月、星の三分の一が損なわれるという天体の破壊であります。

さて第四の天使がラッパを吹いた後、「不幸だ。不幸だ。不幸だ」と一羽の鷲が大声で叫びます。人間に降りかかる恐ろしい災厄をしばしば人間よりも動物がいち早く察知し、行動で警告を発するということが知られています。動物はただ災害の間近なことを警告するだけではありません。動物もまた神の被造物として「滅びの縄目から解放される」。終わりの日を待ち望んでいます。「不幸だ」と訳されている言葉は「ウーアイ」という言葉で、人間が恐ろしい出来事に直面してウワーと叫ぶその音を擬声したものです。

「不幸だ」といわれる人は「地上に住む」人たちです。これに対し「幸いだ」と言われる人は、地上にあって天上に心を向ける人たちのことです。要するに、これは心を神さまの方に向ける聖徒のことであります。天国に国籍をもつ者たちのことなのです。キリスト者にも不幸は襲いかかります。けれどもそのような中で私たちキリスト者は、心を地上から天国に向けます。そして祈ります。平安を与えられ、慰められ、どんなことがあっても絶望することなく、忍耐し、すべてを主に委ねて、み国を待ち望みつつ生きることが許されているのです。

ラッパは旧約では角笛と訳され、神の定めた大いなる贖罪のとき「ヨベルの年」の開始や、「審判の宣言」に用いられました。新約聖書では終わりの時を告げる楽器として出てまいります。ここでは終わりのラッパ、審判を告げるラッパが天上の礼拝式とともに鳴り響くのです。世の終わりに地上のすべてのものが審判の中で消え、滅びていく時にも礼拝における聖徒の祈りは天上へと向かっていくのです。ラッパの音は信仰をもって聖書と世界の出来事に注意を向ける者にすでに鳴っているのです。

そのような今この時、主の前に静まり主の許に憩い礼拝し、地上のものから天上の主なる神の御座の方に「心を上げて」(sursum corda)、み前に立つ者でありたいと思います。そのような者こそ、幸いなものなのです。

死の方が逃げていく――黙示録と現代世界

ヨハネの黙示録9・6

ヨハネの黙示録の9章は、第五の天使が、ラッパを吹いて起こる災いについて記しています。天から落ちた天使が、悪魔として底なしの淵に住む自分の住処に穴を開ける、そこから、この淵、地獄に住む悪魔を王とするバッタの大群が五か月の間、人々を苦しめるために出てくるというのです。

バッタは、旧約のモーセの時代から、その異常な大群の恐るべき被害が記されてきました。ある聖書註解書は、もはや、これを想起させるような災いは自然界には存在しないとし、イメージとして一九七〇年にムルロア環礁でおこなわれた水爆実験の写真を掲載しています。このバッタは、地の草も青物も、木も、また額に神の刻印を押されている者を損なってはならないと神から言い渡されます。7節以下に描写されているバッタの姿は、大変、奇怪なものです。額に刻印のない者だけが、この災厄で苦しめられます。

「額に刻印のある者」とは、洗礼を受け、聖霊による刻印を受けた者、すなわち、真のキリスト者です。キリスト者は、このような過酷な災いの中にあって、神に守られ、み国に入るという希望を与えられています。

これに対し、額に神の刻印のない人々は、「その期間、死にたいと思っても死ぬことができず、切に死を望んでも、死の方が逃げていく」というのです。「死の方が逃げていく」というのは印象的です。死にたい時に死ねるというのは、まだ本当の苦しみではありません。過酷な現実から逃れるために、死を望み、死ぬということがありますが、そのような苦しみは、ここで第五の災いにある人々にとっては、まだましなのです。この苦しみは、地獄から湧き出したバッタによってもたらされるものでありますから、地獄の苦しみを想像することができます。地獄と天国の共通点というものがあります。それは、希望がないという点で、正反対のように思われる天国と地獄は共通しているのです。クザーヌスの言う、いわゆる「反対の一致」(coincidentia oppositorum)がここにも見られます。

天国は、希望がすべて実現、成就しているがゆえに、人々はもはや望むものは、ないのです。これ対し地獄は、神との永遠の交わりの断絶です。これを第二の死と呼びますけれども、第二の死というのは、死で終局するというのではありません。それはむしろ、永遠の忌避であり、永遠の関係拒否の苦しみに捨てられるということであります。そして地獄においては、この苦しみの終焉を希望しても、死が逃げていくのでありあます。それはちょうど砂漠や高速道路のような炎熱の中で逃げ水を前に見て、水が見えた所にどこまで行っても水が逃げていくようなものです。この世には、自殺という現象がありますが、地獄には自殺はないのです。

私たちが「額に神の刻印を押されているか」否かということであります。神の刻印をもつ者とは、キリストを信じ洗礼を受け、聖霊の保証を受けた者は、死に至るまで忠実に信仰を全うするのです。そして第二の死が逃げ水のようになることはありません。彼らは、神との永遠の愛の交わりに入るからです。彼らは永遠の命のうちに生きるのです。

時の終わりを生きる教会

ヨハネの黙示録12・1－6

「女は男の子を産んだ」というのは、イザヤ書7章14節の、「見よ、おとめが身ごもって、男の子を産む」というみ言葉が、また「この子は、鉄の杖ですべての国民を治めることになっていた」とあるのは、「王の即位の詩編」としてクリスマスに読まれる詩編2編7－9節のみ言葉が、踏まえられています。

4節の「竜は子を産もうとしている女の前に立ちはだかり、産んだら、その子を食べてしまおうとしていた」というのは、イエスが生まれたら、すぐ殺そうとして待ち構えていたヘロデ王を思い起こさせます。このように、クリスマスの出来事が、踏まえられています。けれども、ここでは、それを超えて、この世の終わりの時に起こる、一連の出来事が語られます。6節の「女は荒野へ逃げ込んだ」というのは、何をさしているのでしょうか。また女とは、誰のことなのでしょうか。主の母マリアのイメージで語られているのは、実は、地上にあって時の終わりを生きる主の教会をさしています。地上にあって時の終わりを生きる主の教会に課せられた使命は、2節にありますように、自らの陣痛のような苦しみ、試練の中から御子を世にもたらすということです。

「女は身ごもっていたが、子を産む痛みと苦しみのため叫んでいた」とあります。そして、竜で象徴されるサタンは、子を産もうとしている女の前で、子が生まれたら、その子を食べてしまおうと待ち構えています。女と子の運命にとっては、絶体絶命のような状況として描かれる、そのような出産の光景は、あの静かなベツレヘムの夜にはなかったことです。

ところが、生まれた子は、5節にあるように「子は神のもとへ、その玉座へと引き上げられ」ます。これも、主イエスが復活した後、天の父なる神の右へと上げられたことを踏まえていますが、ここでは、竜が御子に手をかけることはなく、直ちに神に守られるということでしょう。御子を産みの苦しみのうちに、竜の前で誕生させた主の教会の運命は、それではどうなるのでしょうか。主の教会は、地上にあってはサタンの勢力に挑まれ、その試練の中で、荒野に逃げるのです。「女は荒野に逃げた」とあります。

私たちの人生において、神が用意していてくださる逃れ場があるということは何と安心でき、心強いことでしょう。主が、ベツレヘムでお生まれになったとき、主の天使は、ヨセフに妻子と共にヘロデから逃れて、「エジプトに逃げる」ように命じたのでした。教会もまた、荒野を旅するものです。そして、教会に連なる私たちキリスト者も、荒野の「旅びと」（viator）です。荒野で私たちは、主なる神と出会うのです。「そこには女が一二六〇日の間、養われるように、神の用意された場所があった」とあります。荒野で神が、私たちのために用意してくださった場所があり、そこで、神の定めたもうた期間、私たちが養われるというのです。

教会は、終わりの完成の時、つまり、主の再臨の時までサタンとの闘争と誘惑、信仰の弱さや、躓きにもかかわらず、神が用意していてくださる逃れ場において、「主よ、来たりませ」と叫びつつ歩むのです。

私は砂を境として

ヨハネの黙示録12・18

ヨハネの黙示録12章は、メシアを産む女とそれを阻止せんとするサタンとの闘いが、記されています。天使軍の総帥ミカエルとその軍隊が、堕天使ルシファーと戦う。しかし、勝てなかった。そして、サタンは、地上に投げ落とされます。そして、子を産んだ女を亡き者にしようと追いかけるというのです。

このようなイメージに基づいて製作された映画があります。「ターミネーター」という映画を見たことがあるでしょうか。粗筋は以下のとおりです。一九八四年、ロサンゼルスに、ターミネーターは現れます。彼は、未来から来た存在で、その使命は、サラ・コナーという女性を抹殺することであり、送り込んだのは、未来世界を支配していたスカイネットというコンピューターでした。時を同じくして、カイル・リースという人物が現れます。やはり、同じ未来から来た、そのコンピューターに抵抗する戦士で、そのサラ・コナーという女性を守ること、送り込んだのは、レジスタンスを率いるジョン・コナー。そして彼はサラの息子でした。スカイネットはジョンの存在を、サラを抹殺することにより、生まれる前に抹消することを策略したのです。マシンと戦士は、サラに接近し、壮絶な戦いが始まります。平凡な女子大生だった彼女が、変わっていきます。この映画は、サラが子を産むべく、荒野に出て行くシーンで終わっています。

18節を取り上げます。これまでの日本語訳聖書は、どれも「竜は海辺の砂の上に立った」と訳しております。「竜」はサタンで、13章で、海と陸から獣が上がってきます。海と陸の境にサタンが立ち、その両側から獣が現れ、いわば、サタンの三位一体を形成するというふうに読めます。しかし、「立った」というギリシア語で「エスタセー」という動詞は、三人称単数で、この場合、主語は竜になりますが、この箇所は「エスタセーン」という異読があり、これだと、一人称単数、つまり、「私」、すなわち、黙示家ヨハネとなります。今回の「聖書協会共同訳」は、これが異読として欄外に入りました。大地と海との境は「砂浜」であります。エレミヤ書5章22節が有名です。「私は砂を境として海に置いた。越えられない永遠の定めとして。海の波が荒れ狂っても、勝つことなく、とどろいてもそれを越えることはない」。神が、海と大地の境に砂を置いたというのは驚くべきことです。

最近、私は『消えゆく砂浜を守る』（コーネリア・ディーン著、地人書館）という本を読みました。それによると、嵐が吹くと、砂浜の砂は丘に蓄積され、重い堆積物が残り、砂浜を守り、大波で砂が砂丘から海に運ばれると海底砂州になり波を防ぎ、やがて浜に砂は戻り、こうして砂浜は再生するのです（19頁）。しかし、人間が砂浜に手を加えると砂浜は再生しないのだそうです。

現在、砂浜は滅びゆきつつあります。――鳴き砂よ泣けと歩めば心なしすすり泣きしか琴引浜は――聖書の世界では、海は混沌の象徴、恐怖の対象でありましたし、来たるべき世界に海はありません（21・1）。私は、黙示家が、この聖句を知った上で、越えられない境である砂浜に敢然と立って、竜に立ち向かったのだと思います。

天地創造の時から

8節に「地上に住む者で、天地創造の時から、屠られた小羊の命の書にその名が記されていない者たちは皆、この獣を拝むであろう」とありますが、地上に住む者たちの中に、その名が命の書に書かれている者といない者とがおり、そのうちで、その名の記されていない者たちは、ということではありません。そうではなくて、正確に訳しますならば、地上に住む者はすべて、天地創造の時からその名が命の書に書かれていないのです。

8章13節に「不幸だ。不幸だ。不幸だ。地上に住む者たち」とあります。キリスト者は地上に生きているものでありますが、主によって贖い取られて、天に主が設けてくださった天幕を幕屋として住まうものなのです。この滅ぶべき者と救われる者、反キリストを拝む者とキリストを拝む者とは、「天地創造の時から」実は決まっているというのです。

ここで「命の書」とありますが、これは永遠の命にあずかるものの名前が記された巻物のことであります。黙示録の記者ヨハネは、さらにこれを「屠られた小羊の命の書」と言っています。屠られた小羊という言い回しはヨハネ黙示録が好む言い方です。言うまでもなく十字架で私たちの罪を贖うために過ぎ越しの犠牲として死なれたイエスをさしています。ですから「屠られた小羊の命の書」とは十字架で犠牲となって死んでくださったイエスの死によって贖い取られ救われるべく、世の先に父なる神さまが選んでくださった者たちの名前が記されてある巻物のことです。キリストは「屠られた」つまり屠殺されたが、よみがえったお方としてその十字架のみ傷を致命的な傷をもったお方として生きておられるということです。

ところで8節は、新約聖書でも有名なまた意義深い箇所です。と申しますのは、「天地創造の時から」をどこに繋げるかによって、読み方が違ってくるからです。「新共同訳」は、「天地創造の時から」の後、読点をつけてそれが、「屠られた小羊の命の書にその名が記されていない者たちは」と「記されていない」に繋げて読んでいます。これが通常の読み方ですが、「天地創造の時から屠られた小羊」と読むことも全く可能です。この場合、イエス・キリストはこの世の先に十字架にかけられたということになります。

今度の「聖書協会共同訳」にはその訳が別訳として入りました。主は二千年前に屠られたのだから、そんなことはないというふうに思えますが、イエスの歩まれた歴史、ことにイエスの十字架こそ歴史の大本にある神の永遠のうちなる決定の出来事として世の先にあったと考えれば、イエスの歴史こそ「原歴史」（Urgeschchte）で世の先にあったものが、あの二千年前に時間性のこの世界史のなかに現れたと言えるのです。

私たちが、復活し、そのお体に十字架の傷をもちたもうイエスと出会い、このお方を救い主、キリストと告白し、この方を拝み続けるならば、私たちはその名が小羊の命の書に書かれた天に幕屋を与えられた者であることがわかるのです。

ヨハネの黙示録18・13

そして人間である

黙示家ヨハネほどローマ帝国の経済的繁栄の実相をリアルに把握し、やがて帝国がキリスト教にとって最大の敵になることを見抜いていた人物はいません。実際、二世紀以降、キリスト教がローマ帝国の国教となる四世紀まで、教会は断続的にローマ皇帝からの大きな迫害に晒されたのです。18章で黙示家は、ローマの破滅を描く際に、ローマが地中海貿易により、巨大な富を得ていたこと、その交易の主体が船であったことを記し、その交易品のリスト（18・2）を列挙し、裁きにおいて船が焼かれ、商人や船乗りが嘆く場面を記しております（18・11－19）。

ローマ帝国の皇帝による統治のしかたをよく表す言葉に、「パンと見せ物」あるいは「パンとサーカス」（panem et circenses）という言葉がありますが、パンの確保は、人心の安定のためにも皇帝に課せられた大きな課題でありました。スエトニウスの『皇帝伝』によれば、皇帝クラウディウスは、穀物輸送のための船を建造する者や、危険な冬に穀物輸送のため船を出す者にさまざまな便宜を計ったことが記されています。巨大なローマ帝国、またその首都のローマの人口を支える台所はエジプトの穀倉地帯であったのです。ローマの貨物航路はアレキサンドリアとローマを結ぶものであり、これがローマの経済的な生命線でした。

この点を新約聖書の著者で一番見抜いていたのが、黙示家ヨハネです。それゆえ黙示家は、単なる幻視者や白日夢の夢想家などではないことを銘記しておく必要があります。このような非常にリアルで透徹した視点を可能にさせたものは、何であったのでしょうか。黙示家に特徴的な複眼的視座ということだと思います。黙示家は、常に天上と地上の現実の両方を複眼的に見ております。

たとえば、ドミティアヌスは、皇帝在位中に自らを「われらの主にして神」とよばせました。黙示録4章11節に出てくる「われらの主なる神」と、天上の二十四長老が天のキリストに呼びかける言葉は、これを踏まえ、天のキリストこそ皇帝であると主張しています。語順が全く同じです。このように、地上の「いまここで」(hic et nunc) 起こっている、時間的で有限な現実を、天上の「永遠の相の下で」(sub specie aeternitatis)、永遠で無限な現実から批判的に見る視点、視座を黙示家はもっているということです。われわれが、黙示家から今日学ぶべき最大の点です。

ところで先の交易品のリストの最後に奴隷に続き、「人間である」とあります。人身売買です。性奴隷として理解される軍隊の慰安婦、人身売買、臓器売買、児童、少女の誘拐と売買による性奴隷化、少年を誘拐し少年兵とすることが、現在でもおこなわれております。外国のテロ集団による少女の性奴隷化だけではありません。日本は、先進国の中で最も人身売買がおこなわれている国です。長時間労働、賃金不払い、パスポートの取り上げ、性風俗産業への強制、児童買春、少女売春などさまざまな公然、非公然の形で存在しております。黙示家の見たローマ世界の現実は現代日本の現実でもあるのです。

聖なる装いについて

ヨハネの黙示録21・2

皆さんはどのような装いをしますか。誰のために装うか、その人の装いは、その人の哲学や世界観を示すものです。終わりの日、新しいエルサレムが「夫のために着飾った花嫁のように」(新共同訳)天から下るとあります。「着飾った」とあります「口語訳」も同じ訳になっています。私は今回の「聖書協会共同訳」に関わりましたが、「着飾った」という訳をやめて「装う」という言葉にするように主張し、それが採用されました。

ここで「着飾った」と訳されている言葉は、もとの言葉で「コスメティゾー」という言葉で、宇宙を表すコスモスや、美容を表すコスメチックという言葉と同じく、皆「コスモ」という言葉から成っております。それは整った秩序、美しさを表します。「着飾る」ことと「装う」こととは、全然、違います。私たちは、「着飾る」必要はないと思います。大事なことは、神の前で聖なる装いです。今月の聖句であり、本日の招きの言葉です。私たち、主の花嫁である教会、またキリスト者は、花婿主イエスのために秩序だった装いと生活をおこなうということです。そういうわけで、装うということは、とても大事であります。

衣装哲学という言葉がありますが、人は何のために誰に対して装うかということで考えが分かれます。ある人は自分のために装います。またある人は他者のために装います。また、ある人は神のために装うのです。人が外面的にどんな装いをするかは今日、自由です。また外面的な装いは、内面性の現れ、その人の表現でもありましょう。「馬子にも衣装」と申しますが、どのような着物を着るかは大事です。センスということよりも、その人の精神的内的な姿勢は、やはり着る物にも現れるのです。

戦前の旧日本基督教会における礼拝時の服装は、とても厳しいものでした。礼拝出席におけるドレスコードがあったのです。毎日、背広とネクタイで通勤しているのだから、日曜日くらいリラックス、という発想は当今、見られますし、皆が正装したら貧しい人はどうなるという反発もあるでしょうが、身なりが質素でも、自ずと礼拝者の身だしなみということはあるでしょう。しかし、何よりも大事なことは、キリスト者は、キリストという義の晴れ着を着せられているということです。「主よりたまわる晴れ着をまといみまえにぞはべらん」（『讃美歌』41番3節）。

晴れ着ということで思い出す聖書の箇所があります。それはルカ福音書15章のあの放蕩息子の譬えです。息子がぼろぼろになって帰ってきたとき、息子が「まだ遠く離れていたのに、父親は見つけて、憐れに思い、走り寄って首を抱き、接吻した」。そしてすぐに「一番良い服」を彼に着せたのでした。ここで放蕩息子は私たち人間を、父親は神を表しています。私たちの人生は、失敗や躓きや過ちの連続ですが、信仰者はイエス・キリストのゆえに義の衣を準備して私たちを覆ってくださるのであります。

『讃美歌21』の75番の1節にこうあります。「今、装いせよ、暗き罪ぬぎ、光に輝く衣をまといて。天と地を治める恵みと救いの主は食卓へとわれを招きたもう」。

命の木

ヨハネの黙示録22・1、2

ここに出て来る命の木は、原文では単数形で一本の木なのです。なぜ、これが複数の木と、これまで、読まれてきたかと申しますと、都の大通りの真ん中に川が流れていて、その両岸に命の木が生えていると、ここを解釈したからです。そこで単数だけれども実は複数と理解してきたのです。今度の「聖書協会共同訳」も、それを踏襲しました。けれども、ここは、翻訳に誤りがあると私は考えていて、来月の「聖書協会共同訳」の諮問委員会で、ここから研究発表することになっています。考えますと、都の大通りの真ん中に川が流れているというのは、不自然です。両岸に木が生えているというのは、街路樹のイメージでしょうか。

「命の木」というのは、創世記2章9節のエデンの園に生えていた木で、それは、一本の木です。アダムとエバは、園の中央にある善悪を知る木の実を食べてしまい、堕落し、楽園を追われ、永遠の命を失ってしまいました。その「命の木」が、聖書の今度は、正に終わりに出て来て都エルサレムに生えていて、その命に神の都に入るものはあずかることができるのです。

ここは次のように訳さなければいけないと思います。「命の川が神と小羊の玉座から流れ出ていて、大通りと川の間に、そこを根源に一本の（単数！）命の木があり」と。命の川は、父なる神と子なる神であるキリストの玉座から流れ出るのですから、聖霊なる神の流れです。まさに聖霊は父と「子からもまた」（filioque）発出するのです。この三位一体の命の流れの畔に、「命の木」が立っているのです。

日本で御神木とされる木がありますように、古来より、神話や民族の伝承には世界や宇宙の根源に一本の木、命の木があるという樹木信仰がありますが、旧約聖書もその「命の木」を受け継いでいます。その旧約聖書のはじめのエデンの園の中央にある「命の木」が、新約聖書の終わりに出てくるのですが、その中心にあるのは主イエスがかけられた十字架の木です。キリスト教信仰の敬虔の伝統では、命の木は十字架の木と同じに見られてきました。『讃美歌21』にも、それが歌われています。十字架について、305番では、「イエスの担った十字架は命の木となり良い実を結ぶ」「肩にくいこむ十字架は命の木となり豊かに実る」。イエスについて580番「アルファ、オメガ、命の木よ」。

英語で木は「トゥリー」（tree）と言いますが、これと「真実」という意味の「トゥルー」（true）と関係があると言われております。昔、ゲルマン人は契約を誠実、真実に守るしるしに契約書に樫の木の枝を添えたことから、真実、真理は、tree から true になったそうです。ドイツ語でも真実は「トロイエ」（Treue）です。

これでいけば、人間は、神の真実の木、契約の誠実を表す十字架の木の許に佇まなければならないのです。その木こそ、十字架の木です。私たちは、神との正しい関係に立ち帰るために、主が、この世の終わりに歩まれ、そして、私たち人間のためについてくださった十字架によって、新しく結ばれた契約関係に入ることがゆるされ、永遠の命を得ることができるのです。

あとがき

この度、伝道生活四十年を機に、日本キリスト教会茅ヶ崎東教会に二〇一七年四月に赴任して以来、七年間、毎主日おこなった説教の要約に手を加え、講話集として出すことにしました。

本書に収めた講話は、講解説教、教理、倫理、教会史、人物説教、主題説教、自伝的説教、お伽説教、時事説教、前衛、実験的説教、故人記念、祝祭日説教など実際、毎回の説教で、あれこれ試みたものです。私の説教は、聖書からの気づき、思いつきを基本とするものであり、正直、苦手、好みで取り上げられていない文書、内容もありますが、五十年の信仰生活、四十年の伝道者人生で自分が理解した限りの（以上でもない）講話です。また、新約学者として一麦出版社から出した二つの論文集に収めた研究成果、さらに二〇一七年に刊行された『聖書協会共同訳』の翻訳事業に、新約原語翻訳者・編集委員として関わることで得た多くの知見を本講話集に反映することができたことは感謝です。

表裏の題字と装釘画は、現代短歌ナイルの編集委員で書家である濱谷美代子氏にお願いし作品を提供していただきました。心より謝意を表します。

また、本書の出版を快諾し、編集の労をとってくださった一麦出版社社長の西村勝佳氏に深く感謝いたします。

最後に、本書作成のため毎朝、パソコンに向かう著者に、ニャンシャルディスタンスを保ちつつ、いつも寄り添ってくれた愛猫のチッポラに本書を献げたいと思います。

二〇二四年七月七日　茅ヶ崎にて

住谷眞

神さまのエンドロール

発行日……二〇二四年九月六日　第一版第一刷発行
定価……［本体六、八〇〇＋消費税］円
著　者……住谷眞
発行者……西村勝佳
発行所……株式会社 一麦出版社
札幌市南区北ノ沢三丁目四―一〇　〒〇〇五―〇八三二
郵便振替〇二七五〇―三―二七八〇九
電話（〇一一）五七八―五八八八　ＦＡＸ（〇一一）五七八―四八八八
URL https://www.ichibaku.co.jp/
携帯サイト https://mobile.ichibaku.co.jp/
印刷……モリモト印刷株式会社
製本……カナメブックス
装釘……須田照生

ISBN978-4-86325-158-8 C0016